COLEÇÃO EXPLOSANTE

ubu

COLEÇÃO EXPLOSANTE

TRADUÇÃO
LETÍCIA MEI

A SOCIEDADE INGOVERNÁVEL

UMA GENEALOGIA DO LIBERALISMO AUTORITÁRIO

GRÉGOIRE CHAMAYOU

PREFÁCIO À EDIÇÃO BRASILEIRA
7 A gerência vai à guerra
Yasmin Afshar

21 **INTRODUÇÃO**

[1] OS TRABALHADORES INDÓCEIS

31 1. Indisciplinas operárias
39 2. Recursos humanos
49 3. Insegurança social
59 4. Guerra aos sindicatos

[2] REVOLUÇÃO GERENCIAL

71 5. Uma crise teológica
79 6. Gerencialismo ético
95 7. Disciplinar os gestores
108 8. Catalarquia

[3] ATAQUE À LIVRE INICIATIVA

119 9. O cerco ao governo privado
130 10. A batalha das ideias
142 11. Como reagir?
153 12. A empresa não existe
170 13. Teorias de policiamento da empresa

[4] UM MUNDO DE CONTESTADORES

189   14. Contra-ativismo corporativo
200   15. A produção da dialogia dominante
209   16. A gestão dos problemas
219   17. *Stakeholders*

[5] NOVAS REGULAÇÕES

241   18. *Soft Law*
253   19. Custos / benefícios
270   20. Crítica da ecologia política
290   21. Responsabilizar

[6] O ESTADO INGOVERNÁVEL

307   22. A crise de governabilidade das democracias
321   23. Hayek no Chile
335   24. Nas fontes do liberalismo autoritário
349   25. Destronar a política
368   26. Micropolítica da privatização

CONCLUSÃO

389

395   Referências bibliográficas
429   Sobre o autor

PREFÁCIO À EDIÇÃO BRASILEIRA
A GERÊNCIA VAI À GUERRA

YASMIN AFSHAR

Em novembro de 2018, apenas um mês depois da publicação de *A sociedade ingovernável,* arrebentava na França a revolta dos coletes amarelos (*gilets jaunes*). Inicialmente composto de habitantes dos subúrbios de Paris que foram às ruas protestar contra o aumento dos combustíveis, o movimento se alastrou por todo o país e suas reivindicações se avolumaram. O colete amarelo fosforescente, item de segurança obrigatório a todo carro que circula na União Europeia, assinalava a urgência daquela revolta até então invisível. De fato, poucos meses antes, a revista *Forbes* estampava em sua capa a foto do presidente francês Emmanuel Macron guarnecida do epíteto "O líder dos livres mercados" [*The leader of the free markets*]. Egresso do setor financeiro, Macron vinha implementando um programa tipicamente neoliberal – uma vez no cargo, decretou de imediato o fim dos impostos sobre grandes fortunas e deu andamento às reformas trabalhista e previdenciária, recorrendo ostensivamente às forças repressivas para abafar qualquer contestação. Em resposta à rápida difusão e radicalização dos protestos dos coletes amarelos, prometeu "mais humanidade" em seu método de governo, sem, contudo, abrir mão de suas "ambições no plano econômico". Mas os coletes amarelos não abandonaram as ruas.

Justo quando a revolta social (não apenas na França) está cada vez mais refratária aos mecanismos de contenção do neoliberalismo, Grégoire Chamayou nos oferece uma nova interpretação sobre a constituição desses mecanismos. Sua "gênese do liberalismo autoritário" chega ao Brasil num momento em que um governo ultraliberal com tendências autoritárias implementa um programa similar ao de Macron – centrado em reformas trabalhista e previdenciária, além de cortes em gastos públicos – e igualmente avesso aos ritos democráticos. Com o presidente brasileiro Jair Bolsonaro, militar reformado saudoso da ditadura militar, e o ministro Paulo Guedes, economista oriundo da Escola de Chicago, vê-se, na prática, que liberalismo e autoritarismo não são conceitos opostos. Chamayou mostra que a imbricação entre esses termos marcou as manobras levadas a cabo em políticas governamentais e também em práticas de gestão empresarial, as quais fizeram do neoliberalismo um regime político-econômico viável. Essas iniciativas foram estimuladas pela necessidade de fazer frente ao que se percebia como *ingovernabilidade*, permeando os mais diversos setores sociais, dentro e fora das empresas.

"Ingovernável" foi o termo empregado por teóricos conservadores no final da década de 1960 para se referir à espiral de reivindicações que pressionava o poder político no Estado intervencionista keynesiano. Nesse período, do qual o Maio de 68 é apenas um símbolo, os representantes patronais pressentiram uma crise de legitimidade das empresas. O clima de contestação atingia o ambiente empresarial tanto por dentro (insubordinação, sabotagem, absenteísmo) como por fora (movimentos de boicote). Mais ainda, os gestores corporativos passaram a perceber que a própria sociedade havia se tornado insubmissa. Essa sociedade "ingovernável" – palavra que remete à história do controle social da infância a partir do século XIX, aludindo ao menor pobre a ser submetido à tutela policial – impunha uma rearticulação do poder. O autor explicita como o espectro dessa ingovernabilidade justifica a deriva autoritária do liberalismo nos anos 1970.

Para tanto, Chamayou não só expõe as táticas das classes dominantes para aplainar a crise social, como analisa os discursos corporativos, as técnicas de controle e repressão das empresas, mas também a repressão violenta institucionalizada do Estado. Essas manobras foram acionadas como meios de *despolitização da sociedade*. Despolitizar significa, aqui, promover a anulação gradual da capacidade dos indivíduos de tomar as rédeas dos rumos da vida coletiva, o que guarda traços comuns a qualquer concepção autoritária de sociedade. Ele ressalta que essa é uma das marcas do programa político neoliberal: tudo aquilo que coloca em risco o bom andamento dos negócios é percebido como ameaça a ser combatida, conforme uma verdadeira lógica de guerra. Ora, as próprias técnicas de administração surgiram no meio militar basicamente para fazer face a necessidades de gestão da guerra, sendo a logística o melhor exemplo. Essa marca de origem, muito anterior aos anos 1960, faz-se presente em enunciados e desenvolvimentos da chamada "administração científica", revestidos de indefectível neutralidade técnica e isenção política.

Ao investigar a concepção, por assim dizer, "militarizada" das novas teorias gerenciais e governamentais, Chamayou retoma, de certo modo, o fio condutor de suas pesquisas anteriores. Depois de finalizar seus estudos em filosofia na École Normale Supérieure de Lyon, na França, ele traduziu para o francês os textos clássicos sobre teoria da guerra de Carl von Clausewitz, general prussiano do século XIX. Em 2008, publicou seu primeiro trabalho de mais fôlego, *Les Corps vils* [Os corpos vis], seguido por *Les Chasses à l'homme* [As caças ao homem] e *Teoria do drone,* nos quais trata das relações entre técnica e dominação com base em diferentes objetos de estudo. Nessas obras, expõe os modos brutais de objetificação e aniquilação de indivíduos e grupos ao longo da história, numa abordagem claramente marcada pela influência de Michel Foucault.

A ideia de uma sociedade ingovernável subjaz ao *liberalismo autoritário,* "esse pequeno monstro conceitual", nos dizeres de Chamayou, que pode abranger um amplo espectro político. Desse ponto de vista, há mais coisas em comum entre Macron e Bolsonaro, ou Thatcher e Trump, do que se poderia imaginar. Aqui, o liberalismo autoritário é compreendido sobretudo pela despolitização da sociedade, que pode se realizar tanto pelo desmonte de mecanismos de participação e negociação, como pela retirada de garantias e direitos sociais. Nos anos 1970, essa reorganização do poder patronal e político apareceria como análoga a certo gesto "leninista", "revolucionário", com o sinal trocado, com o objetivo de renovar a legitimidade da ordem dominante a qualquer custo – ou, melhor dizendo, com fins contrarrevolucionários. Aliás, o próprio Milton Friedman vinculou sua linha de pensamento econômico a essa ideia: "O nome de Keynes é o nome óbvio para associar à revolução. A contrarrevolução também precisa de um nome, e talvez o mais amplamente usado para se referir a ela é 'a Escola de Chicago'".[1] As táticas usadas pelos gestores "do andar de cima" nessa contrarrevolução são justamente o objeto do texto a seguir.

Contribuições para o estudo do neoliberalismo

Ao traçar a genealogia do liberalismo autoritário, Chamayou não assume a perspectiva das dinâmicas impessoais do capital e da concorrência, tampouco a dos revoltosos, "os de baixo", mas sim a dos governantes, "os de cima". "Governo" aqui não se limita, é claro, ao Estado, mas se refere a toda forma de exercício de poder soberano, inclusive aquelas que se organizam à margem do poder estatal. O autor trata, em especial, de analisar o governo privado exercido pelos gestores do capital. Tal acepção nos faz associar o texto ao campo de pesquisas aberto por Michel Foucault.[2] A esse campo, incorporaram-se as pesquisas de Chiapello e Boltanski,[3] Dardot e Laval[4] e, mais recentemente, Brown[5] – só para mencionar alguns trabalhos publicados no Brasil na última década

---

1 Milton Friedman, "The Counter-Revolution in Monetary Theory". *IEA Occasional Paper,* n. 33. London: Institute of Economic Affairs, 1970, p. 1.

2 Michel Foucault, *Nascimento da Biopolítica*, trad. bras. Eduardo Brandão. São Paulo: Martins Fontes, 2008.

3 Luc Boltanski e Ève Chiapello, *O novo espírito do capitalismo*, trad. bras. Ivone Benedetti. São Paulo: Martins Fontes, 2009.

4 Pierre Dardot e Christian Laval, *A nova razão do mundo*: Ensaio *sobre a sociedade neoliberal*, trad. bras. Mariana Echalar. São Paulo: Boitempo, 2016.

5 Wendy Brown, *Nas ruínas do neoliberalismo*, trad. bras. Mário Marino e Eduardo Santos. São Paulo: Politeia, 2019.

e que tiveram uma recepção considerável no país. Nessas obras, o neoliberalismo é interpretado não apenas como uma doutrina econômica, mas como uma racionalidade, isto é, uma lógica subjacente às práticas governamentais. Essa normatividade neoliberal consiste na generalização da concorrência nos âmbitos da sociabilidade, linguagem, ordenamento do Estado e subjetividade. *A sociedade ingovernável* integra-se nesse debate como uma contribuição inovadora, de caráter fortemente político.

Uma primeira novidade do ensaio é a abordagem do problema, centrada na empresa como forma de governo. Chamayou define a empresa como uma entidade corporato-política, ou seja, um ente capaz de criar dispositivos de controle, mas cujo poder depende do consentimento dos dominados e, portanto, precisa ser justificado. Lembrando que, segundo Foucault, uma das consequências do programa intelectual do neoliberalismo é a generalização da forma empresa no interior do tecido social, e Chamayou procura desenvolver uma "filosofia crítica da forma empresa". Poderíamos dizer que essa tarefa consiste na crítica da ética social empresarial, cujas bases foram lançadas por autores como Weber, Sombart e Schumpeter. Como material de pesquisa, ele se vale de artigos, relatórios, declarações e outros registros feitos entre as décadas de 1950 e 1970 por porta-vozes de grandes corporações dos Estados Unidos (diretores executivos, revistas de negócios, teóricos da administração). Ao longo do texto, desmistifica-se o "espírito de aventura" dos investidores, assim como a "capacidade de inovação" dos empresários, entre outros clichês que apelam ao primado da vontade autônoma do gestor. Chamayou mostra que conceitos como "liberdade", "responsabilidade" e "diálogo" foram empregados, não sem antes serem deformados, para esvaziar as demandas políticas que obstavam interesses corporativos.

Conforme já apontaram Boltanski e Chiapello, a oposição à rigidez do modelo fordista e as demandas por autonomia, criatividade e flexibilidade foram subsumidas, nas últimas décadas do século xx, pelo capitalismo das redes e dos projetos individuais. Algo dessa recusa à rigidez aparece na fascinante primeira parte do livro, cujo tema é a insubmissão operária. Todavia, a ênfase do ensaio não é tanto sobre a captura, por parte da empresa, dos elementos de contestação, mas principalmente sobre o modo pelo qual esses elementos são convertidos, no âmbito do jogo político, em procedimentos de neutralização da insubmissão.

Uma segunda contribuição particularmente interessante refere-se à análise da modulação discursiva conforme um método *genealógico*. O autor evidencia como esses discursos, cuja emergência foi possibilitada por conexões, impasses e jogos de força vigentes em dado momento histórico, foram alçados ao nível de evidência e generalidade, constituindo certa racionalidade que orientaria a implementação de novos dispositivos de poder. Não se trata, entretanto, de conceber sua formulação como resultado consciente e coordenado da classe dominante como grupo uniforme; ao contrário, Chamayou sublinha que as táticas emergiram em meio a conflitos concretos. Tampouco se trata de uma genealogia entendida como inventário ou enumeração de concepções teóricas alinhadas que, ao final, apresentasse as políticas neoliberais de hoje como derivação direta do que preconizavam os pais do neoliberalismo. "Nossa era é neoliberal, isso é certo, mas um neoliberalismo bastardo", diz Chamayou, logo nas primeiras páginas. Ao situar os discursos apologéticos na luta política, revela suas necessárias contradições. Ainda que ele pretenda construir uma história da mentalidade patronal, trata-se sempre de mostrá-la como resultado de uma confrontação. Contudo, no interior desse governo privado que é a empresa, política e economia se condicionam uma à outra, em camadas sucessivas de determinação mútua. Seria um equívoco concluir que Chamayou defende o primado do político, embora ele exponha a arquitetura institucional que garante a ordem dos mercados – a qual nada tem de espontânea.

Por fim, outra importante contribuição para as pesquisas sobre o neoliberalismo é a explicitação de suas raízes antiliberais e autoritárias. De fato, o debate não é novo: o próprio termo "liberalismo autoritário" retoma o título de um texto publicado pelo jurista antifascista Hermann Heller, em polêmica com Carl Schmitt, já em 1933. Heller se contrapôs à tese schmittiana de que o bom funcionamento da economia de mercado dependeria de um Estado forte e da despolitização da sociedade. É esse último elemento, em especial, o marcador do autoritarismo inerente a essa vertente do liberalismo, que só se realiza no esvaziamento da democracia – ainda que prescinda do uso explícito da violência. Chamayou ressalta que, muitas vezes, manobras de despolitização têm sido conduzidas sem que o aparato repressivo precise ser acionado.

Essa dimensão schmittiana do pensamento neoliberal está presente na última parte, dedicada ao debate da crise da democracia. Se Foucault havia assinalado a existência de uma crise da governabilidade no interior de diversas instituições (família, presídio, manicômio), teóricos conservadores como Samuel Huntington denunciavam, como limite do regime democrático, essa mesma recusa em ser governado. Ao longo do texto, o conteúdo anômico da ingovernabilidade transborda, aos poucos, de dentro da empresa para o restante da sociedade, que se revela, ela mesma, ingovernável. Eis o impasse: os impulsos autodestrutivos inerentes ao capital são em parte contidos pelas políticas democráticas; ao mesmo tempo, toda tentativa de ampliação da soberania popular ou até de regulação social é constantemente percebida pelas classes dominantes como intolerável. Essa ideia não deixa de ser uma reformulação da tese central da obra *A grande transformação*,[6] na qual Polanyi afirma que, historicamente, as aspirações dos liberais pelo livre mercado foram sucedidas por ondas de proteção social que as limitaram. Pode-se dizer que, em termos dialéticos, o capitalismo perdura graças à ação contrária a sua expansão e seu aprofundamento por parte da sociedade organizada. Seguindo essa linha interpretativa, os neoliberais teriam impulsionado a reação às contestações do final da década de 1960; e aqui

---

6 Karl Polanyi, *A grande transformação: As origens de nossa época*, trad. bras. Fanny Wrabel. Rio de Janeiro: Campus, 2000.

Chamayou sugere um terceiro movimento, um acréscimo à dinâmica dual descrita por Polanyi.

É preciso ter em mente que o Estado de bem-estar social europeu foi implementado para garantir a adesão da classe trabalhadora à nova ordem em um mundo bipolar, e só pôde durar enquanto foi capaz de sustentar a expansão capitalista e pacificar os conflitos sociais internos – já que as tensões e os conflitos externos eram permanentes. Essa pacificação se deu por meio da institucionalização das lutas sociais, com a consequente despolitização da sociedade. Afinal, para que a democracia seja governável, conforme escreve Jacques Donzelot, é preciso haver um declínio das paixões políticas. Impossibilitado de se submeter plenamente às injunções da massa no interior do regime democrático, o poder político a reduz a mero objeto de gestão, mais tarde entendido como "o social".[7] Dessa mesma sociedade gerenciada do segundo pós-guerra, surgiriam impulsos de contestação, marcando uma fissura da legitimidade desse pacto social. Foi assim que a despolitização engendrou, de certo modo, um processo de *repolitização*. No fim dos anos 1960, a própria estrutura fordista, de caráter rigidamente hierárquico (incluindo os sindicatos) sofreu um duro golpe. As classes dominantes passaram, então, à via schmittiana: definir o inimigo interno (aquele que põe em risco os negócios) e combatê-lo mediante uma estratégia de divisão, neutralização e supressão, para enfim reestabelecer o monopólio do poder. É nesse terceiro movimento que se constitui o liberalismo autoritário, no qual permanecemos enredados até os dias atuais.

---

7 Jacques Donzelot, *L'Invention du social: Essai sur le déclin des passions politiques*. Paris: Seuil, 1994. Nas palavras do autor: "De acordo com a sua determinação política, o social parece ser uma invenção necessária para tornar governável uma sociedade que optou por um sistema democrático de governo" (p. 13).

Tecnologias de guerra

Chamayou descreve como, logo após soar o alarme da crise social, um verdadeiro arsenal de guerra discursivo foi acionado em paralelo a inúmeras táticas de ataque, defesa, cooptação e legitimação. Tal estratégia – examinada a partir de seis eixos, cada um correspondendo a "um novo *front* em função do qual os defensores do mundo dos negócios teriam que se mobilizar" – tinha por objetivo a neutralização do adversário; a princípio, mediante sua despolitização, eventualmente seguida de sua aniquilação. A insubmissão dos trabalhadores no chão de fábrica (tratada na parte 1 do livro), o potencial desvio dos gerentes em relação aos interesses dos acionistas (parte 2), o ativismo contra as grandes corporações (parte 3), as contestações em escala internacional (parte 4), as ameaças de regulamentação pública (parte 5) e, enfim, a ingovernabilidade da própria democracia (parte 6) compõem o teatro de guerra.

Os capítulos se sucedem de maneira a evidenciar que, nos regimes democráticos, a anomia emerge de dentro da empresa (trabalhadores) para fora (ambiente social). Como o leitor perceberá, e diferentemente do que se poderia pensar ao tratar de neoliberalismo, a guerra em questão não é *contra* o Estado; antes, essa genealogia se refere às investidas de amplo espectro do setor empresarial contra grupos e instituições que ameacem restringir a livre concorrência, seja pela regulamentação do mercado laboral, tributação, legislação ambiental, seja mediante discursos críticos capazes de mobilizar a juventude universitária ou até mesmo por meio da sabotagem pura e simples da produção. Enquanto o neoliberalismo é apresentado como uma reversão empenhada dos mecanismos de limitação do livre mercado, o Estado se apresenta, ao final do livro, como aliado crucial do patronato em busca da governabilidade perdida.

Mas a aproximação com a arte da guerra não é somente uma metáfora. Chamayou relata que, em 2011, manuais de contrainsurgência das Forças Armadas dos Estados Unidos chegaram a ser distribuídos a profissionais de relações públi-

15

cas de empresas, a fim de orientá-los no combate ao ativismo. Se, para os estrategistas que atuaram nas invasões do Iraque e do Afeganistão, a "cartografia do terreno humano" era um meio de identificação do inimigo a ser aniquilado, no contexto empresarial, essa técnica é convertida em instrumento de identificação de grupos cuja atividade possa perturbar os negócios. O mimetismo da linguagem militar está longe de ser, nesse caso, simples modo de falar: além de os discursos empresariais serem interpolados por inúmeras metáforas bélicas, a reação à contestação será militarizada em seus métodos. Um diretor executivo preconiza uma "guerra de guerrilha" contra os militantes que provocam boicotes; uma revista de negócios critica a forma com que os sindicatos "são autorizados a se organizarem como exércitos"; os ditos "códigos de conduta" das empresas são concebidos como "armas defensivas que serviriam, em uma fase posterior, como armas ofensivas contra regulações existentes" e assim por diante.

A guerra pode ser definida como uma situação de antagonismo inconciliável, em que a existência de um impõe obstáculo à existência do outro. Se, para Clausewitz, "a guerra é a mera continuação da política por outros meios", para Marx e Engels, não apenas o capitalismo se organiza militarmente, dentro ou fora das fábricas, como há também uma permanente guerra civil, mais ou menos oculta na sociedade, que, em alguns momentos da história, expressa-se como *guerra de classes*. Nesse sentido, *crise* é o momento em que a energia latente dessa luta de vida e morte rompe a superfície pacificada da sociedade. Foucault, por sua vez, analisa os meandros desse antagonismo radical, concebendo a sociedade disciplinar também como uma guerra civil generalizada. Em um de seus cursos, ele inverte o dito de Clausewitz, afirmando que "a política é a continuação da guerra civil" e que as instituições de reclusão dariam coesão a essa guerra permanente.[8]

Em suas últimas obras, *Les Chasses à l'homme* e *Teoria do drone*, Chamayou também se volta para a questão da guerra,

---

8 M. Foucault, *A sociedade punitiva*, trad. bras. Ivone Benedetti. São Paulo: Martins Fontes, 2015, p. 21.

ainda que por meio de diferentes abordagens. Nesses textos, o autor discorre sobre os modos pelos quais esses sujeitos foram convertidos em presas para abate: a "caçada" de seres humanos e os ataques por drones são incursões unilaterais que desconsideram o outro como semelhante. A caça a pessoas – escravizadas, pobres ou imigrantes – distingue-se claramente da ideia tradicional de guerra, definida por disputas de posição ou combates de movimento. A guerra de drone é um desenvolvimento técnico da caçada, um aperfeiçoamento do confronto assimétrico na medida em que é possível ver sem ser visto e matar sem se expor ao risco de ser morto.

A guerra da sociedade ingovernável, a guerra de classes, é tratada na última parte do livro em sua forma aberta. Segundo Chamayou, nos fundamentos do liberalismo autoritário estaria a ideia de que a sociedade precisa "voltar a sentir medo", daí a necessidade de limitar as políticas sociais e retornar à sociedade da insegurança. A ditadura chilena (1973–90) é reconhecida como o "laboratório" dessa concepção. Mas, vale lembrar, foi também no Chile que, em outubro de 2019, assistimos à irrupção de impressionantes manifestações populares – o *estallido* chileno. À semelhança dos *gilets jaunes*, os manifestantes saíram às ruas de Santiago contra o aumento das tarifas do transporte público, até desembocar numa contestação ingovernável da política neoliberal, vigente no país desde a ditadura. Diante da insurreição popular, o presidente Sebastián Piñera – que, tal como Macron, nunca foi associado ao seleto grupo dos populistas de direita, ao contrário de Jair Bolsonaro e do húngaro Viktor Orbán – decretou estado de emergência e tratou de reprimir violentamente as manifestações.

Embora *A sociedade ingovernável* tenha em vista um objeto distinto – a guinada neoliberal das teorias empresariais e seus desdobramentos autoritários – em relação às outras obras do autor, é possível perceber uma continuidade em seu singular trabalho de investigação. Em *Teoria do drone*, Chamayou analisa as peças apologéticas de legitimação desse novo artefato técnico que, desde os anos 2010, marca a doutrina antiterror. E enuncia que sua "teoria crítica das armas" tem por objetivo "desmontar o mecanismo da luta militar",[9] revelando as relações sociais implicadas na "alquimia discursiva" de sua legitimação. Sua "teoria do drone" almejaria, portanto, "fornecer ferramentas discursivas a quem quiser se opor à política que usa o drone como instrumento"[10] e a filosofia, diz ele, deve "entrar no combate". Finalidade análoga poderia ser depreendida de *A sociedade ingovernável*, que também trata de uma guerra *despolitizada*. No mesmo momento em que a indústria bélica se via prejudicada pelos movimentos pacifistas, a gerência empresarial era atingida por todo tipo de ataque. Enquanto para o complexo industrial-militar os problemas políticos são solucionados por artefatos de ataque à distância, as firmas se orientam por diferentes táticas de neutralização da contestação. Em ambos os casos o objetivo é a despolitização, é desativar os elementos potencialmente geradores de instabilidade – instabilidade intrínseca ao regime democrático – para assegurar o livre curso das tendências destrutivas do capital. Mais tarde, uma nova forma de supressão desses elementos perturbadores seria posta em prática, mediante cooptação e conversão de grupos oponentes em *nichos* de mercado ou fontes renovadas de legitimação – a exemplo do *green washing* do capitalismo verde e do *pink washing* da celebrada diversidade.

Na introdução de *Les Chasses à l'homme*, o autor retoma as palavras de Georges Canguilhem: "a filosofia é uma reflexão para a qual toda matéria estrangeira é boa e, nós até diríamos, para a qual toda boa matéria deve ser estrangeira". No caso da obra de Chamayou, as "matérias estrangeiras" são os elementos da história da dominação do homem pelo homem, a qual inclui necessariamente regimes discursivos, de cujo desmonte toda teoria crítica deve se pôr a serviço. A certa altura de *A sociedade ingovernável*, o autor sugere que a história moderna das lutas sociais e ambientais poderia ser relida como a "revolta das externalidades", isto é, como a recusa

---

9 Grégoire Chamayou, *Teoria do drone*, trad. bras. Célia Euvaldo. São Paulo: Cosac Naify, 2015, p. 24.

10 Ibid., p. 25.

da sociedade em endossar os "custos externos" do capital – dentre eles, os desastres ambientais e a destruição das condições mínimas da existência humana. Por extensão, poderíamos dizer que a história dessas lutas é também a história da revolta dos *corpos vis,* dos *caçados* e dos *ingovernáveis,* cujo estalido pode ser ouvido em toda parte.

JULHO DE 2020

YASMIN AFSHAR tem mestrado pela Universidade de São Paulo, é doutoranda em filosofia social na Universidade Humboldt de Berlim e associada ao Centro Marc Bloch, instituto franco-alemão de ciências humanas.

INTRODUÇÃO

> *Governável. Adjetivo (neologismo):*
> *que pode ser governado.*
> *Ex.: Este povo não é governável.*
>
> Complemento ao Dicionário da
> Academia Francesa (Barré 1839).

Conhecemos períodos assim. Os sinais não enganam. Foram observados às vésperas da Reforma Protestante e da Revolução Russa, afirma o engenheiro e "futurólogo" californiano Willis W. Harman, para quem todos os indicadores de um cisma de grande amplitude emitem sinais de alerta, entre os quais a recrudescência "das doenças mentais, dos crimes violentos, dos fenômenos de fratura social; o recurso mais frequente à polícia para controlar os comportamentos; a aceitação crescente de atitudes hedonistas (particularmente as sexuais) [...]; a multiplicação das inquietudes perante o futuro [...]; a perda de confiança nas instituições, sejam elas governo ou empresa; o sentimento de que as respostas do passado não funcionam mais".[1] Em suma, é a "própria legitimidade do sistema social do mundo industrializado" que oscila, prevenia Harman em 1975.

De fato, a revolta estava em toda parte. Nenhuma relação de dominação escapava: insubmissões na hierarquia dos sexos e dos gêneros, nas ordens coloniais e raciais, de classe e de trabalho, nas famílias, nas universidades, nos quartéis, nas fábricas, nos escritórios e na rua. Segundo Michel Foucault, assistíamos ao "nascimento de uma crise de governo", no sentido de que "se questionava o conjunto dos procedimentos pelos quais os homens dirigem uns aos outros".[2] O que se produziu no limiar dos anos 1970, pode-se acrescen-

---

1 Harman 1976, p. 27.
2 Foucault [1984] 1994, p. 94.

tar, foi uma "crise de governabilidade que precedeu a crise econômica";[3] "'uma crise de governabilidade' no âmbito das sociedades, assim como no das empresas";[4] uma crise da "governabilidade disciplinar",[5] prenunciadora de grandes alterações nas tecnologias de poder.

Entretanto, antes de ser retomada pela teoria crítica, essa ideia já havia sido anunciada por intelectuais conservadores. Era assim que eles interpretavam os eventos em curso, era assim que problematizavam a situação. A democracia, Samuel Huntington afirmava em 1975, em um famoso relatório da Comissão Trilateral que será retomado com mais detalhe, encontrava-se afetada por um "problema de governabilidade": uma onda popular minava a autoridade por toda parte e sobrecarregava o Estado com suas infinitas exigências.

A palavra "governabilidade" não era uma criação recente. No século xix já era empregada para evocar, por exemplo, a "característica de governabilidade" de um navio ou as "condições de estabilidade e governabilidade" de um dirigível, mas também a governabilidade de um cavalo, de um indivíduo ou de um povo. O termo designa, dessa maneira, uma disposição interna ao objeto a ser conduzido, sua propensão a deixar-se dirigir, a docilidade ou a ductilidade dos governados. A ingovernabilidade concebe-se, desde então, simetricamente, como uma contradisposição indomável, um espírito de insubordinação, uma recusa a ser governado, pelo menos "não desse jeito, não para isso, não por eles".[6] Mas aí está apenas uma faceta do conceito, somente uma das dimensões do problema.

A governabilidade é, de fato, uma *capacidade composta* que supõe, por um lado, no que concerne ao objeto, uma *disposição* a ser governado, mas igualmente, por outro, no que se refere ao sujeito, uma *aptidão* para governar. A insubordina-

---

3 Chiapello, em Du Gay e Morgan (orgs.) 2013, p. 63.
4 Gorz 1997, p. 26.
5 Hardt e Negri [2000] 2001, p. 297.
6 Foucault [1978] 1990, p. 38.

ção é apenas uma situação hipotética. Uma conjuntura de ingovernabilidade também pode resultar de uma disfunção ou da falência do aparelho governamental, mesmo que os governados se mostrem dóceis. Um fenômeno de paralisia institucional, por exemplo, pode resultar de outras causas além de um movimento de desobediência civil.

De modo esquemático, a crise de governabilidade pode ter duas grandes polaridades: a de baixo, dos governados, e a de cima, dos governantes; e duas grandes modalidades: a revolta ou a paralisação, governados rebeldes ou governantes impotentes – e ambos os aspectos podem evidentemente se combinar. Lênin teorizava que apenas quando "os 'de baixo' não querem e os 'de cima' não podem continuar vivendo da forma antiga" a "crise governamental" é capaz de se transformar em crise revolucionária.[7]

Nos anos 1970, as teorias conservadoras da crise de governabilidade também estabeleceram o liame entre esses dois aspectos. Embora não se vissem às vésperas de uma revolução, seus autores se preocupavam com uma dinâmica política que parecia conduzi-los ao desastre. O problema não é somente por que as pessoas se revoltam, nem por que os aparelhos de governo se congestionam, mas por que essas paralisações e revoltas determinam umas às outras, tornando-se pesadas para o sistema a ponto de fazê-lo curvar-se perigosamente.

Foucault, que conhecia o relatório da Trilateral sobre "a governabilidade das democracias", mencionava-o para ilustrar o que preferia chamar de "crise de governamentalidade":[8] não se tratava de um simples movimento de "revoltas de conduta",[9] e sim de um bloqueio do "dispositivo geral de governamentalidade",[10] e isso por razões endógenas, irredutíveis às crises econômicas do capitalismo, ainda que a elas articulado.

---

7 Lênin [1920] 1980, p. 48.
8 Foucault [1978–79] 2008a, p. 104. Sobre essa noção, cf. Jean-Claude Monod 2006.
9 Id. [1978] 2008b, p. 259.
10 Id. [1978–79] 2008a, p. 86.

Segundo ele, o que se encontrava prestes a ser bloqueado era "a arte liberal de governar",[11] que não deve ser entendida (seria um anacronismo) como o neoliberalismo no poder, mas como aquilo que, desde o "liberalismo embutido", chamam de uma forma de compromisso instável como resultado da associação entre economia de mercado e intervencionismo keynesiano. Por ter estudado outras crises similares na história, Foucault conjecturava que algo mais nasceria desse bloqueio, a começar por rearranjos significativos das artes de governar.

Se a sociedade é ingovernável, não o é *em si*, mas, retomando a fórmula do engenheiro saint-simoniano Michel Chevalier, ela é "ingovernável tal como a queremos governar atualmente".[12] Eis um tema clássico nesse gênero de discurso: não há ingovernabilidade absoluta, somente relativa. E é nessa diferença que residem, simultaneamente, a razão de ser, o próprio objeto e o desafio construtivo de toda arte de governar.

Este livro estuda a crise tal como ela foi percebida e teorizada nos anos 1970 por aqueles que se esforçavam em defender os interesses dos "negócios". Ao contrário, portanto, de uma "história por baixo", trata-se de uma história "pelo alto", escrita do ponto de vista das classes dominantes, sobretudo dos Estados Unidos, na época o epicentro de uma remobilização intelectual e política de grande amplitude.

Para Karl Polanyi, historicamente, ao desenvolvimento do "livre mercado" e em face dos seus efeitos destruidores, a sociedade havia respondido com um vasto contramovimento de autoproteção – um "segundo movimento" que, ele advertia, "era, em última análise, incompatível com a autorregulação do mercado e, portanto, com o próprio sistema de mercado".[13] Ora, é a esse mesmo tipo de conclusão que chegam os intelectuais orgânicos do mundo dos negócios nos anos 1970: isso já foi longe demais, e, se as tendências atuais persistirem, elas acabarão por destruir o "sistema da livre-empresa".

---

11 Ibid., p. 89.
12 Enfantin 1873, p. 125.
13 Polanyi [1944] 2011, p. 161.

Teve início naquela década um *terceiro movimento*, uma reação significativa da qual ainda não saímos.

Procuro estudar a formação desse contramovimento de um ponto de vista filosófico, ou seja, fazendo uma genealogia dos conceitos e dos modos de problematização que o inspiraram, mais do que retraçando factualmente sua história institucional, social, econômica ou política. A unidade de meu objeto não é, entretanto, a de uma doutrina (não é uma nova história intelectual do neoliberalismo), e sim a de uma situação: partir dos pontos de tensão identificáveis, dos conflitos tais como eles eclodiram, para examinar como foram tematizados, as soluções que foram consideradas. Tento refletir acerca dos pensamentos sobre o trabalho, seus esforços, as intencionalidades que os orientaram, mas também sobre as dissensões, contradições e aporias com que se depararam.

O desafio do trabalho de reelaboração que então se impunha não era somente produzir novos discursos de legitimação para um capitalismo questionado; consistia também em formular teorias-programas, ideias para agir, visando reconfigurar a ordem das coisas. Essas novas artes de governar, cuja gênese proponho traçar, ainda estão ativas. Se a investigação tem alguma importância, é a de tentar captar melhor nosso presente.

Esse terceiro movimento está longe de ser redutível a seu componente neoliberal doutrinário. Muitos procedimentos ou dispositivos que se tornaram centrais na governança contemporânea não figuravam nos textos dos pais fundadores do neoliberalismo, e por vezes foram introduzidos e defendidos em completa oposição a suas teses. Nossa era certamente é neoliberal, porém de um neoliberalismo híbrido, um conjunto eclético e em muitos aspectos contraditório, cujas sínteses estranhas se esclarecem apenas pela história dos conflitos que marcaram sua formação.

A crise de governabilidade teve várias facetas – tantas quantas as relações de poder. A elas corresponderam, em cada área, reações específicas. Nesta investigação, vou me concentrar na crise que afetou a empresa como *governo privado*.

A escolha do objeto é motivada – para além dos desafios sempre atuais que serão apresentados ao longo dos capítulos – por uma preocupação mais específica. Assim, mesmo que a grande empresa seja uma das instituições dominantes no mundo contemporâneo, a filosofia continua subequipada para pensá-la. De seu *corpus* tradicional ela herdou, sobretudo, teorias do poder de Estado e da soberania que remontam ao século XVII. Há muito tempo ela dispõe de tratados acerca das autoridades teológico-políticas – nada do gênero para as autoridades, digamos, "corporativo-políticas".

Quando a filosofia aborda, enfim, esse tema, por exemplo, integrando-o tardiamente a seus ensinamentos, em geral o faz da pior maneira, ruminando um discurso paupérrimo sobre a ética dos negócios ou a responsabilidade social das empresas produzido nas Business Schools. É a filosofia como serva não mais da teologia, mas da gestão.

Chegou a hora de desenvolver, ao contrário, filosofias críticas da empresa. Este livro é um trabalho preparatório nessa direção, uma investigação histórico-filosófica sobre certas categorias centrais do pensamento econômico e gerencial dominante que hoje prosperam em meio ao esquecimento acerca dos conflitos e objetivos que dirigiram sua elaboração e que continuam a orientar-lhe o sentido.

O livro se organiza segundo diferentes eixos que, em seu entrecruzamento, constituíam a crise de governabilidade da empresa tal como tematizada à época. Para os defensores do mundo dos negócios, cada um correspondia a uma nova dificuldade, a um novo *front* sobre o qual se mobilizar.

[1] Uma empresa governa, em primeiro lugar, trabalhadores. No início dos anos 1970, a administração é confrontada com massivas indisciplinas operárias. Como lidar com a situação? Como restaurar a disciplina perdida? Se os procedimentos antigos estão obsoletos, qual seria a nova arte de governar o trabalho? Diversas estratégias são consideradas e debatidas.

[2] Contudo, se avançarmos mais para o alto no eixo vertical da subordinação, uma segunda crise se apresenta, desta vez na relação acionistas / diretores. Ao perceber que, nas

sociedades por ações, os diretores, transformados em simples gestores de negócios alheios, não têm mais os mesmos interesses dos antigos patrões-proprietários em maximizar os lucros, alguns se preocuparam com uma possível negligência da parte deles, ou, pior, com uma "revolução gerencial". Como disciplinar os diretores? Como realinhá-los ao valor acionário?

[3] Ao mesmo tempo, indiretamente, surgem ameaças inéditas no ambiente social e político da empresa. Em um contexto de rejeição cultural e política crescente do capitalismo, novos movimentos confrontam diretamente a direção das grandes corporações. Como reagir ao que surge como "um ataque ao sistema da livre-empresa"? Não se chegou a um acordo quanto à estratégia a adotar.

[4] Uma vez que esses "ataques" de crescente pujança se internacionalizam, sobretudo com os primeiros grandes boicotes contra as multinacionais, as empresas se voltam para novos consultores. Como administrar não somente os assalariados, mas os opositores externos à empresa e, além deles, um "ambiente social" que se tornou tão turbulento? Inventam-se novas abordagens e novos conceitos.

[5] Diante da iniciativa sobretudo dos movimentos ambientalistas nascentes, novas regulações sociais e ambientais se impõem. Assim, à pressão indireta dos movimentos sociais acrescenta-se a pressão vertical de novas formas de intervenção pública. Como obstruir tais projetos de regulação? O que contrapor a eles, na teoria e na prática?

[6] A que se deve, fundamentalmente, esse duplo fenômeno de contestação generalizada e de maior intervenção governamental? Aos vícios de uma democracia de bem-estar social – nos garantem – que, longe de assegurar o consenso, cava a própria cova. Aos olhos dos neoconservadores, assim como dos neoliberais, é o próprio Estado que está prestes a se tornar ingovernável. De onde vêm as perguntas: como destronar a política? Como limitar a democracia?

Para realizar essa investigação, reuni fontes heterogêneas que abrangem disciplinas diferentes e optei por combinar referências "nobres" e "vulgares" quando abordam o mesmo assunto – um prêmio Nobel de Economia, por exemplo, pode ficar lado a lado com um especialista em "extermínio" de sindicatos. Em comum, esses escritos são textos de combate que respondem, todos, de uma forma ou de outra, à pergunta "O que fazer?". Textos em que se expõem procedimentos, técnicas e táticas, seja de modo muito concreto – como os guias práticos ou manuais destinados a administradores –, seja de forma mais programática – com reflexões sobre as estratégias discursivas ou práticas de conjunto. Esse *corpus* é constituído sobretudo de fontes em inglês: no que concerne ao pensamento gerencial e às teorias econômicas da empresa, os Estados Unidos foram o berço de novas noções que logo alcançaram difusão mundial.

Muitas vezes faço um recuo na escrita para reconstituir, por decupagem e montagem de citações, um texto compósito cujos fragmentos reunidos valem individualmente, com frequência, menos por sua atribuição a um autor em particular do que como enunciados característicos das diferentes posições às quais me esforço para dar voz.

[1]
OS TRABALHADORES INDÓCEIS

1. INDISCIPLINAS OPERÁRIAS

Colocar treze fichinhas em treze pequenos buracos, sessenta vezes por hora, oito horas por dia. Soldar à mão 67 peças de metal por hora e, um dia, se ver diante de uma nova engenhoca que exige 110. Trabalhar com barulho [...] numa neblina de óleo, solvente, poeira metálica. [...] Obedecer sem discutir, sofrer penalidades sem direito a recurso.

ANDRÉ GORZ, *Crítica da divisão do trabalho*, 1972.

Tommy passa o baseado para Yanagan, que dá uma tragada funda antes de passar para mim [...] A fumaça enche meus pulmões e agita meu sangue. E logo as faíscas que esvoaçam no ar, o aço incandescente, as explosões na fornalha que nos domina, tudo isso começa a assumir o aspecto frívolo de uma noite de carnaval.

BENNETT KREMEN, "The New Steelworkers", 1973.

"A jovem geração que já abalou a universidade", advertiu o *New York Times* em junho de 1970, mostra também sinais de agitação nas fábricas dos Estados Unidos industriais. "São muitos os jovens trabalhadores que exigem mudanças imediatas nas condições de trabalho e rejeitam as normas reguladoras da fábrica."[1] "A disciplina do trabalho desmoronou", observa um relatório interno da General Motors do mesmo ano.[2]

---

1   Sapulkas 1970, p. 23.
2   Rothschild 1972, p. 479. Lê-se no *The Wall Street Journal* que, na indústria, "a confiança caiu drasticamente; há cada vez mais desacelerações deliberadas da produção, e o absenteísmo explode" (*The Wall Street Journal* 1970 apud Brecher 1972, p. 252).

Se disciplina é "ter domínio sobre o corpo dos outros",[3] a indisciplina se manifesta inversamente por um impulso irresistível de separação: não se deixar controlar mais, evadir-se, libertar-se do jugo, retomar o próprio corpo e com ele se liberar. Ora, é exatamente isso que a fábrica começa a suscitar massivamente à época, tanto que há na jovem geração operária um "profundo ódio pelo trabalho e um desejo de escapar dele".[4]

Na indústria automobilística americana, a rotatividade é enorme: mais da metade dos novos trabalhadores não qualificados abandonam o emprego antes do fim do primeiro ano.[5] Alguns ficam tão desestimulados no primeiro contato com o trabalho na linha de montagem que desaparecem já nas primeiras semanas sem "'ao menos se dar ao trabalho de voltar à fábrica para buscar o pagamento correspondente ao tempo que trabalharam', relatam perplexos os gestores".[6]

Na General Motors, 5% dos trabalhadores faltam cotidianamente sem justificativa genuína.[7] Às segundas e sextas-feiras, essa taxa se multiplica por dois, e no verão, em algumas fábricas, pode alcançar 20%. "Com o que se parece uma segunda-feira de verão numa fábrica?", indagam a um operário da indústria automobilística em 1973. "Não sei, nunca fui lá numa segunda-feira." "Como é possível que você só venha trabalhar quatro dias por semana?", perguntam a outro operário. Resposta: "Porque se eu só viesse trabalhar três dias não ganharia o suficiente para viver".[8] "Mas o que você quer exatamente?", indagam a um terceiro. O que eu quero: "ter uma oportunidade de usar meu cérebro", um trabalho em que "a educação que recebi no Ensino Médio sirva para alguma coisa".[9] A fábrica?

---

3 Foucault [1975] 2004, p. 134.

4 Gooding 1970, em Zimpel 1974.

5 Rothschild 1974, p. 124.

6 Gooding 1970, p. 63. "O jovem trabalhador", testemunha um sindicalista, "tem o sentimento de não ser dono do próprio destino. É por isso que ele tenta escapar na primeira oportunidade" (p. 66).

7 Segundo um executivo da GM apud Weller 1973, p. 2.

8 Apud ibid. (a partir do *Sunday Telegraph* de 2 dez. 1973 e da *Newsweek* de 7 fev. 1973).

9 Apud Aronowitz 1973, p. 26.

"É como uma prisão", responde outro, "só que na cadeia você tem mais tempo livre".[10]

De fato, ali se estraga o corpo e se arrasa a mente: "Fazer sempre a mesma coisa, isso te mata; [...] eu canto, assobio, jogo água num outro cara da linha, faço tudo o que posso para matar o tédio".[11] Não suportar mais a infinita repetição do mesmo, querer mais criar do que produzir: "Às vezes, de brincadeira, quando faço alguma coisa, amasso um pouco a peça. Gosto de fazer alguma coisa que a torne realmente única. Eu dou uma martelada nela de propósito para ver se dá certo, só para poder dizer que fui eu que a fiz".[12]

As indisciplinas habituais, da mesma maneira que as disciplinas das quais constituem o simétrico oposto, são uma arte do detalhe. Elas investem tanta minúcia e obstinação para produzir os desvios quanto o campo contrário para ditar as regras. Operando na escala do mínimo gesto, recuperam momentos de trégua, pilhagem obstinada cujo saque se conta melhor em dezenas de segundos arrancados para si na cadência da linha de montagem. "No fim, o principal problema é o tempo."[13] Desacelerar de propósito, frear individual ou coletivamente, ou o inverso – às vezes acelerar para aproveitar em seguida um microintervalo de pausa. "Quase todo mundo faz isso, participa desse jogo." Roubar um punhado de instantes para si, para respirar, trocar meia dúzia de palavras, fazer outra coisa: "Eu me tornei bom o bastante no meu trabalho para fazer muito rapidamente dois ou três carros seguidos e me dar, talvez, quinze ou vinte segundos antes do próximo carro. Durante esses intervalos, o que eu faço? Eu leio. Eu leio jornal, leio livros. Às vezes livros bem complicados. O que eu tive de aprender para poder ler nessas condições foi memorizar o que leio e encontrar bem depressa o lugar onde parei".[14] Se a disciplina é uma ritmopolítica ou

---

10 Gooding 1970, p. 63.
11 Apud Aronowitz 1973, p. 36.
12 Apud Terkel [1974] 2011, p. 38.
13 Lippert 1978, p. 58.
14 Ibid., p. 58.

um cronopoder, a indisciplina também o é, mas em direção diametralmente oposta, uma luta contra o relógio de um tipo particular. "Na fábrica, eu vi uma mulher correr ao longo da linha para manter a produção. Eu não corro por ninguém. Nem pensar em qualquer um me mandando correr na fábrica."[15] As primeiras grandes recusas da *aceleração* foram lutas operárias. Os indisciplinados são ladrões de tempo.[16]

Um sindicalista relata que, na General Motors, "a autoridade exerce seu poder como em uma ditadura".[17] O autoritarismo dos chefes, a vigilância acirrada, as instruções minuciosas e as ordens absurdas, os insultos e a pressão: não se aceita mais nada disso. "O supervisor", resume com seriedade um operário negro de Baltimore, "poderia respeitar mais os trabalhadores, tratá-los como homens, não como cachorros".[18]

O estado de tensão social, alerta o *The Wall Street Journal* em 1969, é o "pior que se conheceu na história". A *Fortune* anuncia que tudo leva a crer que se caminha em direção a uma "batalha épica entre a administração e o trabalho".[19] De fato, somente no ano de 1970, quase 2,5 milhões de trabalhadores entraram em greve nos Estados Unidos.[20] Foi a maior onda de interrupção do trabalho desde o imediato pós-guerra. À importância numérica das mobilizações acrescenta-se a radicalidade das formas de luta. Para além das reivindicações salariais, as queixas se referem às formas de organização do trabalho e miram a autoridade que as impõe.

---

15 Sapulkas 1972, p. 1.

16 Cf. De Certeau [1980] 1990, p. 45.

17 Apud Aronowitz 1973, p. 41.

18 Gooding 1970, p. 68. Os trabalhadores atuais, constata o *New York Times*, "querem ser tratados como iguais pelos patrões na fábrica. Eles não temem mais, como seus antecessores, perder o emprego e contestam frequentemente as ordens de seus supervisores. [...] No coração desse novo estado de espírito [...] está o questionamento da autoridade da gestão" (Sapulkas 1970, p. 23).

19 Armstrong 1969, em *Compensation & Benefits Review* 1970.

20 Cowie 2010b, p. 19.

Bill Watson, operário de uma fábrica automobilística de Detroit em 1968, relata uma onda de sabotagem generalizada que testemunhou. Os engenheiros haviam introduzido um novo modelo de motor de seis cilindros que os trabalhadores julgavam mal concebido. Eles comunicaram, em vão, suas críticas à direção. Diante do indeferimento, algumas equipes "começam a esquecer" de montar algumas peças. Logo outras reproduzem a sabotagem. Montanhas de aparelhos inoperantes se acumulam: "Em certo ponto, havia tantos motores defeituosos empilhados na fábrica que se tornara quase impossível se deslocar de um setor a outro".[21] Esse fenômeno, sublinha Watson, não é isolado. Há conflitos assim por todos os Estados Unidos de então: eles expressam um desejo de retomar o controle da produção, o controle do próprio trabalho, da maneira como ele é feito, daquilo que *se fabrica ali*.

Em 1970, o diretor-presidente da General Motors faz uma advertência a seus empregados: "Não podemos tolerar que os funcionários fujam de suas responsabilidades, contraponham-se às normas mais elementares e ignorem a autoridade. [...] A General Motors fez novos investimentos [...] para melhorar a produtividade e as condições de trabalho, mas as máquinas e a tecnologia de nada servem se o trabalhador abandona seu trabalho. [...] Exigimos uma jornada de trabalho justa pelo justo salário que lhes pagamos".[22]

Como restaurar a disciplina? A direção da GM opta pela "linha-dura":[23] acelerar as cadências, automatizar as tarefas não qualificadas, desqualificar as que sobram, cortar a massa salarial, reforçar as medidas de supervisão e de controle. A fábrica automobilística de Lordstown, em Ohio, com sua linha de montagem "mais rápida do mundo", era o carro-chefe tecnológico da empresa, a encarnação das soluções patronais para os problemas de produtividade. Ela foi submetida em 1971 ao controle da General Motors Assembly Division, uma equipe

---

21 Watson 1971, p. 79.
22 Apud Snoeyenbos et al. (orgs.) 1983, p. 307.
23 A. Brenner 1996, p. 37.

administrativa de choque, descrita como a "mais brutal e mais agressiva"[24] do grupo. Sob essa direção, muitos postos são eliminados, e a taxa de produção, já muito rápida, se acelera: passa de sessenta veículos por hora para quase o dobro. A partir de então, "em 36 segundos, um trabalhador devia completar ao menos oito operações diferentes".[25] "Você precisa de autorização para mijar. Não é brincadeira. Você levanta a mão quando está com vontade de fazer xixi. Espera bem uma meia hora, o tempo para eles acharem um substituto. E depois eles anotam toda vez, porque você tem de fazer isso no seu tempo de pausa, não no horário deles. Se você vai toda hora, eles te põem na geladeira por uma semana."[26]

Em Lordstown, a mão de obra é particularmente jovem, tem em média 28 anos. Eram necessários corpos jovens para enfrentar esse ritmo, embora os espíritos jovens sejam os menos propensos a se submeter a ele. Um carro chega ao fim da linha com todas as suas peças ainda não montadas, mas em pilhas bem organizadas na carcaça. A direção lança um alerta de sabotagem. "A sabotagem? É apenas uma forma de aliviar a pressão. Você não consegue manter o ritmo com um carro, então você o risca no caminho. Uma vez, eu vi um espertinho jogar uma chave de contato dentro do tanque de combustível. Na semana passada, vi um cara colocar uma luva pegando fogo no porta-malas de um carro. Todo mundo queria ver em que momento iam perceber, na linha... Se você estraga um carro, eles chamam isso de sabotagem."[27]

A direção estima que as perdas resultantes das "indisciplinas" são equivalentes a 12 mil carros não produzidos por ano e reage com crescente rigidez, lançando centenas de medidas disciplinares: um trabalhador é demitido por ter chegado um minuto atrasado; outro é suspenso por peidar na cabine de um veículo; outro por ter cantarolado na fábrica.[28]

---

24 Weller 1974, p. 8.
25 Aronowitz 1973, p. 23.
26 Weller 1974, p. 3.
27 Apud Weller 1974, p. 9.
28 Ibid., p. 9.

Início de março de 1972: diante do aumento da pressão, os operários entram numa greve acirrada. A combatividade dos trabalhadores de Lordstown impressiona. "Aqueles caras viraram tigres."[29] "Eles não estão mais dispostos a suportar o que seus pais enfrentaram, eles não têm medo da administração. E a questão da greve era muito isso também."[30] A imprensa evoca uma "síndrome de Lordstown", um "Woodstock industrial".[31] Depois de um mês de conflito, a direção recua e retoma os ritmos de produção anteriores.

Confrontada, então, com as indisciplinas operárias, a administração não encontra nada melhor que responder com a intensificação do regime disciplinar que já havia sido recusado, atiçando-as, por sua vez, até o ponto de radicalizá-las em revolta aberta. Os gestores são pegos em contradição. Eles sabem que a indisciplina operária exprime justamente uma rejeição visceral da organização do trabalho industrial, "em particular entre os empregados mais jovens, que demonstram reserva crescente em aceitar uma disciplina de fábrica estrita e autoritária".[32] Tampouco os gestores ignoram que "as condições de trabalho nas novas fábricas são tais que o descontentamento e a rebelião não são reações excepcionais, mas racionais",[33] que existe uma "relação entre o cansaço e o trabalho repetitivo, entre o descontentamento e o absenteísmo". Entretanto, continuam a agir como se o descontentamento "constituísse um 'abuso' que devesse ser punido"[34] e respondido por meio de "técnicas de medo e pressão incessantes que são fontes de conflitos infinitos".[35]

---

29 Sapulkas 1970.

30 Cowie 2010a, p. 46.

31 Ibid., p. 7. A greve de Lordstown foi "uma das mais intensas campanhas de resistência operárias informais já registradas" na história social norte-americana (Weller 1974, p. 8).

32 Denise apud Weller 1974, p. 4.

33 Rothschild 1972, p. 469.

34 Ibid., p. 469.

35 Aronowitz 1973, p. 35.

Daí vem a inquietude: se isso continuar assim, aonde vamos? Em voz baixa, alguns respondiam: "Dias sombrios anunciam-se para a GM se, como frequentemente declarou a direção, Lordstown representa a via do futuro para a indústria automobilística".[36]

A perplexidade se instala, inclusive entre os especialistas em administração. Julgando obsoletos os antigos procedimentos, alguns amadurecem projetos de reforma. Diante da crise de governabilidade disciplinar, seria necessário inventar uma nova arte de governar o trabalho.

---

36 Rothschild 1972, p. 469.

2. RECURSOS HUMANOS

Tão logo inexista coerção física ou outra qualquer,
foge-se do trabalho como de uma peste.

KARL MARX, *Manuscritos*
econômico-filosóficos, 1844.

Nos anos 1950, intelectuais conservadores acreditavam poder anunciar "o fim da ideologia" – já naquele momento –, e, com isso, a extinção da luta de classes. O "trabalhador americano", assegurava Daniel Bell em 1956, "foi 'domesticado'". Certamente não pelos meios que Marx criticava em seu tempo, nem pela pauperização, tampouco "pela disciplina da máquina, mas pela 'sociedade de consumo', pela possibilidade de uma vida melhor que a proporcionada pela renda, pelo segundo salário advindo do trabalho da esposa, bem como pelas facilidades do crédito".[1] Mesmo quando sofre com as condições de trabalho, o trabalhador não se volta para a "ação militante [...], mas para fantasias de evasão – tornar-se proprietário de uma oficina de consertos, de uma granja de aves, de um posto de gasolina, 'de um pequeno negócio só seu'".[2]

Tudo estava calmo, e então desabou. Primeiro as pessoas ficaram aturdidas, não entenderam nada. Imagine-se a imensa e dolorosa surpresa que os movimentos dos anos 1960 representaram para quem acreditava ferrenhamente no declínio da conflitualidade social na "sociedade de consumo".[3]

---

1   Bell 1960, p. 247 e 246.
2   Ibid., p. 247.
3   Gorz resumia assim a reviravolta: "A sede de consumo ao longo dos anos 1950 de fato continuava viva e parecia confirmar a profunda convicção dos gestores: [...] não há nada que um homem não aceite fazer por dinheiro; podem-se comprar sua força de trabalho, sua saúde, juventude, seu equilíbrio emocional, seu sono, sua inteligência. Isso durou um tempo. Em seguida, em meados dos anos

Alguns, revoltados com a revolta, acusam de ingratidão os arruaceiros. Um vice-presidente da General Motors, Earl Brambett, "condena a insistência dos jovens trabalhadores em arrancar ainda mais vantagens e melhorias, e acha que eles fariam melhor se demonstrassem mais gratidão pelo que têm".[4] O que mais eles querem, então? Aí estava o escândalo. Mas como ainda podem se revoltar? Aí estava o mistério. Buscavam explicações, arranjavam teorias, etiologias da revolta.

Essa agitação era compreendida inicialmente como um fato geracional. Os novos trabalhadores, "mais jovens, mais impacientes, menos homogêneos, afirmam-se cada vez mais racialmente e não são manipuláveis com facilidade".[5] Eles "levam para a fábrica as novas perspectivas da juventude americana dos anos 1970".[6]

E o que mais? Psicólogos dão sua contribuição às reflexões em curso. Uma vez satisfeitas suas necessidades primárias, o homem quer mais: quando a barriga está cheia, é a vez do espírito, que grita de fome, explicava Abraham Maslow, munido de seu famoso esquema da "pirâmide das necessidades".[7] Para além do salário ou da carreira, as novas gerações almejam outra coisa: relações humanas mais intensas, como, segundo a *Harvard Business Review*, "as experiências de vida às quais nos lançamos quando nos reunimos em

---

1960, grunhidos preocupantes se produziram nas grandes fábricas" (Bosquet 1972, p. 64).

4 Gooding 1970, p. 65.

5 Denise apud Weller 1974, p. 4.

6 Gooding 1970, p. 62. Eles entram no mundo do trabalho "com a experiência da rebelião na escola e no serviço militar" (Aronowitz 1973, p. 35).

7 Cf. Maslow 1943. Segundo Maslow, há, para os seres humanos, diferentes camadas escalonadas de necessidades, das mais primárias às mais elaboradas, da necessidade de se alimentar à necessidade de desenvolvimento espiritual. Ao "progresso" econômico corresponderia, assim, uma elevação na pirâmide das necessidades, desde a base, muito materialista, até o topo, muito etéreo. Ainda que se conceda satisfação ao homem revoltado, ele sempre há de querer não necessariamente mais, porém *melhor*.

comunas".[8] Do mesmo modo, as expectativas dos trabalhadores se ampliam, ganham uma dimensão mais qualitativa. Eles exigem do emprego mais que a renda: relações interpessoais, conteúdo, "sentido". Passagem a um estado de espírito "pós-materialista".

É evidente que, quanto mais se afirma essa subjetividade, menos ela tolera se submeter a um trabalho alienante. Max Weber já havia alertado: "A ordem econômica capitalista precisa dessa entrega de si à 'vocação' de ganhar dinheiro", dessa estranha disposição que quer "que alguém possa tomar como fim de seu trabalho na vida exclusivamente a ideia de um dia descer à sepultura carregando enorme peso material em dinheiro e bens".[9] Se outros apetites sobressaem, "a ética do trabalho" é abalada. "Quem quer trabalhar?" foi a manchete da *Newsweek* em março de 1973.[10] A resposta estava na pergunta.

Nessa análise, é a relativa prosperidade material – a mesma que Bell assegurava ter selado um consenso duradouro com a exploração assalariada – que se identifica como fonte de novas dissensões. Opera-se assim uma mudança nas teorias da revolta. Por que nos insurgimos? Diziam: por necessidade. Dirão: porque podemos nos dar ao luxo.[11]

---

8   Walton 1972, p. 72.
9   Weber [1905] 2004, pp. 64 e 63.
10 "Who Wants to Work?...", *Newsweek Magazine* 1973.
11 Entre os modelos propostos à época pelas ciências sociais americanas está a famosa "curva em J" de James C. Davies: as revoltas ou as revoluções têm mais chances de se produzir quando a uma fase de desenvolvimento econômico e social prolongada se segue uma perda brusca. Nesse esquema, não é a miséria em si o fator de rebelião, mas a discrepância entre as expectativas subjetivas geradas por uma fase de prosperidade relativa e sua satisfação efetiva, quando esta cai brutalmente abaixo do nível esperado (cf. Davies 1962, pp. 5–19). Uma variante psicossociológica dessa teoria socioeconômica da rebelião foi proposta por Ted Robert Gurr, baseada em um conceito de "privação relativa", definida como a separação percebida entre as expectativas e a capacidade de obter e de conservar os "valores" aos quais as pessoas acham que têm direito. A "frustração" tende, então, a se converter em "agressão", em violência social (cf. Gurr 1970). Em ciência política, Walter Korpi critica o modelo, insis-

A fábrica é um dos locais onde a interpenetração das novas aspirações e das antigas estruturas é mais brutal. Cuidado, pois "uma organização do trabalho anacrônica pode criar um coquetel explosivo e patogênico".[12] "Em alguns casos", informa o professor de administração Richard Walton, "a alienação se expressa por um afastamento passivo – atrasos, absenteísmo, *turnover*, distração no trabalho; em outros, por ataques ativos – furto, sabotagem, hostilidade, agressões, alertas de bomba e outras desordens no trabalho".[13] Ora, "essas formas de violência estão se multiplicando nas fábricas".[14] O perigo é político: o trabalhador corre o risco de "deslocar sua frustração participando de movimentos sociais ou políticos radicais".[15]

Ecoando a greve de Lordstown, a questão da "qualidade de vida no trabalho" torna-se central, por um tempo, no debate público americano. Em 1972, retomando a terminologia do jovem Marx, a *Harvard Business Review* pergunta: "O que fazer contra a alienação na fábrica?" E o Congresso, no mesmo ano, organiza audiências no Senado acerca da "alienação do trabalhador".[16]

---

tindo nas condições da relação de força. A "privação relativa" não explica nada por si só: ela tende a terminar em um conflito aberto apenas quando o diferencial de poder se curvou em prol dos agentes menos poderosos, que têm maior possibilidade de optar pela luta, justamente por terem visto suas "fontes de poder" crescerem (cf. Korpi 1974, pp. 1569–1578). Ver também, para uma discussão dessas teorias e a formulação de hipóteses mais refinadas, Shorter e Tilly 1974, pp. 337-ss.

12 Walton 1972, p. 71.

13 Ibid.

14 Ibid.

15 O'Toole 1972, p. 19. "Os atos de sabotagem, assim como as outras formas de contestação, são as manifestações abertas de um conflito entre as atitudes em transformação dos empregados e a inércia das organizações. Há uma separação entre o que os empregados esperam de seus empregos e aquilo que as organizações estão prontas a lhes oferecer" (ibid., p. xi).

16 Cf. *Worker Alienation...* 1972.

Mas se a alienação é problemática, isso se explica acima de tudo por razões econômicas, em função de impactos negativos sobre a produtividade. Se há uma lição a aprender com o episódio de Lordstown é que "foi muito negligenciada a interação entre os recursos humanos e o capital, a tecnologia".[17] Qual é efetivamente o interesse "de ter uma linha de montagem 'perfeitamente eficiente' se seus trabalhadores entram em greve em função da opressão e da desumanização que experimentam trabalhando nessa linha 'perfeita'"?[18]

Se pudessem recomeçar a vida profissional do zero, vocês escolheriam de novo o emprego que ocupam atualmente? Em meados dos anos 1960, a essa pergunta responderam "sim" 93% dos professores universitários e 82% dos jornalistas entrevistados, contra 31% dos trabalhadores da indústria têxtil e 16% dos operários especializados da automobilística.[19] Os autores do estudo concluíram que, além do menor desgaste físico, é a *autonomia* que constitui o principal fator de satisfação no trabalho. Inversamente, há alienação "quando os trabalhadores não têm a possibilidade de controlar o processo de trabalho imediato".[20]

---

17 Wooton et al. 1975, p. 327.

18 O'Toole 1972, p. 16. "A General Motors havia calculado que, se cada trabalhador em Lordstown trabalhasse meio segundo a mais por hora, a companhia economizaria 1 milhão de dólares por ano." Só que, evidentemente, "a produtividade – em outras palavras, a produção por hora de trabalho – decresceu com a agitação dos operários em função de sua insatisfação" (Zerzan 1975, p. 22).

19 Ibid., p. 14. Ver também Wilensky, em Baker et al. 1969, p. 556.

20 Deve-se notar, entretanto, que se tratava de uma definição simplista da alienação no trabalho que, retomando por alto uma noção marxista, promovia clandestinamente a supressão de seus aspectos mais problemáticos. Para o jovem Marx, a alienação salarial não se caracterizava somente por uma situação de heteronomia, pelo fato de se estar submetido ao comando de uma vontade alheia, mas também por um processo de expropriação, ao fim do qual o trabalhador via a própria atividade lhe escapar para se objetivar na propriedade de um outro. Tal aspecto, o da apropriação, desaparece na reinterpretação gerencial que é feita desse conceito no início dos anos 1970. Essa restrição semântica fixava os limites políticos da problematização

Louvando as virtudes da "autonomia e do autocontrole",[21] considerando que "a indústria é supergerenciada e supercontrolada",[22] os reformadores gerenciais dos anos 1970 recomendavam estimular a "participação" dos trabalhadores a fim de aumentar, ao mesmo tempo, sua produtividade e satisfação. À antiga "estratégia do controle", opunham uma "estratégia do engajamento".[23] Enquanto a primeira, intensiva, pretendia pressionar ainda mais os trabalhadores submetendo-os a uma disciplina reforçada, a segunda, extensiva, propunha-se "recorrer à sua produtividade 'latente'".[24]

---

adotada, já que assim se proibia, por definição, o prolongamento da questão da alienação dos trabalhadores para aquela das relações de propriedade que a condicionam. Decerto munidos de tal aparato intelectual, seria possível admitir que a alienação é "inerente às formas de administração piramidais, burocráticas e à tecnologia taylorizada", mas era possível também, por isso mesmo, pretender solucionar o problema sem jamais questionar a exploração salarial, rompendo com apenas certas formas desgastadas de gestão hierárquica.

21 Walton 1973, p. 13.

22 Marrow, em Cass e Zimmer (orgs.) 1975, p. 35. Desde o fim dos anos 1950, o psicólogo do trabalho Douglas McGregor tinha contraposto a uma *teoria gerencial X*, "exclusivamente fundada sobre o controle externo do comportamento humano", uma *teoria Y*, "repousando sobre o autocontrole e sobre a autodireção" (McGregor, em Leavitt et al. 1989, p. 322).

23 Walton 1985, p. 79. Muitos comentadores prontos a anunciar uma mudança de paradigma interpretaram tais declarações como o sinal de uma ruptura efetiva, como a passagem de uma a outra modalidade de poder: do "controle direto" à "responsabilidade autônoma". Mas raciocinar assim, por meio de grandes transformações esquemáticas, e colocar-se em busca *da* nova forma de controle, nova panaceia estratégica que se revezaria com outra, cujo reinado se encerra, significa negligenciar que a gestão, como mostrou John Storey, "não é inteiramente tributária de um único modo de controle". Ao contrário do que pretendem as abordagens "monistas" da história das técnicas gerenciais, há persistência e coexistência de uma multiplicidade de meios de controle, cujas modalidades conhecem ciclos e oscilações (cf. Storey 1989, p. 122).

24 O'Toole 1972, p. 16 e 23. Tal era a promessa da "gestão dos recursos humanos": explorar melhor "as capacidades de um recurso natural primordial – a força de trabalho" (Walton 1972, p. 81).

Vários projetos-pilotos de gestão participativa nasceram dessa forma nos Estados Unidos.[25] Se, para alimentar suas reflexões acerca da autogestão, a esquerda francesa teve a experiência da fábrica Lip ocupada pelos operários em Besançon, em 1973, os gestores americanos, por sua vez, tiveram o caso da fábrica de ração para cachorros da General Foods, em Topeka (Kansas), em 1971, para avaliar as vantagens da participação. Era o contramodelo de Lordstown: as regras eram fixadas coletivamente e a atividade se organizava em "grupos de trabalho autônomos", equipes "autogerenciadas" que se responsabilizavam por vastos segmentos da produção.[26]

Havia um consenso: "a produtividade aumenta [...] quando os trabalhadores participam das decisões que afetam suas vidas".[27] "O enriquecimento das tarefas", resumia o psicólogo Frederick Herzberg, "compensa".[28] Com base nessa constata-

---

25 Essa "participação" permitiria aos subordinados exercer certa influência sobre as decisões que os afetam, mesmo que a alta gerência "continue a dirigir a empresa, a cuidar das grandes transações financeiras" (O'Toole 1972, p. 85).

26 Walton 1972, p. 74.

27 O'Toole 1972, p. 84. Walton concluía igualmente pela "superioridade econômica" desse modelo (cf. Walton 1977, p. 423). Ver também Walton 1975, pp. 3–22.

28 Cf. Paul et al. 1969. "Lá onde o alargamento ou o enriquecimento das tarefas foram experimentados", comentava Gorz, "os resultados foram quase sempre positivos. Isso prova [...] que a abolição do despotismo da fábrica e a introdução da 'democracia industrial' tornam-se possíveis no interesse do próprio capital? [...] A questão assim apresentada não tem muito sentido. Existem experimentos controlados nessa direção, conduzidos in vitro. Mas nenhum exemplo de que uma insubmissão operária pôde ser recuperada por esse tipo de procedimento. Ao contrário, lá (como na Fiat), onde a luta resultava em formas de organização autônomas, a direção fez de tudo para destruí-las. O sentido das novas formas de organização não despótica do trabalho depende, então – como o sentido de toda reforma –, da relação de forças que presidiu sua introdução. Instituídas de cabeça fria, sob a iniciativa do patronato, para desintegrar as resistências, elas podem ser rentáveis para o capital e consolidar sua hegemonia. Impostas no calor do momento, pela ação organizada dos operários, elas são, pois, irreconciliáveis com a autori-

ção, podia-se enfim anunciar a boa-nova: há "uma congruência feliz entre a satisfação dos trabalhadores e a realização dos objetivos gerenciais".[29] Para os trabalhadores, mais satisfação; para o capital, aumento da produtividade. Definitivamente, todo mundo saía ganhando.

Entretanto, havia pelo menos um grupo social que acreditava ter algo a perder: a gerência, que temia se ver desprovida de uma parte importante de suas prerrogativas.[30] O operário militante Bill Watson relata o seguinte episódio: na fábrica onde ele trabalhava, a direção, antevendo a iminência de uma interrupção forçada das atividades, havia planejado um inventário do estoque, empreitada que duraria seis semanas. A tarefa foi confiada a cerca de cinquenta operários. Para ganhar tempo, eles montaram um sistema, um inventário auto-organizado que se mostrou mais eficaz que o procedimento inicialmente previsto pela gerência. A direção encerrou brutalmente a experiência espontânea, sob o pretexto de que "os canais legítimos de autoridade, competência e comunicação haviam sido violados".[31] "A gerência", comenta Watson, "estava disposta a tudo para impedir os operários de organizarem, eles mesmos, o trabalho, ainda que o inventário pudesse ser concluído mais cedo e eles pudessem voltar para casa antes do previsto, de modo que a empresa teria menos

---

dade patronal. A ambiguidade da 'democratização' do processo de trabalho é, portanto, a de qualquer reforma: ela é uma recuperação reformista, pelo capital, da resistência operária, quando instituída de cima; abre uma brecha no sistema de dominação do capital se é imposta de baixo, no curso de uma prova de força" (Gorz 1973, pp. 99-ss).

29 Storey 1983, p. 138. Nesse círculo virtuoso, prometem-nos que vão "melhorar simultaneamente a qualidade de vida no trabalho (e assim diminuir a alienação) e aumentar a produtividade" (Walton 1972, p. 70).

30 Aqui, é necessário fazer a distinção entre a posição de certos *teóricos* reformadores do gerencialismo e a dos *práticos* comuns do gerencialismo, que em geral não estão prontos a abrir mão facilmente das suas prerrogativas.

31 Watson 1971, p. 84.

salários a pagar".[32] Os gestores julgavam mais importante preservar o próprio poder que ponderar sobre considerações estritas de eficiência econômica.

Se "as tentativas para introduzir uma democracia de fábrica não deram certo", afirma igualmente a *Business Week*, "é porque os gestores se sentiram ameaçados pelo sucesso dessas experiências em que os trabalhadores começavam a tomar iniciativas em termos de decisão".[33] "Na verdade, estima André Gorz, a hostilidade patronal não tem razões essencialmente técnicas ou econômicas. Ela é política. O enriquecimento das tarefas é o fim da autoridade e do poder despótico dos chefes de alto e baixo escalão. [...] Em suma, uma vez que se opta por esse caminho, onde acabaremos?"[34]

Seria possível conquistar os ganhos de produtividade associados à participação sem perder o controle, sem desencadear dinâmicas perigosas? Os reformadores apostavam que seria possível entregar aos trabalhadores um certificado de autonomia limitada sem que isso degenerasse; outros se mostravam muito mais céticos. O problema da autonomia é que, uma vez concedida, ela não tolera ser apenas parcial. Temia-se um "efeito dominó".[35]

De fato, do ponto de vista patronal, as margens de manobra eram estreitas. Quais as opções disponíveis? Primeira estratégia: o *status quo*, quiçá o endurecimento dos regimes disciplinares existentes, mas sob o risco de intensificação das indisciplinas e dos conflitos sociais, com as perdas que eles implicam. Segunda opção: introduzir a "participação", promessa de uma convergência harmoniosa dos interesses, menos alienação e mais produtividade, simultaneamente. Com uma ressalva: nesse quadro conciliador, temia-se que formas limitadas de autonomização deixassem a raposa entrar no galinheiro.

---

32 Ibid., p. 84.
33 "Stonewalling Plant Democracy" 1977, p. 78.
34 Bosquet 1972, p. 64.
35 Marglin, em Lazonick 2002, p. 289.

Eis o dilema: reintroduzir um regime disciplinar que se sabia contraproducente, ou promover uma autonomia que, apesar de artificial, poderia se revelar perigosa. Portanto, produzia-se um impasse. Outra solução, no entanto, delineava-se no horizonte.

3. INSEGURANÇA SOCIAL

> *De que teriam medo, conscientes de que,*
> *mesmo que sua indolência e extravagância,*
> *sua embriaguez e vício os houvessem*
> *reduzido às necessidades básicas, eles*
> *seriam fartamente abastecidos às expensas*
> *dos outros: não só alimentados e asseados,*
> *mas reconduzidos a seus luxos habituais?*
>
> JOSEPH TOWNSEND, *A Dissertation*
> *on the Poor Laws*, 1786.

Em 1970, um repórter do *The Wall Street Journal* visitou uma fábrica. Na linha de montagem, viu cabelos compridos, barbas e às vezes um símbolo da paz espetado numa camiseta. E, sobretudo, "rostos jovens, olhos cheios de curiosidade, olhos que viram a contestação espalhar-se pelo país". Ele perscruta esses olhares que o surpreendem e conclui: "Eles não parecem ter medo".[1] Lá estava, para o patronato, o principal problema.

Essa nova intrepidez, de onde vem? Essa juventude não conhece nada "da dura realidade econômica do período anterior".[2] Antigamente, mesmo que não se tivessem vivido os anos sombrios da crise de 1929, ouvia-se falar dessa época, pelo menos em casa. Mas essa memória social, teorizam alguns, se esgotou: "Levou muito tempo – duas gerações – para que a motivação pelo medo econômico se dissipasse".[3] Os trabalhadores atuais, que "nunca tiveram a experiência da necessidade ou do medo – ou mesmo da insegurança econô-

---

1 Gooding 1970, p. 66.
2 "Adam Smith" em *Supermoney* 1972, p. 274. "O 'consenso do sacrifício' está desmoronando." Está fora de cogitação assumir toda a responsabilidade dizendo "Eu faço isso por minha família, eu trabalho duro para que meus filhos tenham uma vida melhor que a minha" (p. 280).
3 Ibid., p. 275.

mica –, sabem bem no fundo que, aconteça o que acontecer, a política pública não os deixará morrer de fome".[4]

A razão fundamental "de nossas dificuldades atuais com a mão de obra", resumia um diretor da Ford, Malcolm Denise, consiste no seguinte: "Há entre os empregados um enfraquecimento generalizado da *tolerância à frustração*".[5] Essa ideia de que existem níveis variáveis de "tolerância à frustração" provinha da psicologia do comportamento. No fim dos anos 1930, experiências com chimpanzés conduzidas por psicólogos americanos revelaram que indivíduos que haviam experimentado poucas decepções no começo da vida desenvolviam "um nível de tolerância à frustração insuficiente para enfrentar as frustrações posteriores".[6] Esses psicólogos concluíam que a tarefa fundamental de uma educação bem-sucedida não era tanto desenvolver o jovem sujeito, mas "construir sua tolerância à frustração" por meio da disciplina. A explicação que essa teoria de bicho-papão dava para os "comportamentos desviantes" era assustadora. Um indivíduo indisciplinado seria um sujeito cujo nível de tolerância à frustração é patologicamente baixo. Para curá-lo, é preciso ensiná-lo a resistir a seu desejo: "A reeducação ou a psicoterapia é [...] um processo de construção da tolerância à frustração que permite ao paciente [...] experimentar doses suportáveis de frustração até que a resistência gradualmente se desenvolva e as zonas de fraca tolerância à frustração desapareçam".[7]

Aplicar esse esquema de interpretação às revoltas operárias equivalia a apresentá-las como manifestações de imatu-

---

4 Gooding 1970, p. 66.

5 Denise apud Weller 1974, p. 4, grifos do autor. Os assalariados dos anos 1970, recapitulava ele, estão "1) ainda menos preocupados em perder seus empregos que no passado [...]; 2) ainda menos propensos a suportar condições de trabalho degradantes ou desconfortáveis; 3) ainda menos suscetíveis a aceitar o ritmo uniforme [...] das linhas de montagem; e 4) ainda menos dispostos a se conformar às regras ou a se curvar a uma autoridade superior" (Denise 1969 apud Widick 1976, p. 10).

6 Rosenzweig 1938, p. 154.

7 Ibid., p. 154.

ridade psíquica, caprichos de crianças mimadas. Considerar que o problema residia na *tolerância demasiadamente fraca dos sujeitos à frustração* equivalia a negar que a questão relevante é a da *insatisfação grande demais* decorrente de um trabalho alienante. Em suma, dizia-se que os trabalhadores haviam ficado acomodados em excesso.

"O absenteísmo", garantia um diretor da General Motors, "não resulta da monotonia do trabalho, mas da prosperidade econômica da nação, do alto grau de segurança e das numerosas vantagens sociais proporcionadas pela indústria".[8] A reproblematização caminhava bem: aconselhava-se focalizar mais nas condições sociais vantajosas que lhes proporcionavam o luxo de poder se mostrar tão audazes do que se concentrar nos meios de remediar o "desânimo dos colarinhos-azuis". O problema não é que o trabalho é duro demais, a sociedade é que é muito mole.

Desde o fim dos anos de 1960 – muito antes, portanto, do famoso "choque do petróleo" de 1973 que costuma servir de cesura histórica –, a taxa de lucro começa a baixar nos Estados Unidos.[9] O ambiente de negócios sabe disso e se preocupa. Como explicar a queda? A imprensa econômica *mainstream* logo arranja uma teoria, ou melhor, uma ideologia da crise de lucratividade.

Em março de 1969, a *Fortune* registra contração dos lucros.[10] Em julho, a revista encontra o culpado: a alta do custo da mão de obra,[11] alimentada pela combatividade operária. Mesmo num contexto de inflação galopante, de alta dos preços, os sindicatos conseguem negociar aumentos de salários.[12] Ao mesmo tempo, a produtividade, que antes progredia em um ritmo constante, desacelera. Se os lucros declinam, dizem, é

---

8   Bramblett apud Gooding 1970, p. 65.
9   Cf. Duménil e Lévy 2000, pp. 32-ss.
10   A formação desse tipo de argumentação foi estudada em detalhe por Truty 2010.
11   Ibid., p. 141.
12   Cf. A. Brenner 1996, p. 32.

unicamente em função desses dois fenômenos combinados: enquanto os salários aumentam sob a pressão das lutas, a alta do custo do trabalho não é mais compensada por um crescimento suficientemente robusto da produtividade. Ora, se "a produtividade começa a diminuir, é porque certas motivações – a disposição e o medo – abandonaram os que produzem. Pode-se, portanto, esperar que persista a inflação que conhecemos".[13]

Os debates sobre as causas do *profit squeeze*, do "estrangulamento dos lucros", dividiram os economistas. Os keynesianos, como sempre, destacavam a fragilidade da demanda, o fenômeno de subconsumo. Alguns marxistas retomavam estranhamente, por conta própria, a teoria dos editorialistas da *Fortune*, enquanto outros formulavam explicações alternativas.[14] Entretanto, qualquer que tenha sido o fator determinante da queda da taxa de lucro – força da classe operária (Boddy e Crotty), superacumulação (Sweezy), aumento da competição internacional e seus efeitos sobre os preços (Brenner) –, "uma coisa é certa: a solução para a crise estava, como veremos, em atacar o trabalho".[15]

A teoria dominante da crise – vamos chamá-la de "teoria da correlação de forças" – culpava a situação socioeconômica demasiadamente propícia aos trabalhadores e suas lutas. Menos que a considerações psicológicas, ela atribuía tal situação a três fatores principais: 1) o engajamento keyne-

---

13 "Adam Smith" em *Supermoney* 1972, p. 276. Deve-se notar, no entanto, que os neoliberais estavam divididos quanto ao fator determinante da inflação. Enquanto os friedmanianos se concentravam "nas causas imediatas da inflação – a injeção de dinheiro recém-impresso na economia" –, os hayekianos insistiam na "capacidade dos sindicatos de exercer uma influência causal sobre o processo de criação monetária" (cf. Christoph 2012, p. 368).

14 "Nós consideramos", escreviam em 1975 Radford Boddy e James Crotty, difundindo os argumentos do *The Wall Street Journal*, "que a erosão dos lucros é resultado de uma luta de classes vencedora conduzida pelo trabalho contra o capital" (Boddy e Crotty 1975, p. 1). A tese deles foi imediatamente criticada por outros da mesma corrente em função de seu caráter monocausal (cf. Sherman 1976, pp. 55–60).

15 Parenti 1999, p. 37. Ver R. Brenner [1988] 2006; Magdoff et al. 1981; e sobretudo Bellamy Foster 2013, pp. 1–14.

siano na manutenção do pleno emprego; 2) os dispositivos de proteção do Estado de bem-estar social; 3) o poder dos sindicatos. Se quisessem reverter a tendência, nenhum desses pilares deveria se manter de pé.

De fato, até o primeiro terço dos anos 1970, o mercado de trabalho conheceu nos Estados Unidos uma situação de quase pleno emprego. Nesse contexto, a ameaça suprema de que o patrão dispõe, ou seja, a demissão, não era mais percebida como tão terrível. "Bastava", lembra-se um caminhoneiro de Detroit, "se apresentar em qualquer lugar para achar trabalho em algum depósito ou numa doca qualquer. A gente não estava nem aí se fosse mandado embora".[16] Isso explica também a capacidade de dizer *não*, a liberdade, a força que preocupava o outro lado.

"Em um país no qual o governo é formalmente responsável por manter o pleno emprego", pergunta em 1970 a *Business Week*, que forças "poderão conter as reivindicações dos trabalhadores, aliás perfeitamente naturais, por mais dinheiro e mais poder"?[17] Se é verdade que a indisciplina operária é filha do pleno emprego, como dizem no ambiente dos negócios, seria preciso, então, cogitar seriamente eliminá-lo. "O emprego em massa não é uma opção politicamente viável; [...] em outras palavras: para domar esse bando de inconsequentes, este país precisa é de uma boa depressão", escreve, no início dos anos 1970, um comentarista de economia que se permite ainda mais uma provocação assinando seus textos com um nome emprestado, um pseudônimo revelador: "Adam Smith".[18]

Quando o ciclo espontâneo das crises do capitalismo não oferece esse tipo de oportunidade, sempre é possível se esforçar para fazê-lo acontecer artificialmente por si só. O que foi

---

16 Apud A. Brenner 1996, p. 65. "O medo de ficar desempregado, relata também a *Life Magazine* em 1972, praticamente desapareceu, e com ele a ideia de que trabalhar duro é uma virtude em si" ("The Will to Work and some Ways to Increase it" 1972, p. 38).

17 "The u.s. Can't Afford What Labor Wants" 1970, p. 106 apud Phillips-Fein 2010, p. 156.

18 "Adam Smith" em *Supermoney* 1972, p. 275.

feito, esperando-se o melhor: "Entre 1969 e 1970, a administração Nixon provocou uma breve recessão a fim de resfriar a economia – um eufemismo para recolocar os trabalhadores no lugar deles".[19] Em agosto de 1971, ela anunciou um controle dos preços e dos salários. O objetivo do congelamento dos salários, confiou um dos conselheiros da Casa Branca, era "abafar o trabalho, e foi o que fizemos".[20]

Assim que essa política começou a dar frutos, em 1971 um redator da *Fortune* entreviu, enfim, razões para ter esperanças: se a alta do desemprego se confirmasse, "o trabalhador poderia muito rapidamente mudar de atitude".[21] Pois é preciso saber que "mesmo um pequeno número de demissões pode ter um efeito mirabolante"[22] para acalmar os ânimos contestatórios.

No entanto, enquanto existirem dispositivos de proteção social, a ameaça do desemprego não pode desempenhar seu papel plenamente, uma vez que "a existência de seguros-desemprego reduz a 'penalidade' associada ao fato de ser demitido".[23] Publicamente, contudo, o ataque contra

---

19 Perelman 2002, p. 40. Ver também Blinder 1981, p. 107-ss.

20 A. Weber, diretor do Cost of Living Council no governo Nixon, *Business Week* 1974 apud Perelman 2002, p. 41.

21 Armstrong 1970, p. 40.

22 Brand, do Bureau of Labor Statistics apud Armstrong 1970, p. 40.

23 No início dos anos 1980, o trio de economistas marxistas Weisskopf, Bowles e Gordon propõe a noção de *custo de saída*, definido como a parte do nível de vida que um assalariado pode prever perder em caso de demissão: "Quanto mais elevado para os trabalhadores é o custo da perda do emprego, maiores as chances de que se mostrem conciliadores no local de trabalho. Quanto menor o custo de perder seu emprego, ao contrário, menos eles responderão aos esforços dos empregadores para aumentar a produtividade" (Weisskopf et al. [1990] 2015, p. 387). Seus cálculos mostram que o custo da perda de emprego, após ter aumentado na década de 1960, cai no início dos anos 1970. A baixa taxa de desemprego, a alta dos salários reais, a proteção social, entre outros fatores, levaram à queda do custo de saída, moderaram os riscos associados à demissão e tornaram mais favorável a correlação de forças sociais para os trabalhadores. Os "conservadores propõem restaurar a

a proteção social foi justificado por outro tipo de discurso. Ideólogos neoconservadores, encabeçados por George Gilder, elaboraram uma retórica *antiwelfare*, estigmatizando a "cultura da pobreza": "Os pobres devem trabalhar duro e devem trabalhar mais duro do que as classes acima deles [...], mas os pobres de hoje se recusam a trabalhar duro". Ora, "se os pobres optam pelo ócio, não é por fraqueza moral, mas porque são pagos para isso".[24] Para Gilder, o Estado de bem-estar social representava um perigo *moral*, até mesmo civilizacional: ao instituir programas de assistência, o Estado social dispensa os mais desprovidos de se curvarem inteiramente aos imperativos de mercado apresentados como poderosos incentivos à virtude. Assim, os seguros-desemprego incitam a preguiça; o direito à aposentadoria dissolve o dever filial perante os anciãos; os auxílios às pessoas com deficiência enaltecem os defeitos físicos superficiais etc.

Esse era o grande retorno de antigas doutrinas. Em 1786, em sua famosa *A Dissertation on the Poor Laws* [Dissertação sobre as leis dos pobres], o britânico Joseph Townsend opôs--se, com argumentos similares, às medidas de assistência que, segundo ele, cometiam um erro enchendo a barriga dos necessitados, sufocando neles esse tão precioso estimulante que é a fome. Para levar os pobres a trabalhar, não há

---

intensidade do trabalho por meio de uma disciplina intensificada sobre o mercado de trabalho (e, poderíamos acrescentar, por um ataque aos sindicatos)" (ibid. p. 438). Numa reviravolta, alguns economistas *mainstream* retomaram por conta própria essa tese, creditando-a explicitamente aos neomarxistas: "Em um recente artigo provocador, [...] Weisskopf, Bowles e Gordon apontam a existência de seguros-desemprego [...] para explicar o declínio da produtividade nos Estados Unidos" (Akerlof et al. 1986, p. 5). Na ocasião, Carl Shapiro e Joseph Stiglitz também discorreram sobre "o equilíbrio com desemprego como instrumento de disciplina do trabalhador". A premissa de seu raciocínio consiste em tratar "a ameaça de demitir um trabalhador como método de disciplina" e em considerar "que grande parte da desaceleração da produtividade pode ser atribuída a uma baixa do custo da perda do trabalho" (Shapiro & Stiglitz 1984, p. 434).

24 Gilder 1981, p. 69; Phillips-Fein 2010, p. 178.

nenhuma necessidade de obrigá-los por lei. Isso "dá muito trabalho, exige violência em demasia e faz barulho exagerado; a fome, ao contrário, não somente é uma pressão pacífica, silenciosa e incessante, como, sendo a motivação mais natural do trabalho e da indústria, produz também os esforços mais poderosos".[25] O escravo "deve ser forçado a trabalhar, enquanto o homem livre deve ser deixado a seu critério e juízo". Precioso documento para uma genealogia da moral liberal, onde se aprende que sua concepção da "liberdade" pressupõe o cutelo da miséria e que a destruição das formas instituídas de solidariedade social é a condição de emergência da figura do "trabalhador voluntário".[26]

No pós-guerra, entretanto, era possível acreditar sinceramente nesses antigos esquemas ultrapassados. Se, nas fases anteriores do capitalismo, a insegurança social foi considerada "útil, pois ela impelia as pessoas [...] a trabalhar da melhor maneira e o mais eficazmente possível",[27] em contrapartida, na "Era da Opulência", estimava Galbraith em 1959, tornou-se claro que "um nível elevado de segurança é essencial para uma produção máxima".[28] Os seguros-desemprego, por exemplo, longe de engendrar um afrouxamento da atividade, desempenham, evidentemente, um papel essencial para estabilizar a economia sustentando a demanda.

---

25 Townsend 1971, p. 23.

26 Na formação das condições de existência do "trabalhador voluntário", comentava Polanyi, "o estágio final, porém, só foi alcançado com a aplicação da 'penalidade da natureza' – a fome. Para consegui-lo, foi necessário liquidar a sociedade orgânica, que se recusava a permitir que o indivíduo passasse fome". Ele acrescenta: "a contribuição inicial do homem branco para o mundo do homem negro consistiu principalmente em acostumá-lo a sentir o aguilhão da fome. [...]. Ora, o que o homem branco ainda pratica ocasionalmente em regiões remotas hoje em dia, isto é, a derrubada das estruturas sociais a fim de extrair delas o elemento do trabalho, foi feito no século XVIII com as populações brancas, por homens brancos, com propósitos similares". (Polanyi [1944] 2011, pp. 200 e 199).

27 Galbraith [1958] 1967, p. 98.

28 Ibid., p. 113.

Ora, favorecendo um novo movimento pendular, esse é o consenso questionado no início dos anos 1970. Alguns pretendem, então, voltar às sociedades da *insegurança social*. "As políticas governamentais de pleno emprego", escreve Gilbert Burck na *Fortune*, em 1971, "praticamente extinguiram os velhos temores de ficar desempregado por longos períodos. O seguro-desemprego, combinado a outros amortecedores instituídos por uma sociedade bem-intencionada, encoraja as greves, permitindo aos grevistas usufruir de relativo conforto enquanto esperam que o empregador capitule".[29] Daí o programa: desmantelar esses "amortecedores" a fim de reavivar os "velhos temores" que eles acabaram sufocando.

Como disciplinar os trabalhadores? A primeira opção era, como vimos, exacerbar o poder disciplinador, com o risco de haver efeitos adversos. A segunda, proposta pelos reformadores gerencialistas, consistia em introduzir formas de participação com fins de autodisciplina. "As iniciativas gerenciais para 'humanizar' o trabalho", analisa Stephen Marglin, "são em geral concebidas como resposta ao crescimento dos custos de mão de obra ligado à indisciplina, ela mesma resultado da prosperidade"[30] – mas esse gênero de bons projetos definha assim que o desemprego se torna novamente uma realidade.

Aparece, então, uma terceira perspectiva: para disciplinar por dentro, deixar que a insegurança econômica e social opere plenamente por fora. Se as pessoas continuam a trabalhar mesmo sob condições que detestam, explica o operário militante John Lippert no fim dos anos 1970, momento em que o retorno da conjuntura já se faz sentir, não é "por causa de um controle interno que a empresa teria sobre os trabalhadores. O controle é mais externo: as privações econômicas seriam severas demais se os trabalhadores fizessem o que o instinto deles impulsiona: deixar aquele local e nunca mais botar os pés ali".[31]

---

29 Burck 1971, p. 65.
30 Marglin 2002, pp. 284–85.
31 Lippert 1977, p. 36. A taxa de desemprego, que nos Estados Unidos era de 3,5% em 1969, atinge 8,5% em 1975.

A disciplina não se impõe da mesma forma nas instituições fechadas – aquelas que só podemos abandonar pela evasão, do tipo prisão – e nas abertas – aquelas das quais podemos sempre pedir demissão, do tipo empresa. Nas primeiras, a disciplina reina num sistema fechado, impedindo a saída dos sujeitos; nas segundas, ela funciona ao contrário, ameaçando-os de expulsão forçada. De um lado a reclusão, de outro a demissão. Em instituições em que os sujeitos são "livres" para ir embora, os rigores do poder disciplinador interno não são suficientes para obter obediência. Ademais, isso requer, na ausência de motivação positiva suficiente, a incitação negativa de efeitos disciplinantes externos. A noção desdobra-se. Não há uma única disciplina, mas duas ao menos: um poder disciplinador interno e uma pressão disciplinante externa, num esquema em que a intensidade da segunda determina o grau de tendência à submissão do primeiro.[32]

As gerações que nasceram depois de 1973, aquelas que cresceram na era da "crise" perpétua, uma após outra, interiorizaram a ideia de que cada qual viveria globalmente "menos bem" que a anterior. Elas reaprenderam a ter medo. Foi um retorno histórico que também poderia ser lido como uma espécie de psicoterapia em grupo, uma reeducação de massa para a "tolerância à frustração".

---

32 É preciso acrescentar que o complemento de tal instauração de insegurança econômica e social foi uma política de introdução de insegurança policial e carcerária, uma "disciplina do chicote" exercida sobre os mais pobres. Um duplo fenômeno de recuo do Estado solidário e de desenvolvimento do Estado penal que Loïc Wacquant descreveu como uma "política estatal de criminalização da miséria de Estado" (Wacquant 2004, p. 79). Ver também Piven e Cloward 1993; Bowles et al. 2015; Dhondt 2012.

4. GUERRA AOS SINDICATOS

> *As pessoas da mesma profissão raramente se reúnem, mesmo que seja para momentos alegres e divertidos, mas as conversações terminam em uma conspiração contra o público, ou em algum incitamento para aumentar os preços. Efetivamente, é impossível evitar tais reuniões, por meio de leis que possam vir a ser cumpridas e se coadunem com espírito de liberdade e de justiça.*
>
> ADAM SMITH, *A riqueza das nações*, 1776.

"O país não pode se dar ao luxo de ceder às reivindicações dos trabalhadores", título da *Business Week* de abril de 1970: "A nova militância sindical poderia fazer disparar os salários e alimentar uma inflação galopante".[1] A revista denuncia um domínio quase absoluto dos sindicatos sobre a economia: "O funcionamento de uma sociedade democrática implica que nenhum grupo possa acumular em seu seio um poder tal que lhe permita ditar sua lei. [...] A negociação coletiva ainda é negociação, ou se transformou em uma espécie de chantagem exercida pelos sindicatos?".[2]

"O problema econômico mais grave que o mundo ocidental enfrenta no início dos anos 1970", afirma igualmente Gilbert Burck na *Fortune*, "é o da inflação ligada aos custos induzidos pelas altas excessivas de salários. [...] O fenômeno é o mesmo em toda parte do mundo ocidental: as organizações de trabalhadores estão indo longe demais".[3]

Mas a constatação era paradoxal, pois ao mesmo tempo que se denunciava o abuso de poder dos sindicatos, havia também a preocupação com a perda de autoridade nes-

---

1 "The U.S. Can't Afford What Labor Wants..." 1970, p. 105.
2 Ibid., p. 107.
3 Burck 1971, p. 65.

sas agremiações. As direções sindicais, apontava Richard Armstrong na *Fortune*, não pareciam mais ter condições de controlar uma base "com estado de espírito ávido e rebelde",[4] cada vez mais tomada por "uma onda crescente de cólera e revolta contra a administração, contra seus próprios líderes e, em grande medida, também contra a sociedade".[5]

Cada vez menos capazes de conter suas tropas, as direções sindicais já não parecem desempenhar seu papel de pacificação social. "Os líderes sindicais que envelhecem perderam a mão?"[6] Em suma, eles também enfrentariam uma crise de governabilidade. Na ocasião, lamentava um executivo da indústria automobilística, o interlocutor não era mais o burocrata sindical de costume, mas "um tipo limitado, o líder local irresponsável".[7] Essa tomada de poder pelos "homens sem rosto da base" parecia pressagiar "uma nova era nas relações com o trabalho", possivelmente marcada por greves de amplitude inédita.[8]

No pós-guerra, teorizava o sociólogo Michael Burawoy em 1979, os sindicatos americanos se integraram a um "Estado interno" da empresa: por terem se formalizado em um dispositivo regulado de negociação coletiva, renunciando em grande medida ao conflito efetivo, eles mais reproduzem a ordem da dominação do que a questionam.[9] Colaborando com uma forma de "governo privado na indústria",[10] assegu-

---

4   Armstrong 1970, p. 37.

5   Ibid., p. 41. "O colarinho-azul, ele acrescentava, está [...] descontente com seus patrões, aborrecido com o 'sistema', e sensível aos apelos revolucionários do *black power*" (p. 37).

6   Ibid., p. 41.

7   Apud Armstrong 1970, p. 41.

8   Gart 1966 apud A. Brenner 1996, p. 26.

9   Recusando uma dicotomia estrita demais entre economia e política, ele procurava teorizar uma "política da produção". "A fórmula 'Estado interno' refere-se ao conjunto de instituições que organizam, transformam ou reprimem as lutas, referindo-se às relações na produção e às relações de produção no âmbito da empresa." (Burawoy 1979, p. 110).

10   Ibid., p. 109.

ram – ao mesmo tempo que as mantêm – a ordem produtiva, a fabricação do consenso, a hegemonia do regime de produção em vigor. Contudo, no exato momento em que o sociólogo marxista desenvolvia suas teses, demonstrando por *a* mais *b* até que ponto esse regime de dominação era robusto, este se enchia de fissuras por todos os lados.[11]

Do ponto de vista patronal, o diagnóstico era duplo: os sindicatos são simultaneamente fortes demais e, em certo sentido, fracos demais. Fortes demais, pois ainda em posição de arrancar aumentos salariais, mas não mais fortes o suficiente, já que as burocracias sindicais não são mais capazes de disciplinar seus grupos.[12] Em suma, de que adianta, dizia-se, continuar a fazer concessões às direções sindicais se isso já não permitia comprar a paz social na base?

Uma queda de braço era iminente, mas só um lado da mesa das negociações se preparara para ela, já que os dirigentes das *trade-unions* não a haviam previsto.[13] Quando afinal eles a compreendem, é tarde e sua reação é amarga. Em 1978, Douglas Fraser, grande figura do sindicalismo americano, bate à porta do Labor Management Group e redige uma carta aberta que soa como um testamento político: "Os dirigentes da comunidade empresarial escolheram hoje, com raras exceções, conduzir este país a uma guerra de classe unilateral – uma guerra contra os trabalhadores, contra os desempregados, os pobres, as minorias [...]. Nos Estados Unidos, os dirigentes da indústria, do comércio e das finanças romperam e rejeitaram o frágil pacto verbal que sustentou uma era hoje terminada de crescimento e de progresso".[14] Ele refletia sobre o fim de quase trinta anos de relações cordiais, um período ao longo do qual "um

---

11 Ver Burawoy 2012.

12 Cf. Armstrong 1970, p. 38.

13 Cf. Edsall 1984, p. 155

14 Fraser 1978 apud Bowles et al. 2015, p. 30. Quase inconscientemente, comenta Cowie, Fraser entregava uma interpretação instrutiva do mencionado compromisso que, segundo ele, repousava, portanto, menos sobre a pujança do trabalho que sobre a tolerância tática e provisória do capital (cf. Cowie 2010a, p. 297).

grande número de empresas passou a depender dos sindicatos como força primordial de estabilização".[15]

Essa reviravolta fora preparada no campo da teoria por uma corrente intelectual cujas teses, outrora minoritárias, serviriam de base para um ataque lançado contra o sindicalismo, recusado em seus próprios princípios. Os economistas neoliberais haviam elaborado muito antes uma crítica agressiva aos sindicatos. Já em 1947, o economista Fritz Machlup caracterizava a ação deles como uma tentativa de "fixação monopolística dos salários".[16] À mesma época, Henry C. Simons, oponente feroz do New Deal e mentor do jovem Milton Friedman, denuncia as "anomalias do controle pela associação voluntária": diante da ameaça de instauração de uma espécie de governo sindical, era vital "preservar a *disciplina da concorrência*".[17] Nos debates estratégicos sobre essa questão, que dividiam a Sociedade do Mont-Pèlerin, berço e vanguarda do neoliberalismo, Machlup defendia uma posição bélica: "A paz industrial é algo de que deveríamos desconfiar, pois ela só pode ser comprada ao preço de uma distorção elevada da estrutura dos salários".[18]

É essa posição que predomina no início dos anos 1970 nas elites econômicas. A *Fortune* alfineta, em 1971, "o poder monopolístico do trabalho":[19] "Autorizados a se organizar como exércitos, os sindicatos recorrem à coerção e à intimidação e não hesitam em desestabilizar a economia inteira para alcançar seus fins. [...] A questão não é mais saber se tal força deve ser reprimida, mas como. É crucial compreender que o poder do sindicalismo não é uma necessidade natural.

---

15 Raskin 1979 apud Cowie 2010a, p. 298. A contradição, explica Michele Naples, estava em que a "trégua" capital/trabalho fornecia o quadro institucional de uma relativa prosperidade econômica, uma prosperidade que por sua vez "fornecia [...] o contexto econômico no qual os trabalhadores podiam lutar por seus interesses e assim solapar a trégua" (Naples 1986, p. 116).

16 Cf. Machlup 1947.

17 Simons 1944, p. 5.

18 Apud Steiner, em Mirowski et al. 2009, p. 190.

19 Burck 1971, p. 65.

Sua existência depende, na verdade, de uma série de exceções e privilégios que o governo concede aos sindicatos a fim de lhes propiciar uma espécie de santuário sem igual em nossa sociedade. Nossa tarefa é derrubar esse santuário".[20]

Isso se revestiu de ares de ataques políticos diretos, vindos de cima, mas também de manobras mais locais. A partir de meados dos anos 1970, desenvolve-se a atividade florescente de um novo gênero de consultores, os *union busters* ou "exterminadores de sindicatos".[21]

Alto executivo em uma grande empresa americana, você recebe pelo correio um folheto com o título "Os sindicatos: como evitá-los, vencê-los e se livrar deles". Anexo, o convite para um seminário de três dias em um grande hotel. Na noite da véspera, você chega e encontra os organizadores. O jeitão do primeiro, um psicólogo do trabalho – barba, camisa aberta, mangas arregaçadas –, inicialmente o faz divagar, até compreender que esse ar descontraído faz parte da panóplia de uma profissão que ele exerce há mais de vinte anos junto a grandes empresas americanas, entre elas IBM, Shell, Dupont e Texas Instruments. O segundo é um advogado nova-iorquino com o uniforme de praxe: terno sóbrio e camisa sob medida.

O seminário se desenvolve em três partes: 1) Como impedir a sindicalização?; 2) Como lutar contra uma organização sindical em implantação?; 3) Como "dessindicalizar" uma empresa?

O primeiro dia é reservado ao "psicólogo industrial", que vai ensinar "como tornar os sindicatos supérfluos": "Quando uma equipe diretora depara com um sindicato em sua empresa", ele diz, "é porque ela deu motivos para isso". "Diante dos sindicatos, há apenas duas atitudes possíveis: dar uma de cacto ou de ameixa. A ameixa é um alvo fácil [...], já o cacto é resistente, e quem procura acha – é preciso criar um ambiente decididamente hostil aos sindicatos."[22]

---

20 Davenport 1971, p. 52.
21 Ver Logan, em Gall et al. 2013.
22 Apud Georgine 1979, pp. 411-ss. Reconstituo aqui um relato compósito a partir de diferentes textos.

Isso começa já na entrevista de emprego. Você deve aprender a interrogar os candidatos. Como a lei proíbe formular perguntas muito diretas sobre as convicções pessoais do entrevistado, é necessário fazer rodeios: "Tente saber se eles estão engajados em prol de causas progressistas, se são membros de organizações de inquilinos, de associações de consumidores ou qualquer atividade que possa revelar simpatias sindicais".[23]

Uma vez recrutados, deixe bem claro aos recém-chegados "que a empresa funciona sem sindicato, e isso não é de hoje. [...] Nós não dizemos que os sindicatos sejam bons, nem, aliás, que sejam ruins, apenas não sentimos a necessidade de tê-los em nossa empresa; ora, parece mesmo que ninguém nunca sentiu essa necessidade, já que aqui não há sindicato".[24] C.Q.D.

Também é preciso se familiarizar com a arte de "gerir sem interferir": "Não vá trabalhar ao volante de um carro de luxo. Não se refira às pessoas como *trabalhadores* ou *empregados*, não chame os patrões de *patrões*. Todos devem ser considerados parte de uma única e mesma empresa. [...] Dê às pessoas títulos que elas respeitem, como técnico ou engenheiro".[25]

Em seguida, para fazê-los compreender melhor o mecanismo que movimenta os subordinados, o psicólogo os inicia nos princípios de base da psicologia da aprendizagem. Se, passeando de carro pelo parque Yellowstone, você cruza com um urso e lhe dá uma bala pela janela, "para ele é natural esperar pela segunda. [...] Se você continuar, acabará sem balas – e o urso vai lhe arrancar não apenas o saco vazio, mas também um braço e uma perna. Podemos nos perguntar por que esse urso, animal adorável, aliás, de repente se metamorfoseou em besta feroz. A resposta é simples: o urso foi recompensado e reforçado em suas atividades agressivas, assim como os empregados de algumas organizações em sua ação coletiva".[26]

Depois do intervalo de almoço, o psicólogo apresenta seu "sistema de alerta precoce de sindicalização" – um calhamaço

---

23 Ibid., p. 412.
24 Ibid.
25 Ibid.
26 Apud Georgine 1979, p. 419.

de questionários. Os funcionários devem responder a testes de personalidade, oficialmente destinados a "antecipar e resolver os problemas relacionais",[27] mas que na verdade são utilizados para estabelecer um "perfil psicológico da força de trabalho", visando avaliar a "lealdade do empregado" e detectar, com base em sinais discretos, os indivíduos mais suscetíveis a se juntar ao sindicato.[28] "Perguntem-se quais empregados serão os mais vulneráveis se um sindicato vier bater à sua porta. Essas pessoas são realmente feitas para os senhores? Talvez sejam mais felizes em outro lugar. Demitam-nas. Livrem-se daqueles que não têm espírito de equipe."[29]

E não tenham nenhum remorso, pois é a sua *liberdade* que está em jogo. Quando não há sindicato, "vocês contratam quem querem, pagam o que podem ou o que querem e demitem quando querem. Vocês lhes designam as tarefas que querem designar. Ora, no exato momento em que assinam um acordo sindical, [...] tudo isso muda".[30] "Se um sindicato se organiza em uma fábrica, bem, quem vocês acham que vai sair mais prejudicado? Não é o presidente executivo ou os vice-presidentes da empresa. São vocês, senhoras e senhores, os supervisores. Vocês é que vão enfrentar todo dia a presença do sindicato. Vocês é que terão de aguentar o representante do pessoal, as reclamações, as queixas, as operações-tartaruga, o assédio [...]. A partir do momento em que há um sindicato na empresa, a maneira como se opera é afetada pessoalmente [...], o controle sobre promoções, cargos, distribuição das tarefas, períodos de experiência, disciplina, férias, aposentadorias, demissões." Com essas belas palavras, o psicólogo encerra o primeiro dia do seminário.

---

27 Ibid., p. 423.

28 Ibid., p. 421.

29 Essas propostas foram colhidas pela jornalista Nacy Stiefel, que tinha se infiltrado com seu gravador em uma reunião organizada pelo escritório de advogados Jackson Lewis, Schnitzler & Krupman sobre a arte de lutar contra a sindicalização (apud Farmer 1979; reprod. em *Pressures in Today's Workplace*... 1979, p. 274).

30 Apud Georgine 1979, p. 433.

No dia seguinte, o jurisconsulto expõe uma série de manobras para entravar a constituição de um sindicato e retardar a convocação de eleições profissionais – táticas de obstrução no limite da legalidade. Também são distribuídos argumentos antissindicais, modelos de cartas e discursos pré-redigidos endereçados aos subordinados.

No terceiro dia, enfim, o advogado divulga, sob o selo de confidencialidade absoluta, uma paleta de táticas de "dessindicalização". Se você pratica (como é prudente fazer) a espionagem de seus empregados, eis, por exemplo, este conselho: "Sei que as reuniões do sindicato acontecerão no Holiday Inn. Paro meu carro no estacionamento e observo todos os que chegam. Esse é um ato de vigilância. Não devo fazer isso. Se, por outro lado, vou ao Holiday Inn por uma razão qualquer e, por acaso, vejo o movimento das pessoas chegando, estou no meu direito". Uma vez identificados os líderes, é preciso ser capaz de demiti-los de acordo com as formas previstas. Também nesse caso, com a condição de ter se preparado previamente, nada mais fácil: "Se a administração conserva os arquivos detalhados das faltas e das advertências, ela pode dar um jeito para que a demissão de um trabalhador pró-sindicato assuma um ar legítimo".[31]

À guisa de lembrete, você pode sair desse seminário com um exemplar autografado do livro escrito por outro desses consultores. Um guia prático no qual se encontram, detalhadas pela ementa, todas "as táticas e as estratégias necessárias"[32] para criar sua guerrilha antissindical.

É importante manter-se vigilante, lembra esse precioso vade-mécum, ficar atento aos sinais de alerta de uma atividade sindical emergente: quando "grupos que têm discussões muito animadas se calam assim que os supervisores se aproximam", quando "pichações hostis à empresa aparecem nas paredes dos banheiros", e quando esses banheiros "começam a atrair muita gente" mesmo quando não há, que se saiba, "uma epi-

---

31 Ibid., p. 415
32 De Maria 1980, p. 15.

demia de gastrenterite, você pode suspeitar que as pessoas se reúnem, nos banheiros, para discutir *alguma coisa*".[33]

Se o movimento se confirmar, estabeleça uma *war room* nos andares da direção, um posto de comando que servirá de "centro de atividade".[34] Você afixará na parede um grande diagrama listando "o nome de todos os empregados, por departamento, com a menção 'sindicato', 'companhia' ou '?'" – o que lhe dará uma visão de conjunto da lealdade de seus empregados. Todas as informações pertinentes deverão subir cotidianamente à *war room*. Assim, informada em tempo real acerca da evolução do campo de batalha, a administração poderá "determinar a estratégia e decidir sobre técnicas eficazes de contra-ataque".[35]

É a sua vez de militar, distribuir panfletos e pendurar cartazes – o manual fornece modelos prontos, basta imprimi-los. Exemplo de dizeres em um cartaz: "Sim, você tem algo a perder votando a favor de um sindicato: a liberdade de resolver seus próprios problemas de maneira individual e diretamente com a administração".[36] Além de cartazes e panfletos, o manual sugere mandar confeccionar *fortune cookies* antissindicais para distribuir no refeitório, biscoitinhos chineses recheados de mensagens *ad hoc*. O assalariado quebra o biscoito e lê: "As contribuições sindicais vão abocanhar sua comida"; ou então: "Lamento, o sindicato não está com nada"; ou ainda: "Cuidado com o dragão que se esconde atrás da lanterna mágica do sindicalismo".[37] Outros procedimentos do tipo: organizar coquetéis gratuitos, quiçá "instituir a prática de oferecer aos empregados um peru grátis no Dia de Ação de Graças", o que consistirá em "um lembrete econômico tangível do engajamento do empregador com uma força de trabalho feliz e satisfeita".[38] Nessa ocasião, entre dois

---

33 Ibid., p. 209.
34 Ibid., p. 95.
35 Ibid., p. 96.
36 Ibid., p. 153.
37 Ibid., p. 126.
38 Ibid., p. 130.

brindes, "a empresa poderá sublinhar que os fortes sentimentos de lealdade que os empregados experimentam em relação a ela seriam perturbados pela presença de um sindicato".[39]

E se, apesar de todos esses esforços, você não conseguir se recuperar, sempre será possível recorrer aos serviços dos consultores antissindicalistas que virão, com o modo bélico acionado, dar uma ajuda, "mirando os pontos mais vulneráveis dos trabalhadores, aqueles detectados previamente por um exame psicológico preparatório".[40] Um *union buster* arrependido relatou em sua autobiografia o que significa mais concretamente essa "estratégia combinada de desinformação e ataques pessoais": "Quando os consultores decidem destruir os sindicatos, eles invadem a vida das pessoas, rompem suas amizades, esmagam sua vontade e destroem suas famílias".[41] "Suas armas", resumia um sindicalista, "são a intimidação e a subversão do direito. Assim que os trabalhadores procuram se organizar em algum local, esse exército guerrilheiro, vestido de terno, está lá, pronto para resistir".[42]

Quando, para fazer uma reportagem sobre o sindicalismo, a jornalista Beth Nissen foi contratada anonimamente, em 1978, pela Texas Instruments, ela sentiu o medo que reinava entre os funcionários. Quando abordou a questão do sindicato com uma colega, ouviu dela: "Por favor, nunca mais fale comigo durante o intervalo. Se a empresa perceber que estamos conversando, vou ser mandada embora".[43] Apenas por ter evocado a possibilidade de se sindicalizar, a repórter infiltrada foi demitida sob um pretexto qualquer, menos de três semanas após a contratação.

---

39 Ibid., p. 148.
40 Apud Georgine 1979, p. 408.
41 Levitt 1993, p. 1.
42 Georgine 1979, p. 408.
43 Apud Georgine 1979, p. 414.

[2] REVOLUÇÃO GERENCIALISTA

5. UMA CRISE TEOLÓGICA

> *A evolução capitalista, substituindo os muros e as máquinas de uma fábrica por um simples pacote de ações, desvitaliza a noção de propriedade. [...] A apropriação desmaterializada [...] não impõe, como outrora se experimentava a propriedade, uma lealdade moral. No final, não sobrará ninguém para se preocupar realmente em defendê-la.*
>
> JOSEPH SCHUMPETER, *Capitalismo, socialismo e democracia*, 1942.

"Pode-se dizer sem exagero que um novo pensamento corporativo, o gerencialismo, está iniciando uma grande crise teológica, comparável, por sua amplitude, às repercussões da obra de Darwin e às implicações sociais e políticas da Reforma. Na verdade, a ideologia que dominou o pensamento ocidental ao longo dos últimos séculos está vendo seus pilares econômicos e políticos desmoronarem."[1] O evento intelectual determinante nesse contexto, indicava em 1962 o autor do qual tomo emprestadas essas linhas, fora a publicação, três décadas antes, de um livro assinado pelo jurista Adolf Berle e pelo economista Gardiner Means, *A moderna sociedade anônima e a propriedade privada*.[2] Essa obra, que John Kenneth Galbraith considera "um dos dois livros mais importantes dos anos 1930, ao lado da *Teoria geral* de Keynes",[3] de fato polarizou os debates sobre a teoria da empresa durante quase meio século.

Entretanto, algumas semanas depois do lançamento, a editora, uma pequena casa especializada em questões fiscais,

---

1 Bazelon 1962, p. 293.
2 Berle e Means 1932.
3 Parafraseado por Hessen 1983, p. 273. Ver Galbraith 1932, p. 1527.

subitamente voltou atrás e retirou o livro das prateleiras. Um executivo da General Motors, horrorizado com o que lera, havia comunicado sua desaprovação aos responsáveis pela Corporation Trust Company, agência de aconselhamento às empresas da qual a editora era uma das filiais e a General Motors era, por acaso, um dos grandes clientes, o tipo de cliente que ninguém quer perder. "Descobrindo a víbora que ela havia alimentado em seu seio, a companhia suspendeu a publicação [...]. Os livros que questionam os sistemas de poder", critica retrospectivamente Berle, "recebem uma acolhida brutal por parte do sistema de poder cujas justificativas e fundamentos eles analisam".[4] Essa iniciativa de censura produziu o contrário do efeito esperado. Voltando à circulação por obra da editora Macmillan, o livro contou com uma divulgação muito maior. "Ironicamente", lamenta anos mais tarde um intelectual conservador, "é sobre a General Motors [...] que recai a responsabilidade pelo lançamento do livro de Berle e Means".[5]

O que havia naquelas páginas que incomodava tanto? Ora, os autores identificavam uma discreta mutação nas relações de propriedade, uma revolução que acabava por solapar os princípios da economia capitalista que seus defensores brandiam havia quase três séculos.

Consideremos um cavalo e seu dono. "O proprietário do cavalo é responsável por ele. Se o cavalo vive, ele deve alimentá-lo. Se o cavalo morre, deve enterrá-lo."[6] Em que consiste, agora, outra relação, aquela que o acionista mantém com a sociedade cujas ações ele detém? "A uma ação na bolsa não se associa nenhuma responsabilidade desse tipo." O acionista não é responsável pela empresa. Talvez ele nunca tenha pisado lá. Tornou-se, para retomar a fórmula de Thorstein Veblen, um "proprietário ausente".[7] Não tem mais a posse

---

4 Berle 1962, p. 434.
5 Hessen 1983, p. 280.
6 Berle e Means 1932, p. 64.
7 Veblen [1923] 2017, p. 66.

física de um bem, apenas um "título" – uma propriedade desmaterializada, abstrata, uma propriedade de papel.

A velha propriedade-posse era sólida. Ela imobilizava o proprietário, que vivia no cenário de seu objeto. O acionista, por sua vez, não tem amarras. Se a propriedade não lhe convém mais, ele a liquida. Desmaterialização, fluidificação, e também fracionamento da propriedade acionária, as ações de uma sociedade estão dispersas entre milhares de portadores.

Mas outra coisa também ocorre: a "dissolução do antigo átomo da propriedade em seus elementos".[8] As funções que a propriedade privada clássica reunia em um todo foram cindidas em duas: "O poder, a responsabilidade e a substância, que no passado eram partes integrantes da propriedade, são transferidos para um grupo separado, em cujas mãos reside o controle a partir de então".[9] Como o acionista não dispõe de nada além de uma propriedade passiva, é aos gestores funcionários, e não aos proprietários, que cabe o controle ativo da empresa, sua administração concreta. Há, portanto, de um lado, "proprietários sem controle real" e, de outro, "controle sem real propriedade".[10] Essa é a tese central de Berle e Means, a da separação entre propriedade e controle.

Ao mesmo tempo, a natureza da empresa se transformou. A grande sociedade por ações não tem muito a ver com o negócio do patrão-proprietário. Emancipando-se das fronteiras da propriedade individual ou familiar, concentrando e socializando capitais provenientes de um vasto "público de investidores",[11] a modalidade acionária permitiu o desenvolvimento de empresas gigantescas, instituições "quase públicas" que põem milhares de trabalhadores sob a direção de uma gestão unificada.

Berle e Means se unem, nesse aspecto, às teses do industrial e político alemão Walter Rathenau: "A desindividualização da propriedade, a objetivação da empresa, o desliga-

---

8 Berle e Means 1932, p. 8.
9 Ibid., p. 65.
10 Ibid., p. 113.
11 Ibid., p. 6.

mento da propriedade em relação ao proprietário fez com que a empresa se transformasse [...] em uma instituição que se assemelha ao Estado".[12] Liberto de todo ancoramento econômico substancial na propriedade do capital, o "controle pela gestão" aparece como um poder de tipo governamental. Daí o uso, para descrevê-lo, de metáforas políticas: os gestores são "novos príncipes" à frente de grandes "impérios industriais".

A interpretação desse fenômeno foi, de imediato, muito ambivalente. Se alguns celebravam a vinda de um poder gestor desinteressado, outros temiam o crescimento do poder de um novo despotismo gerencial. Na visão mais pessimista, popularizada em 1941 por James Burnham, em *The Managerial Revolution*,[13] os gerentes iam, como resumia Orwell ao divulgar suas teses, "eliminar a antiga classe capitalista, esmagar a classe operária e organizar a sociedade de modo que todo o poder e todos os privilégios econômicos estivessem em suas mãos".[14]

---

12 Rathenau 1921, p. 121 apud Berle e Means 1932, p. 309.

13 Burnham 1941. Parece que o neologismo *managerialism* aparece pela primeira vez em uma resenha do livro de Burnham. Mas ele não o empregava, preferindo falar de "sociedade gerencial". Cf. Person 1941.

14 Note-se que Orwell ecoa aqui uma tese à qual ele não adere (Orwell 1986, p. 269). Retomando as ideias de Rizzi em *La Bureaucratisation du monde* (1939), Burnham reinterpreta a separação entre propriedade e controle anunciada por Berle e Means como uma cisão entre duas *modalidades de controle*: os gestores têm o controle num primeiro sentido, enquanto concentram as funções de direção – o que ele chama de "controle do acesso" –, mas os acionistas ainda têm o controle num segundo sentido, enquanto reservam para si a maior parcela na alocação dos lucros – o "controle da distribuição". No entanto, segundo ele, a situação não pode perdurar: "O controle do acesso é decisivo, e, uma vez consolidado, ele arrasta consigo o controle do tratamento preferencial na distribuição: opera-se uma clara mudança da propriedade em prol da nova classe dominante" (Burnham 1941, p. 59). Esse processo, segundo ele, já muito ativo, é transnacional e transregimes: a burocracia stalinista, o dirigismo fascista e o intervencionismo do New Deal representam a seus olhos três versões de um mesmo fenômeno.

A descoberta de Berle e Means tinha numerosas implicações, dentre elas uma particularmente radical no plano teórico: "A dissolução do átomo da propriedade", afirmavam, "destrói o próprio fundamento sobre o qual a ordem econômica repousou nos últimos três séculos".[15]

Na mira deles estava Adam Smith e sua famosa mão invisível. Os ricos, expunha o autor de *A riqueza das nações*, apesar de terem se preocupado somente com seus "vãos e insaciáveis desejos", paradoxalmente operam sem querer, por sua cupidez privada, para o bem público. Como seu interesse egoísta é obter o lucro máximo de sua propriedade, eles são impelidos a fazer uma gestão eficiente dela, que concorra para o aumento da riqueza geral e, por conseguinte, da riqueza individual.[16] Contudo, observam Berle e Means, o economista pensava num contexto em que "o sistema da livre empresa repousava sobre o interesse pessoal do proprietário dos bens":[17] "Para Adam Smith e seus sucessores, a propriedade privada era uma unidade que implicava a posse. Pressupunha-se a combinação da propriedade e do controle".[18]

Ora, "atualmente, na empresa moderna, essa unidade foi rompida".[19] Apesar de os acionistas sempre terem sido motivados pelo lucro, isso não implica mais que eles façam concretamente "um uso mais eficiente da propriedade, já que abandonaram inteiramente essa tarefa aos que controlam a

---

15 Berle e Means 1932, p. 8.

16 Os ricos, "a despeito de seu natural egoísmo e rapacidade, embora pensem tão somente em sua própria comodidade, embora a única finalidade que buscam, ao empregar os trabalhos de muitos, seja satisfazer seus próprios desejos vãos e insaciáveis, [...] dividem com os pobres o produto de todas as suas melhorias. São conduzidos por uma mão invisível a fazer quase a mesma distribuição das necessidades da vida que teria sido feita caso a terra fosse dividida em porções iguais entre todos os seus moradores; e assim sem intenção, sem saber, promovem os interesses da sociedade" (Smith [1759] 2015, p. 226).

17 Berle e Means 1932, p. 9.

18 Ibid., p. 304.

19 Ibid.

empresa".[20] Quanto aos gestores, como eles não são mais proprietários, é difícil imaginar o que os impeliria a dar o sangue para maximizar os lucros de terceiros.

Os autores lembram que, ao constatar que os gestores das companhias por ações – ainda raras no século XVIII – não se empenhavam tanto quanto o patrão proprietário em fazer frutificarem os negócios que lhes eram confiados, Smith "rejeitava categoricamente a sociedade por ações como mecanismo para os negócios, estimando que a dispersão da propriedade tornava impossível um funcionamento eficiente".[21] A doutrina clássica previa assim, *ela mesma*, sua própria disfunção no caso particular de uma forma que se tornou dominante desde então. Sem se dar conta, continua-se a justificá-la inoportunamente com uma teoria que a desqualifica.

A menor motivação dos gestores é uma coisa, mas, além disso, nada garante que seu interesse seja convergente com o dos acionistas. Ao contrário, tudo aponta para uma divergência problemática, sobretudo se os gestores recebem a informação de que o modo mais lucrativo de alimentar seu interesse egoísta é, afinal, assaltar a caixa registradora, pois, como descreve Schumpeter, "para além do tratamento e do bônus, nenhum lucro pessoal, nas sociedades, pode ser realizado pelos gerentes, a não ser recorrendo a práticas ilegais ou semilegais"[22]. A ironia da história é que, se os gestores se conformam à máxima do agente econômico racional, o sis-

---

20 Ibid., p. 9.

21 "Entretanto, sendo que os diretores de tais companhias administram mais o dinheiro de outros do que o próprio, não é de esperar que dele cuidem com a mesma irrequieta vigilância com a qual os sócios de uma associação privada frequentemente cuidam do seu. Como os administradores de um homem rico, eles têm propensão a considerar que não seria honroso para o patrão atender a pequenos detalhes, e com muitas facilidade dispensam esses pequenos cuidados. Por conseguinte, prevalecem sempre e necessariamente a negligência e o esbanjamento, em grau maior ou menor, na administração dos negócios de uma companhia" (Smith [1776] 1988, p. 214.). Ver também Berle e Means 1932, p. 115.

22 Schumpeter [1942] 1979, p. 218.

tema começa a desandar; tanto é verdade que "os interesses da propriedade e do controle são amplamente opostos *se* os interesses deste último derivam prioritariamente do desejo de ganho pecuniário".[23]

Berle e Means não fazem nenhuma objeção à teoria clássica. Eles não dizem que Smith estava errado; ao contrário, ele estaria certo, e isso por entrever a possível obsolescência de seu próprio teorema. A permanência da crítica tecida pelos dois, o que explica que ela tenha feito correr tanta tinta, se deve ao fato de tratar-se "do primeiro esforço de envergadura para criticar a estrutura legal da empresa moderna nos próprios termos das noções econômicas tradicionais que constituíam seus pressupostos".[24]

Se as justificativas fornecidas pela teoria clássica se tornaram ineficazes, não foi porque foram refutadas intelectualmente, e sim porque foram anuladas por uma transformação real. É a tese da "inadequação da teoria tradicional".[25] O capitalismo acionário, revolucionando as formas de propriedade, conseguiu, ainda por cima, a proeza de solapar os fundamentos de seu próprio discurso de legitimação.

O problema de Berle e Means, *ao contrário* das reinterpretações redutoras feitas a respeito de suas teorias, não era saber como realinhar a conduta gerencial ao interesse acionário, mas vislumbrar sob novos ângulos a questão das motivações e finalidades da atividade econômica.[26] Impunha-se

---

23 Berle e Means 1932, p. 115.

24 Manne 1961, p. 560.

25 Berle e Means 1932, p. 302.

26 "A explosão do átomo da propriedade destrói a base do antigo pressuposto segundo o qual a busca de lucro estimula o proprietário do bem industrial a fazer dele uso efetivo. Isso questiona, consequentemente, o princípio fundamental da iniciativa individual na empresa industrial. E impõe um reexame da força motriz que anima a indústria e das finalidades em vista das quais a empresa moderna pode ou vai ser conduzida" (ibid., p. 9). Essa constatação "não questiona somente a hipótese da maximização do lucro como descrição realista do comportamento empresarial, mas nega a base institucional da motivação clássica do lucro" (Mason 1958, p. 6).

inicialmente uma questão de legitimidade: se a empresa moderna não pode mais ser pensada como "a figura ampliada da empresa proprietária clássica",[27] qual será a justificativa do poder gerencial?

Berle e Means identificaram uma imensa brecha na ideologia econômica dominante. Restava saber como tapá-la. Alguns não encontraram resposta melhor do que convocar, como grande salvadora, a moral – melhor ainda, uma versão da moral repescada dos fossos de um imaginário medieval.

---

27 Eells 1962, p. 16.

6. GERENCIALISMO ÉTICO

*Atualmente não existe teoria empresarial que
explique ou justifique de modo satisfatório
a existência da grande empresa moderna.
Assim, fazem-se esforços para elevar à
condição de teoria da empresa a ideia de
responsabilidade social (ou de "consciência
corporativa" ou de "boa cidadania").*

WILBUR HUGH FERRY,
The Corporation and the Economy, 1959.

*Entretanto, por ora elas ainda não
conseguiram criar, a exemplo das corporações
medievais, uma consciência corporativa no
lugar da responsabilidade individual da qual
empenharam em se livrar justamente
em decorrência de sua organização.*

KARL MARX, "British Commerce
and Finance", 1858.

No período moderno, observava Charles Fourier, um novo tipo de discurso tomou o lugar da moral e seus sermões. Por não ter se dado conta cedo o bastante de que "a economia política invadia todo o domínio da charlatanice [...], os moralistas caíram no esquecimento e foram impiedosamente incorporados à categoria dos romancistas. Sua seita sucumbiu com o século XVIII, morreu politicamente".[1] Os economistas, por sua vez, logo se tornaram fortes demais para precisar de aliados – "desdenharam todo meio de aproximação e continuaram a afirmar que eram necessárias *riquezas, grandes riquezas, com um comércio imenso, um imenso comércio*".

---

1 Fourier 1846, p. 189.

Entretanto, Fourier acrescentava, "a queda dos moralistas preparava a dos rivais. Pode-se aplicar a esses partidos literários a palavra de Danton, que, no cadafalso, já atado a uma corrente, diz ao carrasco: guarde a outra para Robespierre; ele virá logo. Assim, os moralistas podem dizer a seu carrasco, à opinião que os sacrifica: guarde a outra corrente para os economistas; eles virão logo".

O que Fourier não previu, no entanto, é que essa morte anunciada seria seguida de um singular renascimento. Diante da crise sem precedentes que abalava a doutrina de Adam Smith no século XX, não se encontrou saída melhor, num primeiro momento, na falta de *aggiornamento* teórico – ele viria, empenhavam-se para isso nos bastidores –, que exumar antigos ídolos. Com a economia sucumbindo, por sua vez, sua rival decaída, a moral, voltou com a nova roupagem de um *gerencialismo ético* apresentado nos anos 1950 como a grande solução para o problema da legitimidade do poder gerencial.

Na visão de mundo do antigo paternalismo industrial, o patrão-proprietário reinava sobre sua empresa como se ela fosse um objeto seu. Ele era concebido, ainda no século XIX, em consonância com o antigo "mestre, o *dominus*, ou seja, o proprietário dos operários que ele emprega".[2] Àqueles que questionavam seu poder, ele podia sempre contrapor: "Aqui quem manda sou eu porque estou no meu domínio, porque ele é meu". Um alicerce que a autoridade dos gestores de grandes sociedades modernas não pode mais reivindicar.

A separação entre propriedade e controle não apenas desintegrou a antiga justificativa patrimonial da autoridade;[3] ela também enfraqueceu as pretensões dos acionistas,

---

2   Périn 1886, p. 49.

3   O que Macpherson escreve em outro contexto, a propósito das contradições da teoria liberal moderna, vale também aqui: essa teoria "deve continuar a utilizar os postulados do individualismo possessivo em um momento histórico no qual a estrutura da sociedade de mercado não fornece mais as condições necessárias que

simples proprietários passivos, a fim de que "a empresa seja dirigida somente segundo seu interesse".[4] O aparecimento de empresas gigantes, "quase públicas", cujas decisões impactam a vida de todos, "colocou a comunidade em posição de exigir que a empresa moderna não esteja somente a serviço dos proprietários [...], mas de toda a sociedade".[5]

Quais interesses devem ser levados em conta na administração das empresas? "De quem", pergunta Edwin Merrick Dodd em 1932, "os dirigentes são mandatários"?[6] "A responsabilidade social da gestão", respondia um presidente executivo americano, "foi ampliada [...] a administração já não representa apenas, como antigamente, o interesse exclusivo da propriedade; ela opera cada vez mais sobre a base de uma relação fiduciária que a impele a manter um equilíbrio equitativo [...] entre diferentes grupos".[7] Formulava-se assim uma nova "filosofia da direção", "a filosofia do 'fideicomisso' ou administração fiduciária", que apresentava os gestores como mandatários (*trustees*) de uma pluralidade de grupos sociais.[8]

No que concerne à separação entre propriedade e controle, do livro de Berle e Means emergiu, por décadas, uma ideologia das responsabilidades sociais do homem de negócios. Em *Social Responsabilities of the Businessman*, texto seminal dessa temática, publicado em 1953, Howard R. Bowen rejeita a concepção de que "o indivíduo não teria outra regra além

---

permitem deduzir uma teoria válida das obrigações políticas a partir desses postulados" (Macpherson 1962, p. 275).

4   Berle e Means 1932, p. 312.

5   Ibid., p. 312.

6   Dodd 1932. De modo sintomático, foi do discurso de um diretor corporativo da época, Owen Young, presidente da General Electric, que Dodd tomou emprestado o título de seu artigo.

7   Lewis Brown, presidente executivo da Johns-Manville Corporation apud Nourse 1950, p. 53. "O gestor", lê-se também em 1951, em *La Révolution permanente* (sic), obra coletiva redigida pelos editores da revista *Fortune*, "tem responsabilidades para com a sociedade tomada como um todo" (Davenport 1951, p. 79).

8   Robinson 1959, p. 72.

de perseguir seu interesse pessoal e se engajar com ardor e fé em uma concorrência sem misericórdia".[9] O homem de negócios sem dúvida deve lucrar, mas ele também tem a obrigação de "levar em conta todos os interesses afetados" pelas atividades da empresa.[10]

Se a autoridade privada legítima era considerada um atributo do direito de propriedade – a empresa é *minha* e, portanto, estou autorizado a dirigi-la –, o gerencialismo ético a justifica de modo não patrimonial – a legitimidade do dirigente, ao contrário, leva em conta interesses não proprietários: é justamente por não gerenciá-la *para mim* que estou autorizado a fazê-lo. "Nessa abordagem", analisa Hal Draper, "a nova irresponsabilidade dos líderes institucionais não controlados não é mais fonte de preocupação, mas precondição necessária para liberá-los de influências mesquinhas, deformantes, das considerações de maximização dos lucros no curto prazo".[11] A autonomização do poder gerencial, a mesma que gerava o temor de uma deriva autocrática, transfigura-se, portanto, milagrosamente, em autonomia moral. A inversão é completa, pois então é possível afirmar, ao contrário de Burnham, que "esse novo gerencialismo não é uma nova forma de ditadura", e que "a ética gerencialista é intrinsecamente benevolente", justamente "*porque* o gestor não é, em nenhum sentido, um proprietário".[12]

Como a arte da liderança é a arte do "equilíbrio dos interesses", a posição do "gestor quase anônimo" será a de um "ponto de convergência" das inúmeras pretensões que ele compartilhará de modo equitativo, conforme a antiga virtude do *juste milieu*.[13] No mundo dos negócios, concebido como "um sis-

---

9   Bowen [1953] 2013, p. 17.

10   Ibid., p. 50

11   Draper 1961, p. 91.

12   Lakoff 1973, p. 237.

13   "Enquanto seu predecessor era um empresário autocrático, o gestor tornou-se um mediador" (Lakoff 1973, p. 237). A partir de então, o gestor-modelo vai se comportar como árbitro "capaz de determinar de modo independente o interesse público que ele deve pôr em operação" (Romano 1984, p. 938).

tema de governo privado",[14] o patrão troca de pele, metamorfoseando-se em uma espécie de "homem de Estado"[15] – *L'État c'est moi*, mas eu sou uma corporação", escreve ironicamente à época, e em francês, um comentador americano.[16]

Até o início dos anos 1970, a tese de Berle e Means sobre a separação entre propriedade e controle foi objeto, como ressaltava o sociólogo Maurice Zeitlin, de um "consenso impressionante" nas ciências sociais americanas.[17] Ela estava no cerne de uma visão gerencialista do capitalismo, fundada em uma série de verdades estabelecidas.

1. O principal lugar do poder econômico se deslocou: "O poder decisivo na sociedade industrial moderna", assegurava Galbraith, "é exercido não pelo capital, mas pela organização; não pelo capitalismo, mas pelo burocrata industrial".[18]

2. O princípio de maximização dos lucros foi dispensado: "Jamais a ideia de uma motivação pelo lucro", argumentava Dahrendorf, "tinha se distanciado tanto das motivações reais quanto no caso dos gestores burocráticos modernos".[19]

3. A classe capitalista, esquartejada entre funções acionárias e gerenciais, perdeu toda consistência, dando lugar a uma "estrutura de poder amorfa".[20] Berle chegou a evocar um "capitalismo sem capitalistas".[21]

---

14 Bowen 2013, p. 49.

15 Selznick 1957, p. 4. Um estudo publicado em 1956 sobre o novo "credo dos negócios nos Estados Unidos" concluía que "os gestores assumem um papel mais importante e mais autônomo que o dos agentes dos proprietários. É uma função de homem de Estado operar a mediação entre os grupos que dependem da empresa, satisfazer as reivindicações legítimas e preservar a continuidade da organização" (Sutton et al. 1956, p. 57).

16 Bazelon 1962, p. 304.

17 Apud Zeitlin 1974, p. 1074. As referências a seguir são citadas por Zeitlin.

18 Galbraith [1967] 1971, p. 19.

19 Dahrendorf 1959, p. 46.

20 Riesman et al. 1969, p. 236.

21 Berle, parafraseado por Zeitlin 1974, p. 1076.

4. A propriedade privada dos meios de produção, que diziam já ter se tornado líquida, evaporou-se definitivamente: "A propriedade está desaparecendo", anunciava Kaysen em 1957.[22] "A propriedade privada dos meios de produção", confirmava Bell em 1960, "tornou-se, em grande medida, uma ficção".[23] Em suma, havia uma certeza: "O capital – e por isso mesmo o capitalismo – se autodissolveu".[24]

---

22 Kaysen 1957, p. 312.

23 Bell 1960, p. 44.

24 Dahrendorf 1959, p. 47. O que a tese da separação entre propriedade e controle permitia em termos políticos era formular a questão do controle, abstração feita da questão da propriedade: com o capitalismo morto, não restaria nada mais a regular, aqui como acolá, além do caso do burocrata. Acha-se a marca dessa reformulação no *aggiornamento* programático da social-democracia europeia, a começar, muito cedo, pelo Partido Trabalhista, o Labour Party. Na Grã-Bretanha, a tese gerencialista da separação entre propriedade e controle, indica Mason em 1958, "está aparentemente se tornando um argumento que norteia a oposição contra toda a onda suplementar de nacionalização. Se as grandes empresas tendem a se 'socializar', por que o governo deveria se dar ao trabalho de nacionalizá-las?" (Mason 1958, p. 4). Em 1957, a direção do Partido Trabalhista britânico havia publicado uma plataforma que consagrava o triunfo de sua ala direita. Esse documento não estava sob os auspícios de Marx ou de Ruskin, nem mesmo de Bernstein, mas de Adolf Berle e Peter Drucker. O arquiteto dessa "metamorfose revisionista" do partido, Anthony Crosland, havia lançado suas bases em um livro-manifesto: "A propriedade tem cada vez menos importância para a questão do controle [...]: primeiramente porque a alienação dos trabalhadores é um fato inevitável, seja na propriedade 'capitalista' ou coletivista, seja, em segundo lugar, porque mesmo a propriedade 'capitalista' se divorcia cada vez mais de todo controle efetivo" (Crosland 1956, p. 70). Consequentemente, seria possível esquecer as velhas lutas sobre a apropriação social. O economista americano Rostow não se enganava a respeito: "Na Inglaterra" – ele comemorava à época –, "os socialistas dizem que os gestores já socializaram o capitalismo, de modo que se pode dispensar a incômoda formalidade da propriedade pública dos meios de produção" (apud Draper 1961, p. 106). Eis o correlato político do tema do gerencialismo da autossuperação do capitalismo, que Draper criticava: "A propriedade pública não é mais necessária para a reforma gradual que leva do capitalismo ao

"Nós tínhamos", concluía Daniel Bell, "uma sociedade 'desenhada' por John Locke e Adam Smith que repousava sobre as premissas do individualismo e da racionalidade de mercado [...]. Hoje nos dirigimos a uma ética comunal, sem, porém, que essa comunidade já esteja plenamente definida. Nesse sentido, o movimento que nos faz deixar a governança pela economia política para adotar uma *governança pela filosofia política* – é justamente isso que tal mudança implica – constitui o retorno a um modo de pensamento pré-capitalista".[25]

Cabe aqui uma observação. Proponho chamar de "gerencialidade" aquela concepção de governança que prevalecia antes da grande reviravolta neoliberal, que tanto ecoava como contrastava com a noção de governamentalidade. Michel Foucault concebia a "governamentalidade liberal" como uma resposta ao problema cardinal das modernas artes de governar: como introduzir a economia no interior do Estado? Como "exercer o poder na forma da economia"?[26] No prolongamento desse projeto, o neoliberalismo procurou analisar "comportamentos não econômicos por meio de uma escala de inteligibilidade economicista", sobretudo para fazer a "crítica e a avaliação da ação do poder público em termos de mercado".[27] O predecessor, o gerencialismo dos anos 1950 e 1960, sob os aspectos prático e teórico, fazia totalmente o oposto. Seu problema não era introduzir a economia no interior do Estado, mas, ao con-

---

socialismo, pois o capitalismo está se socializando por si mesmo de outras formas. A transferência de poder que se efetua nas empresas em prol de gestores responsáveis significa que as formas da propriedade privada não são mais compatíveis com nossos objetivos. A socialização dessas novas formas de empresa vai prosseguir com a inevitabilidade de uma progressão gradual. Em nosso programa, a propriedade pública pode ser guardada no porão, já que o desenvolvimento do novo coletivismo de empresa está cumprindo por si só a tarefa que, outrora, o movimento socialista acreditava ser sua". O caminho em direção ao socialismo, conclui Draper, não é outro, nesse esquema, se não o de um processo de "coletivização burocrática do mundo capitalista" (ibid., pp. 105–06).

25 Bell 1973, p. 23.
26 Foucault [1978] 2008b, p. 127.
27 Id. [1978–79] 2008a, p. 339.

trário, um análogo do governo político no interior da gestão privada dos assuntos econômicos. Ele não era concebido como arte de exercer o poder político na forma da economia, mas, ao contrário, como uma arte de exercer o poder econômico sob a forma de uma política privada. A gerencialidade não tem "como forma principal de saber" a economia – sua predileção epistêmica fundamental visa, antes, para além da ética, à política e, como veremos, à estratégia.

Em 1954, em *The 20th Century Capitalist Revolution*, Berle pinta a feliz imagem de um gestor-príncipe que administra os negócios em posição "de oráculo do interesse público". Pode-se ler esse texto como uma retomada anacrônica, em pleno século XX americano, do antigo gênero *espelho do príncipe*.[28] Berle refere-se a santo Agostinho e sua *Cidade de Deus*, em que "uma organização moral e filosófica [...] guiava inevitavelmente, afinal, o poder".[29] Ele evoca assim a corte dos Plantagenetas, em que um homem, com frequência um padre, chamado "chanceler", desempenhava o papel de "guardião da consciência do rei".[30] O gestor, o novo príncipe, exercerá também seu poder benevolente com a ética dos negócios para oferecer toda proteção. Único limite imposto ao poder do gestor: sua consciência, limitada pelas sanções informais da opinião pública.[31] Algumas linhas depois, e sem aí ver uma

---

28 Nesse tipo de tratado, expunham-se ao soberano ou ao futuro soberano as qualidades morais de um monarca ideal. Oferecendo-lhe um duplo elogio, esperava-se que ele se decidisse, seduzido por essa projeção potencial de si mesmo, a parecer-se com seu reflexo. Sêneca, que a tradição considera um dos fundadores desse gênero literário, tinha endereçado a Nero em seu *Tratado sobre a clemência*: que este livro "desempenhasse a função de espelho e te mostrasse a tua pessoa como a que há de vir para a maior de todas as satisfações". Não deu certo. Pouco inclinado à clemência, o imperador, como se sabe, acaba por ordenar ao filósofo que corte as veias. Cf. Sêneca [55-56 d.C.] 2013, proêmio I, 1.

29 Berle 1954, p. 178.

30 Ibid., p. 67.

31 Àqueles que julgariam essa garantia bem diminuta, Berle responde que é preciso crer nas forças do espírito: "Vimos padres capa-

particular contradição, Berle afirma que os gestores constituem "micro-oligarquias que se perpetuam por elas mesmas", e que "a filosofia tácita dos homens que dela fazem parte" garante um "controle real" contra as derivas desse poder.[32]

Contudo, muitos eram céticos, inclusive no seio da corrente gerencialista: como poderíamos, depois de tudo, "confiar minimamente nos gestores para trabalhar pelo bem-estar social quando não se podia confiar neles nem mesmo para cuidar do capital de seus próprios acionistas"?[33]

Mais que confiar na autoproclamada virtude dos gestores, alguns propunham moldar o exercício do poder corporativo por uma espécie de constituição interna – uma carta enunciando os direitos e deveres da administração. Tratava-se de aplicar ao poder gerencial "os princípios de governo limitado que são a essência do constitucionalismo ocidental".[34]

Richard Sedric Fox Eells, executivo da General Electric, esclarece em 1962 que perguntar se a empresa possui uma

---

zes de intimidar os policiais [...] o filósofo geralmente pode manter o respeito dos políticos. Há razões históricas consideráveis para se esperar que apareça uma liderança moral e intelectual capaz de equilibrar as criaturas de Frankenstein que engendramos" (Berle 1964, p. 187).

32 Ibid., p. 180.

33 Bratton e Wachter 2008, p. 131. "Sugeriu-se", escrevia Earl Latham, "que as empresas – empresas antropomorfas, dotadas de inteligência, de vontade, de personalidade e outros atributos humanos – desenvolveriam – última homenagem a santo Agostinho e a Freud – uma consciência, cujas operações limitariam e controlariam os excessos do poder corporativo e estabeleceriam um novo regime pleno de benevolência: a nova 'Cidade de Deus', nada menos. Mas, se tiramos uma lição da política, é que o poder só pode ser freado e controlado pelo poder, e que isso não se consegue de maneira automática, nem sem que os seres humanos ponham sua mão. [...] Se se trata de frear e controlar o poder legislativo da empresa, esse controle deve ser integrado por construção à própria estrutura corporativa, e não somente aplicado a ela a partir de fora, tampouco pode ser confiado às propensões subjetivas de suas autoridades internas" (Latham 1972, p. 228).

34 Miller 1960, p. 1569.

"estrutura 'constitucional'" equivale a colocar a "questão da *governança* corporativa"[35] – notemos que Eells é um dos primeiros a utilizar o termo, à época em desuso, nessa nova acepção. Uma empresa certamente é "um produtor e um distribuidor, um fornecedor e um comprador de bens econômicos", mas é, também, outra coisa, um "centro decisório", "um instrumento de poder e de autoridade".[36] Como tal, é possível dirigir-lhe outras questões além daquelas feitas pelos economistas, questões de governança. "Quem controla realmente uma empresa? Que poder ele exerce? A quem prestam contas os detentores do poder? E, se necessário, de que maneira? A empresa é uma oligarquia que perpetua a si mesma, como a qualificaram alguns, ou é uma espécie de república?"[37]

Eells apontava que a dificuldade estava no fato de que o governo privado corporativo "não é evidentemente uma democracia, tampouco é possível para uma grande empresa ser uma autocracia".[38] A via do constitucionalismo corpo-

---

35 Eells 1962, p. 16, grifos do autor.
36 Ibid., p. 20.
37 Ibid., p. 17. O cientista político Earl Latham também propõe, no início dos anos 1960, "reconstruir as empresas à imagem do governo público" e reorganizar essas "oligarquias privadas" para fazer delas repúblicas. Já existe um instrumento jurídico para tanto: a "carta de incorporação" em que o Estado enuncia as condições nas quais autoriza a criação de uma empresa (Latham 1960, p. 26 e 33). Bastaria dar novamente força a esse documento que se tornou simples formalidade, reformular e ampliar seus termos para impor uma reforma da governança corporativa. De sua parte, Eells inclina-se para um processo de autoconstitucionalização – as empresas dotariam a si mesmas de um *corpus* próprio de leis fundamentais, sabendo que "o bom fórum para elaborar o constitucionalismo corporativo [...] é a própria empresa" (Eells 1960, p. 324). "A alternativa que ele propunha", comenta Heald, "era que as empresas tomassem por si só a iniciativa a fim de autoeditar seus princípios constitucionais. Mas isso deixava a questão da legitimidade gerencial totalmente sem resposta" (Heald 1988, p. 296). Na verdade, a aporia só ricocheteava: como essa autocracia gerencial, de cuja capacidade de desenvolver uma consciência responsável se desconfiava, seria mais confiável quando se tratasse de *fazer a sua lei*?
38 Eells e Walton 1961, p. 381.

rativo é estreita: que espaço político lhe resta, sobre a base desse duplo diagnóstico, entre, de um lado, uma autocracia que ele julga insustentável e, de outro, uma democracia que ele rejeita? Efetivamente, não muita coisa.

Mas, atenção, advertia um relatório da fundação Rockefeller em 1958: se admitimos que temos o direito de "fazer a esses governos privados perguntas da mesma natureza daquelas que endereçamos a outros tipos de governo"; se, portanto, "os ideais democráticos que convém mobilizar para julgar o Estado podem igualmente servir para avaliar a maneira pela qual a vida dos homens é governada no setor privado",[39] então em breve teremos um grande problema. "Formulado de modo simples, a empresa é uma forma autoritária de governo industrial no seio de uma sociedade supostamente democrática";[40] ora, se lhe aplicarem os padrões da legitimidade política, haverá necessariamente contradição entre "a tradição democrática de um governo fundamentado no consenso e os procedimentos inevitavelmente hierárquicos e autoritários dos negócios".[41]

Alguns estimavam que nisso haveria grande perigo. Se gritarem aos quatro ventos que "a administração não leva a sério os interesses dos trabalhadores", então – advertia Peter Drucker em 1950 – a administração "só terá legitimidade com a condição de trabalhar esse aspecto". Mas em que medida isso é possível? É muito imprudente fazer esse tipo de promessa, como se pôde confirmar "com uma experiência rigorosamente comparável [...]: a do paternalismo colonial moderno".[42] Cometendo o erro de adotar uma retórica de

---

39 *The Power of the Democratic Idea...* 1960, p. 59.

40 Bazelon 1962, p. 297.

41 Heald 1988, p. 307. Ver também Cochran 1956, p. 39. Andrew Hacker recorria à seguinte analogia: "Um zelador de zoológico não é o representante das focas por satisfazer sua necessidade de peixes frescos. Um carcereiro também não é o representante dos detentos por consultá-los a respeito de suas atividades recreativas. Do mesmo modo, a comunidade corporativa é desprovida de toda democracia interna" (Hacker 1958, p. 11).

42 Drucker 1950, p. 104.

"governo para o povo", o discurso colonialista se posicionou em conflito com sua "obrigação de administrar a colônia em função de interesses econômicos, políticos e estratégicos da metrópole".[43] Tais discursos foram catastróficos, já que, mais que "assegurar a única coisa que importava, a saber, fazer-se aceitar pelos nativos como um governo legítimo", "eles conscientizaram os povos colonizados da distância entre os ideais do governo colonial e suas responsabilidades em relação aos interesses econômicos da metrópole".[44] E aí está, afirma Drucker, uma constante na história: "Todos os despotismos esclarecidos acabaram por engendrar a revolução".[45] E, se persistir nessa via, o "despotismo gerencial esclarecido" não escapará à regra.

Era justamente isso que temiam também, no mesmo período, os neoliberais. Milton Friedman logo acionou o sinal de alarme. Em março de 1958, num seminário que acontecia sob as douradas molduras decoradas com grifos do Drake Hotel de São Francisco, o economista de Chicago assumia um tom solene: "Se há uma coisa que destruiria com certeza nossa sociedade livre, que solaparia suas próprias fundações, seria a aceitação generalizada, por parte da administração, de outras responsabilidades sociais além de fazer o máximo de dinheiro possível. Essa é uma doutrina fundamentalmente subversiva".[46] De tanto repetir, por toda parte, que os gestores são "funcionários públicos, mais que empregados de seus

---

43 Ibid., p. 104.

44 Ibid., p. 104. É o estranho momento em que Drucker começa a soar como os pensadores da negritude. A propósito dos "princípios imortais" de 1789, dos quais se paramenta a colonização francesa, Senghor escrevia: "A infelicidade é que esses princípios não foram aplicados integralmente, sem hipocrisia; a felicidade é que eles foram parcialmente aplicados, o bastante para que suas virtudes [...] dessem frutos. Como diz Jean-Paul Sartre, nós escolhemos as armas do colonizador para voltá-las contra ele" (Senghor 1964, p. 399).

45 Drucker 1950, p. 282.

46 Friedman apud Diehm 1958, p. 4.

acionistas, em uma democracia, cedo ou tarde, eles vão acabar escolhidos de acordo com técnicas públicas de eleição".[47]

Em nome de que os acionistas designam os dirigentes corporativos por meio do conselho de administração? Friedman diz que não existe nenhuma justificativa para essa situação de fato, exceto que aqueles são agentes a serviço destes, e, se tal postulado cai, tudo desmorona. Ao se admitir que o dirigente corporativo é uma espécie de agente privado do público, conclui-se necessariamente que "é inadmissível que tais agentes públicos [...] sejam nomeados como são hoje. Se estão de fato a serviço do público, eles devem ser eleitos por meio de processo político".[48] Os gestores, admitindo exercer funções governamentais, expõem-se de modo imprudente à crítica e, em breve, a algo muito pior. Sob o charme falacioso da ética, Friedman imagina as esteiras de um tanque soviético: "A doutrina da 'responsabilidade social' implica a aceitação da visão socialista segundo a qual são mecanismos políticos, e não mecanismos de mercado, aqueles apropriados para determinar a alocação dos recursos".[49]

Considerada uma forma de governo, a que se assemelha a grande empresa? Ela causa uma péssima impressão. Aparece como regime em que uma casta de dirigentes não eleitos exerce um poder sem partilha. No começo dos anos 1960, um anarquista britânico disse que a empresa é "um sistema político em que o governo (quer dizer, a gestão) não presta contas a ninguém além de aos acionistas [...] e no qual os que devem obedecer, desprovidos de qualquer cidadania, não têm o direito de eleger os chefes que os governam. Eles têm apenas o direito de formar grupos de pressão (os sindicatos) para influenciar o governo, eventualmente retirando dele sua colaboração (o direito de greve). Esse sistema [...] não merece ser

---

47 Friedman 1962, p. 134.
48 Friedman retoma esses argumentos em uma célebre tribuna (Friedman 1970, p. 17).
49 Ibid., p. 17.

chamado de democracia [...] mais que o regime oligárquico que reinava na Grã-Bretanha no século XVIII".[50]

Nesse sistema, os trabalhadores são privados não apenas de direitos políticos, mas também de certas liberdades, reconhecidas, aliás, como inalienáveis: "Há quase dois séculos" – escrevia em 1977 um professor da Harvard Business School – "os americanos tiveram a liberdade de imprensa reconhecida, o direito à liberdade de expressão e de associação, o direito a procedimentos judiciários adequados, o direito à vida privada, à liberdade de consciência [...], mas nas empresas eles foram privados da maior parte dessas liberdades civis [...]. A partir do momento em que um cidadão americano cruza a porta da fábrica ou do escritório, das 9h às 17h, ele fica praticamente sem direitos. O trabalhador continua, sim, a ter liberdades políticas, porém não aquelas que importam".[51]

O problema fundamental, a aporia ideológica decisiva, é que a teoria democrática liberal não fornece nenhuma justificativa coerente para essa assimetria de tratamento. "O capitalismo" – resume Jaroslav Vanek, o economista favorável à autogestão – "está fundamentado nos direitos de propriedade, enquanto a democracia se fundamenta nos direitos pessoais. [...] Se o mundo ocidental está esquizofrênico a esse ponto, é porque temos, ao mesmo tempo, uma democracia política e uma autocracia econômica".[52]

Nos anos 1960 e 1970, ecoando as revoltas operárias, filósofos e economistas críticos elaboram teorias da democracia econômica. A forma de autoridade que ainda prevalece na empresa – que Marx descrevia como a de um "legislador privado" dotado de um "poder autocrático"[53] – parece-lhes uma reminiscência de relações de poder arcaicas, um bastião de tirania que escapou das revoluções democráticas.[54]

---

50 Ostergaard 1961, p. 44.
51 Ewing 1978, p. 3.
52 "Cooperative Economics..." s.d.
53 Marx [1867] 2011, p. 333.
54 Cf. Dahl 1977.

Em *Esferas da justiça*, Michael Walzer parte do exemplo de Pullman, uma cidadezinha americana fundada no fim do século XIX pelo rico industrial George Pullman. Proprietário das construções e do solo da cidade, ele acreditava ter o direito de "governar" os habitantes "da mesma maneira que um homem governa sua casa ou sua oficina".[55] Nessa cidade, Pullman era um autocrata privado. Sem eleições, sem liberdades civis, sem justiça regular, muito menos o direito a associação e manifestação. Estimando que a propriedade de uma cidade era "incompatível com a teoria e o espírito de nossas instituições", a Suprema Corte de Illinois pôs fim à situação. Pergunta de Walzer: esse tipo de poder, aplicado aos habitantes de uma cidade, é incompatível com os princípios da democracia liberal; mas o poder que Pullman exercia sobre os trabalhadores de sua companhia, no fundo, era diferente? Não, ele responde. "Se isso é condenável no caso das cidades, então vale também para as empresas e as fábricas."[56] Nos dois casos, uma só norma de autodeterminação deve prevalecer. "No que concerne ao poder político, sua distribuição democrática não poderia parar às portas da fábrica. Os princípios fundamentais são os mesmos para os dois tipos de instituição. Essa identidade constitui a base moral do movimento operário [...] e de toda a exigência de progresso em direção à democracia industrial."[57]

As teses de Berle e Means haviam posto em xeque o discurso de legitimação tradicional da ordem capitalista. O problema era teórico, mas também eminentemente político. "A economia clássica" – lembrava Edward Mason – "tinha fornecido não apenas um sistema de análise ou um 'modelo' analítico com o qual se podia explicar o comportamento econômico, mas também uma defesa – e uma até muito bem calibrada – da tese segundo a qual o comportamento econômico pro-

---

55 Walzer 1983, p. 296.
56 Ibid., p. 301.
57 Ibid., p. 298. Ver também Pateman 1970; Young 1979; Bowles et al. 1993. Para uma síntese dessas discussões, cf. Hsieh 2008.

movido [...] pelas instituições de um sistema de livre mercado operava, em suma, para o interesse público". Nunca é demais ressaltar – ele prosseguia – "que o crescimento do capitalismo do século XIX dependeu em larga medida da aceitação geral de uma justificativa sensata do sistema, sobre bases ao mesmo tempo morais, políticas e econômicas. A literatura gerencial vem hoje minar, de modo devastador, os pressupostos desse sistema. E o que ele oferece em seu lugar?".[58] Nada, ou quase nada. Pior, o gerencialismo ético que se esforçou para preencher o vazio dá margem, perigosamente, às exigências de democracia em uma empresa, fragilizando assim a instituição em seu próprio princípio.

Do lado dos intransigentes, apelava-se ao repúdio desses discursos antinaturais para transmitir os valores capitalistas: "Mais que lutar pela sua sobrevivência efetuando uma série de reformas estratégicas e assumindo a pose do homem de Estado industrial, o mundo dos negócios" – aconselhava Theodore Levitt em 1958, na *Harvard Business Review* – "deveria lutar como se estivesse em guerra. E, como toda boa guerra, esta deve ser conduzida ardilosa, corajosa e, acima de tudo, *não* moralmente".[59]

---

58 Mason 1958, p. 6.
59 Levitt 1958, p. 43.

7. DISCIPLINAR OS GESTORES

A corrida pelas procurações é, na melhor das hipóteses, um meio de atenuar a autocracia pela invasão.

BAYLESS MANNING, "Review: *The American Stockholder*, by J. A. Livingston", 1958.

Para os neoliberais, a questão da legitimidade do poder gerencial simplesmente não deveria ser posta em foco. Os gestores são os agentes dos acionistas e ponto final. Acima de tudo, que não se abra a caixa de Pandora. Com a eliminação definitiva dessa incômoda interrogação, sobrava apenas um problema de ordem técnico-prática: se é verdade que os gestores não dedicam todos os seus cuidados e esforços para maximizar o valor acionário, como impulsioná-los? Eis um novo aspecto em potencial da crise de governabilidade: após o caso dos trabalhadores rebeldes, o dos gestores preguiçosos.

Os economistas que assim reformulavam o problema de Berle e Means se empenhavam, antes de mais nada, em minimizar sua amplitude. "Se eles tivessem de fato o controle da empresa, os atuais gestores da United States Steel poderiam facilmente transferir para si mesmos, digamos, cem vezes o seu salário." Ora, eles não o fazem, o que prova que sua margem é limitada. Um presidente executivo com certeza pode – aquiescia Tullock – "contratar uma bela secretária loira" mesmo que ela não seja a mais qualificada das datilógrafas, mas, se ele "decidisse dedicar, regularmente, a metade de seus lucros a programas de luta contra a pobreza [...], seria num instante demitido de suas funções".[1] Avaliemos a escolha adequada de seus exemplos. Na pior das hipóteses,

---

1 Tullock, em Streissler 2003, pp. 295-ss. Tullock expõe, com base em suas discussões, a teoria do amigo Manne, que "nunca escreveu sua teoria geral da empresa".

então, pode haver uma gestão não ótima, uma leve falta de zelo, pequenos favores sexistas, mas estamos longe do quadro criado por alguns, de uma gestão onipotente, totalmente livre, pronta para dilapidar os dividendos dos ricos a fim de dá-los aos pobres.

Eis a que se resume o problema: como os acionistas não são, pelo distanciamento e dispersão, "perfeitamente eficientes em sua supervisão", é possível que os gestores não se conformem de todo à determinação de "fazer o máximo de dinheiro possível".[1] Enfim, o que os economistas chamam de "conflito de agência".[2] Há uma "relação de agência" quando alguém (doravante designado "o agente") age por algum outro (doravante designado "o principal") em seu nome e em seu lugar. Denominação erudita para uma questão trivial: como fazer com que seu trabalho seja feito pelos outros?

O "problema central que os principais enfrentam nessas relações é assegurar que o agente aja efetivamente pelo principal".[3] Problema, portanto, como bem formula Barry Mitnick, de "monitoramento da agência". O principal pode recorrer a diversos dispositivos para controlar a atividade do agente, mas essas "tarefas de vigilância e policiamento têm custos".[4] Daí a questão: como reduzir os "custos de agência"? Como bancar o meganha com gastos reduzidos?

Assim, o problema de Berle e Means era, novamente, uma tarefa de policiamento do trabalho gerencial, e todo o desafio consistia em descobrir procedimentos que permitissem disciplinar com eficiência os gestores oportunistas – e com eles toda a cadeia de comando –, a serviço apenas do valor acionário.

Entretanto, esse questionamento só se justifica – observou um crítico – "se, e somente se, se pressuponha que os

---

1 Ibid., p. 295.

2 Os economistas financeiros e os historiadores pró-negócios reduziram o livro de Berle e Means a uma versão muito truncada, eliminando as questões de poder e reduzindo-o apenas ao "problema da agência". Cf. Lipartito e Morii 2010.

3 Mitnick 1975, p. 27.

4 Alchian 1965, p. 35. Ver também Furubotn e Pejovich 1972, p. 1149.

acionistas, uma vez restaurado seu poder, vão disciplinar os gestores em prol da sociedade no seu conjunto",[5] o que significa admitir como "postulado o que deveria, ao contrário, ser questionado, isto é, que o restante da sociedade não teria de se preocupar com as empresas se são os 'proprietários' que as dirigem. [...] Mas há algum indício de que a nossa sociedade está mais segura nas mãos da Ford Motor Company do que nas da General Motors ou da AT&T?".[6] Certamente, no primeiro caso, o do patrão-proprietário, a unidade do controle patrimonial permanece, mas, então, "por quem o indivíduo ou o grupo familiar é, por sua vez, responsável?"[7]

Ignorando esse tipo de objeção, os economistas neoliberais começavam a buscar métodos de "alinhamento de incentivos"[8] aptos a regular a conduta dos gestores com base nos interesses dos acionistas. Eles tinham a convicção de que as soluções já estavam ali, totalmente prontas. Na verdade, se não houvesse mecanismos discretos operando nos bastidores para neutralizar a dinâmica atualizada por Berle e Means, a sociedade por ações já teria desaparecido há muito tempo da face da Terra, fatalmente destituída por outra mais eficiente no metamercado concorrencial das formas de organização. Na realidade, acredita-se que, se ela perdura, é porque à perda do controle proprietário se contrapõe um "papel disciplinar dos mercados".[9]

Paul Sweezy, refutando as teses de Berle e de Burnham, foi um dos primeiros a apontar, já em 1942, um fato simples, porém crucial, que explicava o alinhamento persistente do controle gerencial ao interesse acionário. Ele observou que as pessoas que dirigiam grandes empresas, "apesar de deterem apenas uma porção diminuta do total das ações, são, apesar disso, quase sempre proprietárias de partes importantes em

---

5 Manning 1960, p. 41.
6 Ibid., p. 42.
7 Ibid.
8 Demsetz 1988, p. 151.
9 Aglietta e Rébérioux 2004, p. 47.

valor absoluto, de modo que seus interesses são, largamente, idênticos àqueles do grande corpo dos proprietários".[10]

No início dos anos 1960, o economista britânico Robin Marris, que continuava a crer ferrenhamente na ideia de que "a administração goza de considerável liberdade de ação"[11] na era do "capitalismo gerencial", questionava-se acerca dos efeitos potenciais de uma eventual modificação na estrutura das remunerações dos dirigentes. Ele ressaltou que nos Estados Unidos alguns economistas preconizam outras fontes além do salário, incluindo diversas formas de "recompensas financeiras", entre elas os bônus e as *stock options*,[12] a fim de "sintonizar mais intimamente os interesses dos gestores aos dos acionistas"[13] e "encorajar um 'comportamento neoclás-

---

10 Sweezy 1942, p. 5. De modo geral, "quer os gestores sejam ou não diretamente estimulados pela 'motivação do lucro' como adesão subjetiva a um valor", lembrava Zeitlin, eles são objetivamente obrigados, em uma economia de mercado, a se curvar a ele (Zeitlin 1974, p. 1097). Em seu clássico *The Power Elite*, publicado em 1956, o sociólogo Charles Wright Mills rejeitava o discurso gerencialista como um "curioso conjunto de noções confusas": "Sustenta-se" que os executivos dirigentes das grandes empresas "são responsáveis pela geladeira que impera na cozinha, pelo carro na nossa garagem, assim como pelos aviões e bombas que preservam hoje os americanos de perigos iminentes". Ele se arriscava, no entanto, a dirigir questões delicadas a esses homens poderosos: "Sobre o que se fundamenta o poder deles? [...] Se os dirigentes são os mandatários de uma pluralidade de interesses econômicos, como assegurar que eles cumpram seu mandato com justiça?". Mas essas interpelações, por mais lisonjeiras ou ofensivas que sejam, na maior parte do tempo são apenas "barulheira de pátio de escola, destinadas a analfabetos em termos econômicos": "Os dirigentes corporativos e os ultrarricos não são dois grupos distintos e nitidamente separados. Ao contrário, eles se misturam bastante entre si no mundo capitalista da propriedade e dos privilégios" (Wright Mills 1956, p. 118).

11 Marris 1964, p. 46.

12 Plano de opção de compra de ações: a empresa oferece a seus funcionários a possibilidade de compra de ações por valores mais baixos que os praticados no mercado, como modelo de remuneração variável. [N. T.]

13 Ibid., p. 68.

sico'".[14] Será que essa "mudança institucional" seria capaz de apagar "certas contradições inerentes à concepção neoclássica do capitalismo"?[15]

Em todo caso, para os economistas neoliberais, essa era a esperança. Jensen e Meckling recomendavam "estabelecer sistemas de incentivo e de compensação para o gestor ou lhe oferecer *stock options*".[16] Ligando assim os rendimentos dos dirigentes ao curso e ao rendimento da ação, Easterbrook e Fischel previam que o interesse pessoal dos gestores poderia "ser alinhado ao dos investidores por dispositivos automáticos".[17] "A mobilização", teoriza atualmente Frédéric Lordon, do outro lado da barricada, "é uma questão de colinearidade: trata-se de alinhar o desejo dos envolvidos ao desejo-mestre".[18]

O outro grande procedimento era negativo, mais baseado na penalidade que na recompensa. Nos anos 1960, Henry Manne, líder da corrente Law and Economics, opõe uma objeção decisiva à tese de Berle e Means: se as equipes gerenciais exercem, como eles alegam, controle absoluto sobre as empresas, como é possível que os presidentes executivos sejam, com bastante frequência, substituídos contra sua vontade, destituídos por outros? Para isso, a ortodoxia gerencialista não oferece nenhuma explicação.[19] Ele, sim.

"Há hoje no mundo", constata Gordon Tullock, colega e amigo de Manne, "pessoas e organizações cujo negócio é [...] fazer dinheiro tomando o controle de empresas mal administradas [...]. É possível realizar grandes lucros eliminando os incompetentes".[20] Há uma paleta de procedimentos para tanto: além da oferta pública de compra, em que se promete aos portadores a recompra de suas ações com a condição de terem reunido uma quantidade suficiente em determinado prazo, há a "corrida pelas procurações", em que um grupo

---

14 Ibid., p. 72.
15 Ibid., p. 73.
16 Jensen e Meckling 1976, p. 353.
17 Easterbrook e Fischel 1989, p. 1418.
18 Lordon 2010, p. 54.
19 Ver Tullock 2003, p. 288.
20 Ibid., p. 302.

de acionistas coleta direitos de voto junto a outros, a fim de assumir o controle de um *board* [conselho de administração]. O controle das empresas é, em si mesmo, um objeto cobiçado, um recurso que tem valor próprio, e há um mercado para isso, um *mercado do poder*. Era esta a descoberta de um aspecto dos mercados financeiros até então desconhecido pela teoria econômica, a existência de um "mercado de tomada do controle" em que "equipes gerenciais concorrem pela aquisição do direito de controlar – ou seja, gerir – os recursos das empresas".[21]

Introduzindo em 1965 a noção de "mercado de controle gerencial",[22] Manne evidencia o "papel que o mercado de ações desempenha como instrumento de controle e disciplina dos gestores".[23] Ele reinterpreta, assim, a aquisição hostil, habitualmente percebida como um reforço do poder gerencial de uma empresa sobre outra, como uma subordinação da gestão no seu conjunto ao desempenho do mercado em geral.

Quando o desempenho da administração de uma empresa fica aquém do esperado, pondera Manne, a cotação das ações tende a cair, o que incita outros atores – que se acham capazes de operar uma gestão mais "eficaz" – a recomprar os títulos na baixa, a fim de tomar a direção da empresa. Uma das premissas fundamentais dessa teoria é que existe correlação elevada entre "eficiência gerencial e preço das ações".[24] Todo desvio significativo em relação a um comportamento de maximização do lucro engendra, mecanicamente, uma queda da cotação da ação, o que faz da empresa um alvo vulnerável a tomadas de controle hostis, levando à demissão da equipe dirigente.

Assim, a alta gerência vive com uma espada de Dâmocles sobre a cabeça: ela sempre corre o "risco de ser substituída".[25] Uma pressão considerável se exerce sobre ela: "Quanto mais

---

21 Jensen 1984, p. 110.
22 Manne 1965.
23 Lepage 1985, p. 185.
24 Manne 1965, p. 112.
25 Ibid., p. 113.

dinheiro faz, mais protegida está, e quanto menos, mais corre o risco de ser lançada para fora do barco".[26] É essa ameaça contínua que incita, a partir de então, o dirigente, com um frio na barriga, a vigiar de perto a cotação da ação. "Imagine que você é o presidente de uma grande empresa cujos ativos alcançam bilhões de dólares. De repente, outra equipe gerencial ameaça seu trabalho e seu prestígio tentando comprar as ações de sua companhia. O mundo inteiro o observa, de olhos em você e em sua performance."[27] O que você faz?

"O policiamento dos preguiçosos gerenciais", sintetiza Alchian, "fundamenta-se numa concorrência de mercado com novos grupos de gestores no poder [...] que procuram destronar a gestão existente".[28] "Forças impessoais do mercado" conspiram, assim, para "exercer pressão constante sobre os dirigentes, com o propósito de que eles gerenciem a empresa conforme os interesses dos acionistas".[29]

Quando não se enxerga isso, quando não "se discerne nenhuma relação de controle entre os acionistas minoritários e a gestão", então a tese de Berle e Means conserva toda a sua credibilidade. Mas, assim que se apreende essa lógica, tudo muda. Percebe-se que "o mercado pelo controle das empresas dá a seus acionistas, ao mesmo tempo, poder e proteção",[30] e que por mecanismos próprios ela garante "a identidade real dos interesses dos proprietários e da administração".[31] Assim, Manne abre caminho para uma "teoria da empresa fundamentada no mercado",[32] logo convocada a suplantar as antigas concepções gerenciais baseadas no pos-

---

26 Tullock 2003, p. 300.
27 Jensen 1984, p. 110.
28 Alchian e Demsetz 1972, p. 788.
29 Manne 1970, p. 535. Mas essas explicações pelo mecanismo de mercado, observa Williamson, negligenciam demasiadamente as inovações organizacionais introduzidas na empresa, sua passagem para uma estrutura por departamentos e divisões que favorecem as tomadas de controle. Cf. Williamson 1984, pp. 1224-ss.
30 Manne 1965, p. 112.
31 Id. 1979, p. 1654.
32 Ireland 2003, p. 482.

101

tulado contrário, de uma autonomização da racionalidade gerencial em relação ao mercado.

Outra descoberta importante aconteceu em paralelo. Em 1959, o economista gerencial e padre jesuíta Paul Harbrecht chamava a atenção para um novo fenômeno econômico de implicações importantes: ele observou que os gestores dos "fundos de pensão" começaram a investir massivamente nas ações, a ponto de "tomar o controle das sociedades mais influentes dos Estados Unidos, e isso num ritmo relativamente rápido".[33] O que será delas, perguntava ele, daqui a uma ou duas décadas?

"Se o 'socialismo'" – escreveria dez anos mais tarde Peter Drucker – "se definia como a 'propriedade dos meios de produção pelos trabalhadores', então os Estados Unidos são o primeiro país verdadeiramente 'socialista'. Por meio de seus fundos de pensão, os trabalhadores das empresas americanas detêm, de fato, hoje, pelo menos 25% de seus fundos próprios, o que é mais do que suficiente para exercer controle..."[34] O paradoxo era estimulante, mas Drucker exagerava – de propósito.

"Participação acionária nessa escala" – reconhecia Harbrecht – "é poder, mas esse poder" – ele retificava de antemão – "quem o detém são os mandatários dos fundos de pensão", não os trabalhadores.[35] Novo caso, portanto, de separação entre propriedade e controle. O gerencialismo assumia outro papel. Como a gerencialização da empresa se duplicava com uma gerencialização dos acionistas, a problemática da responsabilidade social podia ser transposta para esse novo andar do edifício econômico: de quem os gestores de "fundos sociais" são mandatários?[36] Será que os trabalhadores não deveriam exercer controle sobre o uso que se faz de seus salários diferenciados? Etc.

---

33 Harbrecht 1960, p. 59.
34 Drucker 1976, p. 1. Ver também, para uma história crítica dessa reviravolta, McCarthy 2014.
35 Harbrecht 1960, p. 59.
36 Ibid., p. 59.

Manne conhecia esses textos e levava o assunto a sério. Os fundos sociais – ele admitia em 1962 – têm "um papel muito mais importante do que hoje se imagina". Essas instituições dispõem, com efeito, de uma força de ataque sem igual, dado que "a venda de um grande lote de ações pode depreciar de uma só vez sua cotação no mercado".[37] Rejeitando, entretanto, as críticas formuladas por Harbrecht, ele se limitava a reconhecer o protagonismo que os fundos de pensão podiam desempenhar em seu esquema de controle disciplinar das performances gerenciais pelo mercado.

Manne e seus colegas não se contentavam em refutar as teses gerencialistas ressaltando a existência de contramecanismos. Eles também militavam, muito ativamente, por sua intensificação. A fim de que o efeito disciplinador do mercado com vistas ao controle pudesse funcionar a todo vapor, era necessário desregular os mercados de ações – acabar, sobretudo, com as legislações antitruste que limitavam as operações de recompra hostil.

As teorias da agência são, ao mesmo tempo, explicativas e prescritivas. Elas esclarecem, simultaneamente, como isso funciona e como deveria funcionar. Com a diferença de que, entre esses dois regimes de discurso, há nelas uma contradição que não recebeu destaque suficiente. Enquanto, por um lado, em sua vertente "positiva", elas demonstram que não há problema real de desalinhamento, por outro, em sua vertente "normativa", esforçam-se para preconizar soluções e assim resolver esse problema – que, aliás, elas negam. "Os entusiastas do *laissez-faire*", observa Williamson, "demonstram às vezes certa esquizofrenia [...]. Quando consideram as coisas em um tempo t, negam em geral a existência de qualquer dimensão gerencial. Mas, assim que adotam uma perspectiva de longo prazo, insistem tenazmente no papel desempenhado pelas novas técnicas que permitem submeter a gestão a um controle mais efetivo".[38]

---

37 Manne 1962b, p. 420.
38 Williamson 1984, p. 1220.

Examinando as estatísticas, o economista Robert Larner, que conseguira solucionar a pungente questão da "dimensão gerencial" de modo empírico, não constatou nenhuma separação significativa entre as performances de empresas "gerenciais" e "proprietárias": "Ainda que o controle esteja separado da propriedade na maioria das empresas americanas muito grandes" – ele conclui em 1970 –, "os efeitos sobre a orientação delas em direção ao lucro e à prosperidade dos acionistas foram menores. A amplitude dos efeitos considerados é fraca demais para justificar a atenção considerável que recebeu na bibliografia ao longo dos últimos 38 anos" (ele se referia à data de publicação do livro de Berle e Means).[39] Isso confirma aquilo de que os marxistas e os neoliberais estavam convencidos de longa data: a tese da autonomização do poder gerencial, de seu desalinhamento dos imperativos de lucro, apoiava-se nas nuvens.

O programa de Manne e seus pares foi promovido no mesmo diapasão – não para solucionar um problema que se sabia, de forma pertinente, um fantasma, não para *realinhar*, e sim para *superalinhar* a administração gerencial ao valor acionário.

Em 1981, Reagan confiou a seção antitruste do Departamento de Justiça a William F. Baxter, fervoroso adversário das leis antitruste, partidário das teses de Manne sobre as virtudes do "mercado de controle". Foi ele que, operando uma nova política da concorrência, desregulou as operações de fusão-aquisição.[40]

Ao longo da fase da febre especulativa que se seguiu, em que se recompravam sociedades com ataques agressivos para melhor retalhá-las e revendê-las com lucro, mais de um quarto da lista de *top* 500 das empresas americanas enfrentaram ofertas públicas de aquisição (OPA) hostis, e quase um terço das grandes sociedades industriais foi recomprado ou sofreu fusão.[41] "O hipotético mercado de controle de Manne

---

39 Larner 1968, p. 114. Ver também Larner 1966.
40 Ver Fligstein 2002, p. 156.
41 Davis 2009, p. 21.

tornou-se, assim, uma realidade."[42] E, com ele, as inevitáveis consequências: reestruturações e demissões em massa. Imensa violência social.

A classe operária americana, em suas frações mais organizadas, mais sindicalizadas, as que tinham se mostrado – lembrem-se – tão agitadas na década anterior, foi achatada. Combinada à recessão e aos efeitos da concorrência internacional, a disciplina econômica imposta pelos mercados de ações foi muito mais eficaz nesse aspecto do que todos os *union busters* reunidos.[43]

Nessa grande corrida pelos lucros na bolsa dos anos 1980, os fundos de pensão não ficaram para trás. A ironia trágica nesse caso é que os fundos especulativos que contribuíam para derrubar parte da classe operária americana provinham parcialmente de seus próprios rendimentos, aqueles separados para a aposentadoria.[44] Era se conformando aos interesses dos trabalhadores como acionistas que se pisoteavam os interesses desses mesmos acionistas como trabalhadores. Tal mecanismo ilustra a contradição central do capitalismo em geral e do capitalismo dos fundos de pensão em particular, um grande desvio antissocial da riqueza social.

Em uma série de textos tardios e inacabados, Marx havia esboçado sua própria teoria da separação entre propriedade e controle, uma versão alternativa, por antecipação, das teses gerenciais posteriores.

Ele observou que as sociedades por ações "tendem a separar cada vez mais esse trabalho administrativo, como função, da posse do capital".[45] A antiga figura unitária do capitalista-produtor explode. A partir de então, há de um lado diretores não proprietários e, de outro, proprietários de ações, simples capita-

---

42 Ibid., p. 50.

43 Para uma análise dos diferentes fatores da dessindicalização dos anos 1980, ver Moody, em Gall e Dundon (orgs.) 2013.

44 "O fracasso dos sindicatos em controlar seus fundos de pensão", sugere McCarthy, "é uma das chaves da financeirização" (McCarthy 2014, p. 457).

45 Marx [1894] 2017, p. 437.

listas financeiros. Ao mesmo tempo, a antiga propriedade privada individual dos meios de produção se desdobra em capital social, de uma parte, e em propriedade privada das ações, de outra. O capital adquire, então, "diretamente a forma de capital social (capital de indivíduos diretamente associados) em oposição ao capital privado, e suas empresas se apresentam como empresas sociais em oposição a empresas privadas. É a suprassunção do capital como propriedade privada dentro dos limites do próprio modo de produção capitalista".[46] Para Marx, aí estava o fermento de uma superação das relações de propriedade capitalistas: "Capital por ações como a forma mais completa (transformando-se em comunismo)",[47] escreveu um dia, de modo telegráfico a Engels, que, sortudo, não precisava de legendas. Salvo que a nuance dialética – "nos limites do próprio modo de produção capitalista" – é muito importante. Uma vez que já se entrevê "a oposição à antiga forma, na qual os meios de sociais de produção aparecem como propriedade individual; porém, ao assumir a forma de ação, eles continuam presos às barreiras capitalistas".[48] A contradição entre riqueza social e propriedade privada perpetua-se, assumindo uma nova forma.

Mas que forma é essa? Marx a identifica no momento da criação, na França de Napoleão II, do "Crédit Mobilier", ancestral distante dos fundos de investimento contemporâneos. "Veem-se nascer" – ele analisa – "espécies de reis da indústria, cujo poder é inversamente proporcional à sua responsabilidade – não são eles unicamente responsáveis no limite das próprias ações, ao dispor do capital inteiro da sociedade? Eles formam um corpo mais ou menos permanente, enquanto a massa dos acionistas está sujeita a um processo incessante de decomposição e de renovação". Para caracterizar esse fenômeno, Marx toma emprestada de Fourier a noção de *feudalismo industrial*";[49] contudo, o que aí se inventou – ele acres-

---

46 Ibid., p. 494.
47 Marx e Engels [1858] 1978, p. 312.
48 Marx [1894] 2017, p. 498.
49 Fourier falava de "feudalismo industrial", destino secreto no qual resultava, na prática, o "comércio gentil" dos economistas. Cf.

centa – intensifica o fenômeno, pois "a ideia nova é tornar o feudalismo industrial tributário da especulação financeira".[50]

Com base no que mal teve tempo de entrever, Marx chegava, então, a conclusões totalmente diferentes a que depois chegaram Berle e Means: a forma acionária, longe de ratificar o triunfo de um poder gerencial onipotente, ao mesmo tempo que carregava em si a *potencialidade* de uma superação das relações de propriedade capitalista, dado o formidável movimento de socialização do capital que ela punha em marcha, anunciava naquele momento, ao contrário, sua subordinação a outros mestres. Não apenas a novos príncipes das finanças, gestores que centralizavam o controle de vastas massas socializadas de capital monetário, porém, de modo mais fundamental, por eles, por meio deles e para além deles, em um novo patamar, especulador e financeiro, a um governo pelo capital.

Fourier 1851, p. 312.
50 Marx, em Marx e Engels [1856] 1975, p. 21.

8. CATALARQUIA

> *Veremos [...] como o capitalista exerce o seu poder de governo sobre o trabalho através do capital, mas, depois, o poder de governo do capital sobre o próprio capitalista.*
>
> KARL MARX, *Manuscritos econômico-filosóficos*, 1844.

Descobriram-se, portanto, poderosos dispositivos que permitiam disciplinar os gestores, ancorar solidamente seus interesses aos dos acionistas, submeter ainda mais a administração das empresas aos mercados financeiros, mesmo à custa de uma redefinição drástica da "eficiência econômica", segundo os critérios de curto prazo do valor acionário.[1]

Isso recebeu o belo nome de "governança". Nós já encontramos essa noção. Nesse ínterim, ela sofreu profundas alterações. O termo "governança", como vimos, foi atualizado nos anos 1960 por um discurso "constitucionalista" que o mobilizava para aplicar ao governo privado corporativo padrões inspirados nos princípios do governo público. Sob a influência das teorias da agência, o termo começou a ser utilizado no fim dos anos 1970 numa perspectiva totalmente diferente. "Nossa abordagem da governança corporativa" – escrevia-se de modo bem sintomático no fim dos anos 1990 – "formula-se claramente em termos de agência [...]. Nós queremos saber

---

1 Como observava John Shad, presidente da Comissão de Títulos e Câmbio dos Estados Unidos no início dos anos 1980, "a teoria segundo a qual as OPA hostis disciplinam uma gestão incompetente tem veracidade limitada [...] ao contrário de um efeito disciplinador, a ameaça crescente de ser 'retomada' é uma incitação a reduzir ou a adiar os investimentos em pesquisa e desenvolvimento [...] em detrimento dos benefícios de longo prazo" (Shad 1984, p. 4). Ver também Abrams 2006, p. 107.

como os investidores fazem para que os gestores restituam seu dinheiro".[2]

Enquanto a primeira noção de governança corporativa era empregada para situar o problema do poder gerencial na forma da política, a segunda o apreendia na forma de uma economia concebida de modo particularmente estreito. Priorizando "descrever os instrumentos internos e externos destinados a disciplinar a gestão das empresas e a orientá-los para a cotação da ação",[3] resume o sociólogo Gerald Davis, "a teoria funcionalista da governança corporativa forneceu fundamento intelectual ao capitalismo acionário".[4] Passagem da gerencialidade ética em direção à governabilidade financeira.

Pode-se dizer que a questão central da governança contemporânea é saber como governar sem governantes.[5] Mas isso é um exagero. Agentes que se sentam na cadeira para desempenhar o papel de dirigentes ainda são necessários. A verdadeira questão é saber como governar os governantes, como instituir formas de metacontrole de modo que, quaisquer que sejam seus propósitos iniciais, os governantes não tenham outra opção, uma vez instauradas tais formas, senão fazer o que deve ser feito. O que Marx designava por "governo do capital", a novilíngua contemporânea começou a chamar de "governança". A governança como arte de governar os governantes – mecanismos de governo impessoal dos dirigentes. Se a governança de mercado reina, então as veleidades da governança ética serão impotentes para realizar o que quer que seja de significativo.[6]

Se insistiam tanto nessa ideia, era sobretudo, no início, para evitar a alternativa. Na verdade, aos olhos dos neoliberais, "o maior perigo" que as exigências de autogestão ou de

---

2 Shleifer e Vishny 1997, p. 738.
3 Davis 2009, p. 20.
4 Ibid., p. 50.
5 Rosenau e Czempiel 1992.
6 Na verdade, seria ilusório "acreditar que a separação entre propriedade e controle confere, em uma grande empresa moderna, menor liberdade em relação ao esquema normal das limitações do mercado" (Manne 1962a, p. 61).

democracia econômica traziam se encontrava "na forma de controle assim sugerida",[7] um controle político, consciente e acabado da economia. É fundamentalmente a isso que eles opunham o ideal de um controle pelos mercados.

Ninguém formulou esse projeto de modo mais claro que Friedrich Hayek. A questão crucial estava ligada à própria definição da economia. Etimologicamente, o termo remete, como se sabe, a *oikos*, ao lar, ao mesmo tempo lugar de residência da família e unidade de produção doméstica – tipicamente, uma exploração agrícola. Em sua origem, a economia é a arte de governar o *oikos*, uma ciência do patriarca, uma habilidade de dominação exercida sobre a esposa, os filhos e os escravos. Sinônimo arcaico, entre economia e arte, da dominação privada.

É dessa antiga noção que Hayek deseja – e pode-se compreendê-lo – se distanciar. Ele prefere outra representação da economia, menos repulsiva, muito mais divertida, que se poderia apreender melhor, segundo ele, pelo neologismo "catalaxia",[8] forjado a partir de um termo grego que significa "troca". Em contraste com *oikonomia*, "economia no sentido estrito do termo, no sentido em que um lar, uma propriedade agrícola ou uma empresa podem ser chamados de economias",[9] a catalaxia designa "o sistema de várias economias em inter-relações que constituem a ordem do mercado", ou melhor, a "ordem espontânea produzida pelo mercado".[10]

Enquanto a economia se concebe como uma *taxis*, um "acordo deliberado", a catalaxia se apresenta como um *cosmos*, um mundo. Enquanto a primeira é uma "teleocracia", unidade orientada por uma hierarquia dos fins fixada por um

---

7 Manne 1961, p. 586.
8 Hayek retomava, assim, uma palavra proposta no início do século XIX por Richard Whately para substituir a fórmula, segundo ele inadequada, de economia política: "a cataláctica" ou "ciência das trocas". Cf. Whately 1832, p. 6.
9 Hayek [1973] 1976, p. 107.
10 Ibid., p. 108.

agente central, a segunda é uma "nomocracia",[11] uma ordem em que cada um persegue os próprios fins nas regras de um jogo universal. De um lado, organizações, de outro, mercados; de um lado, autoridade, de outro, troca; de um lado, direção centralizada, de outro, autocoordenação sem dominação aparente; de um lado, ordens dadas e recebidas, de outro, uma ordem espontânea povoada de interações livres; de um lado, ordem-mandamento, de outro, ordem-prescrição. De um lado, a tirania do patrão, de outro, a lei da selva.

Na visão neoliberal da história, *katallaxia* substitui e esmaga *oikonomia*: "o modelo do mercado substitui o modelo do lar". Entre o mundo de Aristóteles e o de hoje, o antigo "paradigma da economia", o da subordinação a um mestre, teria assim cedido lugar ao "modelo da troca econômica, a cataláctica".[12]

Contudo, na realidade, uma não destituiu a outra, mas a ela se subordinou. Subsunção da *oikonomia* à *katallaxia*, do governo privado do proprietário à ordem cósmica dos mercados. No entanto, ao fazer isso, a catalaxia dá um passo importante. Ela se torna outra coisa. Transforma-se, pode-se dizer, associando outro neologismo à terminologia hayekiana, em "catalarquia" – novo regime de governo concebido como um *governo dos governantes pelos mercados*.

O mercado de controle teorizado por Manne responde ao problema dos "custos da detecção e vigilância" tematizado pelas teorias da agência. O que teria sido necessário pôr em funcionamento por um árduo trabalho de supervisão direta conclui-se sozinho, como efeito secundário da especulação.

Quem controla os gestores? No mercado, ninguém, nenhum acionista em particular. Esse controle secundário se exerce de modo totalmente diverso, oposto ao primeiro: não pessoal, mas impessoal; não direto, mas indireto; não consciente, mas inconsciente; não intencional, mas automá-

---

11 Ibid., p. 185. Hayek distingue entre *nómos*, "regra universal de conduta", e *thesis*, "regras aplicáveis somente a certas pessoas ou a serviço dos fins dos governantes" (Hayek 1978d, p. 77).

12 Koslowski [1982] 1996, p. 28. Ver Hayek 1978d, p. 90.

tico. Todo desvio em relação ao padrão do valor da ação vai engendrar, na hora, uma reação desfavorável, impactando a cotação da ação. No fim, caso se persista nessa via, a equipe dirigente será eliminada. Como a penalidade está integrada ao funcionamento do mercado, o valor acionário não é mais simples norma ideológica; é também outra coisa: o operador de uma medida de vigilância de ativação automática.

Ao mercado de ações está associado certo modo de veridicção, que avalia as atividades produtivas segundo a "métrica única" das performances financeiras.[13] Porém, essa produção de "verdade" é também o instrumento de uma tecnologia de controle de condutas. Dado que as variações do preço da ação devem fornecer uma informação sobre as performances da gestão, cada um pode reagir apropriadamente.[14] É assim que os "sinais enviados pelo mercado do trabalho gerencial e pelo mercado de capitais [...] disciplinam os gestores".[15] Os indicadores da bolsa merecem o nome que têm: são *índices*.

Nessa apologia renovada da economia de mercado, o primado do valor acionário é louvado como um princípio de metagoverno catalártico eficiente, dogma de uma nova fé, em que o nómos do mercado converteria, espontaneamente, o caos capitalista em regularidade ordenada. A verdadeira razão

---

13 "O preço" – defendem eles – "fornece acesso privilegiado à verdade". Cf. Davis 2009, p. 41.

14 Cf. Manne 1965, p. 112.

15 Fama 1980, p. 292. Esses autores pensam os efeitos disciplinadores combinados, não *do*, mas dos mercados. Não há, em algum lugar lá em cima, "o mercado", Deus único e todo-poderoso, e sim os efeitos combinados de vários mercados. Assim, a teoria de Manne faz o liame entre a concorrência sobre os mercados dos capitais e a concorrência sobre o mercado do emprego dos dirigentes: é a imbricação desses dois mercados, em ligação com um terceiro, o mercado dos votos, que explica o efeito disciplinador sobre a conduta gerencial. Como lembra Fama, a partir de Manne, "a tarefa de disciplinar os gestores efetua-se pelos mercados do trabalho gerencial no interior e no exterior da empresa simultaneamente, com o auxílio de toda panóplia de instrumentos de vigilância externa [...] e também graças ao mercado das tomadas de controle externos que são fonte de disciplina em última instância" (Fama 1980, p. 295).

de ser da bolsa e do lucro, "sua justificativa última", escrevia o neoliberal francês Henri Lepage em 1980, é antes de tudo ser "um instrumento de 'regulação' social". A "legitimidade social do lucro capitalista", ele afirmava, fundamenta-se nos "princípios de regulação cibernética da economia de mercado".[16]

Enquanto Berle e Means pensavam que os acionistas haviam se tornado praticamente impotentes, os neoliberais mostravam, ao contrário, que os acionistas exerciam, de modo sistemático, uma "pressão poderosa sobre os gestores".[17] Entretanto, isso não implica que a autoridade gerencial tenha se evaporado internamente. O que o poder gerencial perde em margem de decisão, sobretudo em termos de escolha de investimento, ele decerto não perde em prepotência em relação aos próprios subordinados. Não se tem um ou outro – ou *katallaxia* ou *oikonomia* –, têm-se os dois: submissão a um governo gerencial, ele mesmo subordinado a um governo acionário, cada qual com modalidades próprias.

Mas submissão de quem a quê? As novas teorias da empresa desfiguraram tanto seu objeto que os trabalhadores praticamente desapareceram do cenário. É possível ler dezenas de artigos dessa corrente sem que jamais se faça menção a eles, como se a empresa se reduzisse a uma relação a distância entre presidente executivo e acionistas. Quando se diz repetidas vezes que se quer "disciplinar a gestão", fala-se também, subentende-se, dos trabalhadores, eles que se mostravam tão resistentes na época. Por meio deles, sob eles, é a eles que se tratava e que ainda se trata de dominar. A pressão disciplinar exercida na cúpula vai repercutir em cascata em cada nível do organograma até o último, que assumirá, de modo bem particular, o "risco residual" – no próprio corpo. Outro tipo de "teoria do escoamento", diferente da oficial: à

---

16 Lepage 1980, p. 380.
17 Easterbrook 1984, p. 556. "Os proprietários da empresa", observa Manne, "exercem um poder e um controle enormes, ainda que não do modo desejado por Berle, ou seja, não de modo político" (Manne 1981, p. 693).

medida que os lucros sobem de novo, chovem as pressões, o assédio moral, os acidentes de trabalho, as depressões, os distúrbios musculoesqueléticos, a morte social – às vezes também a morte pura e simples.

O valor acionário é apenas uma ideologia vagamente escondida sob equações; é igualmente, e sobretudo, uma *teoria-programa*. Não é um enunciado de performance, é *programático*. Enunciando-se, ele não se efetua a si mesmo, apenas dá as instruções necessárias a quem de direito para fazê-lo acontecer. Assim, seu estatuto de verdade é particular. Uma descrição programática pode muito bem ser "falsa" no momento de sua enunciação, porém essa inadequação não constitui, para ela, uma objeção: seu projeto é tornar seu objeto conforme sua descrição, e não o inverso. O movimento não consiste em fazer coincidir os enunciados ao real, e sim o real aos enunciados. Mudar a coisa para que a noção se torne verdadeira. Movimento não de verificação, mas de vero-fixação.

O que Manne teorizou é estranhamente próximo do que Marx dizia do governo do capital: há o metagoverno, que governa os governantes. Com a diferença de que aquilo que o jovem Marx dizia ainda como filósofo crítico, Manne enunciou como técnico do direito e da economia, não como verdade geral, mas como projeto que precisava ser operacionalizado.

Ora, por isso, nesse âmbito, não é necessário persuadir a massa das pessoas. A força desse tipo de teoria não é de ordem ideológica. No limite, ela não deve fazer grandes discursos. Basta-lhe ter ouvidos de mestre de obra. Sua efetividade é mais da ordem da fantasmagoria concretizada que da ideologia interiorizada.[18]

A economia de mercado, escrevia Hayek, é "um *cosmos* espontâneo". Um mundo, talvez; espontâneo, com certeza não. O neoliberalismo repousa mais sobre uma engenharia política do que sobre um naturalismo: construir, por arquite-

---

18 Sobre a distinção entre ideologia e fantasmagoria, ver Berdet 2013, pp. 19-ss.

tura institucional, mundos artificiais.[19] Esse universo – apresentado como automático, nomotético, impessoal – não só é ativamente construído, como, mais ainda, requer, na medida em que é inevitável contestá-lo por seus efeitos, ser incansavelmente reimposto por estratégias conscientes. Decerto o capital governa, mas ele não poderia continuar a fazê-lo por muito tempo se não se ativasse constantemente, com combatividade e determinação, para confirmar sua dominação. Sem isso, ele não se manteria por muito tempo. O "governo dos mercados" é tudo, menos uma ordem autossuficiente. Esse cosmos se mantém apenas graças aos demiurgos, que, bem ou mal, o remendam e o defendem, com unhas e dentes, diante dos novos inimigos que ele faz a cada dia.

No fim do século XX, a empresa foi afetada por uma "crise de governo" multidimensional. Um dos aspectos importantes do mal-estar era, acabamos de ver, teórico. No entanto, foi apenas por ocasião de novos confrontos sociais e políticos que se tomou de fato consciência do perigo.

---

19 Como Davis explica, é preciso compreender "finanças como tecnologia", a taxa de governança consistindo em construir *acordos institucionais* que restringem as interações humanas. Ver Davis 2009, p. 45.

[3] ATAQUE À LIVRE-INICIATIVA

[3]
ARAUCA
LIVRE-INICIATIVA

9. O CERCO DO GOVERNO PRIVADO

> *Uma empresa é o governo de ponta a ponta [...].*
> *Algumas técnicas empregadas pelo governo político,*
> *por exemplo, o suplício da forca, não o são nas*
> *empresas [...], mas não é isso que importa. As*
> *atividades da empresa com frequência levam as*
> *pessoas à morte por incúria ou avareza: dizer*
> *isso não é emitir um julgamento de valor, é*
> *simplesmente formular uma constatação factual.*
>
> ARTHUR FISHER BENTLEY, *The Process of*
> *Government: A Study of Social Pressures*, 1908.

O que é a empresa? A essa pergunta, nos Estados Unidos do pós-guerra, o gerencialismo oferecia uma resposta totalmente diferente daquela imposta desde o surgimento das teorias neoliberais da empresa. A grande empresa, dizia-se, é decerto uma entidade econômica, mas é também, e talvez acima de tudo, outra coisa: uma espécie de governo, um *governo privado*.

Haveria dezenas de textos a citar sobre o tema. Tomemos um deles quase ao acaso – um texto menor, desconhecido, mas muito representativo dessa corrente. Um artigo escrito em 1951 por Beardsley Ruml, economista, antigo conselheiro do presidente Hoover e ex-empresário (nos anos 1940, foi presidente executivo da cadeia de lojas de departamento Macy's). Sua posição esclarece o triplo título de intelectual, tecnocrata e gestor. Seu texto intitulava-se "A gestão empresarial como lugar de poder".[1]

Ruml começa com uma constatação que muitos já faziam à época: a onipresença da empresa na "vida moderna". Ela está em toda parte, em todos os aspectos, todos os cantos, todos os momentos e todos ou quase todos os lugares da vida: "Nós dependemos dos negócios para a comida que comemos, as roupas que vestimos, as casas em que moramos, para a

---

1 Ruml 1951.

maior parte de nosso lazer, para nos deslocar ou nos manter informados sobre o que se passa no mundo. Em grande parte, dependemos deles também para nosso emprego".[2]

Ora, prossegue Ruml, todas essas coisas que os negócios fazem, como eles as fazem? Fixando *regras* o tempo todo.[3] Uma empresa funciona com o estabelecimento de regras. É um poder prescritivo, um poder que não para de dar instruções sobre o modo segundo o qual as coisas devem ser feitas, os negócios conduzidos e finalmente as vidas vividas. Certamente essas regras, autoimpostas e particulares, não são *leis*, mas nem por isso dependem menos de uma atividade governamental: "Qualificar uma companhia como governo privado não é de maneira nenhuma uma metáfora. Um negócio é um governo porque, nos limites da lei, ele é autorizado a [...] criar regras para a condução de seus negócios".[4] A empresa goza, nesse sentido, de ampla "autoridade privada".

Mas sobre quem ela exerce tal autoridade? "Se o negócio é um governo privado, quem são os governados? Os governados somos nós!"[5] No que se refere aos trabalhadores, a situação é evidente: ao longo da cadeia hierárquica da empresa, somos "governados por regras produzidas pelos negócios [...]. Para a maior parte das pessoas, as regras que afetam mais suas vidas são aquelas impostas pelos empregadores. [...] Essas regras determinam, para cada um, onde ele deve trabalhar, o que deve fazer, quem vai lhe dar ordens, a quem ele vai dar ordens, suas promoções, sua disciplina, o montante de seus rendimentos, o período e a duração de suas férias".[6]

Nós ainda estamos submetidos a esse governo privado corporativo em outro aspecto: como consumidores. Os consumidores, sem dúvida, escolhem, contudo, é "a administra-

---

2 Ibid., p. 228.
3 Ibid., p. 229.
4 Ibid.
5 Ibid.
6 Ibid., p. 234.

ção que decide, também aqui, a oferta, onde e quando essa oferta será feita e a que preço".[7]

A empresa é um governo privado não só no sentido óbvio, porém bem restrito, de que a administração exerce um poder sobre os trabalhadores – ela seria um governo *interno*. A gestão, como lugar de poder, governa muito mais que apenas os trabalhadores. Ela governa também para além de seus muros. Governa os indivíduos em quase todos seus papéis sociais e dimensões; tanto é verdade que cada um se encontra preso a planejamentos fixados pela autoridade privada de diferentes gestores. Em suma, a empresa começa a parecer um imenso e proliferativo *governo privado da vida*, muito mais hábil e invasivo que o poder de Estado.

Pensar a empresa como um governo não era, em si, nenhuma novidade. A "corporação", sua ancestral, já havia muito fora chamada de "república menor" (Hobbes), ou "pequena república" (Blackstone).[8] Entretanto, no século xx, a coisa tinha tomado proporções totalmente diferentes. As grandes empresas modernas ultrapassavam, por seu gigantismo e pela amplitude de seus impactos sociais, tudo o que se conhecera até então. Para além de seus membros, elas começavam a governar o mundo. Ora, essa potência inédita se concentrava nas pequenas castas de gestores que constituíam "um centro de decisão autônoma".[9] São eles que decidem, de forma discricionária, preços e investimentos; escolhem os modelos para lançar no mercado e pilotam a inovação segundo sua vontade; são eles também que orientam, pela publicidade ou pelo marketing, os desejos e gostos dos consumidores – assim, a administração pode exercer também uma *dominação estilística* sobre a sociedade.[10]

---

7 Ibid., p. 233.
8 Hobbes [1651] 2020, p. 292; Blackstone 1979, p. 456.
9 Kaysen, em Mason 1972, p. 91.
10 A administração exerce, de fato, um poder importante, indica Kaysen, como "criador de gosto ou líder estilístico para a sociedade em seu conjunto". Uma influência sobre o gosto que passa por "efeitos diretos da concepção dos bens materiais, mas também por efeitos indiretos e mais sutis sobre o estilo da linguagem e do pen-

Mas quais eram as implicações desse diagnóstico? Ruml – é preciso esclarecer – não pretendia fazer uma crítica do poder corporativo. Em uma revista acadêmica respeitada, ele se dirigia a seus pares como um "intelectual orgânico" da administração. Seu objetivo era alertá-los contra um perigo que ele previa, um perigo político diretamente oriundo da constatação que acabava de fazer.

Esse poder, ao mesmo tempo onipresente e discricionário, não poderá continuar a se exercer por muito tempo de modo inconteste. Com uma imensa massa de interesses diversos submetidos a uma autoridade sobre a qual eles não têm nenhum controle, é bem possível, profetizava Ruml, que "alguém, um dia, e talvez no momento menos oportuno, se lance numa cruzada para converter esses interesses em direitos".[11] Então, vão se levantar expressivos movimentos de contestação do governo privado corporativo.

"Felizmente" – Ruml acrescentava –, "não estávamos numa situação crítica a esse ponto, com alguma pressão para agir".[12] Ele aconselhava a tomar a dianteira: o mundo dos negócios agiria bem – recomendava de modo confuso no início dos anos 1950 – ao propor, enquanto ainda é tempo, "novas responsabilidades". "Naquele momento" – o historiador Morrell Heald confirmava –, "nenhuma ameaça visível pesava sobre a iniciativa gerencial. Nenhuma reivindicação popular perceptível se elevava para exigir o estabelecimento de um sistema de freios e contrapesos".[13] Até meados dos anos 1960, esses debates se desenrolavam em uma "atmosfera de relativa paz".[14] Isso não duraria muito.

Em Washington, em certa manhã de março de 1969, seis padres católicos invadiram os escritórios da Dow Chemical,

---

samento veiculados pelas mídias de massa – verdadeira 'escola do estilo'" (Kaysen, em Mason 1972, p. 101).

11 Ruml 1951, p. 246.

12 Ibid., p. 246.

13 Heald 1988, p. 296.

14 Rostow, em Mason 1960, p. 59.

um dos principais fornecedores de napalm para o Exército americano: "Eles pegaram os relatórios que encontraram e jogaram pela janela; penduraram nas paredes retratos de camponeses e de crianças vietnamitas queimados vivos por napalm e borrifaram sangue nos móveis. Deixaram um comunicado em tom justiceiro contra a corporação: 'Vocês 'exploram, espoliam e matam em nome do lucro [...]. O que vocês vendem, é a morte'".[15]

A concepção gerencialista do governo privado corporativo, aquela no pensamento de Ruml, evidenciava um poder que se exerce sobre a *vida* de todos. Radicalizado pelos movimentos contestatários do fim dos anos 1960, o tema ganha outra coloração: a denúncia de um poder de morte, de um necropoder.

Diante das críticas, os dirigentes da Dow saíam pela tangente: "Como bons cidadãos, nós devemos fornecer a nosso governo e a nosso Exército os produtos de que eles precisam. [...] A Dow não decide a política segundo a qual esse material é utilizado, nem os objetivos aos quais se destina o Exército".[16] Como se o napalm tivesse outros usos além daqueles que dele se faz. É verdade – respondia à época Howard Zinn – que "foi o governo que encomendou o napalm fabricado pela Dow e que o utiliza para queimar vivos e matar camponeses vietnamitas. Será que simples cidadãos [...] podem agir por conta própria, interpondo-se fisicamente para obstruir as atividades comerciais dessa indústria química? Fazer isso sem dúvida significaria 'fazer justiça com as próprias mãos'. Mas é justamente nisso que consiste a desobediência civil".[17]

Honeywell era outro desses "mercadores da morte" acusados pelo movimento antiguerra. Ele fabricava sobretudo captadores de última geração que equipavam o famoso "campo de batalha eletrônica" desenvolvido no Vietnã, assim como minas antipessoais particularmente sofisticadas: "farejadores de presença humana", "minas saltadoras" que projetavam milhares de agulhas metálicas em círculo, "minas de brita"

---

15 Anderson 1994, p. 181.
16 Peterson 1966. Ver também S. Friedman 1972.
17 Zinn 2009, p. 316.

cheias de balas de fibra óptica e "bombas silenciosas"[18] acionadas por um sensor de movimento camuflado num invólucro de plástico marrom que a fazia parecer, no solo, um dejeto animal. A companhia produzia também uma bomba antipessoal de fragmentação (Cluster Bomb Unit) que, uma vez acionada, deixava escapar de seu invólucro metálico várias centenas de minibombas que se espalhavam na terra.

Em 1970, alguns estudantes da Universidade de Minnesota se cotizaram para comprar 39 ações da companhia – "seus 'ingressos', diziam eles, para a próxima reunião dos acionistas".[19] Alguns meses mais tarde, várias centenas de ativistas se espremiam na assembleia geral anual de Honeywell. Apesar de o presidente executivo assegurar que os contestatários "teriam direto de assistir à reunião e de expressar sua opinião", ele a [suspendeu e] adiou, sob vaias, catorze minutos após o início.[20]

O movimento antiguerra estava mudando de estratégia. Essa reviravolta foi teorizada em 1969 por Staughton Lynd, um dirigente da New Left. "Por que" – ele se interrogava – "continuamos a nos manifestar em Washington como se lá estivesse o coração do problema?"[21] Considerando que essa guerra é o produto de um complexo militar-industrial, por que não tomar também diretamente partido da indústria do armamento? "Nosso inimigo, nos anos que virão, certamente será a grande empresa." Interrogando-se sobre o bom "meio de cercar as empresas", ele propunha começar perturbando as assembleias gerais dos acionistas – uma primeira etapa na construção de um movimento *anti-corporate* de massa.

Esses ativistas retomavam um procedimento inventado no início dos anos 1960 em outro contexto: a "tática das procurações", cuja gênese Saul Alinsky relatou. Dois anos após as rebeliões que eclodiram em 1964 no gueto negro de Rochester, foi criada uma organização, a Fight, para obrigar

---

18 Anderson 1994, p. 182.
19 Ibid., p. 182.
20 Vogel 1978, p. 55.
21 Lynd, em Egerton 1971, p. 5.

a Kodak – emblema industrial da cidade – a contratar trabalhadores negros. Mas o que fazer? "Lançar um boicote era fracasso na certa. Assim como pedir à nação inteira para não tirar mais fotos. Era preciso, portanto, achar outra tática."[22] Imaginaram-se várias, dentre elas, comprar uma centena de lugares em concertos da Filarmônica de Rochester, ícone dos ícones culturais da abastada burguesia branca da cidade e pérola das obras filantrópicas da Kodak; aos cerca de cem militantes convidados seria previamente oferecido um "banquete comunitário exclusivamente à base de grandes porções de feijão com molho de tomate. Com as consequências que vocês podem imaginar em plena sala de concerto sinfônico". Nossos adversários – esclarece Alinsky – "aprenderam a administrar as manifestações, as associações ou os piquetes de greve, mas nunca, nem mesmo em seus sonhos mais loucos, eles poderiam imaginar uma *blitzkrieg* flatulenta bem no meio de sua sagrada orquestra sinfônica [...]; com muita frequência, as táticas mais ridículas revelam-se as mais eficazes". Vamos mais fundo para chegar a outro procedimento. A Fight começou a coletar junto aos acionistas da empresa – dentre os quais várias igrejas americanas que investiram sabiamente na bolsa as oferendas do culto – procurações para assistir à assembleia geral da Kodak e submeter moções antidiscriminação. Essa outra forma de "corrida pelas procurações" teve grande eco e foi acolhida com muito nervosismo pela direção da empresa: "A Kodak ficou com medo; Wall Street ficou com medo".[23] A companhia acabou cedendo.

---

22 Norden 1972, pp. 59-ss.

23 Ibid. Para Alinsky, partidário de uma abordagem pragmática e inventiva da luta, atirando para todos os lados, a tática das procurações era apenas um expediente dentre outros, não implicando de modo algum a adesão ao que ele chamava de "as anedotas do capitalismo popular". "A tática de base na guerra contra os possuidores consiste em um jiu-jítsu político de massa: [...] os desprovidos não se opõem de modo rígido, mas se dobram de modo tão calculado e tão hábil que a própria superioridade da força adversa engendra sua queda. Já que, por exemplo, os abastados se exibem como guardiões da responsabilidade, da moralidade, do direito e da justiça [...],

Tal como anunciado por Lynd, a primavera de 1970 foi agitada nos centros de conferências. Em toda parte, os presidentes executivos das grandes empresas americanas viram suas sempiternas assembleias gerais de acionistas perturbadas pela intrusão dos militantes. Essa nova tática obrigou "os dirigentes corporativos, confrontados com a perspectiva de uma disrupção completa dessas reuniões em geral tão empoladas quanto maçantes, a exibir suas armas de guerra. As companhias foram forçadas a imaginar, de antemão, táticas para conter os manifestantes".[24]

Em 1970, o Narmic (National Action/Research on the Military-Industrial Complex), instituto de pesquisa militante, redigiu um pequeno guia prático expondo diversas táticas para irromper nas reuniões de acionistas.[25] Em 1971, uma organização patronal, o Conference Board, publicou seu próprio manual de antiativismo destinado às empresas. O folheto, intitulado "Gerir a contestação nas assembleias gerais de acionistas", dava preciosos conselhos: efetuar previamente um "trabalho de informação para descobrir as intenções dos grupos que se preparam para se manifestar;"[26] controlar a entrada com base em uma lista de admissão nominal; prever grandes galões de água para lavar o chão em caso de ataque com bombas de mau cheiro;[27] gerir a fala da plateia centralizando o controle dos microfones ("posicionados estrategicamente nos auditórios, eles podem ser ligados e desligados à vontade"[28]); prever, conforme necessário, uma cabine de som protegida por vidros blindados;[29] distribuir na sala agentes de segurança encarre-

---

é possível que sempre tenham de enfrentar o desafio de se mostrar à altura dos próprios 'códigos' ou regras morais. [...] Assim, você pode se apropriar de suas tábuas da lei e dar com elas na cabeça até morrer" (Alinsky 1989, p. 152).

24 Taylor 1971, p. 75.
25 Westover [1970] s.d.
26 Egerton 1971, p. 2.
27 Ibid., p. 22
28 Ibid., p. 17.
29 Ibid., p. 18.

gados de proceder à "evacuação firme e rápida de agitadores"[30] (vestidos de preferência à paisana, a fim de evitar "a imagem de um Estado policial"[31]); ou, ainda, proibir a presença de câmeras na sala com vistas a evitar que "a reunião se transforme em circo midiático".[32]

Quando acontece um confronto, aconselha Carl Gerstacker, presidente executivo da Dow, a regra número 1 é "não reagir com exagero":[33] "Talvez vocês estejam furiosos, e a maior parte das vezes têm razão para isso, [...] porém a primeira coisa, a mais importante de todas, é manter a calma".[34] Nada melhor, nesse caso, que uma boa preparação, que pode consistir em um *training* voltado para os presidentes executivos. Seus colaboradores prepararão fichas que, além das respostas-padrão a serem decoradas, indicarão alguns "procedimentos para administrar as urgências que possam ocorrer".[35] Sempre respeitar a ordem do dia; recusar, por exemplo, qualquer discussão sobre guerra. Em caso de intervenção intempestiva, podem-se empregar fórmulas do tipo "Isso é uma reunião de negócios, não uma reunião política",[36] ou, ainda, "Esse não é o fórum certo para esse tipo de discurso". Em algumas companhias, chega-se a submeter os presidentes executivos a exaustivas (mas talvez bastante prazerosas para alguns) sessões de treinamento em dimensões reais: "Membros do *staff* desempenham os papéis de agitadores profissionais, de estudantes que protestam e de acionistas agressivos, e impõem ao presidente executivo as piores provações verbais imagináveis. [...] Uma secretária executiva revelou que, para seu chefe, o treinamento foi mais duro que qualquer reunião de acionistas".[37]

---

30 Ibid., p. 3.
31 Ibid., p. 20.
32 Ibid., p. 23.
33 Cole 1970, p. 59.
34 Ibid., p. 59.
35 Egerton 1971, p. 27.
36 Ibid., p. 31.
37 Ibid., p. 28.

Os gerencialistas dos anos 1950 propunham conceber a empresa como um governo privado. A "nova esquerda" dos anos 1960 acreditou nisso. Se esse governo "é privado, ele o é sobretudo no sentido de uma privação – ele é 'privado' da obrigação de tornar públicas as contas [...]. O aspecto privado desse governo serve principalmente para abrigar sua natureza autoritária".[38] As grandes empresas têm responsabilidades públicas ou quase públicas: suas atividades acarretam impactos consideráveis sobre a sociedade, dentre eles efeitos sanitários e ambientais que afetam todos nós. A expressão "governo privado" pode ser lida, então, como uma contração, cuja forma completa, uma vez desenvolvida, seria *governo privado dos negócios públicos*. "Governo privado" torna-se o nome de um escândalo. A noção transforma-se em motivo crítico, uma caracterização polêmica, uma associação de palavras inaceitável que coloca em crise seu objeto.

Nos Estados Unidos, o gesto consumado nos momentos do final dos anos 1960 consiste precisamente nisto: partir da premissa segundo a qual a administração exerce um governo privado para contestar, lançando mão de formas e de acordo com orientações mais ou menos radicais, esse poder.[39] Em meados dos anos 1960, o ativista Philip Moore confirmava que o movimento "reorientou suas energias para outros alvos: passava-se das instituições do governo às instituições do poder privado".[40] Diferentemente das mobilizações sindicais com as quais a administração estava habituada, os novos

---

38 Bazelon 1962, p. 294.

39 As ciências políticas, tendo a desagradável tendência "de reificar a política, identificando-a ao governo", observa David Vogel, negligenciaram consideravelmente esse traço original do "movimento" dos anos 1960 nos Estados Unidos: o fato de colocar os negócios diretamente no desafio, identificados com "um sistema de poder comparável, se não superior, àquele do governo 'oficial'" (Vogel 1996, p. 15). O que se produz, então, é que "atores políticos começam a [...] realizar na prática o que universitários [...] afirmaram na teoria, a saber, que as empresas deviam ser tratadas como governos públicos" (Vogel 1975, p. 16).

40 Moore 1973, p. 90.

conflitos não se desenvolviam mais apenas sobre o eixo clássico da relação salarial. A grande surpresa era que movimentos sociais "exteriores" à empresa a partir de então se dirigiam diretamente a ela apoiando-se em posições diferentes da ocupada pelos empregados, mobilizando outras subjetividades para além daquelas dos trabalhadores.[41]

A estratégia dos ativistas era "politizar a empresa". Eles conseguiram. O resultado foi uma mobilização sem precedentes do mundo dos negócios.[42] Escaldado e inquieto, o *business* lançou-se numa contraofensiva multifacetada que seria impiedosa.

---

41 Cf. Vogel 1978, p. 3.

42 Como escreve Nace: "Talvez pudéssemos prever que o sucesso dos movimentos ecológicos e dos movimentos de consumidores desencadearia uma espécie de reação por parte do mundo dos negócios, mas a amplitude da mobilização política capitalista se mostrou sem precedentes" (Nace 2003, p. 138).

10. A BATALHA DAS IDEIAS

A conspiração antiliberal é pura invenção.

KARL POLANYI, *A grande transformação:*
As origens de nossa época, 1944.

"Ninguém sensato pode duvidar: o sistema econômico americano é objeto de um ataque de grande envergadura."[1] Assim começava a nota confidencial "Ataque à livre-iniciativa", de agosto de 1971, endereçada ao vice-presidente da Câmara de Comércio dos Estados Unidos. O autor, Lewis Powell, que Nixon não tardaria em nomear juiz na Suprema Corte, já havia redigido outro memorando, "Sobre a guerra política", oferecendo seus conselhos à Casa Branca em matéria de luta ideológica mundial contra o comunismo.[2] Mas aqui o inimigo não era mais esse. A ofensiva em questão acontecia no país e não se limitava a alguns agentes de Moscou: "Não se trata de ataques esporádicos ou isolados vindos de extremistas relativamente pouco numerosos, ou mesmo de uma minoria de socialistas organizados. Não, essa ofensiva lançada contra a empresa dispõe de uma base ampla e procede de um todo coerente. Ela ganha força e não para de atrair novos conversos".[3] Dentre os líderes que Powell apontava, incluíam-se o advogado do consumidor Ralph Nader e o ecologista Charles Reich, o primeiro defendendo a prisão dos patrões que "envenenavam os alimentos", o segundo conspirando para "esverdear os Estados Unidos".[4] Em suma, assistia-se, sem dúvida alguma, a um "choque frontal", a um "vasto ataque à mão armada contra o sistema".[5]

---

1 Powell 1971, pp. 1-ss.
2 Id. 1970.
3 Ibid., p. 2.
4 Ibid., p. 6.
5 Ibid., p. 7.

Powell completava seu relatório com uma série de recomendações – na verdade, um plano de batalha destinado ao mundo dos negócios para a reconquista de uma sociedade profundamente agitada pelos movimentos contestadores do fim dos anos 1960. Era possível encontrar, nos Estados Unidos de então, uma enxurrada de escritos do gênero, manifestos com títulos belicosos exortando à contraofensiva. A partir desse *corpus*, pretendo identificar os principais eixos desse *discurso de reação* – no duplo sentido de *reativo* (formulado contra, em oposição ao que não é ele) e de *reacionário* (que visa conservar ou restaurar uma ordem dominante ameaçada pela mudança).

O diagnóstico, amplamente compartilhado, era de que em nenhum momento da história americana recente o capitalismo e suas instituições haviam sido tão criticados, o sentimento de animosidade em relação a eles nunca fora tão difundido. Como declara em 1971 o banqueiro David Rockefeller, "não é muito exagerado dizer que a atividade empresarial americana enfrenta hoje a mais grave rejeição pública desde os anos 1930. Somos acusados de deteriorar a condição dos trabalhadores, enganar os consumidores, destruir o meio ambiente e lesar as jovens gerações".[6] James Roche, presidente executivo da General Motors, faz eco e lastima "um clima crítico extremamente hostil à livre-iniciativa".[7] "A legitimidade da atividade empresarial" – confirma um sociólogo em 1977 – "sofreu um declínio abissal ao longo da última década".[8]

Segundo Powell, essa situação resulta, acima de tudo, de um ataque ideológico conduzido de modo eficaz. Na linha de frente, os *campi* das grandes universidades, com suas faculdades de ciências sociais e seus inevitáveis "professores nefastos" esquerdistas, entre os quais Herbert Marcuse e outras personalidades "atraentes e magnéticas, professores estimulantes, cujas controvérsias atraem a atenção do público estudantil [...] e que exercem enorme influência – bem além

---

6 Rockefeller [1971] 1972, p. 47615.
7 Roche [1971] 1972, em ibid., p. 13417.
8 Useem 1977, p. 592.

131

do número real deles – sobre seus colegas e o mundo acadêmico".[9] "Membros da comunidade intelectual", acusa por sua vez o economista neoliberal Arthur Shenfield, lançaram uma "guerra ideológica contra a sociedade ocidental". Não estamos mais no simples estágio de uma "concorrência entre as ideias", porém de uma "guerra *contra* a própria sociedade", um ataque fundamentado no "uso deliberado das ideias [...] com o intuito de destruir essa sociedade".[10]

Faltava, mesmo assim, explicar como um pequeno bando de universitários radicais podia, a despeito de sua conversa confusa e de sua inferioridade numérica, exercer a influência que lhe era atribuída. Para tanto, era necessário refinar um pouco mais a análise.

Em meados dos anos 1960, um intelectual reacionário formulou uma teoria crítica do modernismo. Em arte, em literatura, o que era isso, afinal? Nada mais, respondia em essência Lionel Trilling, que um ovo de cuco posto no ninho aborrecido e confortável das classes médias. A modernidade estética é visceralmente animada por uma *cultura adversa*, por uma intenção hostil em relação ao meio social que a viu nascer: "A intenção subversiva que caracteriza a escritura moderna [...] tem o claro intuito de desligar o leitor dos hábitos de pensar e de sentir que lhe foram inculcados por uma cultura de conjunto, de lhe dar um chão, uma posição vantajosa a partir da qual possa julgar, condenar e até mesmo revisar a cultura que

---

9 Powell 1971, p. 13.
10 Shenfield 1970, p. 4. No prefácio que redige para o panfleto de seu colega Shenfield, que o sucederia na direção da Sociedade de Mont-Pèlerin, Milton Friedman insiste: "É absolutamente claro que as fundações de nossa sociedade livre sofrem fortes ataques – não da parte de comunistas e de outros conspiradores, mas pelo fato de indivíduos perdidos se embriagarem de palavras" (Friedman, em Shenfield 1970, p. 2). Friedman louva "a análise sutil e penetrante" de Shenfield. Esse ensaio, tão medíocre quanto repulsivo, decerto contém algumas análises "sutis e penetrantes" como esta, à página 17, a propósito da África do Sul: "O princípio do *apartheid* não é nem desonroso nem racista no mau sentido do termo" [sic].

ele mesmo engendrou". Ora, ele prosseguia, "em torno dessa cultura adversa formou-se o que chamei de uma classe".[11]

Retomando as instituições estéticas de Trilling, ideólogos neoconservadores desenvolvem, no início dos anos 1970, a tese sociológica correspondente e teorizam que a hostilidade política e cultural que assola o mundo dos negócios emana de um novo grupo social que a difunde, a *new class*. O movimento contestador, indica Norman Podhoretz, "é amplamente composto de pessoas educadas, abastadas, que fazem parte da *intelligentsia*".[12] "Essa 'nova classe' não é fácil de definir", reconhece Irving Kristol, "mas é possível descrevê-la vagamente. Ela se compõe, em larga medida, de pessoas que cursaram a universidade, cujas competências e vocações germinam em uma 'sociedade pós-industrial'":[13] professores, jornalistas, trabalhadores da área social, gestores públicos... "Remontando aos primórdios do capitalismo, sempre houve um pequeno grupo [...] que desaprovou a influência onipresente do livre mercado sobre a civilização na qual vivemos. Chamavam esse grupo de 'os intelectuais', e eles são os ancestrais de nossa 'nova classe'."[14]

Sobre a questão de identificar "a fonte e a origem do ataque ideológico contra a sociedade ocidental", Shenfield diz: "É o caráter da classe intelectual moderna", cujo senso de elitismo foi corrompido por um movimento de "democratização e difusão da educação" que logrou "expandir massivamente os recursos humanos da classe intelectual" e "baixar os padrões da vida intelectual" – um suposto rebaixamento que o nível preocupante de seu próprio texto tendia, aliás, a corroborar. A isso se acrescenta uma inclinação muito desagradável à "solicitude em favor dos carentes". Esse coquetel explosivo de acesso "de massa" à educação, de crença na possibilidade de uma transformação social e de empatia excessiva em relação aos miseráveis explica por que as camadas

---

11 Trilling 1965, p. xiii e ss.
12 Podhoretz 1972, p. 5.
13 Kristol 1979, p. 27.
14 Ibid., p. 26.

intelectuais se tornaram esse ninho de "inimigos da sociedade".[15] O que, aliás, faz com que não se trate mais de intelectuais de fato, mas de "intelectualoides".[16] Em suma, de uma classe intelectual ampliada, relativamente massificada e, por isso mesmo, degenerada.

Robert Bartley, editorialista do *The Wall Street Journal*, dizia que se estava assistindo ao surgimento de "toda uma nova indústria de defensores do interesse público que procuram demonizar a atividade empresarial, por exemplo, com questões sobre poluição".[17] Mas, examinando com atenção, sob a aparência de interesse geral, esses grupos também defendem um interesse de casta. "O que quer essa 'nova classe' e por que, então, ela se mostra tão hostil à atividade empresarial?", pergunta Kristol. "Bem, [...] eles não se interessam muito pelo dinheiro, porém estão muito interessados no poder. [...] O poder de moldar nossa civilização – um poder que, em um sistema capitalista, deve ser reservado ao livre mercado."[18]

Ora, essa guerra em curso – eis a segunda parte do diagnóstico –, nós a estamos perdendo. O inimigo avança em grande velocidade. Ele conquista incessantemente novas posições. A juventude já tombou quase toda em seu campo e outras camadas sociais seguem seus passos. "O sistema, em outras palavras, a sociedade livre, apesar de ter vencido uma série impressionante de batalhas deste tipo" – advertia em 1973 um relatório da Associação Nacional das Indústrias dos Estados Unidos (NAM) –, "corre o grave perigo de perder a guerra".[19]

Os pesquisadores David Vogel e Leonard Silk, que sondavam à época o estado de espírito do patronato americano, descobrem uma profunda crise de confiança, uma verdadeira perda da fé: "Os homens de negócios mostram-se particularmente pessimistas quanto ao futuro do sistema capitalista. Só

---

15 Shenfield 1970, pp. 26-ss.
16 Bartley, em Bruce-Briggs 1979, p. 58.
17 Ibid., p. 58.
18 "Business and 'The New Class'", in Kristol 1979, p. 26.
19 Baroody 1973.

existe um grupo com mais certeza de assistir ao crepúsculo do capitalismo: os marxistas".[20] Um dos executivos que eles entrevistaram ironiza, não sem uma ponta de amargura: "O sistema capitalista americano vive as horas mais sombrias de sua história. Pelo ritmo das coisas, talvez as atividades empresariais em breve recebam o apoio dos ecologistas: basta inserir a empresa na lista das espécies ameaçadas de extinção".[21]

Correndo o risco de exagerar a real dimensão do perigo, Powell também apoia a ideia: "O desafio é a própria sobrevivência do que chamamos sistema da livre-iniciativa".[22] A função dessa dramatização é clara: impelir à ação. Pois, caso se perca a batalha, é sobretudo por não levá-la a cabo. "Qual foi a resposta do mundo empresarial diante desse ataque massivo aos princípios econômicos fundamentais, à sua filosofia, a seu direito de gerir os próprios negócios e, afinal, à própria integridade?"[23] Nenhuma ou quase nenhuma. Ainda representa uma massa amorfa, incapaz de se mobilizar diante de uma ameaça iminente. Os avanços inimigos tiram partido da passividade equivalente a uma "abdicação da classe capitalista".[24] Ela "ignora uma crise importante", e essa cegueira pode causar sua ruína.

As cabeças pensantes do mundo empresarial americano não leram Gramsci. O que seus textos descreviam, no entanto, se parecia com o que o comunista italiano, rabiscando obstinadamente nos cárceres de Mussolini, chamara de "crise de hegemonia".[25]

---

20 Silk 1977, p. 319.

21 Silk e Vogel 1976, p. 71.

22 Powell 1971, p. 10.

23 Ibid., p. 7.

24 Bell 1978, p. 77.

25 A hegemonia é uma velha noção. Era o "nome que na Grécia se dava à preeminência política que povos confederados concediam voluntariamente a um entre eles, em virtude das provas que seus cidadãos haviam dado de prudência, bravura e habilidade na guerra: por conseguinte, esse povo era investido da direção suprema de todas as atividades relativas aos negócios comuns" (*Dicionário de conversação e leitura*, 1861, p. 785). Antes de mais nada, portanto, no

sentido clássico, a hegemonia designa um poder de direção estratégica dos negócios comuns. A noção se aplica propriamente às relações entre diferentes cidades coligadas. É um conceito de política exterior que serve para pensar as relações políticas de aliança que povos-cidades, povos-ilhas começam a estabelecer entre si. Aplicar, como faz Gramsci, o conceito de hegemonia às relações políticas internas, às relações entre classes no seio de uma sociedade, convida a pensá-las à imagem de um arquipélago de cidades, a abordar a política interior e as relações entre classes sob um ângulo, de certo modo, geopolítico. Em segundo lugar, a hegemonia é "voluntariamente concedida" a um povo pelos outros. A hegemonia é uma posição consentida, mais que imposta. Mas essa relação não se deixa reduzir a qualquer versão das teorias do contrato social. Não há transferência ou alienação de direitos originários, tampouco um pacto que constituiria uma terceira entidade, um novo corpo político. Em terceiro lugar, a hegemonia é concedida com base no que se poderia chamar de uma estatura ético-política, a influência de que gozará aquele a quem caberão as funções de direção comum. Ele deve ostentar prestígio, atestado por seu caráter, seus costumes, seus atos. Em quarto lugar: esse consenso é dado ou retirado com base *em ações*. São atos e modos de agir que engendram a adesão. São os fracassos na ação que a retiram. Isso contraria uma interpretação demasiadamente estreita "ideológico-simbólica" ou "ideológico-discursiva" da hegemonia. Os textos do *corpus* que apresento neste capítulo tendem a operar uma redução desse gênero, ao tratar a crise em curso como uma simples perda de influência ideológica – o que constitui seu limite teórico e prático.

Esse desvio pelo sentido clássico permite esclarecer a concepção gramsciana. Uma crise de hegemonia se apresenta, ele escreve, quando os grupos dominantes não são mais capazes de assegurar "consenso 'espontâneo' dado pelas grandes massas da população à orientação impressa pelo grupo fundamental dominante à vida social, consenso que nasce 'historicamente' do prestígio (e, portanto, da confiança) que o grupo dominante obtém, por causa de sua posição e de sua função no mundo da produção" (Gramsci [1949] 1982, p. 11). O poder da classe dominante entra em crise: ela continua dominante econômica e institucionalmente, contudo essa posição não é mais exaltada pela amplitude e pelo prestígio que a hegemonia lhe conferia. A crise de hegemonia não é a perda de todo o poder, e sim de uma de suas dimensões, de ordem ético-política, a que assegura o consenso. Para Gramsci, uma "crise de hegemonia da classe dominante" se produz seja por ocasião de um fracasso

Hoje, o mundo empresarial deve se engajar em uma "guerra pela mente dos homens",[26] escreve em 1972 o presidente do American Enterprise Institute, William Baroody. O feudo inimigo – ao mesmo tempo retaguarda e foco de agitação – é a universidade. Ora, é preciso saber que as "instituições que criam ideias e que as legitimam" exercem influência considerável sobre o resto da sociedade. O fato de elas serem afetadas por um "viés" crítico sistemático impõe "um grave problema àqueles, dentre nós, que se preocupam com a preservação de uma sociedade liberal".[27]

Uma das "tarefas prioritárias para o mundo empresarial é intervir na fonte dessa hostilidade nos *campi*".[28] E lá, como em outros lugares, o dinheiro é o nervo da guerra. Esses reservatórios de ideias adversárias – quem de fato lhes dá vida, quem os financia? As universidades dependem "de impostos em grande parte sugados do mundo dos negócios americano, e de contribuições oriundas de fundos de capital controlados ou gerados pelo mundo empresarial americano. [...] Um dos paradoxos mais espantosos de nosso tempo é até que ponto o sistema corporativo tolera – para não dizer apoia – sua própria destruição".[29]

Se não querem continuar a dar corda para se enforcar, é preciso cortar os financiamentos privados de todos que, direta ou indiretamente, propagam visões críticas da ordem capitalista. Em 1973, David Packard, ex-secretário de Defesa dos Estados Unidos e proprietário da Hewlett Packard, ordena

---

em uma de suas grandes ações políticas, dentre elas a guerra; seja quando grandes massas "passaram subitamente da passividade política para uma certa atividade e apresentam reivindicações que, em seu conjunto desorganizado, constituem uma revolução" (id. [1932-34] 1999, p. 60). O fim dos anos 1960 combina os dois fatores: fiasco político-militar da Guerra do Vietnã e intensa fase de contestação política e cultural, que se pensa e se vive, para muitos, como uma revolução em formação.

26 Baroody apud Phillips-Fein 2010, p. 166.
27 "On Corporate Philanthropy", in Kristol 1979, p. 132.
28 Powell 1971, p. 15.
29 Ibid., p. 3.

que os empresários parem de subvencionar às cegas as universidades com suas doações, pois são justamente "conglomerados de universitários hostis que, em grande medida, arcam com a responsabilidade das orientações antiempresariais que gangrenaram parte significativa da juventude. E não creio que seja do interesse das empresas apoiá-los".[30] Kristol concorda: é "perfeitamente razoável que as empresas distingam em sua filantropia o amigo do inimigo".[31]

"No futuro", prescreve Packard, "precisamos concentrar nosso dinheiro e nossa energia nos departamentos [...] que tragam uma contribuição específica para nossas empresas consideradas individualmente, ou para a prosperidade de nosso sistema de livre-iniciativa em geral". Robert Malott, conhecido dirigente da indústria química, salienta a vantagem de aumentar a dependência das universidades em relação aos fundos privados: o doador filantropo poderia avaliar o conteúdo dos programas antes de decidir se abre ou não o talão de cheques, sabendo que é fácil, mesmo sendo leigo, "informar-se se um curso de economia [...] apresenta ou não as visões conservadoras, por exemplo, de Milton Friedman". "Nós temos o direito de instalar um filtro filosófico para determinar como vai ser distribuído o dinheiro dos acionistas? Temos não só o direito e a capacidade para tanto, como a obrigação."[32]

Paralelamente, seria necessário criar instituições que, prevê William Simon – ex-secretário do Tesouro e diretor da Olin Foundation –, "deverão expressamente servir de refúgio intelectual para universitários e autores não igualitários [...]. É preciso lhes dar bolsas, bolsas e mais bolsas em troca de livros, livros e mais livros".[33] Assim, no início dos anos 1970 criam-se novos *think tanks* para "desenvolver a agenda polí-

30 Packard 1973.

31 "Os homens de negócios ou as empresas" – ele acrescenta – "não são obrigados a dar dinheiro às instituições cujas perspectivas ou atitudes desaprovam. É absurdo fingir o contrário, [...] argumentando 'liberdade acadêmica'" ("On Corporate Philanthropy", in Kristol 1979, p. 133).

32 Malott 1978, p. 137.

33 Simon 1979, p. 247.

tica conservadora"[34] nos Estados Unidos, mas também em escala internacional, com a criação do Fórum Econômico Mundial de Davos em 1971 e da Comissão Trilateral em 1973.

"As ideias são armas", escreve Powell, e, no entanto, os homens de negócios "mostraram só um pouco de apetite por uma confrontação aberta com seus críticos e um fraco talento para se engajar em autênticos debates intelectuais e filosóficos".[35] É verdade, responde Kristol, mas em sua defesa se deve reconhecer que eles não são os mais adequados para fazê-lo: "Em qualquer combate desarmado com a *new class*, o mundo empresarial já entra perdendo. Como querem que empresários que já nem são capazes de convencer os próprios filhos de que as empresas são moralmente legítimas consigam, sozinhos, persuadir o mundo inteiro? Só se pode combater uma ideia com outra ideia, e é *no seio da* nova classe, e não contra ela, que a guerra das ideias e das ideologias vai se desenrolar". Mais que se transformar em intelectual, é melhor recrutar contraintelectuais desertores. Como identificá-los? "Bem, se você decidir procurar petróleo, você começa procurando um geólogo competente. É a mesma coisa: se quiser fazer investimentos produtivos no mundo intelectual e educativo, você precisa encontrar intelectuais e pesquisadores competentes – membros dissidentes, por assim, dizer, da nova classe – que vão enchê-lo de conselhos."[36] O projeto era, explicitamente, formar uma *contraintelligentsia*, uma comunidade intelectual alinhada aos interesses empresariais.[37]

Além dos lugares de produção das ideias, é preciso se interessar por seus canais de difusão. Mais uma vez, o paradoxo é que as empresas patrocinam, "por meio da publicidade, mídias que desempenham hoje, inevitavelmente, o papel de megafone nacional para cruzadas igualitárias de

---

34 Cf. Rowe, em Lipschutz e Rowe 2005a, p. 139.
35 Powell 1971, p. 8.
36 "On Corporate Philanthropy", in Kristol 1979, pp. 134-ss.
37 Sua missão seria "recolocar em questão o monopólio ideológico: criar problemas sem nome, fazer perguntas não formuladas, apresentar os contextos faltantes e colocar na agenda pública outro conjunto de valores e de objetivos" (Simon 1979, p. 250).

toda ordem".[38] O mínimo para os executivos conscientes seria não mais financiar "mídias que servem de porta-voz das opiniões anticapitalistas" e reorientar o maná da publicidade em direção a uma imprensa mais complacente: "O dinheiro das empresas deve jorrar [...] para mídias pró-liberdade ou mídias que, sem necessariamente se posicionarem 'pró-*business*', se mostrem pelo menos capazes de dar, com profissionalismo, um tratamento justo e preciso às ideias, aos valores e aos argumentos pró-capitalistas".[39]

O orador alertou seus pares de uma ameaça iminente. Um ataque foi lançado pelos inimigos da livre-empresa. "A defesa de nossa sociedade [...] deve reagir aos ataques e rechaçá-los. A primeira condição do sucesso é passar à ofensiva. Em matéria de conflitos armados, dizia-se que a melhor defesa era o ataque. Esse princípio vale também na guerra das ideias, simplesmente porque uma ideia que está na defensiva em parte já perdeu."[40]

Entretanto, muitos diretores de empresa, após escutarem educadamente esse tipo de exortação bélica, voltavam para casa e, ao que parece, faziam o oposto: concessões retóricas

---

38 Ibid., p. 245. A "nova classe tem acesso direto a nossos principais editorialistas e aos jornalistas da televisão", ainda que as grandes mídias sejam "possuídas e controladas teoricamente por empresas que dependem dos lucros e do sistema de mercado para sobreviver" (Murphy apud Akard 1989, p. 74; Powell 1971, p. 4).

39 Simon 1979, p. 249.

40 Shenfield 1970, p. 32. "Os homens de negócios" – lamentava também Powell – "não foram nem formados nem equipados para conduzir uma guerrilha contra os propagandistas que criticam o sistema [...]. O papel tradicional dos dirigentes corporativos era gerar, produzir, vender, criar empregos, gerar lucros" (Powell 1971, p. 8). Mas eles terão de aprender a assumir um novo papel. Além da contraofensiva ideológica, passar à contraofensiva política. Ora, para isso, "o mundo dos negócios deve, por sua vez, aprender a lição que o mundo do trabalho aprendeu há muito tempo, [...] a saber, que cumpre conquistar poder político; que tal poder deve ser assiduamente cultivado; e se necessário utilizado de forma agressiva, com uma determinação sem falha" (ibid., p. 25).

em massa. No início dos anos 1970, à atitude intransigente e limitada dos neoliberais e dos teóricos da conspiração anticapitalista à moda de Powell, opunha-se outra abordagem, mais sutil, que não rejeitava em bloco as temáticas adversárias, mas, numa estratégia de *integração*, apropriava-se delas para formular uma resposta.

Havia um consenso: era urgente responder à contestação. Mas, a partir do momento que se tratava de saber como, a unidade fissurava. Como *reagir*? Debates acalorados dilaceravam as classes dominantes na época.

11. COMO REAGIR?

A classe dirigente tradicional [...] faz talvez sacrifícios, expõe-se a um futuro obscuro com promessas demagógicas.

ANTONIO GRAMSCI, *Cadernos do cárcere*, 1932–34.

"Os homens de negócios podem se apropriar da fórmula de Winston Churchill: nós nos 'beneficiamos imensamente das críticas que nos fizeram, até porque nunca nos queixamos de escassez nesse quesito'."[1] Foi com esse gracejo que David Rockefeller, presidente executivo do Banco Chase Manhattan, começou, em 1971, um discurso para publicitários nova-iorquinos sobre "o papel dos negócios em uma era de responsabilidade crescente".

O texto poderia ser lido como um breviário do *bom uso da crítica* destinado às classes dominantes, e dele podem-se extrair alguns princípios gerais. Diante da contestação, o que fazer? Em primeiro lugar, vê-la com que olhos, ouvi-la com que ouvidos?

Antes de mais nada, uma observação sobre o léxico empregado. Enquanto alguns evocam "ataques" contra a livre-iniciativa, Rockefeller prefere falar de "críticas". Teríamos aí um primeiro preceito: retraduzir os ataques em críticas. Tratar um ataque como crítica já é um passo para desarmá-lo. A diferença reside na maneira de acolher a hostilidade. Um ataque se rechaça, mas uma crítica pode ser levada em consideração. Enquanto o ataque provoca um contra-ataque, a crítica convida ao autoexame, a se perguntar o que ela ensina sobre o criticado, quais falhas permite reparar. Em outras palavras, estar pronto para reconhecer uma verdade na negatividade, a fim de tirar lições para si. Para o poder, a crítica pode ser uma oportunidade. É preciso

---

1 Rockefeller 1972, p. 47 615.

saber tirar proveito dela, como de tudo, aliás. Princípio de valorização da crítica.

Decerto "é tentador para os homens de negócios reagir contra-atacando, devolvendo insulto com insulto". Mas não é uma boa tática, assim como não o é a desqualificação sistemática. Descreditar integralmente as críticas que nos são endereçadas seria "arriscar comprometer nossa credibilidade no momento em que mais precisamos dela". Nesse ponto, Rockefeller se opõe àqueles que, por um lado, tendem a reduzir a contestação a uma conspiração anticapitalista, sem compreender que ela expressa um fato social, uma transformação objetiva e durável do ambiente no qual operam as empresas, e, por outro, àqueles que respondem com a reafirmação conservadora do que já existe, sem perceber que essa é uma estratégia fracassada.

A defesa do *status quo* não é mais viável. A alternativa é a seguinte: ou participar das transformações em curso ou sofrê-las. "Os homens de negócios" – ele prossegue – "não têm outra escolha a não ser se tornarem, eles mesmos, reformadores, esforçarem-se para adaptar conscientemente o funcionamento do sistema de mercado a nosso ambiente social, político e tecnológico em transformação. A questão se resume a isto: os dirigentes corporativos vão tomar a iniciativa de operar as mudanças necessárias e assumir voluntariamente novas responsabilidades ou vão esperar que elas lhes sejam impostas pela lei?".

De nada adianta resistir à mudança; é preciso, ao contrário, abranger o movimento a fim de melhor orientá-lo. Não permanecer como espectadores, mas pegar o trem em curso e se sentar no lugar do condutor. Se as sombrias previsões de Marx permaneciam como letras mortas, Rockefeller conclui que isso ocorria em virtude da "notável resiliência" do mundo dos negócios. Se se tem a pretensão de que o sistema sobreviva à crise que o golpeia, é necessário reatar as relações com esse tipo de inteligência.[2]

---

2   Ibid., pp. 47 615-ss.

No fim dos anos 1960, organizações da esquerda reformista retomam a ideologia gerencial da "responsabilidade" para fazer dela o eixo de campanhas de um novo tipo.[3] Em 1969, um punhado de jovens advogados reunidos em torno de Ralph Nader funda o Project on Corporate Responsibility: "Queremos que os dirigentes corporativos prestem contas a todos os afetados por suas decisões". Em fevereiro de 1970, após comprar doze ações da General Motors, eles submetem nove resoluções aos 1,3 milhão de acionistas da companhia. Seu objetivo, anunciam, é transformar o "processo de decisão gerencial para se assegurar de que serão levados em consideração os interesses variados que afetam as decisões da empresa".[4]

"Saímos desta reunião mais determinados que nunca a cumprir nossas obrigações em termos de responsabilidade social",[5] declarou em 1970 James Roche, presidente executivo

---

3 Luc Boltanski e Eve Chiapello insistiram na capacidade do capitalismo de absorver e recuperar seus críticos. Essa aptidão é real, mas o processo não tem mão única. É preciso apontar igualmente a capacidade dos contestatários de retomar, eles também, para melhor ou para pior, os discursos de legitimação do capitalismo a fim de regurgitá-los em seguida sob uma forma modificada. "O entusiasmo das empresas pela RSE [responsabilidade social empresarial]", constatado desde os anos 2000, foi, segundo a hipótese de Chiapello, o signo "da entrada do capitalismo em um novo ciclo de recuperação de sua crítica que leva a sério a crítica ecológica" (Chiapello 2009). Mas, nesse ciclo de recuperação, esse é apenas o último episódio de uma longa série. Longe de ser recente, o discurso sobre responsabilidade social aparece nos Estados Unidos no começo do século XX como uma ideologia gerencial. É somente a partir do fim dos anos 1960 que um militantismo reformista se apropria desse léxico com objetivos polêmicos. O processo não é de "evisceração" de um motivo crítico na origem. Seria o contrário: uma apologética gerencial desviada por uma crítica reformista que, por sua vez, é retomada e reinterpretada. Se há recuperação, ela é cruzada, tomada em jogos de vaivém que são próprios de toda luta pela ressignificação. Sobre a noção de "ciclo de recuperação", cf. Boltanski e Chiapello 1999, p. 565.

4 Cf. Vogel 1978, p. 74.

5 Apud Schwartz 1971, p. 62.

da General Motors, no encerramento da assembleia geral anual dos acionistas. No folheto distribuído aos participantes, lia-se: "A General Motors se compromete a resolver, no que concerne a nossos produtos e fábricas, o problema da poluição atmosférica; [...] nossos dirigentes estão definitivamente comprometidos a encontrar, o mais rápido possível, uma solução para o problema do gás de escape".[6] As promessas, de fato, só animam os que as recebem.

Ao ouvir tais discursos, os conservadores perdem o fôlego. "Gigantes como a General Motors" – dispara em 1971 o editorialista libertário Jeffrey St. John – "enfrentam, completamente desarmados, tanto no nível intelectual como no filosófico, uma horda crescente de críticas".[7] E começa a recapitular, chocado, as concessões feitas pelo presidente executivo da empresa automobilística de Detroit: diante das pressões dos ativistas, não é que ele chegou a aceitar a indicação para seu conselho administrativo "de um diretor negro", assim como a criação de um comitê científico encarregado de questões ambientais? Eis a que se resume – ele se desespera – a resposta atual do *business*: esquivas, compromissos e concessões.

No mesmo ano, entretanto, no meio patronal do sofisticadíssimo Executive Club de Chicago, Roche entrega aos confrades a chave de leitura de seu discurso público: ressaltando a "ameaça séria, embora sutil, que pesa sobre nosso sistema americano de livre-iniciativa",[8] ele acrescenta: "A responsabilidade social é a palavra de ordem de uma cultura hostil que hoje salta aos olhos. [...] Essa filosofia é contrária às nossas concepções americanas de propriedade privada e de responsabilidade individual".[9] Os grupos militantes que fizeram dela seu estandarte recorrem a "táticas de divisão" com o objetivo "de mergulhar os Estados Unidos dos anos

---

6 General Motors 1970, p. 5.
7 St. John 1971, p. 1.
8 Roche [1971], em Arquivo do Congresso dos Estados Unidos 1972, p. 13 416.
9 Ibid., p. 13 418.

145

1970 em uma guerra da sociedade consigo mesma".[10] Tais temáticas sempre encontram tanto eco e simpatia que não é mais sensato ignorá-las: "Devemos estar prontos para aceitar a mudança. E, hoje, espera-se que o empresariado responda às novas aspirações da sociedade a que ele serve. Precisamos reconhecer essa grande aspiração que inflama o público".[11]

A tática era clara: responder aos críticos no campo deles, endossar publicamente o discurso da responsabilidade social na nova versão, tapando o nariz, e deixar algumas migalhas à margem, para não mudar nada na base. Sob pressão, a General Motors tinha efetivamente indicado o pastor negro Leon Sullivan para o conselho administrativo, havia criado um cargo de vice-presidente para as questões ecológicas, formado um comitê científico para estudar os efeitos dos automóveis sobre o meio ambiente. Mas eram concessões periféricas, mais simbólicas que substanciais.

No início dos anos 1970, uma onda de anúncios elogiando a responsabilidade social das empresas invade as mídias americanas. "As empresas" – revelava um presidente executivo – "são permanentemente atacadas por todos os lados. [...] Quando uma companhia se cala diante dos ataques acerca de suas políticas e práticas, isso é interpretado como uma confissão de culpa. A autodefesa passa pela publicidade da empresa".[12] Os *slogans* dessas campanhas de *greenwashing* ou de *fairwashing*, antes mesmo que surgissem tais expressões – operações de lavagem ecológica ou ética –, eram eloquentes: "Trabalhamos para manter sua confiança", prometia a petroleira Texaco. "Nós nos comprometemos", assegurava a siderúrgica United States Steel. "Há um mundo de coisas que você pode fazer", bajulava a Dupont, indústria química. Quanto ao grupo Union Carbide – cujo nome mais tarde ficaria ligado à catástrofe de Bhopal, a nuvem tóxica e as milha-

---

10 Ibid., p. 13417.
11 Ibid., p. 13418.
12 Carta de Frederick West, presidente executivo da Bethlehem Steel Corporation, ao senador Philip A. Hart apud Sethi 1977, p. 53.

res de vítimas mortas por sufocamento na Índia, numa noite de dezembro de 1984 –, ele se permitia, em 1974, dezenas de páginas de publicidade na imprensa americana para louvar seu engajamento em prol da "revolução verde". Seus assessores encontraram um *slogan* que, retrospectivamente, assume um tom irônico: *Today, something we do will touch your life* – "Hoje, algo que fazemos vai afetar sua vida".[13]

"Poucas coisas me embrulham mais o estômago que ver esses anúncios de TV, em particular aqueles de certas companhias petrolíferas que querem nos fazer crer que sua única razão de existir é a preservação do meio ambiente."[14] Quem expressava assim seu descontentamento, em 1972, era ninguém menos que Milton Friedman. Qual é a razão de sua náusea? O que revoltava o economista neoliberal não era a instrumentalização do discurso ecologista pelas empresas, mas, ao contrário, a deturpação do espírito da empresa por seu invólucro de fórmulas *hippies*. A náusea de Friedman é que as empresas não ousam mais, como se tivessem vergonha de assumir publicamente a motivação que as inspira, maximizar os lucros.

Certamente, reconhece Friedman, "dados o clima reinante na opinião pública, a aversão generalizada pelo 'capitalismo', os 'lucros', 'a empresa sem alma' etc.",[15] é prudente andar de máscara. *Alegar* servir ao interesse público, nesse contexto, é sem dúvida a melhor maneira de dar prosseguimento a seus interesses egoístas, e, assim procedendo, a administração apenas faz seu trabalho: "Não posso culpar os dirigentes corporativos por dizerem tais bobagens. Na verdade, eu os culparia se não o fizessem. Considerando o

---

13 *Slogans* apud Stevenson 1979, p. 59. Na noite de 3 de dezembro de 1984, milhares de pessoas morreram, surpreendidas em pleno sono pela nuvem tóxica de isocianato de metila liberada na atmosfera pela explosão da fábrica da Union Carbide India Limited em Bhopal.

14 McClaughry 1972, p. 8.

15 Friedman 1970, p. 17.

estado de espírito do público em geral, fingir ser socialmente responsável é uma forma de a empresa aumentar os lucros".[16]

Enquanto a esquerda denuncia esse tipo de propaganda como hipocrisia gerencial, Friedman se preocupa exatamente com o contrário. Ele teme que esses agentes se esqueçam de não ser sinceros, que, de tanto repetir essas belas palavras, acabem acreditando no que deveria ser apenas um discurso de fachada, que se autointoxiquem.[17] Friedman é cínico, quer salvar a hipocrisia. Seu problema não é o falso discurso (na medida em que ele é uma fraude para os outros), e sim a falsa consciência (na medida em que ela é uma ilusão para si). O fenômeno que o preocupa poderia ser chamado de *hipercrisia*. O hipócrita é aquele que usa uma máscara e tem consciência dela. O hipércrita é aquele que toma a si próprio

---

16 McClaughry 1972, p. 8. Se essa hipocrisia é do interesse deles, Friedman não poderia reprová-los – o que não o impede de reservar, a título pessoal, sua estima por aqueles que "desdenhavam essas táticas que beiram a fraude" (Friedman 1970, p. 17).

17 Aqueles tomados por essa angústia poderiam ter se tranquilizado lendo uma enquete qualitativa encomendada em 1974 por uma organização patronal, The Conference Board. Os investigadores sondaram, ao longo de uma série de entrevistas, o estado de espírito dos gestores americanos na época. Delas se concluía, sobretudo, que, se os empresários se preocupavam com a hostilidade geral e percebiam os ataques contra a motivação do lucro "não somente como insultos pessoais, mas também como ameaças planando sobre a própria instituição que tornara os Estados Unidos livres e prósperos", muitos não deixavam de "ridicularizar a ideia de 'responsabilidade social' das empresas, identificando esse conceito com elucubrações diretamente saídas da imaginação dos sociólogos, e de condenar quase todas as tentativas sérias para proteger o meio ambiente, mudar as práticas de recrutamento e democratizar o local de trabalho". Um elemento "mais surpreendente" – acrescenta Michael Useem – "é a desconfiança generalizada acerca do sistema democrático. [...] Tomados pela eficiência autocrática de suas próprias instituições, eles sentem apenas desprezo pela administração, sua morosidade, sua irracionalidade, que eles consideram inerentes a um sistema político submetido às variações da opinião pública. [...] Nesse ponto, parece que 'o autoritarismo capitalista de classe' alcançou proporções massivas" (Useem 1977, p. 593).

pela máscara, aquele em que a consciência da duplicidade se esvaneceu. Esquecendo-se de si mesma, a hipocrisia se inclina para a hipercrisia, espécie de profissão de fé amnésica "pela qual um homem se engana a si mesmo enganando os outros, sem ter a intenção de enganá-los".[18] Os "homens de negócios" – lamenta Friedman – "em geral se acham filósofos. Eles se expressam em toda parte, extraoficialmente, dizendo os mesmos absurdos que, aliás, podem ser úteis na vida dos negócios".[19] O calo aperta quando eles perdem o equilíbrio das coisas e começam a acreditar, no íntimo, naquilo que falam em público. Ora, se os gestores trocassem o autêntico espírito do capitalismo por essa verborragia "responsável", perderiam toda a orientação.

O perigo é "ético", uma vez que é a própria preservação do *ethos* capitalista que se encontra ameaçada. Mas é também político. Será possível continuar a defender o capitalismo por muito mais tempo com valores não capitalistas? A contradição é sustentável?

Será que o público, encorajado a crer, pelo grande esforço publicitário, que o objetivo das empresas é servir à sociedade, não vai "exigir que o mundo dos negócios aja conforme a nova ética corporativa, formulada não somente pelos reformadores, mas também pelos próprios empresários"?[20] Começaria, assim, um ciclo de politização da empresa alimentado pelas concessões retóricas dos próprios dirigentes.

A ira dos neoliberais é ainda mais inflamada, já que não pararam de alertar contra os perigos desse tipo de discurso na fase anterior, enquanto tudo ainda estava calmo. Quando constatam, no início dos anos 1970, que uma série de movimentos militantes se apropriou dos velhos temas gerencialistas para voltá-los contra a direção das empresas, entreveem a confirmação de seus temores.

É possível que a adoção do discurso da responsabilidade social tenha "começado como uma manobra estritamente

---

18 Jurieu 1685, p. 127.
19 McClaughry 1972, p. 8.
20 Blumberg 1971, p. 1555.

defensiva", um meio para "maximizar a duração de vida do capitalismo arrancando o mal das críticas pela raiz",[21] admitia Levitt, contudo a tática é arriscada, pois, assim que o executivo admite que a função fundamental dos negócios é "servir ao público", então "o crítico se lança sobre essa confissão com um prazer não dissimulado e exclama: 'Mas então por que não o servem?' Só que, na realidade, mesmo que o *business* se esforce para 'servir', ele não fará jamais o suficiente aos olhos dos críticos".[22] Um fracasso anunciado que levará inevitavelmente a opinião pública a preferir a utilização de meios mais coercitivos à boa vontade ostentada, embora impotente, dos gestores. A começar pela regulação pública com que se pavimenta o caminho. Hayek previa os mesmos desenvolvimentos: "O efeito no longo prazo conduzirá necessariamente a um controle ampliado das empresas pelo poder de Estado".[23]

Aqueles que recorrem ao discurso da responsabilidade social a fim de "evitar uma regulação governamental rigorosa", analisa Manne, alegam que "a própria sobrevivência do capitalismo depende da adoção de uma atitude socialmente responsável por parte das empresas".[24] Segundo eles, "se o público pode ser levado a crer que o *business* já opera de modo socialmente responsável, a ameaça política pode ser afastada com menor custo. Ou melhor, a situação pode se tornar vantajosa para os negócios se ela possibilita que a indústria obtenha a autorregulação".[25] Essa é, na essência, a

---

21 Levitt 1958, p. 41.
22 Ibid., p. 49.
23 Hayek, em Anshen e Bach (orgs.) 1960, p. 116. "Nos anos que virão" – anunciava também Ben Lewis – "vamos assistir ao crescimento do poder dos controles governamentais conscientes e coletivos." Enquanto esperamos, o que fazemos? Inebriadas pela "influência narcótica da responsabilidade social", as grandes empresas "ficam ali plantadas como patos gordos, alvos apetitosos e fáceis, convidando o governo a abrir fogo [...]. O convite não tardará a ser aceito" (Lewis 1959, p. 397).
24 Manne 1972b, p. 995.
25 Manne 1972a, p. 96. Apesar de suas diferenças, gerencialistas e neoliberais estavam de acordo a respeito de um objetivo funda-

aposta de uma parte do patronato. Segundo Manne, a estratégia está condenada ao fracasso.

O que fazer então? "Seria incoerente da minha parte" – ironiza Friedman – "exortar os dirigentes corporativos a se absterem de utilizar esse retoque de fachada hipócrita porque ele prejudica os fundamentos de uma sociedade livre. Isso seria, na verdade, exortá-los a assumir uma 'responsabilidade social'!"[26] Para além da piada, essa autoironia exprime uma aporia fundamental: a incapacidade teórica da doutrina econômica neoliberal de pensar, *em seu próprio âmbito*, a possibilidade de uma ação coletiva, de uma mobilização coordenada das classes dominantes para defesa de seus interesses.[27]

---

mental: evitar tanto quanto possível a regulação pública em matéria social e ambiental. Suas divergências eram pragmáticas e no fundo remetiam apenas a saber se a RSE exorcizaria a regulação governamental ou a alimentaria. Para os primeiros, a promoção das responsabilidades sociais da administração surge como manobra preventiva eficaz. A administração, defende Berle, age "na linha de frente como um amortecedor das ondas de choques sociais". Se ela não fizesse nada, "o impacto seria tal que o governo se veria forçado a intervir. Duvido que o professor Manne considere essa opção a mais desejável" (Berle 1962, p. 443).

26 Friedman 1970, p. 17.

27 Os homens de negócios, diz Friedman, têm um "caráter esquizofrênico": clarividentes em relação ao que é do interesse deles no curto prazo, eles se mostram a maior parte do tempo míopes assim que se trata de considerar a questão mais abrangente das condições de "sobrevivência dos negócios em geral". Cada empresa se defende propagando um discurso que prejudica coletivamente todas: "Os homens de negócios com frequência têm impulsos suicidas". Em suma, há aí um problema de ação coletiva, como dizem os sociólogos, ou de bem público, como dizem os economistas. Após o dilema do prisioneiro, o dilema do presidente executivo. No fundo, a tragédia, teoriza Manne, "é que a preservação do capitalismo é um bem público. Nenhuma empresa orientada para a maximização do lucro jamais investirá em preservação, pois os benefícios do investimento são externos a ela mesma". Eis a falha: a busca do interesse individual não assegura por si só a preservação do sistema que permite a busca do interesse pessoal. A lógica do mercado competitivo, deixada a si mesma, pode operar por contrafinalidade para destruir

Ela prediz – erroneamente – a impossibilidade. Ora, isso, contudo, é aquilo que se tornara, para eles, indispensável pensar.

Se o mundo dos negócios se colocou em dificuldade politicamente, pondera Jeffrey St. John em 1971, "foi porque trocou uma exposição clara e nítida de seu ponto de vista por embromação intelectual".[28] Ora, a "civilização do *business* está destinada a desaparecer se ela for incapaz de explicar, de modo intelectualmente coerente, como funciona. [...] O que os homens não compreendem, eles são incapazes de justificar; e o que não podem justificar, eles não defenderão; e o que não estão prontos para defender, eles não podem conservar". Se o trabalho de justificativa tem importância estratégica, não é somente para os outros, mas também para si. Não é apenas uma questão de propaganda, mas também de autoconvicção. E para isso, repete incessantemente St. John, ainda que sem jamais trazer o menor resquício de conteúdo conceitual a essa fórmula, é necessário ter uma *filosofia*, porque, se cedem aos grupos radicais, é justamente em razão da "falta de uma filosofia". Mas onde encontrá-la?

Manne indicava em 1970 por onde começar, o que era preciso destruir para refundar um discurso apologético sobre novas bases. "A fonte intelectual mais importante dos ataques em curso contra o *big business* é a obra clássica de Berle e Means."[29] Era preciso remediar por meios teóricos a vulnerabilidade política da empresa, cujas raízes são teóricas. Para aqueles que aí viam um perigo mortal, era imperativo tornar intelectualmente inarticuláveis os questionamentos sobre suas bases, seu poder e suas finalidades.

---

suas próprias condições de existência (cf. Friedman 1970, p. 17; Manne 1973, p. 710).

28 St. John 1971, p. 1.

29 Manne 1970, p. 533.

12. A EMPRESA NÃO EXISTE

*Histórica e analiticamente, a empresa
parece ser [...] um nexo de poder.*

LEE LOEVINGER, "The Corporation
as a Power Nexus", 1961.

*Nexo: laço, estreitamento, nó, liame [...]
comprometer-se [...] cair em servidão.*

Dicionário Latim-Francês, 1871.

Em 1973, Irving Kristol, o "padrinho do neoconservadorismo americano", lamentava: "O problema que hoje se apresenta para a grande empresa é que ela não tem mais a mínima e clara legitimidade teórica – ou seja, ideológica – no próprio quadro do capitalismo liberal. [...] Com que direito a 'gestão', essa oligarquia consanguínea, exerce seu poder? Baseada em que princípios? A essas questões de ordem essencialmente política, a gestão encontra, para resistir, apenas um tipo de resposta, e frágil, de ordem econômica".[1] Constatação muito alarmante de um poder sem teoria, intelectualmente desprovido e, por isso, politicamente exposto. À época, os analistas soviéticos que examinavam a vida intelectual americana observavam com interesse as indagações de Kristol, notando com sobriedade que ele se revelava "incapaz de propor a mais ínfima solução construtiva para esse problema específico".[2]

Quando "a crise é profunda – 'orgânica' –", notava Stuart Hall, retomando as análises de Gramsci, "exige-se todo um trabalho político e ideológico para desarticular as antigas configurações e reelaborar as novas".[3] Isso, no entanto, leva tempo. Sem contar que, nesse caso, houve atraso na reação.

---

1   Kristol 1975, p. 138.
2   Zamoshkin e Mel'vil 1977, p. 17.
3   Hall 1979, p. 15.

"Os ataques contra as grandes empresas, tanto populares quanto intelectuais" – observava Manne –, "foram lançados muito tempo antes que uma defesa começasse a operar".[4] De modo que não se dispunha ainda, no início dos anos 1970, "de nenhuma teoria séria para garantir a defesa do sistema corporativo americano".[5]

Mas as coisas estavam mudando, e depressa. De fato, a magnitude da contestação tinha tornado a tarefa urgente. Economistas neoclássicos trabalhavam arduamente para desenvolver novas teorias corporativas – um "campo apaixonante", enfim "uma boa-nova" – respira Manne em 1979 – "para um mundo dos negócios que se preocupava havia muito com as atitudes *antibusiness* e sua capacidade de levar adiante uma defesa popular".[6]

Hoje os economistas estão familiarizados com as "novas teorias da empresa", presentes em cursos e manuais, num cortejo infinito de argúcias escolásticas – mas muito frequentemente se abstendo de reconstituir o contexto histórico e político que presidiu sua elaboração. Embora se apresentem como doutrinas neutras, foram concebidas expressamente como armas intelectuais para a defesa de um capitalismo contestado. Tal omissão é lamentável na medida em que obscurece os desafios políticos dessas teorias, o seu sentido fundamental.

"A empresa pode sobreviver?" – perguntam-se, em 1978, o futuro prêmio Nobel de Economia Michael Jensen e seu mentor, William Meckling. Eles não bancariam essa aposta. Não, em todo caso, se as tendências de então seguissem seu curso. "O poder do dirigente corporativo [...] não para de ser cada vez mais restringido."[7] Outrora tão livre, ele se encontra entravado por uma montanha de novas regulações governamentais. Sob os golpes brutais dos ecologistas, certos produtos tóxicos, dentre eles o DDT, foram proibidos – a despeito

---

4 Manne 1981, p. 691.
5 Ibid.
6 Manne 1979, p. 1649.
7 Jensen e Meckling 1976, p. 31.

da liberdade de comércio. Em resposta ao ativismo de diversos "grupos de pressão", organizações antirracistas e feministas, medidas de discriminação positiva foram impostas aos empregadores – a despeito da liberdade de contratação. Cedendo irrefletidamente a essas reivindicações, "o governo está destruindo o sistema de direitos contratuais" de que depende a própria existência do sistema da "livre-iniciativa"[8] – uma "forma organizacional altamente vulnerável",[9] eles especificam. Pelo ritmo das coisas, "mesmo que sobrevivam, de um jeito ou de outro, as grandes empresas tal como as conhecemos estão fadadas à destruição. Achamos até que, para certas indústrias, a desaparição é iminente! [...] Algumas empresas simplesmente vão fechar as portas [...]. Outras vão assumir novas formas organizacionais. Algumas serão estatizadas, outras passarão à autogestão operária".[10]

Ora, se o "ataque às empresas"[11] se dá no terreno social e político, ele se apoia em duas grandes premissas conceituais: a "separação entre propriedade e controle", de um lado, e a "responsabilidade social das empresas", de outro. Tais eram, no campo teórico, os dois grandes alvos a abater. Pois, se o adversário marca pontos, entre outras razões, é porque o debate público foi recheado de "armadilhas semânticas".[12] É necessário um trabalho de desativação de minas, um esforço paciente de reconceitualização – seria um erro encará-las como "minúcias semânticas".[13] Definir as palavras é um ato político. Quem fixa seu sentido tem em mãos um trunfo estratégico.

Com o intuito de elaborar a teoria da empresa que tanta falta fazia, foi desenterrado, no fim dos anos 1960, um artigo publicado em 1937 pelo economista Ronald Coase, no qual ele

---

8   Ibid., p. 32.
9   Ibid., p. 36.
10 Ibid., p. 37.
11 Jensen e Meckling, em Huizenga 1983, p. 2.
12 Jensen e Meckling, em Hessen 1982, p. 86.
13 Ibid., p. 86.

empregava uma metáfora sugestiva emprestada de um autor britânico: as empresas são, em relação ao mercado, "ilhotas de poder consciente flutuando aqui e ali nesse oceano de cooperação inconsciente, como pedaços de manteiga coagulando num balde de manteiga".[14] A empresa, teoricamente, é gordura, gordura que flutua.

A economia neoclássica redescobria a existência dessas entidades surpreendentes que são as empresas. Até então, elas eram concebidas esquematicamente à imagem de agentes econômicos individuais como pontos ligados por transações, caixas-pretas das quais se revelavam as entradas e as saídas, sem muito interesse pelo que poderia se passar em seu interior. Ao abrir a caixa, uma coisa salta aos olhos: empresa não é mercado. Lá vigoram outros métodos de coordenação. "Se um trabalhador passa do departamento Y ao departamento X, isso não se dá em decorrência de uma mudança nos preços relativos, mas porque ele recebeu uma ordem."[15] Uma empresa não funciona internamente segundo o mecanismo dos preços, coordenação inconsciente, e sim sob um comando, uma direção consciente; não é troca, mas hierarquia; não é automatismo, mas autoridade; não é mercado, mas planejamento.

Do ponto de vista neoclássico, isso era uma surpresa, assim como um enigma: como explicar, justamente quando

---

14 Coase 1937, p. 388. Coase toma essa imagem emprestada de Robertson 1923, p. 84.

15 Coase 1937. Marx estabelecia uma função inversa entre autoridade patronal na empresa e relações de mercado fora dela: "Enquanto, no interior da fábrica moderna, a divisão do trabalho é minuciosamente regulada pela autoridade do empresário, a sociedade moderna, para distribuir o trabalho, não tem outra regra ou autoridade que a da livre concorrência [...] Pode-se até mesmo estabelecer como regra geral que, quanto menos autoridade preside à divisão do trabalho no interior da sociedade, mais a divisão de trabalho se desenvolve no interior da fábrica e mais está submetida à autoridade de uma só pessoa. Portanto, em relação à divisão do trabalho, a autoridade na fábrica e a autoridade na sociedade estão reciprocamente em *razão inversa*." (Marx [1847] 2017, pp. 119-20).

em geral se considera o mercado o único modo de coordenação eficiente, que tais formas heréticas pudessem mesmo existir? Era preciso justificar a empresa. Para dizê-lo em termos leibnizianos: por que existe a empresa em vez de nada? Ou melhor, e mais precisamente: por que existe autoridade econômica privada e não apenas puro mercado?

Coase propunha uma explicação que tinha a vantagem de preservar a coerência da teoria ortodoxa: "A principal razão pela qual é vantajoso estabelecer uma empresa parece ser o fato de haver um custo para recorrer ao mecanismo dos preços".[16] "A fim de levar a bom termo uma transação no mercado, é necessário descobrir com quem se quer lidar, informar às pessoas que se deseja fazer negócio com elas e segundo quais modalidades, conduzir negociações para chegar a um acordo, estabelecer um contrato [...], e assim por diante. Ora, essas operações são, com frequência, extremamente dispendiosas."[17] São esses custos, os "custos de transação", que se evitam quando a atividade se coordena no interior da firma: "Formar uma organização e autorizar determinada autoridade ('um empresário') a dirigir os recursos permite economizar certos custos de mercado".[18] Portanto, descobria-se que havia no funcionamento da economia capitalista dois prodígios no lugar de um: além da mão invisível do mercado, a mão visível da direção da empresa.[19]

Em que se baseia o modo de coordenação próprio da empresa, aquele de que o mercado não dispõe? No *fiat,* respondia Coase, ou seja, na decisão autoritária, no comando hierárquico – uma relação de poder irredutível a relações de mercado, um poder discricionário que se exerce numa relação de subordinação do tipo "mestre / servo".[20]

---

16 Coase 1937, p. 390.
17 Coase 1960, p. 15.
18 Coase 1937, p. 392.
19 Cf. Chandler 1977, pp. 6 e 515, nota 3, a respeito de Coase. Ver também Williamson 1994, p. 324.
20 Em inglês, *master and servant* (Coase 1937, p. 403).

Ora, quanto mais os economistas neoclássicos mobilizam esse texto nos anos 1960-70 – visando ao *aggiornamento* teórico, são seduzidos pela noção de custos de transação, considerada muito fecunda –, mais ficam incomodados com esse segundo aspecto, com essa apresentação, digamos, um pouco bruta demais de desconstrução do poder patronal. No contexto político que retraçamos, essa reticência se compreende, sobretudo, por meio de considerações táticas. Reconhecer tão abertamente que a empresa capitalista está estruturada por uma relação de poder autoritário seria dar muito espaço às críticas democráticas e autogestionárias da empresa, justo aquelas que eles queriam desarmar. À época, os economistas neomarxistas não se enganaram a esse respeito. Quando, incitados pelas reelaborações adversárias, eles releem o artigo de Coase, veem imediatamente o que podem extrair dele, não deixando de apontar, com malícia e menção de apoio, portanto, que "a própria economia neoclássica reconhece que a empresa capitalista existe como um sistema de autoridade no seio de um sistema de mercado".[21]

Assim, além de sua tarefa de refutação externa, as novas teorias da empresa terão também de se debater contra um obstáculo conceitual interno à sua própria corrente. Elas deverão encontrar o meio de reconduzir a problemática de Coase amputando-o de sua infeliz confissão. A operação é delicada. O poder que busca se perpetuar na prática, justamente com esse intuito, será negado na teoria. A manobra é bastante acrobática, ainda que muito difundida na vida cotidiana, já que se trata de praticar a negação: fazer perdurar intrigas que são alvo de repreensão alegando que elas não existem.

Quando Armen Alchian e Harold Demsetz redigem o artigo que relançará em 1972 a reflexão neoclássica sobre a teoria da empresa, a preocupação deles, desde os primeiros parágrafos, era rejeitar, ao contrário de Coase – arriscando também se colocar diretamente em conflito com a experiência coletiva –, a ideia de que a empresa se caracterizava pelo "poder de regular

---

21 Bowles e Gintis 1983, p. 228.

problemas de modo discricionário, autoritário, por uma ação disciplinar superior àquela disponível no mercado regular". Isso seria "uma ilusão".[22]

Segundo Alchian e Demsetz, o poder que seu patrão exerce sobre você não difere em nada do "poder" que você tem sobre o seu quitandeiro: seu patrão decerto pode mandar você embora, mas você também pode "demitir o quitandeiro" ao deixar de comprar dele.[23] Entretanto, talvez você discorde, alegando que isso não deixará o quitandeiro desempregado, mas isso pouco importa. Para eles, essa analogia vacilante basta para mostrar que um contrato de trabalho tem absolutamente a mesma natureza que qualquer outra transação comercial, e que, consequentemente, nenhuma forma *específica* de poder é exercida na empresa.[24]

Eles tomavam, assim, a direção contrária do consenso anterior. Na verdade, até o início dos anos 1970, concordava-se em reconhecer não apenas que a empresa existia, mas que

---

22 Alchian e Demsetz 1972, p. 777.

23 Ibid.

24 O argumento é ilegítimo por várias razões, dentre elas, a principal: o que o quitandeiro vende é uma *coisa* distinta dele, enquanto aquilo que o trabalhador vende é "ele mesmo, pedaço por pedaço", horas de sua vida que vão, a partir daí, "pertencer àquele que as compra" (Marx [1849] 1966, p. 19). E isso faz toda a diferença em termos de relações de poder. Quando o quitandeiro "vende um quilo de café" – esclarece Giulio Palermo –, "ele aliena uma porção de sua propriedade e transfere a outro seu poder de fazer o que ele quiser com o café. Quando um trabalhador vende sua força de trabalho, ele aliena uma porção de sua vida e transfere a outro o poder de fazer o que quiser dela. A troca de força de trabalho implica diretamente relações interpessoais. O *poder de agir* que o capitalismo obtém em troca de seu dinheiro é um *poder sobre alguém*". Em decorrência, é errado dizer que esse tipo de troca não pressupõe uma relação de autoridade específica. O contrato de trabalho não exclui o poder de outro sobre mim pelo simples fato de ser um contrato – muito pelo contrário, já que essa relação de poder forma, nesse caso, um dos próprios objetos da transação, desse contrato de *subordinação*: o empregador comprou de mim a possibilidade de me mandar fazer algo, dentro de certos limites e por certo período. Isso é negado por nossos autores. Cf. Palermo 2007, p. 551. Ver também Ciepley 2004.

ela existia como uma "estrutura gerencial de poder" – alguns até ousavam dizer como um "nexo de poder". A teoria da empresa de Alchian e Demsetz se esforçava por atacar essa concepção, que tinha, de fato, o desagradável inconveniente de colocar as relações de poder no centro da discussão.

O gerencialismo cometera o erro fatal de politizar a teoria da empresa. A primeira tarefa era despolitizá-la, e, para tanto, se esforçariam para *desrealizá-la*. No lugar de um "governo privado" não haveria nada semelhante, nem mesmo uma instituição, nem sequer uma entidade. Muito antes que Margaret Thatcher declarasse *"There is no such thing as society"*,[25] alguns já tinham aplicado a fórmula à empresa. Para apoiar essa tese não intuitiva, eles se valeram de muito engenho. Retrospectivamente, em 1983, Michael Jensen estimava que o grande mérito de seus trabalhos da década anterior era ter "lançado as bases de uma revolução na ciência das organizações".[26] Essa nova ciência ainda engatinhava, mas prometia atingir em breve o vigoroso estágio da maturidade. O artigo seminal sobre a "teoria da empresa" que ele havia elaborado em coautoria com Meckling, em 1976, no *Journal of Financial Economics*, ocupa hoje o terceiro degrau do pódio bibliométrico das referências contemporâneas mais citadas em economia.[27] No texto, tomavam uma decisão ontológica cheia de implicações. O que é uma empresa como empresa? "Simplesmente certa forma de ficção jurídica que serve de nexo para relações contratuais."[28] Nada muito claro. O que isso significa? Continuemos.

1. A empresa é uma ficção jurídica, quer dizer, "uma construção artificial do direito que autoriza certas organizações a serem tratadas como indivíduos".[29] Uma empresa pode ser considerada proprietária, por exemplo, de um imóvel. Pode-se prestar queixa contra ela. Enfim, pode-se tratá-la como

---

25 Thatcher 1987.
26 Jensen 1983a, p. 319.
27 Jensen e Meckling 1976. Cf. Kim et al. 2006, p. 192.
28 Jensen e Meckling 1976, p. 311.
29 Ibid., p. 310, nota 1.

uma pessoa jurídica, ainda que ela não seja um indivíduo humano. Jensen e Meckling interpretam esse fenômeno de modo nominalista: sob o nome "empresa", pessoa fictícia, há de real apenas os agentes de que ela se compõe.

2. A empresa serve de nexo, que quer dizer, em latim, "conexão, nó ou laço entre os indivíduos de um grupo".[30] Quando pessoas estabelecem um contrato com a empresa, dizem Jensen e Meckling, elas estabelecem na verdade, por seu intermédio, relações umas com as outras. A empresa se concebe a partir desse momento como um grande entrelaçamento de contrastes que ligam os indivíduos entre si sob ou pela ficção de uma entidade jurídica.

Assim concebida, a empresa não é mais uma entidade real, é apenas o apelido enganoso dado a um conjunto de "relações contratuais" pelo qual não se devem entender necessariamente contratos explícitos, mas toda "troca voluntária".[31] Quanto mais o critério da autoridade proposto por Coase permitia delimitar os contornos da empresa (ela acaba onde a autoridade gerencial cessa de valer), tanto mais o critério da relação contratual – entendida mais como sinônimo de transação em geral – apaga toda a delimitação. A empresa-nexo engloba não só os trabalhadores, mas igualmente os fornecedores, os credores, os acionistas ou os consumidores, na medida em que eles também participam, em diversos graus, desse grande entrelaçamento. Assim, essa definição torna incerta tanto a questão do pertencimento à empresa (quem é

---

30 Jensen 1983a, p. 328. O termo latino *nexus* significa um laço, um entrelaçamento, um nó. A firma concebe-se, assim, como um *entrelaçamento de contratos*. Mas, no léxico do direito romano, a palavra designava também, mais especificamente, certa obrigação que comprometia a liberdade de um devedor perante seu credor: em caso de insolvência, ele se tornava seu prisioneiro. Portanto, o nexo designava igualmente, por extensão, uma relação de servidão. Essa conotação escapou aos novos teóricos da empresa – o que não impede que sua definição possa ser traduzida da seguinte forma: *a empresa como prisão ou servidão de contratos*.

31 Jensen e Meckling 1976, p. 310.

membro dela? quem não é?) como a das fronteiras (quando se está dentro? quando se está fora?).

Talvez se critique a porosidade da definição, no entanto é uma imprecisão desejada. Mais que um trabalho de definição, é uma operação de *indefinição* que dissolve seu objeto em lugar de especificá-lo. De início, tratava-se para esses economistas de abrir a "caixa-preta" da empresa. Eles não se contentaram em levantar a tampa: explodiram suas paredes. *In fine*, restou tão só a imagem fluida de um emaranhado contínuo de relações. E a empresa não existe mais. O que permite aos antípodas de Coase concluir que a empresa não é apenas "pura emanação do mercado".[32] O objetivo era *reprivatizar* conceitualmente a empresa[33] – aquela mesma que os gerencialistas qualificavam como "quase pública".

Por conseguinte, no limite, não há crítica possível da "empresa" – já que não há *realmente* empresa, apenas uma ficção. Os contestatários são vítimas de uma miragem. Eles lutam contra sombras. Vocês criticavam "a empresa", exigiam dela, queriam questioná-la, porém tudo isso pressupunha que ela existisse como uma entidade em condições de ser interrogada. Ora, na verdade, não é esse o caso. Os novos teóricos da empresa são ilusionistas. Eles praticam a escamoteação, a arte de fazer desaparecer os objetos que estão sob os olhos dos espectadores.

De suas leituras filosóficas, Jensen e Meckling tinham mantido a ideia da "importância da escolha das definições": "As definições são o que há de mais relevante, o que merece a atenção prolongada do leitor em seu mais alto grau".[34] Esse preceito é sábio. Vamos aplicá-lo a suas próprias definições.

Analisando-as, percebe-se que os autores jogam com a ambiguidade entre duas formulações próximas, mas diferentes.

Primeira formulação: os trabalhadores, fornecedores ou clientes estabelecem "contratos unilaterais com uma enti-

---

32 Ciepley 2013a, p. 140.

33 Cf. Ireland 2000, p. 163.

34 Jensen 1983a, p. 330. Jensen cita, nessa passagem, Whitehead e Russell [1910] 1997, p. 12.

dade jurídica que serve de nexo contratual".[35] Consideremos a esfera plumosa de um dente-de-leão: a empresa como nexo seria o equivalente à base branca, redonda, curva, em forma de peneira, em que se fixam as sementes por meio das quais os papilhos se prendem, cada um, ao caule, sem se ligarem uns aos outros.

Segunda formulação, também de Jensen: a empresa é "o nexo de um conjunto de relações contratuais entre indivíduos"[36] – o que Fischel traduz da seguinte maneira: "Fala-se com frequência da empresa como um 'nexo de contratos'. [...] Tal formulação é também um atalho para designar os complexos arranjos, de tipos muito variados, que aqueles que se associam voluntariamente à empresa vão elaborar entre si".[37] Essa outra definição, que só aparece como equivalente à primeira quando entendida de forma superficial, enuncia algo diferente: a empresa não é mais definida como a amarra comum por meio da qual cada um estabelece um contrato unilateralmente, mas como o nome coletivo de um conjunto de relações unilaterais entre agentes. Como se os papilhos do dente-de-leão começassem a se conectar uns aos outros, o análogo da empresa seria, então, toda a esfera de penugem.

Ora, a rigor, as duas concepções se excluem mutuamente: se, com efeito, a empresa é definida como uma entidade contratante, artefato jurídico que serve para estabelecer contratos, ela deve, por definição, permanecer distinta dos contratos concluídos por seu intermédio, o que nega precisamente a segunda formulação, quando, ao contrário, ela é identificada ao conjunto dos contratos estabelecidos por meio dela. O absurdo surge, por exemplo, quando Jensen escreve: "Os indivíduos coordenam suas ações por contratos com a ficção jurídica que serve de nexo da empresa" – empresa que é, ela mesma, definida como um nexo,[38] o que significa dizer que a ficção jurídica serve de nexo do nexo, ou, ainda, que a empresa serve de nexo

---

35 Jensen 1983, p. 326.
36 Jensen e Meckling 1976, p. 311.
37 Easterbrook e Fischel 1996, p. 12.
38 Jensen 2001, p. 125.

da empresa. Por não fazer as distinções conceituais necessárias, essa teoria inevitavelmente desaba, como mostrou Eisenberg, em um círculo lógico: "Certamente a sociedade não pode consistir de todos os arranjos recíprocos ligados à sociedade, pois isso tornaria a concepção do nexo de contratos totalmente circular: seria como dizer que uma zebra é um nexo de listras ligadas a uma zebra".[39] Em suma, a empresa é um balaio de gatos.

Para não mergulhar em tais confusões, teria sido necessário – mas, de fato, isso impossibilitaria a operação de escamoteação em curso – começar lembrando a distinção elementar entre a noção de *empresa* como *organização* (o coletivo em carne e osso que ali trabalha) e o conceito de *sociedade* como *forma jurídica* (o ser de papel ao qual o direito associa certas capacidades e obrigações).[40]

Quando assina o contrato de trabalho, com quem você firma um contrato? Mesmo que o presidente executivo assine o documento, você não faz um contrato com ele como pessoa física. Por meio dele, *por suas mãos*, é com a sociedade como sujeito de direito que você se compromete. Você faz um contrato com a *sociedade*, mas não com a empresa como organização, não com os outros trabalhadores, que também têm um contrato com esse mesmo terceiro. Você tampouco firma um contrato com os clientes, fornecedores ou credores, ainda que eles igualmente estejam ligados por contrato à sociedade com a qual você, por seu turno, assina um contrato. Jensen e Meckling só podem sugerir a ideia oposta, pois jogam com um quiproquó entre *sociedade* e *empresa*. Se, efetivamente,

---

39 Eisenberg 1998, p. 830.

40 Com frequência, esses termos são erroneamente tomados como sinônimos, embora difiram muito. O estatuto de sociedade, lembra Jean-Philippe Robé, serve "de suporte jurídico à empresa. A pessoa jurídica titular dos direitos que permitem à empresa 'funcionar', 'viver' (direitos de propriedade sobre os ativos, direitos decorrentes dos contratos firmados com os fornecedores, com os distribuidores ou clientes), é, tecnicamente, a sociedade". A sociedade é o nome de um estatuto jurídico, ao passo que a empresa designa uma *organização* socioeconômica, "uma organização destinada a produzir e / ou vender no mercado bens ou serviços" (Robé 1995, p. 122-ss).

graças ao truque deles, você toma um pelo outro, então imaginará que, ao celebrar um contrato com a sociedade, pessoa jurídica, você o faz com a empresa, entendida como conjunto de relações sociais.

Evitar essa diferença crucial permite a Jensen e Meckling cometer, sub-repticiamente, um erro atrás do outro para chegar à conclusão, tão absurda quanto oportuna, de que a empresa como *organização social é apenas uma ficção jurídica*[41] e, portanto, um ser sem a menor consistência real – o que é duplamente falso. Por um lado, a empresa como organização não é redutível à entidade jurídica que lhe serve simultaneamente de moldura e instrumento: uma empresa se reduz tanto à sociedade correspondente quanto um casal se reduz a seu contrato de casamento, ou uma equipe esportiva se confunde com a situação de seu clube – ambos estão ligados sem ser a mesma coisa. Por outro lado, sustentar que uma *sociedade* é uma ficção jurídica decerto significa que ela é um ser artificial, uma criatura do direito, mas justamente por isso não deixa de ser uma realidade, um modo de existência específica acompanhado de efeitos muito concretos. Apesar de ser um artifício, nem por isso o direito é menos efetivo.

Essas novas teorias da empresa, em função dos sofismas, levaram seu objeto "do status de Leviatã ao de tigre de papel", mas o paradoxo é que ambas as descrições, longe de se excluírem, são ao mesmo tempo verdadeiras: "As companhias ['corporações']" – observa Gerald Davis – "são ficções jurídicas que não têm 'corpo para castigar nem alma para condenar', de acordo com a fórmula do barão Thurlow. Mas elas são também fatos sociais. [...] Talvez não tenham corpo, porém seu nome vem do latim, *corpus*, que significa corpo. E talvez não tenham alma, mas seus membros – e às vezes o direito – esperam que elas ajam como se tivessem".[42]

Jensen, em um artigo que constitui um pouco seu próprio *Discurso do método*, insiste: para ele, a virtude de uma

---

41 Jensen e Meckling 1976, p. 310.
42 Davis 2009, p. 60.

165

definição é, acima de tudo, ser "produtiva".[43] Ela vale particularmente na medida em que produz efeitos úteis. Contudo, nesse caso, quais são precisamente os efeitos esperados?

"Ver as organizações como nexos de contratos" – apontam Jensen e Meckling – "permite dissipar a tendência a tratá-las como se elas fossem pessoas".[44] "Uma sociedade não é um indivíduo. Ela não sente nada; ela não faz escolhas."[45] O que eles apresentam aqui como importante conquista teórica não inclui, na verdade, nada além de uma crítica trivial do antropomorfismo que absolutamente não precisa da "teoria do nexo" para ser enunciada, e que, aliás, repousa também numa confusão conceitual que poderia ser suscitada por uma abordagem pragmatista autêntica. O filósofo John Dewey já advertia nos anos 1920: "A doutrina da personalidade 'fictícia' foi utilizada sob a influência da filosofia 'individualista' [...] para negar a mais ínfima realidade social na paisagem de fundo ou na ação da empresa".[46]

---

43 Jensen 1983a, p. 331.
44 Ibid., p. 327.
45 Jensen e Meckling 1982, p. 86.
46 Dewey 1926, p. 673. Tratando da questão da ontologia da empresa, Dewey propunha, para eliminar os falsos problemas, tomar a palavra "pessoa" como simples sinônimo "de unidade portadora de direitos e de deveres": "qualquer unidade desse gênero seria uma pessoa [...] O que o termo 'pessoa' significa no discurso popular, ou em psicologia, filosofia ou moral, estaria tão deslocado – fazendo-se um paralelo exagerado – quanto afirmar que, quando se diz que um vinho é 'seco', ele possui as propriedades de um sólido seco; ou, já que ele não possui tais propriedades, que o vinho não poderia ser 'seco'" (ibid., p. 656). Aplicar essa categoria mínima de personalidade compreendida como "uma unidade portadora de direitos e de deveres" a uma entidade não implica atribuir-lhe, além disso, os atributos de um indivíduo humano; reciprocamente, aplicar-lhe essa categoria não requer, como condição, que ela possua os caracteres antropológicos correspondentes. Segundo essa concepção, nada impede, portanto, de atribuir personalidade a um objeto inanimado ou a um ser coletivo. Para Dewey, o problema não é saber se isso é possível (é possível decidir, em tese, justamente), mas quais efeitos pode provocar. Ele não elimina a questão das capacidades – é sempre importante perguntar-se o que pode um corpo, uma pedra ou uma empresa –; em vez disso, a desloca. Lá

O principal desafio dessa redefinição, insistem Jensen e Meckling, é de ordem política: "Conceber a empresa como um nexo de relações contratuais entre indivíduos serve [...] claramente para mostrar que questões como 'Qual deve ser a função objetiva da empresa?' ou 'A empresa tem responsabilidade social?' repousam sobre um grave erro de personificação".[47] Tratava-se de desrealizar e de despolitizar a empresa, a fim de tornar não formuláveis as críticas massivamente dirigidas a essas organizações e a seus diretores. A grande vantagem da abordagem contratualista – revelam Frank Easterbrook e Daniel Fischel, duas grandes figuras de proa dessa corrente – é "erradicar do campo das questões pertinentes a pergunta que atormentou numerosos autores: qual é o objetivo da empresa? É o lucro (e para quem?)? Ou o bem-estar social definido de modo mais amplo? [...] Nossa resposta a essas questões é simples: pouco importa".[48]

Os reacionários de todas as tendências, que se lançam naqueles anos num intenso trabalho de reelaboração intelectual, não param de repetir: faz-se necessária uma teoria. Sim, mas por quê? A resposta mais evidente e comum, embora insuficiente, formula-se em termos de justificativa. Uma dominação vazia não se sustenta. Ela precisa de advogados e defensores.[49]

---

onde Jensen quer proibir *a priori*, de modo dogmático, a atribuição de obrigações sociais às organizações porque elas não são indivíduos humanos, a abordagem pragmatista parte, ao contrário, da constatação da possibilidade dessa atribuição para se indagar quais podem ser seus efeitos. De acordo com essa abordagem, um exame crítico da "responsabilidade social das empresas" procederia diferentemente do que faz Jensen: não pretender que tal atribuição seja ontologicamente impossível (não é o caso), e sim se perguntar a que efeitos isso visa e produz. Quais são, politicamente, os efeitos "produtivos"? Os economistas que a consideram um inimigo ficariam talvez surpresos de nela encontrar um aliado inesperado. Voltaremos ao assunto adiante.

47 Jensen e Meckling 1976, p. 311.
48 Easterbrook e Fischel 1989, p. 1446.
49 "A autoridade assumida por organizações gigantescas que dominam virtualmente todos os aspectos da vida [...] tornou imperativa a legitimidade de seu poder, ou seja, impôs que os afetados por esse

Mas há outro aspecto, mais estratégico, mais ofensivo. Conta-se a seguinte anedota: um rapaz, entusiasmado com sua leitura de *O caminho da servidão* [1944], foi encontrar Hayek no final dos anos 1940 para lhe comunicar sua intenção de entrar para a política. Ao que o mestre teria respondido: "Não, nem pensar. Só se mudará a sociedade impulsionando mudanças na esfera das ideias. É preciso primeiro atingir os intelectuais, aqueles que ensinam e aqueles que escrevem, convencê-los por meio de argumentos racionais. Sua influência sobre a sociedade prevalecerá e, então, os políticos os seguirão".[50]

No que se refere especificamente às teorias da empresa como nexo, elas decerto ofereciam uma resposta parcial ao problema de Kristol, que se preocupava com a lacuna a respeito da questão, mas a tecnicidade delas, seu jargão, sua aridez estilística e, mais ainda, sua secura ética as tornariam inaptas para servir de fato como defesa popular.

Seu primeiro alvo era o campo acadêmico. Operar sua reconquista. A reconfiguração dos modos de questionamento eruditos da economia foi acompanhada, desde os anos 1970, por incansáveis esforços de evicção, discursiva e institucional, dos "heterodoxos". Assegurar o domínio do que é intelectualmente formulável. Excluir o adversário da capacidade academicamente sancionada de "dizer a verdade".

As "novas teorias da empresa" eram novas somente em relação ao antigo consenso que elas se apressavam em erradicar. Foi uma tentativa – historicamente coroada de sucesso – de liquidação intelectual da visão anterior com propósitos de contraofensiva política. A operação filosófica era radical, pois atingia a própria definição da empresa. Assim, lutava-se no terreno ontológico, repudiando praticamente todas as pressuposições gerencialistas anteriores. Lá onde se admitiam relações de poder e de autoridade não se acha, a partir de então, nada além de contrato e de conflitos de agência.

---

poder o reconheçam como justo e adequado" (Epstein e Hurst 1972, p. 1702).

50 Blundell 1999, p. 14. Ver também Blundell 1989, p. 6.

No lugar de uma organização realmente existente, há apenas uma ficção recobrindo uma rede de relações de troca. A manobra era audaciosa, mas ela também deu margem, por suas próprias reformulações, a novas dificuldades.

13. TEORIAS DE POLICIAMENTO DA EMPRESA

> *Quem "possui" este novo Leviatã?*
> *Quem o governa – e em virtude de qual*
> *direito, e segundo quais princípios?*
>
> IRVING KRISTOL, "On Corporate
> Capitalism in America", 1975.

Como justificar o "primado do valor acionário"? No começo dos anos 1970, alguns se obstinavam em responder a essa pergunta de acordo com antigos esquemas, por meio de uma filosofia da propriedade privada pessoal, como se nada – ou quase nada – tivesse mudado desde Locke. "Em resposta a questões tais como 'Quem possui este Leviatã?', sustentamos" – escrevia Robert Hessen, pesquisador da Hoover Institution – "que são os acionistas que o possuem, que os dirigentes tomam as decisões importantes sem consultar os proprietários, e que essa relação não sofre nenhuma objeção, pois se baseia em princípios [...] de autorização contratual".[1] Na sua época, o absolutismo também tivera a fraqueza de crer que lhe bastaria para sempre dizer "pois assim me apraz" para se manter no poder. Tal defesa era um pouco limitada, além de repousar em uma contraverdade massiva. Contrariamente às ideias preconcebidas, os acionistas *não são* de fato "proprietários da empresa".

Quando sou proprietário de algo, a que tenho direito? Esse bem que me pertence, posso utilizá-lo como me aprouver, inclusive, se eu quiser, posso destruí-lo; posso excluir os demais de seu uso; posso emprestá-lo, alugá-lo ou vendê-lo; posso hipotecá-lo e ele poderá, eventualmente, ser confis-

---

1 Hessen 1979, p. 1330. Para argumentação semelhante, ver Pilon 1979.

cado para reembolsar minhas dívidas se eu for à falência.[2] Tal é o *feixe de direitos* que abrange, classicamente, a categoria de propriedade privada herdada do direito romano.

Um acionista dispõe de tais direitos em relação aos ativos da sociedade cujas ações ele detém? Não. Ter ações da Apple não dá o direito de ir às lojas da Apple e usar os aparelhos eletrônicos gratuitamente.[3] De que os acionistas são proprietários então? Como o nome deles indica, somente de ações, de títulos emitidos pela sociedade, que lhes dão o direito de votar na assembleia geral e de *eventualmente* receber dividendos.[4] Um acionista possui um título que pode ser revendido, mas não a mais ínfima fração dos imóveis, das máquinas ou do estoque da sociedade.

Então, se os acionistas não são proprietários dos ativos da sociedade, quem é? "Ninguém [...], nem os acionistas, nem quem quer que seja, aliás."[5] Uma das características essenciais da forma-sociedade é, com efeito, "que ela detém, ela mesma, a maior parte dos ativos produtivos":[6] "as sociedades são entidades jurídicas independentes, proprietárias de si mesmas".[7]

---

2   Ciepley 2013a, p. 146.

3   Stout 2012, p. 37. Eles não são mais proprietários dos ativos – estes se tornam propriedade da própria companhia –, mas proprietários de ações, simples "títulos de propriedade que dão direito à percepção de uma parte de mais-valia" que não são "propriamente um capital nem uma parte de capital" (Marx [1894] 2017, p. 514).

4   "Os acionistas" – esclarece Stout – "são apenas um dos diferentes grupos que podem ser – totalmente a critério do conselho administrativo – os pretendentes residuais [...]. Quando a empresa vai bem, o conselho administrativo pode decidir atribuir dividendos mais altos aos acionistas. Mas pode muito bem decidir, além ou no lugar disso, conceder aumentos de salários e mais estabilidade de emprego aos funcionários, ou comprar um jato particular para os diretores [...] A sociedade é, ela mesma, seu próprio pretendente residual, e é o conselho administrativo que decide o que fazer do resíduo em questão" (Stout 2012, p. 41). Ver também Robé 2009.

5   Stout 2012, p. 33.

6   Coriat e Weinstein 2010, p. 71. Ver também Ireland 2000, p. 147.

7   Stout 2007, p. 804.

Os acionistas não são mais proprietários da sociedade, porém isso não é um drama para eles, muito pelo contrário, pois na verdade é muito vantajoso não o ser. A invenção da sociedade por ações permitiu em termos históricos reduzir drasticamente os riscos ligados à propriedade privada tradicional. Entre as vantagens, a *responsabilidade limitada*. Antes, em uma parceria, cada membro era corresponsável pelas dívidas do negócio comum. Nada parecido com o que ocorre em uma sociedade por ações. Se a sociedade tem dívidas, são *suas* dívidas: não será retirado da fortuna pessoal dos acionistas o reembolso dos credores. Se a empresa lucra, em contrapartida, há grandes chances de que os lucros se tornem *deles*, caindo em seus bolsos sob a forma de dividendos. Essa assimetria do risco é muito incentivadora: pode-se embolsar sem limite, sem nunca perder mais do que sua aposta. É esse tipo de reordenação muito inventiva dos direitos de propriedade que explica o entusiasmo pela forma acionária, seu extraordinário desenvolvimento a partir de meados do século XIX, e o nascimento de sociedades gigantescas, que concentram capitais numa escala até então desconhecida, e, para dizer a verdade, quase impossível no seio das formas de propriedade anteriores.[8]

---

8 Historicamente, as empresas foram concebidas como parcerias, associações de pessoas agregando suas relações. Em comparação com a forma parceria, da qual ela é uma continuação, é que aparecem melhor as especificidades da sociedade por ações. Além da *responsabilidade limitada*, ela apresenta duas outras grandes características muito vantajosas. A primeira é o "bloqueio de ativos". Em uma parceria, cada associado "possui efetivamente certa porcentagem, e, quando deixa a parceria, ele retira sua porção dos ativos da empresa". Se um sócio se retira, isso afeta diretamente o capital com um risco de liquidação. Por outro lado, se um acionista quer se liberar, ele não pode retomar seus investimentos e pronto; precisa achar alguém que os compre dele, mas os investimentos continuam os mesmos. No que tange ao capital da sociedade, a "partida" de um acionista é em si indiferente: os títulos mudam de mãos, no entanto as partes correspondentes não são e não *podem* ser retiradas. Cada um dos investidores iniciais decerto *era* individualmente proprietário dos aportes. Mas estes pertencem, a partir de então, em bloco, à sociedade, e nenhum acionista pode recuperar a parte correspon-

A propriedade acionária não tem muito a ver com a propriedade privada dos meios de produção tal como concebida na primeira metade do século XIX. Entretanto, continuou-se por muito tempo a pensar de acordo com essas categorias obsoletas.[9] Alguns "defensores da livre-iniciativa", tendo se conscientizado desse hiato, mostravam preocupação: "Por falta de uma nova justificativa, ela conservou sua antiga ideologia – uma ideologia na qual se encontra presa".[10] Para sair dela, de nada adiantava reafirmar a antiga, muito ultrapassada: era preciso inventar outra.

No que concerne às novas teorias da empresa, em 1980 Eugene Fama dá o próximo passo, despedindo-se de uma categoria que havia durado muito tempo: "Segundo essa perspectiva, a do nexo de contratos" – ele admite –, "a propriedade da empresa é um conceito sem a menor importância".[11] À pergunta "Quem possui este Leviatã?", a teoria do nexo acabava respondendo: não há Leviatã. Há apenas contratos, um

---

dente. Eles estão bloqueados. A segunda característica é a *blindagem da entidade*. Se o acionista está protegido das dívidas da sociedade pelo princípio da responsabilidade limitada, a sociedade também o está em relação às dívidas do acionista. Não se pode retirar dos ativos da empresa para livrar seus credores de apuros. Note-se que isso previne não só a sociedade contra as dívidas dos acionistas, mas também, indiretamente, cada acionista contra a eventual falha dos outros. A forma acionária tem o efeito de limitar artificialmente as responsabilidades e os riscos antes ligados à propriedade privada dos meios de produção, de acordo com dois vetores complementares: primeiro, em função da responsabilidade limitada, a redução dos riscos que poderiam "progredir" da empresa para o acionista; depois, tanto pela blindagem da entidade empresa como pelo bloqueio de seus ativos, a redução dos riscos que poderiam "descer" do acionista para a empresa.

Esses três privilégios permitem "combinar fortes capacidades de levantamento de capital com fortes proteções contra a liquidação". Cf. Ciepley 2013b, pp. 226-ss; Stout 2004; Blair 2003; Hansmann et al. 2006; Robé 2011.

9 Cf. Ireland 2000, p. 170.
10 Bell 1973, p. 20.
11 Fama 1980, p. 290.

"conjunto de contratos entre fatores de produção",[12] relações que não constituem nenhuma entidade distinta, nada que se possa possuir como coisa.

Fama reconhecia assim – mas *somente em parte* – a transformação, pois, ao admitir que uma sociedade por ações não é propriedade de ninguém, ele inferia, erroneamente, por não reconhecer o fato, que uma sociedade é proprietária de si mesma, que todos os fatores de produção que ela reúne permanecem, cada um, como "propriedade de alguém".[13] Portanto, mais que reconhecer plenamente a originalidade da forma acionária, a mesma que permitiu historicamente seu desenvolvimento – o fato de ela se assemelhar, como escreveu Marx, a uma "superação do capital como propriedade privada nos limites do próprio modo de produção capitalista"[14] –, ele prolongava de maneira inoportuna uma concepção datada da companhia como associação de sujeitos proprietários.

Entre os fatores de produção, há o capital. Como a venda das ações no mercado primário forneceu um "montante inicial em dinheiro utilizado para comprar capital e tecnologia", Fama conclui que os acionistas são proprietários do "capital e da tecnologia".[15] Dito de outro modo, ele só renuncia à ilusão de que os acionistas "possuem a empresa" para substituí-la por outra melhor, segundo a qual os acionistas seriam proprietários de seu *capital* – amalgamando sob essa palavra os *ativos* de que somente a sociedade é proprietária e as *ações* cujos detentores são os acionistas.[16]

Além do capital, há o trabalho. Ele alega, contudo, que os trabalhadores também são portadores de um tipo de "capital": eles "alugam uma porção substancial de riqueza – o pró-

---

12 Ibid., p. 289. "Essa negação da propriedade acionária" – aponta Eisenberg – "é absolutamente indispensável à concepção do nexo de contratos, dado que, se a empresa fosse propriedade dos acionistas, ela não poderia simplesmente ser um nexo de contratos" (Eisenberg 1998, p. 825).

13 Fama 1980, p. 290.

14 Ver p. 106.

15 Fama 1980, p. 290.

16 Cf. Weinstein 2012, p. 39.

prio capital humano – à empresa".[17] Essa extensão metafórica do termo "capital" diz respeito a uma tentativa de efetuar uma redefinição moral do capitalismo acionário com base em um individualismo possessivo revisitado. Nessa apresentação confusa, que nega as relações de classes, o trabalho não é mais o outro do capital, apenas um capital como outro qualquer. Seja ele humano ou financeiro, somos todos portadores de capital, todos capitalistas, enfim. Essa retórica não pretende mais justificar especificamente os privilégios dos proprietários pela diferença em relação aos não proprietários, mas destacar os interesses dos "detentores de capital", fingindo que todos nós o somos – mesmo quando o mencionado "capital" se reduz praticamente ao seu corpo.

Só que havia um problema, e grande: se de fato a empresa é esse nexo de contratos, esse emaranhado de relações horizontais tão louvadas, o que justifica, mais uma vez, a preeminência dos interesses dos acionistas? Por que, então, o acionista, contribuinte entre tantos outros, deveria se destacar? Não se vê muito bem. "Se a empresa é considerada um nexo de contratos, e em particular de contratos com diferentes fornecedores de insumos, não há *a priori* nenhuma razão para dar tratamento preferencial aos acionistas. O que parece levar à perda de toda legitimidade da hipótese central da teoria da agência [...] segundo a qual os gestores são os agentes exclusivos dos acionistas."[18] O que a teoria do nexo ganhava, de um lado, parecia perder de outro: nivelando as posições de todos, ela solapava o fundamento da primazia reservada a alguns.

Por que deve haver um "agente principal" que leva tudo? Essa é a pergunta insistente que sempre terão de enfrentar os que

---

17 Fama 1980, p. 291.
18 Weinstein 2012, p. 39. "Logicamente" – ele conclui – "a concepção da empresa como 'nexo de contratos' deveria, na verdade, levar à consideração dos gestores como agentes (ou mandatários) de diferentes principais" (p. 43).

procuram "legitimar a existência de uma organização social fundada no lucro".[19]

No artigo de 1972, Alchian e Demsetz formulavam uma "teoria da fraude" que serviria de base ao argumento geral. Em todo coletivo de trabalho haverá necessariamente os preguiçosos. Alguns vão se esquivar de sua tarefa, jogar o trabalho nas costas dos outros, embolsando os frutos do trabalho comum, sem ter contribuído devidamente para ele. A fim de erradicar esse tipo de comportamento, eles dizem, é preciso começar a identificá-los, o que implica uma atividade de inspeção que tem, ela mesma, um custo. Daí vem a pergunta: como reduzir os custos de monitoramento? Um bom meio seria que um membro da equipe, especializando-se nessa tarefa, passasse seu tempo supervisionando os antigos colegas.[20] Sim, mas o que nos garante que ele não vai fraudar também, fingir controlar atentamente enquanto fecha os olhos? Uma antiga questão ressurge: "Quem vai supervisionar o supervisor?"[21] Os neoliberais, numa sátira de Juvenal, invertem os termos do problema de partida: enquanto a fórmula clássica apontava a ameaça de abuso de poder por parte de um controlador, ele mesmo fora de controle, aqui está o risco oposto ao que se teme: que o supervisor não supervisione suficientemente, que ele também comece a vadiar. Como fazer, então, não para limitar seu poder de vigilância, mas para maximizá-lo, para levar esse agente a espionar o mais diligentemente possível os menores fatos e gestos dos membros da equipe?

Resposta: o dinheiro. A solução a que a equipe vai chegar racionalmente, dizem Alchian e Demsetz, será depositar no supervisor, em troca de seus bons e leais serviços, o resíduo dos benefícios engendrados pela atividade de todos, uma vez repartidos os salários, os custos de funcionamento e outros custos de produção. O supervisor-chefe, receptáculo da parte

---

19 Lepage 1980, p. 351.
20 Alchian e Demsetz 1972, p. 781.
21 Ibid., p. 782.

restante, terá, pois, o status de "pretendente residual".[22] Se sua renda e seu ganho pessoal são uma função do benefício total engendrado pela equipe, ele terá interesse pessoal em discipliná-la para que gere o máximo de lucro possível.[23]

Mesmo assim, é preciso que ele disponha dos meios para supervisionar, o que implica a possibilidade de distribuir penalidades e recompensas livremente.[24] Se é indispensável que o supervisor seja dotado desses poderes, dentre eles, em primeira instância, o de demitir, escreve outro autor dessa corrente, é porque o mesmo personagem deve sempre estar em condições de golpear, se assim o desejar, "os trabalhadores com um terror divino".[25] Daí vem a definição: a empresa, concluem Alchian e Demsetz, deve ser concebida como "o aparelho policial particular destinado à produção em equipe".[26] Não se poderia sintetizar de melhor forma.

---

22 Ibid., p. 782.

23 Como a amplitude de seu ganho vai depender do benefício total engendrado pela equipe, ele terá interesse em disciplinar eficazmente, dado que "o supervisor ganha sua parte residual graças à redução das fraudes" (ibid., p. 782). Há dois mecanismos disciplinares articulados: num primeiro nível, na relação supervisor/equipe, é o velho princípio da supervisão hierárquica; enquanto num segundo nível, no que concerne ao próprio supervisor, é um procedimento de autodisciplina pela participação.

24 "A fim de disciplinar os membros da equipe e reduzir a fraude, o pretendente residual deve ter o poder de revisar os termos do contrato e os estímulos dos membros individuais" (Alchian e Demsetz 1972, p. 782).

25 Arnold 1994, p. 190.

26 Alchian e Demsetz 1972, p. 785. Há no texto de Alchian e Demsetz o paradoxo de que, enquanto constroem uma teoria da autoridade, eles não param de negar que o façam. No entanto, mal revogam na introdução a existência de relações de poder específicas da empresa, já as reintroduzem descrevendo a empresa submetida a uma vigilância hierárquica destinada a caçar os preguiçosos, evocando explicitamente um "instrumento policial". Essa incongruência se explica pelo fato de os autores confundirem duas ideias. A primeira é a de que não há na empresa "ação disciplinar superior àquela que está disponível no mercado" (tese da homogeneidade do poder); a segunda é que a autoridade exercida na empresa é justificada (tese da legitimi-

Às teorias autogestionárias que florescem à época, eles opõem uma *teoria policial da empresa*. O pressuposto dessa reconstrução racional é que uma equipe não poderia cooperar de modo eficaz sem um supervisor principal, e que ele mesmo não pode desempenhar plenamente seu papel sem se apropriar de parte dos benefícios. Tem-se aí uma genealogia policial da empresa capitalista que no fundo diz: toda equipe precisa de

dade ou da necessidade do poder patronal). Eles se enganam sobre o que pensam estar mostrando; enquanto constroem uma teoria da legitimidade da autoridade patronal, pretendem provar que essa autoridade não existe como poder específico. A confusão se revela mais problemática ainda quando se considera o procedimento de legitimação mobilizado. Alchian e Demsetz reinventam, na verdade, por meios próprios, uma teoria do *pacto de submissão* semelhante àquelas expostas pelos filósofos do contrato social no século XVII. Para Pufendorf, havia assim um primeiro pacto pelo qual os cidadãos se ligavam, o pacto de associação ou *pactum unionis*, e um segundo, o pacto de submissão ou *pactum subjectionis*, uma "convenção pela qual os cidadãos se submetem à autoridade dos chefes que escolheram" (Derathé 1995, p. 210). Nossos economistas aqui reproduzem, no tocante à empresa, esses dois momentos: primeiro a cooperação, a associação horizontal dos sujeitos formando uma equipe produtiva; e em seguida sua subordinação vertical a um terceiro, à autoridade e à supervisão à qual se submetem. A tese, também muito clássica, é a de que, no fundo, a pura associação é impossível, não é viável. O pressuposto fundamental de todas as concepções verticais do poder é o de que a associação não pode se manter sem submissão, não há união viável sem subjugação. No momento que pretendem conceber a empresa como outra coisa além de uma relação de autoridade vertical, Alchian e Demsetz não acham, portanto, paradoxalmente, nada melhor que pensar segundo o esquema reconstituído das teorias contratualistas da soberania. Pior ainda para eles: sua teoria da empresa pode até, por certos aspectos, ser qualificada de "neo-hobbesiana", à medida que se baseia na pressuposição de uma "maldade" originária que, aqui, na figura do preguiçoso, torna o estado inicial de igualdade inviável e impõe a submissão de todos a um aparelho policial opressor (cf. Bowles 1985, p. 16). Inadvertidamente, eles aplicam sobre a empresa o molde de uma teoria intransigente da soberania, crendo assim mostrar o exato oposto, estabelecer a homogeneidade das relações corporativas àquelas do mercado. O mal-entendido está completo.

um tira, de um carcereiro ou capataz, e este, para cumprir sua tarefa a contento, deve ter o direito de reclamar seu pagamento.

Eis, então, a breve história, a lenda básica do nascimento do patrão. Alchian e Demsetz invertem a antiga lógica, a da justificativa patrimonial da autoridade. O controle não deriva mais do direito de propriedade; ao contrário, é a apropriação que se apresenta como decorrência dos requisitos do controle. Desde então, a captação dos lucros aparecia como um procedimento que garantia o zelo do agente principal por um mecanismo de participação. Uma simples questão de governança.[27]

A reconstituição que eles fazem, no entanto, se baseia menos em verdades históricas que em raciocínios hipotéticos e condicionais. A esse relato imaginário da origem da empresa pode-se opor outra genealogia, tão fictícia quanto, porém mais verossímil. Aqui está ela: no seio da equipe originária, um preguiçoso mais malevolente que os outros reflete e constata que poderia fraudar ainda melhor. Em vez de se contentar em descarregar parte do trabalho sobre seus colegas de equipe, ele não poderia parar de participar das tarefas produtivas? Para seus vizinhos, homens grosseiros e fáceis de seduzir, ele mantém o equivalente do discurso de Alchian e Demsetz e consegue levá-los a seu objetivo: colocar-se acima da equipe e embolsar pessoalmente, sob o pretexto de garantir funções indispensáveis de vigilância, um belo quinhão dos benefícios comuns.

Sob uma aparência de novidade, essa forma de apresentar a captação do lucro como a justa retribuição de uma tarefa de supervisão do trabalho repetia, na realidade, apologias muito antigas da dominação, um tropo de que Marx debochava havia muito tempo citando um defensor americano da escravidão que considerava muito razoável "o negro" ser obrigado a pagar por seu trabalho uma "justa compensação pelo trabalho e pelo talento que este empregou em governá-lo e torná-lo útil para si mesmo e para a sociedade". "Ora" – prosseguia Marx – "o trabalhador assalariado, assim como o escravo, também necessita de um senhor que o faça trabalhar

---

27 Cf. Lepage 1980, p. 357.

e que o governe. Estando pressuposta essa relação de domínio e servidão, é justo que o trabalhador assalariado se veja obrigado a produzir seu próprio salário e, além disso, também o salário de supervisão".[28] O postulado comum é o de uma heteronomia fundamental dos trabalhadores, considerados, por definição, incapazes de conduzir por si sós suas atividades produtivas. Daí se deduzem a necessidade de um mestre e a justificativa de sua monopolização dos lucros.

Essa genealogia do poder patronal oculta, entretanto, uma dimensão essencial dessa mesma atividade. Nossos economistas agem como se a vigilância só se exercesse para desmascarar "vagabundos". Ora, isso é esquecer que o aparato policial tem, no mínimo, outra grande utilidade, a respeito da qual Marx, pelo contrário, se mostrava menos reservado: "esse trabalho de supervisão necessariamente surge nos modos de produção que repousam sobre o antagonismo entre o trabalhador como produtor direto e o proprietário dos meios de produção".[29]

---

28 Marx [1894] 2017, p. 435.

29 Ibid., p. 433. Para dar conta dessa relação, Marx evoca a dominação política: "exatamente como nos Estados despóticos, o trabalho de supervisão e a intervenção do governo envolvem tanto a realização de atividades comuns, que derivam da natureza de todas as comunidades, quanto as funções decorrentes do antagonismo entre o governo e a massa popular". Essa dimensão político-estratégica não é evidentemente a única função do controle, que também tem aspectos técnicos, porém o que Marx explica é que a justificativa do controle capitalista em geral se baseia na elisão desse primeiro aspecto e na redução falaciosa do segundo. Quando considera o modo de produção capitalista, o economista "identifica a função de direção proveniente da natureza do processo coletivo de trabalho com a mesma função, porém condicionada pelo caráter capitalista – e, por isso, antagônico – desse processo" (Id. [1867] 2011, p. 281). Esse é, igualmente, o caso de Alchian e Demsetz: eles reduzem a contradição a um problema indivíduo/coletivo (problema de fraude), o que tem uma função ideológica clara, mas enfraquece a teoria, tornando-a incapaz de pensar o antagonismo social – uma tarefa, todavia, urgente quando o conflito em questão, como é o caso na época, se agrava perigosamente.

O paradoxo é também que esses economistas fazem uma apologia da vigilância hierárquica expressa em nome da eficiência econômica no exato momento em que, no mundo real das empresas americanas, muitos – incluindo, como vimos, grande número de teóricos da administração – conciliam-se para diagnosticar uma crise do controle disciplinar do trabalho, seus custos, suas contrafinalidades, sua ineficiência.

Apesar de seus pontos fracos, a linha de pensamento proposta por Alchian e Demsetz também serviu, passando ao nível superior, para legitimar a posição dos acionistas. Diz-se a partir de então que, se eles têm justificativas para receber dividendos, não é mais como "proprietários da empresa", e sim como "pretendentes residuais". Como chegam por último, portanto, depois que os outros que "têm direito" já foram servidos, é possível que, uma vez pagos os salários dos trabalhadores, as matérias-primas dos fornecedores, as despesas quitadas com os credores etc., seu remanescente seja magro. Assim, eles correm o risco de embolsar menos que o esperado, até absolutamente nada, se os resultados forem fracos. Ora, é com efeito essa incerteza, afirmam os economistas, que faz com que esses "portadores do risco residual" sejam as melhores garantias da "eficiência" gerencial.[30]

Tinha-se aí a emergência de uma temática do risco que forneceria um dos principais discursos de legitimação do capitalismo financeiro contemporâneo, renovando o individualismo

---

30 Essa reformulação permitia a libertação do postulado central de Berle e Means, segundo o qual a "separação" das funções de propriedade e de controle representava uma crise maior. Reconhecer, ao contrário, que os detentores de ações não são proprietários, e que as funções, não de propriedade e de controle, mas de "cobertura residual dos riscos" e de "gestão da decisão", são analiticamente distintas representava "um primeiro passo em direção à compreensão de que o controle sobre as decisões de uma empresa não é necessariamente apanágio dos acionistas". Acionistas e gestores têm uma função própria, definida independentemente da propriedade: de um lado, assumir o risco de investir; de outro, a responsabilidade de dirigir (cf. Fama 1980, p. 290).

possessivo tradicional. Se o acionista deve ser muito bem remunerado, é na condição de "portador de risco". Mas qual risco exatamente? Já se indicou que a forma acionária, ao contrário do mito atual do investidor "riscófilo", constitui-se historicamente como um dispositivo muito atraente de *limitação dos riscos* ligados ao investimento especulativo. Para melhor apreender a formidável inversão do real da qual procede a ideologia contemporânea, é útil lembrar como foi acolhida, no século XIX, a então inédita noção de "responsabilidade limitada" dos acionistas. Esse privilégio parecia para alguns, cujo *ethos* era ainda impregnado por uma moral proprietária clássica, um verdadeiro escândalo. Em qualquer nação civilizada, indignava-se em 1856 um jurista britânico, "pagar suas dívidas, cumprir seus contratos e reparar seus erros" demonstra uma "obrigação moral" sancionada pelo direito; ora, a responsabilidade limitada, ao contrário, permite a um homem "assumir os atos de seu agente apenas se eles são vantajosos e recusar toda a responsabilidade se não o são; especular sobre os lucros sem se responsabilizar pelas perdas".[31]

Quanto ao retrato do acionista como "investidor", ele também repousa consideravelmente em um equívoco de linguagem. Como apontava Berle, corrigindo Manne a esse respeito: "Quando eu compro uma ação da AT&T ou da General Motors, não invisto nem um pouco nesta ou naquela companhia. Eu recomprei esta ação da Nym, que a recomprou de Bardolph, que a recomprou de Pistol, que a recomprou por intermédio de 10 mil antecessores em título da Falstaff, que por sua vez comprou a ação na sua emissão inicial. Suponhamos que Falstaff tenha sido um verdadeiro investidor – que ele tenha comprado diretamente da sociedade –, [...] essa contribuição, o único verdadeiro 'investimento' em toda a cadeia, muito provavelmente representava apenas uma fração ínfima do preço que eu paguei à Nym. [...] Por hábito folclórico, dizemos que o comprador da ação da AT&T ou da General Motors 'investiu' nessas sociedades; mas isso é pura ficção".[32] Recomprando ações no

---

31 Cox apud Ireland 2000, p. 844.
32 Berle 1962, p. 446.

mercado secundário, o acionista não faz nenhum novo aporte à sociedade. É puro sofisma querer nos convencer de que tal personagem *investe* na empresa ou é um "fornecedor de capital" enquanto se limita a receber sua renda.

O argumento de base, no entanto, era de que o primado acionário estimulava a eficiência produtiva. As novas "apologias do rentista" deixavam de justificar a acumulação dos lucros como expressão do direito natural dos proprietários e passavam a defendê-la de outro modo, como indispensável estímulo para uma gestão eficiente: "Produzir com custo mínimo" – destacava Fama – "é do interesse dos pretendentes residuais porque aumenta os fluxos de tesouro líquido, mas isso também contribui para a sobrevivência da organização, fazendo baixar os preços".[33] Todo mundo ganha, então. Curvar-se aos interesses dos acionistas não seria benéfico só apenas para eles, mas também para a "empresa em si", impelida assim a aumentar sua competitividade ao cortar os custos. Sob a responsabilidade de quem? Conhecemos muito bem a resposta. "O paradoxo é que as transformações dos métodos de administração diretamente inspirados pela visão acionária" – constata Olivier Weinstein – "tiveram o efeito de transferir uma parte importante do risco dos acionistas para as outras partes envolvidas, sobretudo os trabalhadores".[34] Essa forma de organização baseada no lucro se justifica na medida em que é eficiente, mas em quê? "Eficiente" ecologicamente? Socialmente? Não. Ela é eficiente, no curto prazo, em produzir lucro para os outros. É eficiente em ser "eficiente".[35]

As teorias do valor acionário forneceram a base para a ideologia atual que justifica os favores concedidos aos acionistas, fraudulentamente apresentados como "investidores", os quais, em nome da eficiência econômica, teríamos de recompensar cada vez mais por sua "assunção de risco". Mas, quando esse novo discurso emerge nos anos 1970 – portanto,

---

33 Fama e Jensen 1983, p. 303.
34 Weinstein 2012, p. 44.
35 Cf. Fligstein 1992.

na fase de conflito social intenso e de rejeição crescente do capitalismo –, não se acredita nisso. As críticas são duras inclusive entre os que deveriam ter se tornado seus partidários imediatos. Os neoconservadores, em particular, não deixam barato. "O capitalismo liberal" – preocupa-se Kristol – "tem poucas chances de sobreviver".[36] Mas, enfim, o que propõem os neoliberais? Uma apologia do capitalismo que corresponde em todos os aspectos à imagem contrastante ostentada por seus opositores. "Quem, então, poderia querer viver em uma sociedade na qual todos [...] estão engajados numa corrida pelo dinheiro, numa perseguição obsessiva de interesses materiais próprios? Em outras palavras: quem quer viver numa sociedade em que o egoísmo e o egotismo são celebrados como virtudes cardeais?"[37] Essa sociedade, como nos advertiram praticamente todas as tradições filosóficas e religiosas, seria "imprópria ao hábitat humano". Como podem, replica Kristol, enfim, pensar seriamente em defender o capitalismo admitindo que ele está de acordo com o que sempre se reprovou nele? Se começar assim, a derrota é certa. Reconhecer, por exemplo, com toda tranquilidade, como faz Hayek, que a ordem social resultante da concorrência capitalista é, *a priori*, estranha a todo princípio de justiça é ideologicamente estúpido: "A justificativa dada pelo professor Hayek para o capitalismo moderno nunca foi empregada fora de um pequeno enclave acadêmico; temo" – prossegue Kristol – "que ele seja incapaz de suscitar menor adesão, exceto nas mentes demasiadamente expostas à escolástica".[38]

O próprio Milton Friedman reconhecia a seu modo: o neoliberalismo – e isso não é de modo algum um paradoxo – não se *vende* bem: "É mais fácil vender ideias coletivistas simplistas que ideias sofisticadas sobre a livre-iniciativa. Tomem o tema da responsabilidade social. Por que esse *nonsense* está na moda? Porque ele é simplista, fácil de vender".[39] Assim,

---

36 "Horatio Alger and Profits", in Kristol 1979, p. 79.
37 Ibid., p. 80.
38 Kristol 1970, p. 9.
39 McClaughry 1972, p. 16.

ele se consola, com certa complacência: se nossas ideias não são populares, talvez seja porque são demasiadamente sutis.

Demasiadamente sutis? Julguem vocês mesmos: "Os dirigentes corporativos [...] têm outras responsabilidades [...] além de fazer o máximo de dinheiro possível para seus acionistas? Minha resposta é não, eles não têm outras responsabilidades".[40] Mas os neoconservadores tinham outra explicação: se as teses neoliberais são tão pouco atraentes, não é tanto por seu pretenso refinamento intelectual quanto por sua secura ética. "Fazer o máximo de dinheiro possível para os acionistas", é verdade que isso não pega muito bem.

"A grande empresa" – escrevia Kristol em 1974 – "parece cada vez mais uma espécie de dinossauro em risco de extinção".[41] O meio é hostil. Se não se adaptar, ela morrerá. O que mudou? Sobretudo isto: as grandes empresas, dados seu gigantismo e as implicações de suas decisões para a vida de todos, não são mais vistas como meros assuntos econômicos privados, e sim como instituições de poder de dimensão pública. Eis por que se espera que prestem contas para além da lucratividade econômica. Eis também por que se limitar a responder sobre esse terreno é claramente insuficiente. Os dirigentes corporativos "devem aprender a governar, e não simplesmente a dirigir ou a administrar. E governar é pensar politicamente".[42]

Como dizia Ruml nos anos 1950, "governar" não pode mais significar apenas "decretar regras". Governar implica outra coisa: criar táticas e estratégias. E, para isso, outras habilidades são exigidas. Os diretores de empresa tinham a necessidade premente de noções operacionais para pensar uma nova conflitualidade que os pegava de surpresa. As teorias neoliberais da empresa, totalmente ocupadas em negar as relações de poder, eram incapazes de lhes fornecer qualquer noção. Eles precisavam, por conseguinte, voltar-se para outros provedores de conceitos.

---

40 Ibid., p. 6.
41 "The Corporation and the Dinosaur", in Kristol 1979, p. 69.
42 Ibid., p. 71.

[4]
UM MUNDO DE CONTESTADORES

14. CONTRA-ATIVISMO CORPORATIVO

*Só por estar no terreno da competitividade,
uma empresa já está em guerra.*

ARTHUR FÜRER, em entrevista para
a televisão suíça RTS em 1977[1].

Ao longo dos anos 1970, os apelos patronais à contraofensiva prosseguem. Mesmo tom marcial, mesmas metáforas militares desgastadas, mesma agressividade. Em 1979, Donald Kirchhoff, presidente executivo da Castle & Cooke, garante que nosso sistema econômico está sob "ataque direto [...] Nós estamos em guerra, mas é uma guerra de guerrilha. [...] É necessário revitalizar nossa liderança corporativa e passar à ofensiva, na melhor tradição do capitalismo americano".[2]

O mundo dos negócios – repetia-se sem parar – é guerra. Como a empresa capitalista é uma instituição que não para de pôr lenha na fogueira, é vital que seus dirigentes aprendam a gerenciar crises. Afinal, a produção de crises está inscrita em seu modo de ser, não apenas no âmbito interno, entre seus empregados, mas também externamente, com "o ambiente social" impactado por suas operações.

Diante dos protestos, uma série de habilidades inéditas desenvolveu-se pouco a pouco. De uma retórica bélica passa-se para uma verdadeira reelaboração estratégica. No cruzamento das relações públicas, da informação militar e das táticas con-

---

1   Arthur Fürer foi diretor executivo da Nestlé de 1975 a 1982. Em 1977, Fürer concedeu entrevista ao jornalista Jean Dumur no programa *En direct avec* da rede pública de televisão da Suíça, RTS. A entrevista ocorreu no anfiteatro da Universidade de Fribourg diante de plateia de cem estudantes, no auge do escândalo sobre o leite em pó comercializado pela Nestlé em países africanos, e está disponível online em: rts.ch/archives/tv/information/en-direct-avec/3755258-un-debat-tres-vif.html.

2   Kirchhoff 1979, p. 3.

189

trainsurrecionais, algo novo toma forma naquela década: os elementos de uma doutrina contra-ativista corporativa.

Em 1974, ativistas britânicos publicaram um panfleto intitulado *The Baby Killer* [O assassino de bebês].[3] Eles denunciavam os efeitos sanitários do substituto do leite materno comercializado pela Nestlé em países do Terceiro Mundo. Na maioria das vezes vendido a populações incapazes de ler as recomendações de uso e desprovidas de acesso a água potável, o leite em pó se transformava em veneno para os lactentes.[4] Ignorando os alertas lançados pelos nutricionistas, a Nestlé veiculava campanhas de marketing agressivas, distribuindo amostras – por meio, por exemplo, de representantes da companhia que, fantasiadas de enfermeiras, dissuadiam as mães africanas de amamentar.[5]

O texto militante talvez permanecesse confidencial se os diretores da empresa não tivessem cometido o erro de reagir exageradamente. Em 1974, o mastodonte agroalimentar moveu um processo contra um minúsculo grupo suíço que traduzira o folheto para o alemão, dando eco planetário a suas acusações.[6] Em julho de 1977, ativistas americanos fizeram um apelo para um boicote à Nestlé.[7] Quatro anos mais tarde, mais de setecentas organizações tinham se unido à palavra de ordem no mundo todo.

Foi uma das primeiras campanhas de boicote lançada nessa escala. Diante de uma multinacional, sobre questões de vida e de morte, a luta se internacionalizava, incitavam-se os consumidores do hemisfério norte a agir perante as manipulações das empresas no Sul. Nesse combate, resume Bryan

---

3   Muller 1974.

4   Vrtis 1981, p. 17. O médico Derrick Jellife, autor dessas acusações, falava de "desnutrição comerciogênica". Cf. Jelliffe 1972.

5   Buffle 1986, p. 30.

6   *Nestlé tötet Babys*, 1974.

7   Em 1977 foi criada a Infact (Infant Formula Action Committee), que lançou o apelo ao boicote.

Knapp, "a biopolítica unia-se à geopolítica [...] no seio do que se poderia chamar de biocapitalismo".[8]

De início, os dirigentes da Nestlé foram pegos totalmente de surpresa por um movimento sobre o qual nada compreendiam.[9] Em novembro de 1980, um executivo suíço da empresa aterrissou em Washington. "Com base nos comentários em Vevey [sede da empresa na Suíça], ele tinha certeza de que o boicote não envolvia mais que uma ínfima minoria de exaltados. Assim que desembarcou, notou um adesivo no para-choque de um carro em que se lia 'Boicotem a Nestlé!'. Chocado, o executivo soltou: 'Ah!, filhos da mãe, filhos da mãe!'."[10]

Os empresários se conscientizavam de uma vulnerabilidade até então desconhecida. A amarga surpresa era que pequenas redes de ativistas podiam, apesar da assimetria radical dos meios materiais, exercer pressão considerável sobre grandes grupos industriais. Esse era apenas o começo: "O movimento ativista está se internacionalizando" – anunciavam –; "no futuro haverá outros ataques orquestrados, lançados contra multinacionais por grupos militantes que agem de modo unitário".[11]

Os custos do boicote não tardaram a se fazer sentir, "não somente pelas horas que ele fez os dirigentes da Nestlé perderem, como também pelo abatimento no qual dirigentes e

---

8 Knapp 2015, p. 251.
9 As primeiras reações dos dirigentes chocam pelo amadorismo. Para dar somente um exemplo, eis o que um executivo da Nestlé declarou diante da comissão de senadores que procedia à sua audiência em Washington, em 1978. Oswaldo Ballarin: "O objetivo confesso deste boicote é pressionar a matriz da Nestlé na Suíça, com o propósito de pôr fim a práticas pretensamente criticáveis de comercialização do leite para lactentes no Terceiro Mundo. A sociedade Nestlé Estados Unidos me informou que se trata, na verdade, de um ataque indireto ao sistema econômico de livre mercado. Na vanguarda dessas atividades, há uma organização mundial das Igrejas cujo objetivo declarado é solapar os fundamentos do sistema da livre-empresa"; senador Kennedy: "Sério, vocês não podem... [risos e aplausos]" (apud Buffle 1986, p. 90).
10 Ibid., p. 264.
11 Barovick 1982, p. 29.

subordinados às vezes mergulharam. Isso afetava a empresa sobretudo 'psicológica, emocionalmente'". A Nestlé "tinha até consultado um psicanalista para que remediasse o abatimento no qual a controvérsia mergulhara o pessoal".[12]

Acuada, a empresa decidiu mudar de abordagem. Recrutou um conselheiro especial que já começara a construir sua reputação de especialista em gerenciamento de crise:[13] Rafael Pagan, homem de extrema direita, ex-agente da Inteligência Militar, conselheiro dos presidentes Kennedy e Johnson, convertido no fim dos anos 1970 a consultor empresarial.[14] Ele se pôs a serviço da Nestlé em janeiro de 1981 para criar uma força-tarefa encarregada de lutar em pé de igualdade contra ativistas.[15]

Em meados dos anos 1980, membros dessa força-tarefa, parcialmente composta por antigos militares, formariam a empresa de relações públicas Pagan International,[16] transformada depois na Mongoven, Duchin & Biscoe (MDB) para, enfim, resultar em 2000 na empresa de inteligência Stratfor. Se o nome dessa plataforma soa familiar, é porque o *hacker* Jeremy

---

12 Buffle 1986, p. 257.

13 Sethi 1994, p. 220.

14 Trabalhando especificamente para a Castle & Cooke, Pagan se especializou na gestão das "crises que as multinacionais enfrentam ao buscar investir e operar em países do Terceiro Mundo" ("Rafael D. Pagan, 67...", 1993, p. B6.

15 Pagan criou o Nestlé Coordination Center for Nutrition, que compartilhava seus escritórios com o Tobacco Institute. Oficialmente, o centro coordenava as "atividades nutricionais" da Nestlé nos Estados Unidos, mas Pagan o descrevia mais como uma "força-tarefa de gerenciamento de crise", ou "um sistema de alerta precoce com capacidade de análise de ameaças políticas" (Richter 2001a, p. 148). Ver também Horn 2013.

16 A Pagan International foi criada em 1985. Além de Rafael Pagan, lá trabalhavam, entre outros, Jack Mongoven (ex-jornalista do *Chicago Tribune* e conselheiro de estratégia eleitoral do Partido Republicano) e Arion Pattakos (ex-analista do Departamento de Defesa, aliás, primo – e admirador – de Stylianos Pattakos, o putschista nomeado ministro do Interior na Grécia durante a ditadura dos coronéis). O escritório faliu em 1990.

Hammond a expôs em 2011 na WikiLeaks, ao vazar milhares de mensagens eletrônicas pirateadas. Nesse meio-tempo, durante três décadas, os especialistas em contra-ativismo teriam vendido seus serviços a preço de ouro a multinacionais tão idôneas quanto a Shell (diante do boicote do *apartheid*), a Union Carbide e ainda a Monsanto.

Tradicionalmente, a administração dispunha de dois grandes esquemas para pensar o antagonismo: o conflito social no seio da empresa e a concorrência no mercado. Tensão interna com subordinados, competição externa com rivais. Com a irrupção de um ativismo alvejando as multinacionais, apresentava-se um terceiro caso, de aspecto estranho, inesperado: um *conflito social externo*, diante do qual as táticas tradicionais se revelavam inadequadas. As empresas que inicialmente acreditavam poder lidar com a nova contestação como lidavam com os conflitos trabalhistas acabaram compreendendo que "as novas partes interessadas *não queriam ser gerenciadas*", sobretudo não "no quadro operacional definido pela empresa".[17] Se pretendiam combater as forças exteriores, sobre as quais não se tinha nenhuma relação direta, deviam se adaptar, elaborar um repertório de contramedidas.

Se os "ativistas *antibusiness*" conseguem criar entraves para a multinacional, defendia Rafael Pagan à época, não é porque sejam "mais espertos que os homens e as mulheres da Nestlé", mas porque pelo menos eles "sabem que estão engajados em um combate político, enquanto as pessoas do *business* ignoram isso".[18] Apesar de as diretorias disporem de recursos colossais, enquanto não se organizarem ativamente pela luta política, sofrerão derrotas: "Não acredito que possamos um dia ser amados ou populares [...], contudo, se aprendermos a pensar e a agir politicamente, poderemos vencer os militantes que são nossos críticos".[19] Seu colega Arion Pat-

---

17 Sethi 1994, p. 371.
18 Pagan 1982b, p. 3.
19 "A luta na qual estamos engajados é uma luta política." Ora, "os ativistas fizeram um trabalho melhor do que o nosso na arena política. Eles se associaram às insatisfações presentes no mundo e as

takos reforçava que era hora de as empresas "combaterem o ativismo com ativismo".[20]

Em outubro de 1985, após o fim do boicote, um dos principais fomentadores da campanha contra a Nestlé, Douglas Johnson, encontra em São Paulo um de seus velhos adversários, Jack Mongoven, braço direito de Pagan. Eles jantam juntos, bebem vinho e prolongam a conversa até o fim da noite. Johnson redigiu um relatório sobre a conversa, hoje conservado nos arquivos da Minnesota Historical Society em Saint Paul.[21]

"Não é para me gabar", Mongoven revela naquela noite, "mas Ray [Pagan] e eu éramos as estratégias da operação. Somos bastante diferentes: eu me formei nas campanhas políticas; ele, no Exército. [...] No primeiro dia, enquanto enchíamos a sala com nossas análises, Ray ausentou-se e eu escrevi na parede os nove princípios de Clausewitz. Eu os havia estudado na universidade, e sempre achara Clausewitz útil para desenvolver campanhas políticas. [...] Ray voltou à sala, me olhou e perguntou se eu tinha feito escola militar. Respondi que não [...] e ele me disse: 'Mas você sabe que esses são os princípios de Clausewitz'. Foi assim que nos demos conta de que poderíamos trabalhar juntos, nos complementarmos. A obra de Sun Tzu também foi muito importante para criar a nossa campanha. A diferença que isso fez para nós foi que, nos primeiros anos, enquanto desenvolvia a estratégia, deparávamos com pessoas na Suíça que não tinham a menor ideia do que é uma estratégia e que nunca desenvolveram nada nesse sentido".[22]

"Era como planejar uma missão de combate importantíssima",[23] ele se lembra. "Nós analisamos todos os elementos

---

mobilizaram em uma batalha contra nós". A primeira das tarefas é, portanto, "aprender a pensar e a agir de modo político, [...] estabelecer objetivos políticos; desenvolver técnicas políticas, expertise; e – o aspecto mais importante – nos associar a aspirações populares no mundo" (Pagan 1982a, p. 589).

20 Pattakos 1989, p. 103.
21 Johnson 1985. Ver também Knapp 2015, p. 168.
22 Ibid., p. 3.
23 Mongoven apud Sethi 1994, p. 225.

relevantes: nossa força e a vulnerabilidade deles, seus pontos fortes e fracos, inclusive os de suas bases de apoio."[24] Isso era uma aplicação da análise "SWOT" à questão ativista. Esse método de análise de mercado, cujo nome é o acrônimo de "*Strengths, Weaknesses, Opportunities, and Threats*", baseia-se no exame cruzado das forças e das fraquezas da organização e de seus rivais, assim como das oportunidades e ameaças presentes no ambiente. O conhecimento antiativista assim produzido bebia em diversas fontes: hibridização da estratégia militar, da estratégia de partido e da estratégia de mercado.

"A fraqueza de vocês", prosseguia Mongoven dirigindo-se ao ativista Douglas Johnson, "estava na falta de recursos; a força, no número de pessoas que se engajavam ao seu lado. Nossa força consistia em nossos recursos, nossa fraqueza eram as pessoas. Portanto, precisávamos conceber táticas para desmantelar as fontes da força de vocês. Muitas vezes, quando adotamos certas táticas, não era porque elas contribuíam diretamente para a nossa estratégia, e sim porque nos permitiriam dispersar os esforços de vocês."[25]

Como é possível que pequenos grupos militantes, mal financiados, esgotados, sempre à beira da síndrome de Burnout, se tornem ameaças a impérios econômicos dotados de recursos incomparáveis? A resposta dos analistas é que seu trunfo, de efeitos multiplicadores, reside em sua "capacidade de mobilizar legitimidade"[26] – o que, por outro lado, é evidente que falta às empresas que os enfrentam. "O que tentamos fazer foi identificar as fontes de força ou de legitimidade e privá-los disso. [...] A legitimidade e a força, vocês as tiram dos outros: das Igrejas que os apoiam, dos universitários, de um pequeno grupo de cientistas, de algumas organizações médicas. Nossa abordagem foi identificar alvos e desenvolver táticas para privar vocês do apoio ou da legitimidade deles para, em seguida, lidar com vocês em nossos

---

24 Ibid.
25 Mongoven apud Johnson 1985, p. 10.
26 Cf. Richter 2001a, p. 196.

próprios termos."[27] Rachar o *front* adversário a fim de tirar, um a um, seus "blocos de credibilidade".[28]

Ao longo das numerosas campanhas que conduziram, Pagan e outros elaboraram uma tipologia dos ativistas. O esquema simplista permitia, a cada nova confrontação, organizar os adversários em caixinhas psicotáticas estereotipadas.[29] Outro membro do bando, Ronald Duchin, expôs essa tipologia doméstica durante um congresso da Associação dos Pecuaristas dos Estados Unidos, comunicação reproduzida, em seguida, no boletim da organização: "Eu mesmo sou um criador", começa ele à guisa de *captatio benevolentiae*. "Nós

---

27 Mongoven apud Johnson 1985, p. 2.

28 Buffle 1986, p. 280.

29 Em 1982, para Pagan, o mundo adversário se dividia em dois: de um lado os "líderes ativistas fanáticos", de outro as "pessoas decentes". "Nosso objetivo primordial é a sobrevivência. Nosso objetivo secundário é separar os líderes ativistas fanáticos da imensa maioria de seus grupos, as pessoas honestas [...]. Para isso precisamos destituir os ativistas da autoridade moral que lhes conferem suas alianças com organizações religiosas" (Pagan 1982b, p. 590). Seu colega Channing Riggs foi menos abrupto, mas a dicotomia era a mesma: "Nossos desaprovadores se dividem em dois grupos distintos. Um primeiro grupo – os críticos de consciência – estava honestamente preocupado com a saúde dos bebês do [...] Terceiro Mundo [...]; no segundo grupo, dos críticos, havia ativistas mais preocupados com objetivos políticos" (Riggs 1985, p. 2). Essa dicotomia desqualificadora recupera também uma teoria do idiota útil que transparece nesta observação de Jack Mongoven: "A fraqueza e a força das instituições eclesiásticas estão, inicialmente e sobretudo, no fato de terem uma consciência, e, uma vez que elas conhecem a verdade, a pressão para agir em conformidade com isso é muito forte. Não é como um oponente político, que pode muito bem conhecer a verdade e não se preocupar com ela porque sua consciência não o pressiona da mesma maneira. Tínhamos a sensação de que, como corpo coletivo, as organizações religiosas seriam forçadas a fazer o que era justo, mesmo que não fosse politicamente vantajoso para elas, mesmo que fosse uma violência para elas. Como estão sinceramente engajadas a fazer o que é ético, essas organizações foram nossa maior esperança" (Mongoven apud Sethi 1994, p. 229).

possuímos, minha mulher e eu, uma propriedade de bom tamanho, com vacas, novilhos, limousines e charoleses nas pastagens do Kentucky. [...] De uma forma ou de outra, somos todos ativistas. Os ativistas que nos interessam aqui, entretanto, são aqueles que querem gerar mudanças nas práticas da indústria de vocês".[30] Tomemos o caso do hormônio de crescimento BST (somatotropina bovina) produzido pela Monsanto: "A maioria de vocês o conhece muito bem. E eu também, já que trabalhamos para a Monsanto nesse assunto. [...] Já se demonstrou que esse hormônio aumenta a produção leiteira de 10% a 25%. No entanto, muitos grupos se opuseram a ele em nome do interesse público".[31]

Mas quem são esses grupos? Se querem convencê-los, é preciso conhecê-los. Ora, não é complicado, eles se dividem – invariavelmente – em quatro grandes categorias.

1. *Os radicais.* "Querem mudar o sistema", "têm motivações socioeconômicas ou políticas subjacentes", são hostis à empresa em si e "podem se mostrar extremistas e violentos". Com eles, nada a fazer.

2. *Os oportunistas.* Procuram "a visibilidade do poder, os grupos ou até mesmo, em alguns casos, um emprego".[32] "A chave para lidar com os oportunistas é dar-lhes ao menos a aparência de uma vitória parcial."[33]

3. *Os idealistas.* São pessoas "geralmente ingênuas, [...] altruístas [...]. Elas seguem princípios éticos e morais". O problema é que são sinceras e, por isso, muito confiáveis. Só que também são muito crédulas: "Se conseguirmos demonstrar que sua oposição a uma indústria ou a seus produtos preju-

---

30 Duchin 1991, p. 8. Duchin, ex-assistente do secretário de Defesa, também tinha formação militar. Ele esteve entre os primeiros membros do Comando Delta do Exército americano.

31 Ibid., p. 9.

32 O exemplo típico do oportunismo, diz Duchin, é Jeremy Rifkin. Em vão, ele "passou toda a vida adulta lutando contra empresas, contra o capitalismo e o *status quo* em geral"; não é um radical: "Ele está rapidamente pronto a empreender uma mudança de orientação", se necessário for (ibid., p. 9).

33 Ibid., p. 14.

dica outros e não é eticamente justificável, então elas serão obrigadas a mudar de posição".[34]

4. *Os realistas*. São um tesouro: "Podem assumir compromissos, querem trabalhar no centro do sistema; uma mudança radical não lhes interessa; são pragmáticos".[35]

Diante da contestação, o caminho a seguir é sempre o mesmo: negociar com os realistas sabendo que, "na maioria dos casos, é a solução que se negociou com eles que vai levar a melhor, sobretudo se o mundo dos negócios participa do processo de tomada de decisão", e "reeducar" os idealistas para convertê-los em realistas; um "processo de educação" – detalha Duchin – "que exige grande sensibilidade e grande capacidade do educador".[36] Se vocês conseguirem trabalhar com os realistas e reeducar os idealistas, estes últimos se inclinarão para a sua posição. Uma vez convencidos os "críticos de consciência", os radicais perdem a ampla credibilidade que o apoio dessas autoridades morais lhes conferia: "Privados do apoio dos realistas e dos idealistas, a posição dos radicais e dos oportunistas começa a parecer superficial e interesseira".[37] Nesse estágio, você ainda poderá contar com os oportunistas para aderir ao compromisso final.[38]

---

34 Ibid.

35 Ibid.

36 Ibid.

37 Ibid.

38 Vinte anos mais tarde, passou-se do *handout* ao *PowerPoint*, mas ainda se vende, a preço de ouro, a mesma gororoba às empresas. No calhamaço de documentos da empresa Stratfor vazados pelo *hacker* Jeremy Hammond encontra-se uma apresentação preparada em 2010 por Bart Mongoven, o filho de Jack, para a sociedade Suncor, que enfrentava um movimento contra seus canteiros de exploração de areia betuminosa. Ele retoma o mesmo esquema: nele se encontram representados por círculos coloridos que se recortam parcialmente os idealistas, os radicais, os realistas e os oportunistas. Para esse tipo de análise – simples reciclagem da doutrina paterna –, Mongoven filho recebeu 15 mil dólares da empresa. Cf. Stratfor, "Campanha de marketing das areias betuminosas", disponível em wikileaks.org/gifiles/attach/33/33714_Suncor%20Presentation-1210.pdf.

O postulado é que "os radicais" só tiram sua força da aproximação com blocos mais moderados. Privados dessa ligação, eles podem ser deixados de lado. Radicais isolados em seu nicho de radicalidade são inofensivos, não constituem ameaça: folclore minoritário sem impacto. Tal é, portanto, a estratégia geral: cooperar com os realistas, dialogar com os idealistas para convertê-los em realistas, isolar os radicais e engolir os oportunistas.

Quando houve o boicote à Nestlé, o objetivo dos ativistas no médio prazo era impor um "código de conduta" às empresas do setor. Mais que recusar essa perspectiva, Pagan se apropriou dela e deu início a inúmeras negociações sobre os termos do código. Tratava-se de adotar oficialmente o princípio para melhor sabotar o conteúdo. Diante do que se analisava como uma *crítica ética* das multinacionais, ele considerou que rejeitar o léxico da responsabilidade social não era mais uma estratégia viável: "A escolha, para a indústria, não é mais saber *se* ela vai ser 'responsável', mas *como*. Vamos agir de acordo com nossa própria agenda ou segundo uma agenda negociada, que poderia até nos ser imposta?".[39]

A tática da aceitação tinha a vantagem de melhorar a imagem da empresa, de lhe dar um verniz de credibilidade, mergulhando os contestadores em fastidiosas negociações. Impelir os ativistas a se lançar em longos palavrórios, deslocar "o debate para o terreno das interpretações, tinha sido uma estratégia deliberada":[40] ocupar os líderes adversários com outra coisa além de boicotar a Nestlé, esgotá-los em reuniões sem-fim – tudo isso para desviar o movimento da tarefa vital que consistia em construir uma mobilização em profundidade. Aí estava uma nova tática, baseada no *diálogo*.

---

39 Pagan 1989, p.180.
40 Buffle 1986, p. 334.

15. A PRODUÇÃO DA DIALOGIA DOMINANTE

> *Contudo, Sócrates, é preciso usar a retórica*
> *como qualquer outra arte de combate.*
>
> PLATÃO, *Górgias*, 380 a.C.

Isso não aparece na história oficial da RES (responsabilidade social da empresa) tal como é ensinada nas *business schools*, mas uma das primeiras publicações sobre o tema das "responsabilidades sociais da gestão" foi apadrinhada, em 1950, pelo grande teórico das "relações públicas" Edward Bernays, autor do famoso livro *Propaganda*.[1]

Entretanto, algumas décadas mais tarde, seus herdeiros constataram que o público aprendera a desconfiar da "publicidade defensiva" e das formas de comunicação herdadas da "propaganda partidária". Reconhecendo o desgaste das velhas fórmulas, os *mad men* fizeram sua autocrítica: "O paradigma de Bernays definia as relações públicas [...] como uma operação de 'fábrica do consenso' em um público maleável. [...] Esse paradigma se revela hoje não apenas insustentável no plano ético, como também ineficaz, já que o público aprendeu a ser cético".[2] Como a antiga propaganda não funcionava mais tão bem quanto antes, era preciso encontrar uma alternativa. A publicidade, obviamente, não desapareceria,

---

1 Em seu prefácio a essa obra coletiva sobre a responsabilidade social da gestão, Bernays escreveu: "Espero que este livro permita [...] acabar com a miopia social daqueles que ainda são incapazes de enxergar a realidade das necessidades atuais nas nossas sociedades democráticas, no momento confrontadas com a necessidade imperiosa de continuar a avançar defendendo-se, elas mesmas, contra seu inimigo" – a saber, o comunismo e seus avatares (Bernays, em Chase 1950). Ver também Bernays [1928] 2007.

2 Murphy, em Grunig e Grunig (orgs.) 1991, p. 119.

mas faria um esforço para desenvolver outros mecanismos de atuação, mais sutis.

O objetivo era recuperar o controle sobre uma ordem do discurso fugidia. Mas qual a alternativa, ou melhor, o complemento necessário ao antigo modelo? A nova palavra-chave foi *diálogo*. Assim, novas "relações públicas dialógicas"[3] faziam o elogio da "comunicação dialógica entre organizações e públicos".[4] À propaganda, elas opunham a participação; ao vertical, o horizontal; ao unilateral, o recíproco; à assimetria, o simétrico.[5]

No início dos anos 1980, ideólogos da administração, assumindo a postura de filósofos, cantavam os louvores da razão dialógica, "ética" por essência.[6] E Habermas chegou na hora certa, ele, cuja "distinção entre racionalidade monológica e dialógica se articula muito bem" com essa nova abordagem.[7] Nesse modelo, emissor e receptor trocam de posição para se tornarem, em uma bela simetria comunicacional, "participantes iguais em um processo de comunicação que visa à compreensão mútua".[8] Eis que chegou o tempo da "comunicação ética", da "comunicação como conversa" ou ainda do "diálogo neutro", posto como "precondição da legitimidade de toda iniciativa da empresa".[9] Acabou-se o tempo das verdades dominantes, prometem-nos esses comunicadores convertidos num pós-modernismo de bom-tom: agora o acordo intersubjetivo deve se construir pelo diálogo entre as partes interessadas.

---

3 Ver Bowen e Rawlins, em Heath (org.) 2005, p. 207. E, para uma perspectiva crítica, Richter 2002, p. 2.

4 Kent e Taylor 1998, p. 322.

5 Cf. Golob e Podnar 2011, p. 236.

6 "O diálogo nas relações públicas pode ser considerado um aspecto da comunicação ética entre uma organização e suas partes interessadas. Ele está ligado à noção de 'diálogo simétrico'" (ibid.).

7 "O conceito central para relações públicas éticas é o diálogo", escreve Ron Pearson referindo-se a Habermas (Pearson, em Botan e Hazleton (orgs.) 1989b, p. 122).

8 Pearson 1989a, p. 71.

9 Golob e Podnar 2011, p. 236.

"Os filósofos" – lê-se em um manual de administração – "concordaram que o diálogo pode melhorar a ética da comunicação, na medida em que ela reforça a dignidade e o respeito das duas partes [...]. A noção filosófica de diálogo remonta a Platão e à sua rejeição do sofisma como pura retórica, cujo estilo é o monólogo."[10] Nossos filósofos corporativos nos ensinavam, assim, desajeitadamente, o que é "sofisma". Platão opunha, portanto, o "diálogo em que os participantes tratavam uns aos outros como *meio, mais que como fins* [sic], e não se engajavam em uma guerra de palavras".[11] Os filósofos têm costas largas. Ainda valeria a pena (ou o prazer) lê-los antes de se referir a eles, o que talvez evitasse confundir tudo (sofisma e sofística, Platão e Kant, meios e fins etc.). Sem contar que os mencionados filósofos estavam longe de ser tão angelicais como nos queriam fazer crer em se tratando da prática do diálogo. A começar pelo dialogista tão combativo, tão corrosivo, tão implacável como foi Sócrates, que nada deixava escapar.

Seja como for, apreendia-se a oposição: na esfera do monólogo, antigo ídolo que os comunicadores agora fingem pisotear, a manipulação, os fingimentos, o dogmatismo, a falta de sinceridade, a desconfiança; na esfera do diálogo, ao contrário, a preocupação com o outro, a autenticidade, a abertura da mente, a franqueza, a confiança. À persuasão de sentido único, detestável prática do passado, preferem-se a escuta recíproca, a compreensão mútua, a comunicação relacional, empática, baseada no consenso, a "cocriação de uma compreensão compartilhada" entre as "partes interessadas", a horizontalidade, o "reconhecimento", a relação com o outro, e assim por diante, *ad nauseam. Mas basta, basta! O ar ruim! O ar ruim! Esta oficina onde se fabricam ideais – minha impressão é de que está fedendo de tanta mentira!*[12]

Só que as celebrações do diálogo têm duas vertentes, e não apenas uma. Cara, a ética; coroa, a estratégia. Para ter uma ideia completa, é preciso confrontar o caldo ético-filosófico

---

10 Bowen e Rawlins 2005, p. 207.
11 Golob e Podnar 2011, p. 233 (grifo meu).
12 Nietzsche [1887] 2013, p. 35.

com seu duplo, a estratégia do diálogo que os especialistas do contra-ativismo corporativo teorizam em paralelo. Uns citam Habermas, outros se referem a Clausewitz; mesmo assim: ambos – versão filosofante e versão agente secreto – constituem as faces complementares de um mesmo conjunto prático.

Durante a contracampanha a serviço da Nestlé, Pagan e seus colegas estavam convencidos de que "era pelo diálogo e pelas discussões de longo fôlego, cara a cara com os críticos, que se poderia sair do boicote".[13] "Para eles, o diálogo não era um modo de se abrir ao outro, era uma estratégia, [...] um modo de conduzir o combate."[14] Ao dialogar, não havia da parte deles nenhuma vontade de *negociar*: a discussão visava somente convencer as pessoas "sensatas" de que a empresa era sincera, e fazê-las se retirar da campanha. O objetivo desse tipo de discussão não é "trocar", mas "convencer as pessoas do ponto de vista que você está expondo e motivá-las a agir a seu favor".[15]

Enquanto as relações públicas tradicionais procuravam afogar o discurso contrário numa torrente de publicidade justificadora, a nova tática parte da constatação de que, "numa era em que os dissidentes *antiestablishment* atraem uma atenção pública pelo menos equivalente, quiçá superior àquela de que gozam as empresas que eles atacam, simplesmente não é mais possível aniquilar o adversário".[16] É preciso agir com mais astúcia. "Quando um problema emergente ameaça tornar-se crítico, o 'gerenciador de crises' não envia mais instintivamente suas tropas contra o invasor [...]. Em vez disso, ele tenta entrar em contato com os líderes dos grupos e filosofias contrários, a fim de explorar racionalmente com eles a possibilidade de descobrir interesses comuns que possam ser riscados da agenda."[17]

---

13 Sethi 1994, p. 226.
14 Buffle 1986, p. 310.
15 Mongoven apud Johnson 1985, p. 1.
16 Chase 1984, p. 105.
17 Ibid.

Atualizar a teoria da produção da ideologia dominante implicaria, hoje, fazer uma crítica da *dialogia dominante*. Quais são as virtudes do diálogo como estratégia de poder? Já se entreveem algumas. Completemos a lista.

1. *Função de informação*. Dialogar com os opositores permite identificar, o mais cedo possível, os perigos que afloram, identificar "problemas potencialmente controversos antes que eles atinjam a arena pública".[18] É indispensável buscar saber o que o adversário tem em mente, não apenas descobrir quais são seus projetos, mas também compreender como pensa. Mantenha os amigos por perto e os inimigos mais perto ainda – conselho de amigo. Com isso, cabe estabelecer canais de comunicação com os grupos contrários, inclusive com aqueles "que podem parecer destrutivos – pelo menos no curto prazo".[19]

2. *Função de confinamento*. Sem que lhe pedissem, um executivo da Nestlé redigiu, no início dos anos 1980, uma série de regras de conduta destinada a ativistas, dentre elas: esforcem-se sempre para "contatar a empresa em questão, tentar estabelecer um diálogo com ela [...] antes de montar uma campanha pública nas mídias".[20] A principal vantagem dessa tática de "resolução preventiva, não governamental, intergrupos de problemas políticos emergentes",[21] é de ordem *topográfica*: realocar o confronto em um âmbito privado, confiná-la longe do "espaço público".[22] Agindo assim, os ativistas são privados de sua principal fonte, a publicização dos proble-

---

18 Littlejohn 1986, p. 114.

19 Sethi 1994, p. 374.

20 Ciocca apud Vrtis 1981, p. 34. É preciso também evitar envolver o apoio de celebridades para defender sua causa – Ciocca menciona Jane Fonda e Vanessa Redgrave. Se decidirem se engajar, as estrelas devem, sempre, "tentar dialogar e propor alternativas positivas, *em lugar de* utilizar seu status de personalidades públicas para convencer".

21 Sanders 1998, p. 5.

22 Knapp 2015, p. 205. "Se os conflitos privados são levados à praça pública", lembra Schattschneider, é geralmente para que os interesses privados não prevaleçam, para que eles sejam contrabalançados por uma reivindicação geral. Inversamente, "se os interesses parti-

mas; também se liberam seus líderes das obrigações sociais que os proíbem, em geral, de se comprometer demais publicamente. Em circunstâncias nas quais "os chefes [...] não querem que o povo leve demais a melhor" – escrevia Montesquieu –, "as pessoas que possuem sabedoria e autoridade se intrometem".[23]

3. *Função diversionista*. Ocupar os opositores para desviá-los das tarefas ofensivas. Quando Pagan tenta, no fim dos anos 1980, quebrar o boicote contra a África do Sul, ele insiste neste ponto: "Um aspecto-chave dessa estratégia é assegurar que a Shell possa reverter a situação estabelecendo seu próprio diálogo significativo com os grupos-chave, com o intuito de que as Igrejas percebam suas opções de luta contra o *apartheid* de modo mais positivo, mais criativo que uma simples ligação com o boicote da Shell".[24] Resumindo: engajar esses "grupos religiosos [...] em uma abordagem de *planning* pós-*apartheid*" para "desviar a atenção deles dos esforços de boicote e de desinvestimento".[25]

4. *Função de cooptação*. Mas o diálogo, quando bem conduzido, pode permitir cooptar certos "grupos de pressão" contrários.[26] Na "estratégia clássica de cooptação *corporate*", resume Bart Mongoven, "as empresas buscam identificar a organização 'realista' mais ruidosa. Elas a convidam à sua mesa e lhe oferecem, em troca, a resolução do problema, poder, glória e dinheiro. Se a organização aceita, ela convence o público de que o problema está resolvido. O movimento contestador é, assim, engolido por inteiro (em geral contra a sua vontade) por um só *deal*. Consequentemente, os que insistirem em alegar

---

culares mais potentes querem resoluções privadas, é porque estão em condições de impor o resultado" (Schattschneider 1964, p. 40).
23 Montesquieu [1748] 2000, p. 68.
24 Pagan International 1987, p. 3. Esse documento está conservado nos Arquivos do Conselho Ecumênico das Igrejas de Genebra.
25 Ibid., p. 2.
26 Richter 2001b, p. 135.

que o problema não está resolvido passarão a mensagem de que são radicais e ficarão sem credibilidade".[27]

Como os ativistas têm, com frequência, uma representação caricatural de seu adversário – indicam nossos especialistas –, não é difícil surpreendê-los apresentando um rosto completamente diferente do que esperavam. Adotar uma atitude humilde, aberta, atenta. Seduzi-los falando sua linguagem, adulá-los concedendo-lhes o status de organização responsável, dar-lhes reconhecimento, dar esperança de uma ação "construtiva" aos antípodas de uma oposição "negativa" ou "estéril". Entre as técnicas de manipulação psicológica que Pagan preconiza para desviar efetivamente os detratores moderados há, por exemplo, esta: oferecer documentos sensíveis que poderiam prejudicar – mas não demais – a companhia caso fossem divulgados, fazendo-os prometer guardá-los com eles. Ele afirma que, em sua experiência, esse sinal de confiança "jamais foi traído".[28]

5. *Função de desqualificação*. Ponto importante: os diálogos, pensados como uma forma de *lobbying* dos opositores, são *seletivos*.[29] Ao mesmo tempo que permitem a inclusão

---

27 Mongoven 2010. A esperança das ONGS reformistas que jogam esse jogo é inverter a relação de cooptação. "Se uma ONG quer reverter a situação" – expõe Mongoven –, "ela apresenta seu certificado de bom comportamento ecológico a uma empresa 'realista', no sentido de que é capaz de reconhecer que há um problema. Quanto mais a empresa é visível (Coca-Cola, Nike, Dell etc.), melhor. A companhia que faz o *deal* dele aufere poder, glória – reputação – e, idealmente, lucros. Contudo, isso também tem como efeito rachar a posição *corporate* sobre o problema: negar que o problema existe dificilmente é sustentável quando uma grande companhia reconhece sua existência. Assim que o bloco se quebra, [...] a negação pura e simples não é sustentável. O debate não se concentra mais em saber se há um problema, e sim sobre a maneira adequada de resolvê-lo."
28 Pagan 1982b, p. 590.
29 "Nós tentamos retomar o conceito de *lobbying* – tomado no seu sentido antigo, ligado à prática parlamentar britânica de persuasão – e aplicá-lo a nosso trabalho com grupos e organizações." Tratava-se de "considerar os grupos de consumidores e outras organizações na sociedade como entidades completas, devendo submeter-se a

de certos grupos, eles trabalham para a exclusão de outros.[30] Acentuando o "consenso" como objetivo do "diálogo", trata-se de desqualificar toda política de dissensão, de "rotular implicitamente os grupos que não participam das discussões consensuais com a indústria como 'de confronto', 'incapazes de dialogar' e, finalmente, 'indignos' de participar dos processos de tomada de decisão democrática".[31] Traçar uma linha de demarcação entre aqueles que estão prontos para dialogar e os outros. Marginalizar uns e desacreditar outros. A repressão poderá ser ainda mais forte se eles forem apresentados como fora do *logos*.

6. *Função de legitimação.* Dialogando com ONGS que gozam de grande aura de respeitabilidade, as empresas esperam se beneficiar da "transferência de imagem".[32] Grandes empresas relativamente desprovidas de capital de reputação podem esperar adquiri-lo junto a seus detratores quanto mais estes se encontrarem numa posição inversa, que favoreça as sinergias: capital econômico frágil, mas forte poder de unção simbólica. Com base nessa assimetria, é possível estabelecer relações de cooptação cruzada. Do diálogo passa-se à colaboração e à parceria, com o objetivo de constituir coalizões sob o domínio *corporate*.[33]

---

lobbying, persuadidas de nossa posição" (Mongoven apud Johnson 1985, p. 1).

30 Trata-se de "convidar grupos e críticos influentes, mas escolhidos a dedo, para participar de 'diálogos' consensuais ou para estabelecer 'parcerias', [...] desqualificando os grupos que não participam deles como 'radicais' incorrigíveis que buscam o confronto pelo confronto" (Richter 2001b, p. 126).

31 Id. 2002, p. 15.

32 Um processo que consiste em se "identificar com símbolos, valores ou instituições com forte base de legitimidade" (Dowling e Pfeffer 1975, p. 127).

33 Sanders 1998, p. 326. "Para a empresa" – recomenda Mongoven –, "uma boa forma de contrariar a pressão ativista é mobilizar os próprios ativistas. Peguem o exemplo de uma indústria farmacêutica que depara com uma campanha militante contra o uso da tecnologia do DNA recombinante [...]. Por que não envolver a Associação Americana de Combate ao Câncer? Basta pedir o testemunho de

Elaboram-se, assim, "novas estratégias da empresa para gerenciar as turbulências criadas pelos críticos".[34] Para além das manobras reativas destinadas à gestão imediata de crises abertas, trata-se cada vez mais de uma questão de antecipar, de desenvolver uma "abordagem sistemática e proativa diante da crítica".[35]

---

uma vítima de câncer diante das autoridades concernentes: 'Minha única esperança de viver mais cinco anos é que encontrem um remédio'. Há a seu lado [...] pessoas que vocês podem motivar para contrabalançar a base de apoio de que goza o campo adversário" (Mongoven apud Bailey 1990, p. 39). Também é possível criar sozinho, artificialmente, os próprios "apoios", até os próprios "opositores" da casa – o que se chama em inglês *astroturf* ou tática da "grama artificial" (cf. Stauber et al. 1995, p. 89). Exemplo desse procedimento: a instauração, em 1987, da Coalition on South Africa (COSA), coletivo fantoche imaginado por Pagan para enfraquecer o apoio das Igrejas americanas ao boicote da África do Sul e financiado por mais de um milhão de dólares de multinacionais implantadas no país, dentre elas Mobil Oil, Johnson & Johnson e Caltex Petroleum. O patronato do século XIX inventou os sindicatos reformistas; o do século XX, as ONGS reformistas. Ver Shamir 2004, p. 671.

34 Heath, em Botan e Hazleton 2006, p. 61.

35 Id. 2005, p. 461.

16. A GESTÃO DOS PROBLEMAS

*Deviam deixar de ser empresas para
se tornarem estrategistas.*

ANDRÉ GORZ, *Misérias do presente,
riqueza do possível*, 1997.

"Desde o movimento pelos direitos civis, a Guerra do Vietnã e as mobilizações ecologistas dos anos 1960 e 1970" – lembrava Jack Mongoven –, "as organizações militantes se tornaram atores de peso no processo de formação das políticas públicas [...]. Se as empresas não começarem o combate contra os ativistas, a última palavra será deles."[1] Para além da contestação pontual de algumas práticas corporativas, os agitadores também eram vistos como os verdadeiros instigadores da "excessiva regulação governamental" contra a qual se insurgia, então, o mundo empresarial – sobretudo em matéria ambiental.

Portanto, para além do cara a cara entre empresas e ativistas, havia um jogo de três elementos, incluindo o poder estatal, com a captura do legislador como desafio central. Se os dirigentes empresariais, por sua vez, tinham de se tornar militantes, não era só para repelir os ataques adversários, mas igualmente para impor uma agenda própria, fazer com que "as escolhas das políticas públicas fossem influenciadas pelo setor privado".[2]

Era essa a ambição explícita da nova linha do saber gerencial que em 1977 W. Howard Chase batizou de "gerenciamento de crise". Ele afirmava querer acabar com a mentalidade defensiva, tipo "Linha Maginot",[3] adotada muito frequentemente pelas empresas, e passar, enfim, à ofensiva.

---

1   Apud Pattakos 1989, p. 98.
2   Sethi 1982, p. 32.
3   Chase 1984, p. 13.

O objetivo, não dissimulado, era que as empresas se tornassem capazes de *gerenciar a política pública*. "Nós não hesitamos" – assumia Chase – "em falar de gestão da política pública pela empresa. A política pública *não é* domínio exclusivo do governo. Em nossa sociedade pluralista, a política pública é o resultado de uma interação entre pontos de vista públicos e privados. A empresa, como instituição, tem todos os direitos morais e legais de participar da *formação* da política pública e de não se contentar em reagir [...] a políticas concebidas pelo governo."[4]

"A participação nas políticas públicas" – defendia também David Rockefeller – "é, ao mesmo tempo, uma responsabilidade elementar dos dirigentes da empresa e uma função de gestão que, como qualquer outra, deve ser tratada com uma disciplina empresarial sistemática. As empresas devem estabelecer objetivos em termos de política pública, fixar prioridades, pôr em prática um plano eficaz e traçar linhas diretrizes segundo as quais irá mensurar seu sucesso."[5] Sob o pretexto de "pluralismo", tratava-se na realidade de impor a hegemonia política dos interesses do capital.

Tudo isso supunha a aquisição de novas competências. Com certeza seria preciso sistematizar o *lobbying* junto aos governantes, mas o leque de táticas era mais amplo. As políticas públicas concretizam *ideias* preexistentes a elas. Também seria preciso aprender a *gerenciá-las*, sua produção e difusão.

Como as ideias se formam? Como as "crises" nascem? No longo relatório confidencial redigido pela Pagan International em 1987 para a Shell – a "estratégia Netuno", que devia permitir à multinacional do petróleo contornar o boicote do regime do *apartheid* – figurava anexo um grande diagrama que ilustrava a gênese de uma crise política.[6] Antes de se tornar uma questão debatida de forma ruidosa, a ideia segue um longo

---

4 Jones e Chase 1979, p. 7.
5 Apud ibid., p. 9.
6 Os autores tomaram o diagrama emprestado, sem citar, do teórico da administração Sethi (S. Prakash Sethi 1987, p. 344).

processo, muito mais discreto, de maturação. Uma "crise" percorre todo um "ciclo de vida", desde suas primeiras formulações até o estágio crítico. Segundo esse esquema simplista, uniformemente difusionista, o "processo de difusão e adoção das ideias no domínio público" comporta três grandes etapas. 1) Fase de criação: nascida da interação entre ativistas e intelectuais, a ideia fica a princípio incubada em círculos acadêmicos restritos. 2) Período de impregnação: em seguida ela se expande na esfera intelectual, veiculada por artigos, relatórios, livros, cursos e seminários. 3) Momento de ampla disseminação: com a difusão pelas mídias de massa, a ideia alcança o grande público. Os ativistas que dela se apropriam têm certeza de que sua mensagem encontrará forte ressonância social. A questão está madura para ser incluída na agenda política. A ação pública não pode tardar.

O drama é que os dirigentes da empresa em geral só descobrem as "crises" no fim do ciclo, quando elas aparecem na primeira página dos jornais, e então é tarde demais – nesse estágio, "só resta à empresa travar uma luta na retaguarda",[7] dispendiosa e na maioria das vezes perdedora. Sabendo que não se pode "esperar que outros definam e legitimem as crises antes de entrar na arena",[8] cumpre desenvolver estratégias de "neutralização proativa". Segundo a nova abordagem, "a organização age antes que as crises se tornem críticas, atuais ou iminentes".[9]

A incapacidade dos empresários para responder de modo eficaz às críticas deve-se a seu desconhecimento da "dimensão exata da importância da esfera acadêmica, do papel que ela desempenha para alimentar o fogo militante".[10] Numa situação em que o mundo empresarial sofre de severa "erosão de legitimidade social e intelectual",[11] é imperativo estabe-

---

7   Sethi 1994, p. 373.
8   Crable e Vibbert 1985, p. 10.
9   Ibid., p. 10.
10 Sanders 1998, p. 26.
11 Sethi 1994, p. 334.

lecer relações estreitas com o mundo universitário.[12] Isso vale sobretudo para as ciências biológicas e médicas, levando-se em conta o papel crucial que elas desempenham na avaliação dos efeitos sanitários e ambientais da produção industrial. Cultivem as pesquisas. Comprem pareceres "científicos". Semeiem a dúvida.[13] Pois isso também é "gerenciamento de crise": uma *política da verdade*, que procura influenciar tanto a formulação das crises como o estabelecimento dos fatos.[14] Um tipo de abordagem, analisa Peter Ludlow, que não visa somente "esconder a realidade, mas produzi-la", arriscando recorrer a "ataques epistêmicos" massivos.[15]

---

12 Id. 1987b, p. 333. De modo geral, "um elemento-chave na estratégia de conjunto é formar alianças com [...] o governo, universitários, organizações religiosas e mídias. Muito frequentemente as empresas se voltam para eles [...], em tempos de crise, para lhes pedir ajuda e conselhos, sem ter lançado previamente as fundações de uma relação permanente" (Vrtis 1981, p. 33). Se essas alianças são bem estabelecidas antes, nos períodos de calma, elas serão sólidas e protegerão a empresa em caso de turbulência. A empresa armazenará, assim, recursos estratégicos que lhe darão "traquejo" no dia em que tiver de enfrentar uma crise (Sethi 1994, p. 375). Trata-se, portanto, de acumular preventivamente credibilidade, confiança, reputação – um colchão de recursos intangíveis que lhe permite amortecer os eventuais choques e melhor "resistir às demandas de mudança" (Ibid., p. 376). No caso do boicote à Nestlé, a polêmica sobre o substituto do leite materno se deu no meio médico, e era ele que precisava ser reconquistado com prioridade. Assim, Pagan tinha criado uma estratégia de "manipulação pela assistência" que consistia em irrigar financeiramente os pesquisadores a fim de assegurar sua boa vontade (Buffle 1986, p. 269).

13 Ver Oreskes e Conway 2010.

14 Como dizia, por exemplo, Pagan, "uma empresa que decide permanecer na África do Sul pode rapidamente perder sua legitimidade nesse clima *se ela autoriza uma definição unilateral da realidade*" (Pagan 1989, p. 179).

15 Ludlow 2013. Para melhor apreender o teor desse tipo de "operação psicológica" lançada sobre o terreno da verdade, eis o que Jack Mongoven escreveu, por exemplo, em nota dirigida a um grupo de industriais do cloro, confrontados com uma campanha do Greenpeace: "Os ativistas [...] dão prioridade à necessidade de proteger as crianças visando promover uma regulação mais estrita

Aconselham também as grandes empresas a se dotarem de capacidades de vigilância estratégica que lhes permitam identificar os problemas emergentes e seguir sua "trajetória", com vistas a intervir no momento certo.[16] A esse respeito, a regra de ouro é a seguinte: "Quando se trata de questões que *ameaçam* a sobrevivência e o crescimento de uma empresa, jamais se deve permitir que elas atinjam a etapa crítica".[17]

No plano organizacional, as tarefas de gerenciamento de crise devem ser confiadas aos responsáveis pelo planejamento estratégico, mais que a encarregados de relações públicas. Assim, o professor de administração S. Prakash Sethi sugere, inspirando-se na célula de crise desenvolvida por Pagan na Nestlé, que as grandes empresas criem em seu seio "unidades de negócios estratégicos" que seriam nomeadas oficialmente e de modo mais conveniente como "centros de responsabilidade social".[18]

---

das substâncias tóxicas. Essa tática é muito eficaz porque alcança um público naturalmente sensível aos apelos de proteção das crianças, grupo vulnerável". Ora, dado que, "para a maior parte das substâncias, a tolerância dos bebês e das crianças, inclusive no estágio do desenvolvimento fetal, é evidentemente muito mais baixa que para a população adulta em geral, é claro que 'políticas ambientais fundamentadas em padrões de saúde que considerem as necessidades especiais das crianças' trariam de volta os padrões de exposição máxima ao mais baixo possível". Como contrariar a ameaça? Mongoven aconselhava, entre outras coisas, "lançar um programa para atingir as associações de pediatras do país", criando "um painel de médicos renomados convidados a examinar dados sobre o cloro como risco para a saúde, por um lado, e como composto químico-chave para produtos farmacêuticos, por outro", e a "estimular a produção de artigos revisados por pares para o *Journal of the American Medical Association* sobre o papel da química do cloro no tratamento das doenças". Cabia assim, ele acrescentava, "tomar medidas para desacreditar o princípio de precaução junto a grupos ecologistas moderados, bem como nas comunidades científicas e médicas" (Mongoven apud Hampton e Stauber 2001, p. 135).

16 Sethi 1994, p. 373.
17 Ibid., p. 376.
18 Ibid.

Ao trabalho de vigilância externa se acrescenta uma dimensão prospectiva interna: prever os problemas suscitados pela própria atividade. Uma empresa que desenvolve novas tecnologias deve se interrogar acerca de seus efeitos potenciais sobre a sociedade, antecipar as eventuais reações de rejeição. "O planejamento corporativo no longo prazo" – escreve Pattakos – "exige muito mais que a abordagem vaga e tradicional do marketing centrado na questão 'Será que isso vai vender?' [...]. Hoje, as estratégias do negócio devem considerar e estimar o impacto de seus planos sobre o ambiente sociopolítico geral."[19]

Uma das primeiras multinacionais a adotar sistematicamente esse tipo de estratégia proativa foi a Monsanto. Uma especialista em responsabilidade social recrutada pela matriz de Saint Louis, Margaret Stroup, colocou em ação, a partir do fim dos anos 1970, uma abordagem diretamente inspirada no "gerenciamento de problemas" teorizado por Chase. Convencida de que "analisar o ambiente total" constituía uma tarefa tão vital para a empresa quanto analisar o mercado, ela estabeleceu uma célula de pesquisadores encarregada do "escaneamento do ambiente" e da "identificação dos problemas".[20]

Em agosto de 1982, Christopher Palmer, responsável pela Audubon Society, uma das mais antigas organizações americanas para a conservação da natureza, publicou no *Washington Post* o artigo "Empresários e ambientalistas: uma proposta de paz":[21] "Frequentemente demostramos arrogância [...]" – ele reconhecia –, "má vontade para assumir compromissos ou negociar. Em geral, os ecologistas temem ceder ou se mostrarem flexíveis". Mas nós não ganharíamos, ao sair da "animosidade deletéria e dos mal-entendidos recíprocos para nos unir por uma causa comum", quando possível, ao mundo empresarial?

---

19 Pattakos 1989, p. 98.
20 Cf. Stroup 1988.
21 Palmer 1982.

Louis Fernandez, dirigente da Monsanto, apressou-se em responder nas colunas do mesmo jornal: "O mundo empresarial deve romper com a ideia de que os ecologistas são, necessariamente, inimigos dedicados à destruição. [...] Tenho certeza de que a solução para pacificar as nossas relações passa por [...] diálogos mais frequentes entre nós – isso sem esperar que uma questão ambiental degenere em ríspida controvérsia". E Fernandez põe-se a convidar as organizações ecologistas a "se sentarem ao redor da mesa" para discutir a questão. "Nós temos cadeiras de sobra na Monsanto."[22] Palmer nos estendeu "um ramo de oliveira". Nós o aceitamos de bom grado. (Meu Deus, aí está um "realista" a ser cooptado sem demora.) "Devemos dar tempo ao ramo de oliveira, vamos nutri-lo e vamos ver se podemos fazê-lo dar frutos mutuamente benéficos." Assim se celebram as núpcias do industrial com os defensores dos pássaros.

Logo na sequência, a Monsanto firmou várias parcerias com ONGS: projetos para a proteção das zonas úmidas, para o tratamento de dejetos tóxicos e para o financiamento da Agência de Proteção do Meio Ambiente. Sinal da importância central que a direção da empresa dava à questão, seu presidente em pessoa supervisionava a estratégia de construção de coalizões com os grupos de defesa do meio ambiente. De fato, grandes ONGS "ecologistas" prosperaram desde o começo dos anos 1980 com base nesse tipo de acordo com a indústria.[23]

Na época, a Monsanto tinha decidido tomar o rumo das biotecnologias. Seus dirigentes sabiam que os novos produtos podiam enfrentar fortes resistências sociais. O desafio era proteger a reorientação de sua estratégia industrial adotando, com muita antecedência, uma abordagem preventiva de "gerenciamento de crise". Desde 1984, o "comitê de crises emergentes" da Monsanto vinha identificando várias questões-chave para sua estratégia de influência sobre as políti-

---

22 Fernandez 1982.
23 Para um exemplo contemporâneo, ver Stainsby e Jay, em offsettingresistance.ca.

cas públicas, dentre elas "a regulação das biotecnologias", "os direitos de propriedade intelectual", "a política agrícola" e os dispositivos de compensação para a poluição.[24] Tais questões eram consideradas tão decisivas para o futuro da empresa que cada uma delas ficou sob a supervisão direta de um executivo graduado. "Como empresários, precisamos [...] gerenciar a delicada tarefa de introduzir esses problemas na arena pública",[25] declarava Fernandez.

As empresas já não se contentavam com uma simples operação de *greenwashing*, ia-se muito além dos interesses comerciais. Operava-se a estratégia preventiva, cujos princípios acabei de retraçar. "Se formos audaciosos o bastante, se continuarmos a lutar por nossos interesses com determinação e criatividade" – prometia Fernandez em 1984 –, "seremos os líderes dessa corrida e conseguiremos levar a cabo nossas operações sem choques."[26]

Na representação histórico-filosófica que tento retraçar encontramos três grandes concepções do governo privado corporativo. A primeira, dos gerencialistas dos anos 1950 e 1960, foi pensada por analogia com o poder estatal. A segunda, dos economistas neoclássicos dos anos 1970, negava toda relação de poder, reduzia a questão da governança a um "problema de agência" que consistia em alinhar a conduta gerencial ao valor da ação. Passava-se da ética gerencial à governabilidade neoliberal em seu viés financeiro. Mas aqui surge um terceiro momento. À governança econômica acrescenta--se, como complemento prático, uma arte do gerenciamento estratégico do ambiente social.

O que se desenha é outra noção do governo privado corporativo. Uma acepção que difere simultaneamente do gerencialismo das décadas anteriores e da governança acionária da empresa que se formula em paralelo, no mesmo período.

---

24 Sanders 1998, p. 170.
25 Fernandez apud Littlejohn 1986, p. 122.
26 Ibid., p. 113.

Enquanto a ética gerencial propunha governar a empresa na forma de um despotismo esclarecido, o novo *gerenciamento estratégico* pretende governar o mundo social que o cerca empregando a arte da "manipulação do ambiente externo – físico, social e político –, destinada a torná-lo mais receptivo às atividades corporativas".[27]

O paradoxo é que, no momento exato em que as teorias neoliberais da empresa negam suas relações de poder e rejeitam em bloco a noção de responsabilidade social corporativa, os conselheiros dessas mesmas empresas fazem exatamente o contrário: enquanto uns a despolitizam na teoria, outros trabalham para voltar a politizá-la na prática; enquanto os primeiros rejeitam a RSE como ilusão perigosa, os segundos a adotam como subterfúgio útil; enquanto uns concebem a empresa como puro contrato, outros só enxergam conflitos. Assim, diferentes setores da classe dominante, ainda que em defesa dos mesmos interesses, começam a desenvolver concepções contraditórias de seu objeto.

Frequentemente tem-se a tendência de reduzir a grande reação – aquela que se preparou nos anos 1970, antes que se desenvolvesse de modo mais concreto nos anos 1980 – à sua componente econômica neoliberal. Isso é um erro. Intelectualmente, o movimento é muito mais variado. Contra-atacam de forma dispersa, cada um se esforçando para tapar as brechas em seu terreno, sem coordenação central nem unidade doutrinária. Disso resultam discordâncias entre as diferentes facetas do contramovimento e, em primeira instância, entre a teoria econômica da empresa e o pensamento estratégico corporativo.

Na verdade, em muitos aspectos, a abordagem em termos de gerenciamento estratégico do ambiente social representava "a antítese do neoliberalismo econômico [...]. O novo paradigma demandava das empresas que desenvolvessem uma expertise política no nível social (o gerenciamento de crise), uma capacidade que a teoria econômica liberal ignorava por completo".[28] Alguns, constatando a grande distância,

---

27 Sethi 1975, p. 60.
28 Sanders 1998, p. 307.

propuseram trabalhar uma reaproximação. Essa tentativa de síntese conceitual ou de salada teórica produziu-se com base no que se chamou de "teoria das partes interessadas".

17. *STAKEHOLDER*

*Então, mesmo que os lutadores tenham
poucos amigos ou patrocinadores, se tiverem
qualquer notoriedade, os diletantes irão
ao "stakeholder", ao depositário de apostas,
para garantir seus ingressos e tentar a sorte.
As cabeças esquentam, o jogo está feito.*

"Curiosidades da Inglaterra", publicado
no jornal *L'Illustration* em 1850.

Durante muito tempo, a palavra *stakeholder* teve apenas um significado, o de "terceiro depositário" ou "depositário das apostas". O que significa? Ao apostar sobre o resultado de uma luta de boxe ou de uma rinha de cães, jogadores confiavam seus aportes a um terceiro, o *stakeholder*, que os tomava em depósito para, em seguida, redistribuir o dinheiro aos felizardos ganhadores.[1]

No início dos anos 1960, pesquisadores do Stanford Research Institute retomaram o termo em desuso dando-lhe outro sentido: os *stakeholders* – as "partes interessadas" como se diz – foram definidos como os "grupos de cujo apoio a organização depende para existir".[2] A palavra fora escolhida sobretudo por sua proximidade fonética, sua ressonância com outra: *stockholders* [acionistas]. Em resumo, não há apenas "detentores de ações", mas sim um conjunto de "detentores de apostas" que a administração deve levar em conta.[3]

---

1   Por extensão, o termo designa "um terceiro, escolhido por várias pessoas para tomar em depósito uma propriedade, cujo direito ou posse é contestada", ou "uma pessoa que detém dinheiro ou uma propriedade reivindicada por outros" (Bouvier 1843, p. 524).

2   Stewart et al. 1963 apud Freeman 1984 pp. 31 e 49. Ver também Freeman et al. 2010, p. 47.

3   Cyert e March propuseram, no início dos anos 1960, uma teoria dos "participantes": "Há um conjunto de participantes potenciais

219

Em paralelo às reflexões do grupo de Stanford, um teórico sueco da gestão, Eric Rhenman, propôs em 1964 sua própria teoria das partes interessadas – *Intressenterna*, em sua língua –, entendidas como os "indivíduos ou grupos que dependem da companhia para a realização de seus objetivos pessoais e dos quais a companhia depende para sua existência".[4] Ao conflito social que Rhenman ilustra como uma guerra de bolas de neve, ou, caso se prefira, uma batalha de pedradas em que empresários, sitiados por todos os lados, em clara inferioridade numérica, já partem em franca desvantagem, ele opõe o esquema bem ordenado de uma síntese harmoniosa dos interesses mais de acordo com o ideal escandinavo de um mundo social pacificado.

Apontando as relações estreitas que Rhenman mantinha com produtores de vinho, um de seus compatriotas, o sociólogo marxista Göran Therborn, fez a crítica, já em 1966, do que lhe parecia uma "ideologia para empresários", um "exemplo típico das relações ideológicas de poder que chamam de hegemonia".[5] A teoria da empresa de Rhenman consiste em "fingir que o poder simplesmente não existe", que não há relação de dominação, apenas "grupos de pressão, partes interessadas". Amalgamando relações sociais heterogêneas sob uma categoria fluida, Rhenman enunciava, afinal,

---

na [...] empresa [...] investidores (acionistas), fornecedores, clientes, agentes governamentais, e diferentes tipos de empregados", sem contar os "participantes atuais ou potenciais", que são os "analistas financeiros, as câmaras de comércio, os partidos políticos e os sindicatos" (March 1962, p. 663 e 672-73). Segundo essa concepção, comenta Igor Ansoff em 1965, os objetivos da empresa deveriam derivar de um equilíbrio das reivindicações conflitantes das diferentes "partes interessadas"' (Ansoff 1965, p. 34). Na verdade, se a empresa é concebida como um "sistema de conflito sociopolítico", como uma "coalizão política" dividida entre os interesses divergentes de diversos grupos, então os objetivos da organização, longe de estarem preestabelecidos, são objeto de negociações incessantes entre uma miríade de "participantes atuais ou potenciais". Ver também Ackoff 1974, p. 62.

4   Rhenman 1968, p. 25.

5   Therborn 1966, p. 169.

apenas uma obviedade: "Nenhuma decisão se toma em um vazio social; ela é, ao contrário, condicionada por fatores do ambiente social". Talvez isso tivesse o mérito, injetando um pouco de conflito e um pouco de social na teoria da empresa, de sair do paradigma estreito do *Homo economicus*, mas o resultado, concluía Therborn – e era um eufemismo –, "não tem nada de espetacular".

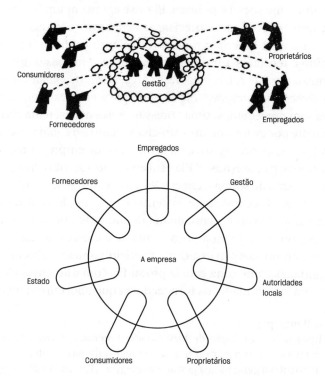

FIGURA 1 A empresa e suas partes interessadas (Rhenman [1964] 1968)

Nos Estados Unidos, a teoria das partes interessadas optava por uma orientação estratégica assumida. É preciso, a partir de então, observava William Dill em 1975, "enfrentar um ambiente ativo, intrusivo [...] repleto de indivíduos e organizações que [...] procuram exercer uma influência direta sobre as decisões estratégicas da empresa. Lá fora, ao redor das companhias, há toda uma massa de pessoas, vamos chamá-

-las de 'partes interessadas'",[6] que não param de fazer perguntas irritantes sobre a "proteção ambiental, as políticas de investimento no exterior e as práticas de emprego".[7] A teoria das partes interessadas se apresenta como uma resposta a essa contestação ampliada, a esse "problema da meio-ambientalização" que afeta, então, a empresa.[8] Diante de uma contestação multivetorial, a gestão não pode mais ignorar seu ambiente social e político. Ela vive agora em um "mundo de contestadores", e vai precisar se acostumar com isso.[9]

R. Edward Freeman, antigo estudante de filosofia convertido à teoria da administração, publica em 1984 o que se tornou a obra de referência nessa área: *Strategic Management: A Stakeholder Approach*.[10] Ele mostra que a empresa sofre ataques sem precedentes, uma "pressão crescente exercida externamente por grupos de pressão-chave, dentre os quais os consumidores, os ecologistas, os acionistas, os empregados, os sindicatos, os governos".[11] Ela está em estado de sítio. Reagir é uma questão de sobrevivência.[12] Vocês já viram esse filme.

Segundo Freeman, para enfrentar essa situação, os dirigentes corporativos precisam, acima de tudo, de um "novo quadro conceitual", de uma nova forma de conceber as relações entre a empresa e seu exterior.[13] Tradicionalmente, elas eram imaginadas como uma cadeia produtiva com diferentes elos: em uma extremidade, os fornecedores que aportam os recur-

---

6 Dill 1975, p. 58.
7 Insistindo na relação de hostilidade, Freeman comenta: "Dill preparava o terreno para o uso do conceito de parte interessada como estrutura geral para a gestão estratégica" (Freeman 1984, p. 39).
8 Ackoff 1974, p. 18.
9 Dill 1975, p. 63.
10 Freeman 1984. No final dos anos 1970, Freeman participou de um Stakeholder Project novamente instaurado na Wharton School, cujo objetivo divulgado era "desenvolver uma teoria da administração que torne os dirigentes capazes de formular e pôr em prática uma estratégia empresarial em ambientes turbulentos" (Freeman e Reed 1983, p. 91).
11 Charan e Freeman 1980, pp. 11-ss.
12 Ibid., p. 10.
13 Freeman 1984, p. 5.

sos; em seguida a empresa, que os transforma em produtos; e, enfim, na saída, os clientes que os compram. *Input/output*.

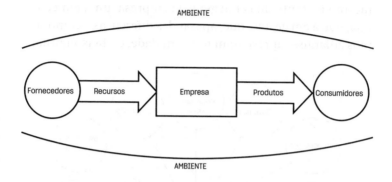

FIGURA 2 A empresa vista segundo o modelo da produção (Rhenman [1964] 1968)

À margem desse primeiro esquema, aparecia certamente a menção a "essa zona escura e perigosa que se chama 'o ambiente'", mas que ainda era apenas, critica Freeman, um "rótulo cômodo para mascarar nossa ignorância".[14] Ora, caso se queira responder aos novos desafios, é hora de percorrer essa *terra incógnita*, cartografá-la para de fato se apossar dela.

Freeman começa a "redesenhar nossa imagem da empresa",[15] a traçar um novo "mapa conceitual": no centro, um retângulo, "a empresa", e em volta setas bidirecionais que ilustram relações de afeição recíproca entre "a empresa" e uma miríade de entidades heterogêneas, suas "partes interessadas".

A representação da empresa em forma de dente-de-leão evoca aquela desenvolvida, no mesmo período, pela "teoria do nexo". Paralelamente a Jensen e Meckling, que definem a empresa como um entrelaçamento de relações contratuais, Freeman a concebe como uma "constelação de interesses em relações de cooperação e de concorrência".[16] À ideia de uma

---
14 Ibid., p. 12.
15 Ibid., p. 24.
16 Donaldson e Preston 1995, p. 66; e cf. supra, p. 160.

ligação entre diferentes "portadores de capital" parece corresponder a de uma relação entre diversas "partes interessadas" dotadas de interesse na companhia. Assim, desenham-se no mesmo instante duas imagens da empresa, uma em economia, outra em gestão, que, apesar das diferenças – como veremos adiante –, apresentam uniformidade, certa isomorfia.

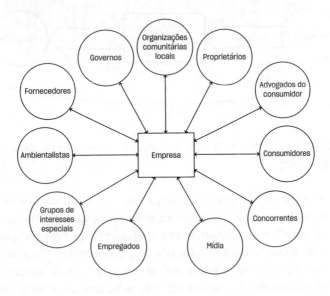

FIGURA 3 A empresa segundo o modelo das partes interessadas (Rhenman [1964] 1968)

Em *O conceito do político*, Carl Schmitt propunha um esquema que permitia analisar a formação da conceitualidade liberal. Ao atravessar um prisma óptico, a luz branca se decompõe em faixas cromáticas distintas. Do mesmo modo, os conceitos políticos que transitam por essa forma de pensamento são difratados para se projetar em noções separadas. Eles se cindem em feixes divergentes orientados para polos opostos, a economia e a ética. "Dessa feita, o conceito político de *luta* no pensamento liberal se converte, no lado econômico, em *concorrência*, enquanto no outro lado, o lado 'espiritual', se converte em *discussão*." A noção de Estado ou de sociedade, "pelo lado ético-espiritual", converte-se "em uma concepção ideológico-humanitária na *humanidade*; pelo outro lado, em uma unidade técnico-econômica de um *sistema de produção e circulação* uniforme".[17]

Há não apenas explosão ou desdobramento, mas também eclipse dos conceitos políticos concretos, tornados impensáveis pela própria difração e substituídos por pares de conceitos abstratos, duos ético-econômicos, dos quais cada elemento não contém mais do que um aspecto truncado da noção inicial. Consequentemente, os "conceitos liberais se movimentam de uma forma típica entre ética (espiritualidade) e economia (negócios) e, a partir desses lados polares, procuram aniquilar o político".[18] O antagonismo político desaparece assim do campo da imaginação para ser substituído, de um lado, pela noção de concorrência econômica e, de outro, pelo debate ético. "Chega-se, então" – anuncia ele – "a todo um sistema de conceitos desmilitarizados e despolitizados".[19]

As teorias da empresa vistas aqui parecem participar de um processo de difração similar. As relações concretas são substituídas, por um lado, no polo econômico, pelas abstrações da teoria do nexo, e, por outro, no polo ético, pela teoria das partes interessadas.

Nos anos 1980, alguns autores tentaram articular os dois polos – econômico e ético – do pensamento liberal da empresa em uma ideologia unificada. Eram tentativas de "reconceitualizar a empresa como um nexo de contratos entres seus *top managers* e as partes interessadas".[20] Eles diziam que, como todas as partes interessadas incorrem em "algum modo de risco por terem investido alguma forma de capital humano ou financeiro"[21] na empresa, todas deveriam ter voz na gestão empresarial. O "primado acionário" defen-

---

17 Schmitt [1932] 2008, pp. 77–78. Agradeço a Ivan Segré por ter me lembrado dessa passagem.
18 Ibid., p. 77.
19 Ibid.
20 Jones 1995, p. 407.
21 Clarkson 1994, p. 5 apud Mitchell et al. 1997, p. 856.

dido pelos teóricos da agência seria substituído por outra norma, pluralista ou "multifiduciária",[22] segundo a qual a administração deve agir em benefício de todas as partes interessadas. Reinventaram a roda. Retomavam-se velhos temas gerencialistas, revestindo-os do léxico das partes interessadas. Todavia, enquanto os gerencialistas descreviam a empresa como um governo privado, os críticos a pintavam como uma "coalizão" ou "parceria", para deduzir que parceiros devem se tratar com respeito mútuo, levar em conta os interesses e as demandas de cada um etc.

Então, começa-se a dizer: é *porque* as empresas são de fato nexos de contratos entre agentes livres e iguais que a pretensão dos acionistas à superioridade é inadmissível. Só que a relação concreta é bem diferente: o primado acionário é apenas uma pretensão normativa, é um fato – um fato de dominação ativamente construído, sim, mas não menos real –, enquanto a representação da empresa como coalizão, longe de expressar a realidade das relações sociais que a constituem, é um *mito*. Tomando como verdade o mito da empresa, os críticos opõem esta a uma realidade que consideram simples ideologia.

Efetivamente destituídas de "significado político concreto", essas categorias só podem resultar em programas incoerentes. Ao se admitir tal visão das coisas, o problema se reduz à seguinte questão: como a gestão pode sistematicamente tomar partido de uma das partes interessadas em detrimento das outras, uma vez que deve haver uma situação, não de dominação, mas de parceria horizontal? Mistério. Talvez, afirma-se, seja por falta de diálogo, falha na comunicação, disfunção nos processos de decisão. Daí as soluções cosméticas que nos oferecem inevitavelmente com base em análises tão truncadas: vamos reformar o conselho de administração, encorajar a "participação", nomear "diretores metafísicos",[23] recrutar especialistas em ética empresarial que sussurrarão

---

22 Goodpaster 1991, p. 63.

23 Evan e Freeman, em Beauchamp e Bowie (orgs.) 1993, p. 82. Ver também Barry 2002, p. 550.

aos ouvidos dos gestores para equilibrar as decisões. Em termos de programa político, o discurso sobre as partes interessadas nunca se aventura a ir mais longe do que os projetos de reforma da governança corporativa, cujo horizonte último, a versão mais extremista, nunca é apenas a cogestão à moda alemã. As relações de propriedade capitalistas, na base do absolutismo econômico que alguns lamentam na superfície, estão fora do campo. Uma vez instaladas as bitolas, apelamos com voz trêmula por uma ordem "pluralista", por um "capitalismo das partes interessadas", ou – por que não, já que aqui estamos? – por um "capitalismo kantiano".[24]

Ainda assim, quando os economistas neoliberais tomam conhecimento dessas reformulações – ainda que bem tímidas – da teoria do nexo, eles se irritam, consideram-nas perigosos desvios de seus próprios conceitos. Nesse momento novo, o polo econômico da conceitualidade liberal, recusando a síntese, se volta contra seu duplo, o polo ético, e o nega.

Jensen então se lança em uma crítica virulenta à ideia de que os gestores deveriam levar em conta os interesses "não só daqueles que detêm direitos financeiros, mas também os dos empregados, dos clientes, das comunidades e dos responsáveis governamentais, e, ainda, segundo algumas interpretações, do meio ambiente, dos terroristas e dos ladrões".[25] Se essa tese fosse aceita, os gestores seriam obrigados a seguir inúmeras obrigações discordantes, cacofônicas, tornando qualquer decisão impossível. Mas, sobretudo, o imperativo de maximização do lucro cairia de seu pedestal.

Aos olhos de Jensen, a teoria das partes interessadas serve de refúgio para antigos adeptos das "economias socialistas e comunistas planificadas de modo centralizador"[26] que hoje se travestem com essa máscara conveniente para continuar a luta. Em suma, a conspiração para destruir os fundamentos

---

24 Cf. Freeman et al. 2010, p. 268. Para uma crítica dessas temáticas, ver Ireland 1996.

25 Jensen 2002, p. 236.

26 Ibid., p. 243.

do livre mercado prossegue à sombra da ética empresarial. Admitir a teoria das partes interessadas, denuncia a ideóloga neoliberal Elaine Sternberg, equivaleria a "solapar os direitos humanos", ou seja (pois é a mesma coisa), "subverter a propriedade privada, que é essencial para defender e exercer as liberdades individuais básicas": "Quando as empresas são tomadas como reféns e desviadas das finalidades fixadas por seus acionistas [...], os proprietários têm seus direitos fundamentais negados [...]. Os campeões da ética convencional da empresa queriam *tratar os proprietários como escravos*"[27] – eis o que é inadmissível, pois, neste mundo, os mestres devem permanecer mestres e os escravos, escravos.

No entanto, é preciso levar a sério a resposta de Jensen e de seus acólitos: o interesse acionário não é um interesse social entre outros; é ele que comanda, que deve comandar, e seu poder é necessariamente não compartilhado. Num sentido, eles têm razão: nada de pluralismo real possível em regime de ditadura do capital, nada de ética social autêntica sem o questionamento das relações de propriedade que a negam. Se as teorias das partes interessadas têm um mérito, é que fazem aparecer, por reação, se for necessário, o caráter tirânico de uma doutrina econômica que não tolera de modo algum essas versões – apesar de muito frouxas – de "liberalismo pragmático".

Contudo, provavelmente, conclui um sociólogo voltando a essas controvérsias no fim dos anos 1990, na prática nunca se saberá como teria funcionado a nova ética empresarial, pois, "quase no exato momento em que se começava a debater seriamente esse modelo, produzia-se nos Estados Unidos capitalistas uma série de acontecimentos que lhes retiraram todo significado real".[28] A contrarreforma neoliberal foi devastadora, conseguiu fazer do primado acionário uma realidade mais dominante que nunca. O que adviria então do tema das "partes interessadas"? "Além da atenção acadêmica que ele poderia suscitar", ao menos no que concerne aos diri-

---

27 Sternberg 2009, p. 40.
28 Beaver 1999, p. 8.

gentes empresariais, as "partes interessadas sempre serão a menor de suas preocupações diante daquelas dos acionistas."[29] Eles decerto terão de considerar o poder de prejuízo de algumas delas, "porém isso nada tem a ver com a ética; é simples prudência".[30]

O que os neoliberais dogmáticos teimam em não compreender, mas que os práticos gerencialistas captam muito bem, é que a teoria das partes interessadas é menos uma doutrina moral do que um instrumento estratégico, um quadro intelectual para a ação.

De onde você fala?, a esquerda costumava se perguntar nos anos 1970. Formulei minha noção de partes interessadas, responde Freeman, "adotando o ponto de vista do empresário – se um grupo ou um indivíduo pode afetar a empresa (ou ser afetado por ela), então os dirigentes devem se preocupar".[31] Essa teoria estava destinada a "analisar todas as forças e todas as pressões externas, fossem elas amigas ou inimigas", a fim de "operar estratégias em ambientes turbulentos".[32]

Até então, as teorias da gestão tinham se preocupado sobretudo "com pessoas no interior das organizações", em

---

29 Ibid., p. 11. A partir de meados dos anos 1980, assinalam Englander e Kaufman, os dirigentes das grandes empresas não tinham mais necessidade de se agarrar à antiga ideologia gerencialista da responsabilidade social: "O administrador do novo milênio não seria mais um tecnocrata imparcial, mas um partidário dos acionistas. [...] Para que os gestores abandonassem sua antiga perspectiva tecnocrática, era preciso que encontrassem a ideologia acionária congruente com seus interesses. A reforma de sua remuneração alinhou os interesses dos gestores à teoria da agência". Ao fim desse processo, no início dos anos 2000, o valor das *stockoptions* distribuídas aos presidentes executivos das grandes empresas americanas representava, em média, 636% de seu salário. Era o "fim da ideologia gerencialista". Em 2001, Hansmann e Kraakman concluem igualmente que o modelo-padrão acionário conseguiu assegurar sua "hegemonia ideológica" (Englander e Kaufman 2004, p. 428; Hansmann e Kraakman 2001, pp. 439 e 468).

30 Barry 2000.

31 Freeman et al. 2010, p. 54.

32 Cf. Freeman e Reed 1983, p. 91.

uma eterna busca para tornar os trabalhadores mais produtivos. Agora que enfrentamos contestações externas, a ambição está em ampliar a esfera do poder gerencial, em fazer do ambiente social da empresa um novo objeto para a gestão estratégica.[33] Assim como o Estado tem suas relações internacionais, a empresa terá suas "relações exteriores". À época, alguns evocaram até uma "gestão ambiental total".[34]

A noção de partes interessadas é um conceito anfíbio que surge, alternadamente, como noção ética e como categoria estratégica. É essa ambivalência que torna a gestão tão interessante,

---

33 Descobre-se, assim, que é preciso não apenas "gerenciar as pessoas no seio das organizações", mas também "gerenciar as relações da organização com outras organizações" (Pfeffer 1976, p. 36). No entanto, como sugere Marina Welker, o que se dá mais fundamentalmente é a própria distinção entre um dentro e um fora: "A questão das fronteiras está bem no coração do problema; partes interessadas de diversos tipos alteram efetivamente a fronteira entre empresa e sociedade". Num primeiro momento, a gestão é tomada por um sentimento de invasão: grupos de fora irrompem, "as empresas estão sendo 'poluídas' como nunca pela sociedade". Em reação, ela se conscientiza de que é preciso se tornar capaz de prever a ameaça. "A tarefa operacional normativa é saber de antemão quem são as partes interessadas, e isso requer uma visão mais ampla das fronteiras potenciais de uma empresa ou de um projeto." Segundo momento, expansionista, em que a gestão estratégica estende seus objetos de vigilância e de intervenção para o ambiente social da empresa. Tal extensão pode ser lida como um movimento de "internalização de relações anteriormente externas", mas a reconfiguração das fronteiras do poder administrativo assumiu outros aspectos em paralelo, dentre os quais "a externalização de relações antes internas, criando cadeias de fornecedores e de clientes no próprio seio do processo de produção". Essa "reconfiguração das fronteiras" – comenta Welker – "implica ao mesmo tempo uma internalização do que é externo (as demandas dos clientes, o *benchmarking* do concorrente) e uma externalização do que é interno (imposição de valores, de prioridades e de padrões nas cadeias de fornecedores inteiras)" (Welker 2014, p. 58). Ver também Power 2003, pp. 152-ss.

34 Wishard 1977, p. 239.

na medida em que lhe permite jogar em dois tabuleiros.[35] Mas tal duplicidade também engendra tensões conceituais relevantes. Enquanto na vertente ética as partes interessadas aparecem como sujeitos com os quais a administração teria obrigações, na vertente estratégica elas são pensadas como objetos que é preciso subjugar. Por um lado respeitá-las, por outro garantir seu respeito; por um lado reconhecê-las, por outro identificá-las.

Quem conta como "parte interessada"? Tudo depende de onde nos colocamos. Se usarmos os óculos éticos, o critério em pauta não poderá se basear em considerações de poder. De fato, no âmbito de uma teoria da justiça, os sujeitos, ainda que (e sobretudo) estejam em posição desfavorável, devem ser reconhecidos. Ora, precisamente o que exclui a consideração estratégica só tem olhos para os fortes, os grupos suscetíveis de constituir uma ameaça real, relegando todos os demais à insignificância. De acordo com essa segunda perspectiva, a consideração de uma parte interessada depende do *poder de afeição*, de seu impacto potencial sobre os negócios da empresa. Quanto mais uma força social representa uma ameaça importante, mais é preciso considerá-la – independentemente de saber se ela é ou não "legítima". A rigor, só conta sua capacidade de prejudicar. Se quisermos ser reconhecidos como partes interessadas, devemos nos constituir como fatores de risco.

Há, portanto, dissonância entre os critérios do reconhecimento moral e identificação estratégica. Um grupo considerado parte interessada do ponto de vista estratégico pode não o ser do ponto de vista ético, e vice-versa. Diante desse problema, alguns autores da corrente propuseram uma síntese ético-estratégica dos critérios de reconhecimento. Mitchell e colaboradores propõem cruzar três fatores: o poder do qual os grupos dispõem em relação à empresa, sua legitimidade e

---

35 Como explica Michael Power, "o conceito de parte interessada atrai com efeito por sua mistura moralmente ambivalente de significados estratégicos e éticos, e da ponte pragmática que promete estabelecer entre as agendas da gestão e da responsabilidade social das empresas" (Power 2003, p. 152).

a urgência de suas reivindicações. Combinados, os diferentes traços dão à luz uma tipologia. Assim, uma categoria preocupante se decompõe nesse quadro: a das "partes interessadas perigosas", caracterizadas por terem poder sobre a empresa e carecerem de "legitimidade" mesmo quando apresentam reivindicações urgentes. Essas partes interessadas, preveem alguns, se mostrarão "coercitivas e talvez violentas", "claramente perigosas para a empresa".[36]

Em quem ou em que se pensa? Indistintamente, nas "greves selvagens, na sabotagem do trabalho e no terrorismo". Desse modo, na lista das "partes interessadas que recorrem a táticas coercitivas" estão agrupados operários da General Motors que "soldam latinhas em blocos de motores para protestar contra a política da companhia", ecologistas que "pregam grandes pregos nas árvores" para tornar o tronco inutilizável pelas serrarias, "terroristas" que põem bombas, se envolvem em tiroteios ou organizam sequestros. Um exemplo? O Congresso Nacional Africano (CNA) de Nelson Mandela, que pertence a essa "'categoria perigosa' por ter feito uso de poder coercitivo" contra o regime do *apartheid*. De fato, no governo Reagan, os Estados Unidos inseriram Mandela e o CNA na lista das "organizações terroristas" – o que perdurou até 2008.

Mas nossos autores têm uma consciência, uma consciência moral, e isso os atormenta ao escrever essas linhas. Na verdade, será que não é inadequado agraciar tais atores com o selo de "partes interessadas", mesmo quando eles evidentemente ultrapassam os "limites da legitimidade"? Não se corre o risco, assim fazendo, de legitimar os ilegítimos, os "violentos"? "Estamos muito pouco à vontade com a ideia de que agentes perigosos [...] possam receber certa legitimidade em virtude da tipologia que propomos [...], nós nos sentimos obrigados a *identificar* as partes interessadas perigosas, mas sem necessariamente *reconhecê-las*, já que, como a maioria de nossos colegas, abominamos tais práticas. Estamos totalmente conscientes de que a *recusa em reconhecer* uma parte interessada identificada como perigosa [...] é uma contrame-

---

36 Mitchell et al. 1997, p. 877.

dida eficaz na batalha para manter a civilidade e a civilização. Ao identificar essa classe de partes interessadas, aderimos conscientemente a essa tática."[37]

Identificar não é reconhecer. Quando se *identifica*, em geral é para interrogar e jogar na cadeia. Como os autores se dão ao trabalho de ressaltar, a identificação policial não implica o reconhecimento moral – aliás, longe disso. É justamente o contrário, já que a tática à qual esses eticistas aderem conscientemente procede "identificando partes interessadas como perigosas", quer dizer, ilegítimas, e vice-versa, opondo-lhes uma "recusa de reconhecimento" que autorizará um desenvolvimento excepcional da força contra elas em nome da defesa da "civilidade e da civilização".

O CNA utilizou o "poder coercitivo" diante do Estado policial racista que fazia reinar o terror na África do Sul, e, por conseguinte, eles concluem, o CNA era "ilegítimo". "A surpreendente arrogância dessa posição" – comenta Subhabrata Banerjee – "não só nega anos de luta contra a dominação colonial, como também serve para justificar 'a cultura e o governo que reinava (então) na África do Sul', um argumento tão falacioso quanto anti-histórico, que desvia a atenção do poder coercitivo de que se serviu o CNA em sua resistência (os autores se calam sobre o primeiro, mas é claro que se declaram horrorizados com o segundo)."[38]

Entretanto, "muito felizmente" – continuam os autores –, "o CNA, adquirindo legitimidade e abandonando o recurso ao poder coercitivo", passou do status de "parte interessada perigosa" ao de "parte interessada dependente" (quer dizer, na classificação deles, uma organização de reivindicações legítimas e urgentes, mas desprovida de poder autônomo), posição que lhe permitiu angariar o apoio de outros atores. A organização se tornou "uma parte interessada dependente das empresas multinacionais estabelecidas na África do Sul". Nessa condição, "o CNA pôde receber a proteção [...] de partes interessadas mais proeminentes (em particular dos investi-

---

37 Ibid., p. 878.
38 Banerjee, em Jonker e de Witte 2006, p. 41.

dores)". Desde então, "o movimento de desinvestimento mundial *dirigido pelos acionistas das multinacionais* foi uma força crucial para a transformação" do regime.[39] Segundo essa interessante reescritura da história, foram, portanto, as multinacionais e seus acionistas, fervorosos militantes *antiapartheid* (tivemos um exemplo gritante antes no caso da Shell), que, tomando generosamente sob sua proteção um movimento de libertação "dependente", orquestraram uma campanha de boicote, de desinvestimento e de sanções que permitiram a queda do regime.

Tomemos um "grupo perigoso". O que fazer? Antes de mais nada, identificá-lo, mas sem reconhecê-lo, ou seja, sem lhe conceder legitimidade, deslegitimando-o, portanto, o que autorizará sua repressão. Isso para impeli-lo a renunciar ao uso do que eles chamam de "poder coercitivo", categoria muito ampla que engloba, além da força física, todo o repertório da "ação direta", toda forma de confrontação extraparlamentar, e reduzi-lo, pelo abandono de sua força, ao status de "parte interessada dependente". Então, se o grupo depõe as armas, obterá o reconhecimento dos poderosos, que o convidarão à sua mesa, o legitimarão e eventualmente até o apoiarão em sua ascensão – não sem terem se certificado previamente de sua docilidade, domesticando-o conforme necessário.

As "partes interessadas perigosas", dizem os mesmos autores, são ilegítimas. Mas antes é preciso entender uma coisa: somente os inofensivos podem ser reputados como legítimos. Só é um oponente legítimo, aos olhos do poder, quem é incapaz de ameaçá-lo. Eis o segredo da "legitimidade" vista pelos mestres: só são reconhecidos como legítimos aqueles que renunciaram à sua força. A "legitimidade" é a medalha de latão que lhe dão em troca de seu desarmamento. Esse é o desafio da luta pelo reconhecimento assim concebido. Qual é, na verdade, a condição para obter a "legitimidade" à qual alguns aspiram? Ela se resume à palavra de ordem do mestre, aquele que Malcolm X já denunciava: "Você só pode se rebelar dentro daqueles limites estabelecidos pelas mesmas pessoas

---

39 Mitchell et al. 1997, p. 880 (grifo meu).

contra as quais você se rebela"[40] – lutem apenas curvando-se às regras feitas para privá-los dos meios da luta.

As duas faces da teoria das partes interessadas, reconhecimento ético e identificação estratégica, se articulam para constituir um dispositivo de dupla restrição que se abate sobre os atores. Se "partes interessadas" conseguem construir uma relação de força, então elas serão consideradas no plano estratégico, mas deslegitimadas no plano ético. A falsa alternativa que esse *dilema do reconhecimento* pretende deixar para os contestadores é a seguinte: ou poder ilegítimo ou legitimidade impotente. Eis a armadilha.

À primeira vista, a "teoria das partes interessadas" pode parecer apenas uma cortina de fumaça, uma "simples ideologia", mas não devemos nos deixar enganar: ela é muito mais que isso. Ela tem duas caras. Fornece à gestão, ao mesmo tempo, o léxico de um discurso ético e as categorias operacionais para uma administração estratégica da contestação. À noção de partes interessadas estão, enfim, associados instrumentos de análise, "sociogramas", "modelos analíticos" que permitem "cartografar meticulosamente o poder e o desafio que cada grupo representa".[41] Sob as falsas representações, há verdadeiras tecnologias.

Durante uma conferência organizada em Houston em 2011, sobre "relações com as partes interessadas" no caso particular da fratura hidráulica para extração do gás de xisto, um sujeito chamado Matt Carmichael, "encarregado das relações exteriores" da Anadarko Petroleum, dava conselhos de leitura ao auditório: "Se você é encarregado das relações públicas nesta indústria [...] eu recomendo três coisas [...]: 1) baixe o *Manual de contrainsurreição do Exército americano* – porque aqui estamos lidando com uma insurreição. Há muitas lições úteis para tirar desse texto. Eu, que tenho vivência militar, encontrei ali ideias realmente notáveis. 2) Há um curso em Harvard e no MIT, duas vezes por ano, que se chama Gerência de Públicos

---

40 Malcolm X 1965, p. 165.
41 Freeman e Reed 1983, p. 96.

235

Enraivecidos. Faça o curso. [...] Há muitos oficiais do nosso Exército que seguem esses ensinamentos. Isso lhes dá as ferramentas. [...] 3) Eu possuo um exemplar das *Regras de Rumsfeld*. Todos vocês conhecem Donald Rumsfeld – é meio que a minha Bíblia, é assim que eu procedo".[42]

Outro orador, Aaron Goldwater, dirigente de uma pequena empresa de informática, concluía a sessão do dia. Puxando brasa para a sua sardinha, ele insistia na importância dos métodos de coleta de dados e de *datamining*: "Várias pessoas, ao longo do dia de hoje, evocaram [...] uma batalha com as partes interessadas, uma guerra com as partes interessadas. Bem, se vocês consultarem os especialistas no assunto, quero dizer, os militares, o que eles fazem, que informações eles coletam... Como coletar informações sobre suas partes interessadas? [...] Porque, no fim, é com elas que vocês têm de lidar, portanto, é preciso se informar a respeito delas. [...] As partes interessadas têm a ver, por exemplo, com uma geografia; elas têm modos variados de se comunicar [...] e também têm relações, muitas relações, [...] e todas essas relações são importantes. [...] Meu pai era um ativista, e estava associado a muitas outras pessoas [...]. Ele se apoiava nas suas relações para realizar sua luta". Portanto, é vital, prossegue o filho indigno, "retraçar e cartografar as relações entre as partes interessadas". Nesse ponto, mais uma vez, os militares são um modelo a seguir: "O Exército não gasta bilhões de dólares em *datamining* apenas por diversão. Eles querem saber quem tem relações com quem". As empresas devem fazer o mesmo: "A ideia é ter uma base de dados que contenha não somente os registros de todas as suas conversas *off-line*, mas igualmente de todas as suas conversas *on-line*, o que permitirá perceber que Mary, por exemplo, quando falou conosco sobre a fratura hidráulica, disse: 'Ah, muito boa ideia'; e em seguida ela foi para o Twitter escrever:

---

42 Conferência Media & Stakeholder Relations: Hydraulic Fracturing Initiative 2011. Transcrevi as passagens citadas com base nas gravações em áudio da conferência, inicialmente publicadas em www.media-stakeholder-relations-hydraulicfracturing.com, já desativado. Ver também: Horn 2012 e DeMelle 2011.

'Esses canalhas imundos vão fazer uma perfuração perto da minha casa'. Como, então, vocês poderiam saber disso? É preciso que vocês comecem a cruzar os dados".

Assim se descobre, sob a aparência de um discurso lenitivo, outra coisa, a transposição, para aquelas e aqueles que se opõem às operações corporativas, de métodos de informação desenvolvidos pelos especialistas em contrainsurreição no Iraque e no Afeganistão sob a denominação de "cartografia do campo humano".[43] Assim, conceitos que se acreditavam "desmilitarizados" voltam a se militarizar.

O esquema que Schmitt propunha para dar conta da conceitualidade liberal deve ser corrigido. Entre economia e ética, há um terceiro polo, o estratégico, que opera a mediação entre os dois outros. Entre a teoria econômica da empresa como nexo e a teoria ética da empresa como parceira responsável, há um terceiro termo, o da gestão estratégica das partes interessadas.

E, quando se passa da empresa-contrato à empresa-conflito, os conceitos se duplicam mais uma vez. Sob o aspecto ético, fala-se de reconhecimento do outro, sob o aspecto estratégico, pratica-se a identificação militar-policial; sob o aspecto ético, glorifica-se o diálogo, sob o aspecto estratégico, trava-se o combate. Com tamanho paradoxo, são muitas as categorias despolitizadas que servem para fazer política, muitas as categorias desmilitarizadas que servem para fazer a guerra.

No papel, é verdade, cada uma das três visões parece teoricamente incompatível com as demais. Isso não exclui, no entanto, a complementaridade prática delas. Entre a concepção da empresa como nódulo de contratos e como máquina de guerra, entre um Jensen e um Pagan, não há nada em comum, intelectualmente falando. Entretanto, o triunfo de uma só tornava mais necessário ainda o desenvolvimento da outra. A reorientação neoliberal da governança corporativa, seu realinhamento drástico sobre o lucro acionário, não acontece sem engendrar impactos sociais e ambientais massivos que, se Polanyi estiver certo, tendem historicamente a

---

43 Horn 2012.

237

suscitar contramovimentos sociais pujantes que a gestão não poderá enfrentar se continuar desprovida de pensamento estratégico *ad hoc*.

[5]
NOVAS REGULAÇÕES

18. *SOFT LAW*

*De onde vêm as normas jurídicas? Do próprio
fato social e da conjunção de ética e poder.*

GEORGES SCELLE, *Manuel de droit
international public*, 1948.

Os anos 1970 descobriram, entre outras coisas mais divertidas, a existência das multinacionais. O termo e o tema, quase ausentes dos discursos da década anterior, entraram no debate público. Universitários, jornalistas, militantes e políticos se interessaram por essas empresas gigantes que estendiam sua influência pelo mundo, rivalizando, em muitos aspectos, com os Estados-nação. Com as multinacionais, "inovação mais importante e mais visível do pós-guerra no campo econômico", começava-se a perceber o sintoma mais manifesto da "emergência de uma verdadeira economia mundial": "pela primeira vez, [...] desde o fim do século XVI, quando a palavra 'soberania' foi inventada" – observou Peter Drucker –, "não há mais congruência entre unidade política territorial e unidade econômica".[1] Como a internacionalização do comércio se desdobrou de uma transnacionalização crescente da produção, o antigo quadro territorial do poder do Estado não coincidia mais de modo tão evidente com o poder econômico privado. Em consequência, impunha-se cada vez mais explicitamente a questão dos limites das legislações nacionais e de uma regulamentação internacional das multinacionais.[2]

Nesse ponto, a princípio o mundo do trabalho passou à ofensiva. Desde o fim dos anos 1960, organizações sindicais,

---

1 Drucker 1974, p. 133.
2 Alguns começam, então, a entrever soluções "público-institucionais" para os problemas da internacionalização da produção. Cf. Pijl em Overbeek 2002, p. 31.

entre elas a Confederação Internacional de Sindicatos Livres (CISL), diante de multinacionais que "deterioram os direitos dos trabalhadores" e "exploram a diferença internacional dos custos do trabalho para aumentar seus lucros",[3] lutam a favor de um novo direito internacional capaz de enquadrar as práticas dessas empresas. Em 1972, a CISL apela para a elaboração de um tratado internacional sob os auspícios da ONU, um texto que teria condições, para além dos direitos dos trabalhadores, de se pronunciar sobre quase todas as facetas da atividade das empresas, inclusive a taxação do capital, o controle do investimento pelos Estados anfitriões, as transferências de tecnologia e a contribuição para o desenvolvimento dos países do Terceiro Mundo.

No mesmo ano, o Conselho Econômico e Social da ONU encarrega um grupo de especialistas de estudar a questão. É preciso optar por um acordo vinculativo ou dar preferência a uma forma mais branda? Questionado pela comissão, o presidente executivo da Fiat, Giovanni Agnelli, defende a posição patronal: "Sem dúvida precisamos de regras melhores, que administrem as relações entre as multinacionais e os governos. Mas um acordo multilateral vinculante [...] que tomasse a forma de um 'GATT [General Agreement on Tariffs and Trade ou Acordo Geral de Tarifas e Comércio] para o investimento' não parece praticável no momento. Em vez disso, a ideia de elaborar um código voluntário dos direitos e responsabilidades das sociedades multinacionais parece uma opção mais promissora".[4]

Em Washington, durante audiências no Congresso, o senador Abraham Ribicoff faz a mesma pergunta: "Vocês acham que seria necessário um tipo de código de conduta internacional que estipulasse como tratar as multinacionais em todos os países? Estabelecer os meios de regular o capitalismo mundial é a grande questão dos anos 1970". "Um código de conduta é efetivamente aquilo de que precisamos" – confirma o especialista Samuel Pisar –, "mas como ele

---

3 Apud Petrini 2017, p. 188.
4 Department of Economic and Social Affairs 1974, p. 80.

será implementado [...]? Não creio que seja sensato esperar que as multinacionais estabeleçam e respeitem por si sós um código autorregulador."[5]

No relatório final, os especialistas da ONU concluíram que, se o objetivo era justamente um "acordo geral sobre as multinacionais com a força de tratado internacional", seria, no entanto, "prematuro" começar as negociações sobre o tema. Antes, então, de um tratado, deveria ser redigido um código de conduta. "Não há nada de mau numa abordagem desse tipo" – comentava o economista Raymond Vernon –, "salvo que ela é trivial se comparada ao problema com o qual estamos lidando."[6]

Por mais trivial que fosse, a proposta não tranquilizou os meios empresariais. "O relatório das Nações Unidas" – comenta em 1973 o *Financial World* – "constitui evidentemente uma bomba de efeito retardado que faz pesar uma ameaça sobre os investimentos futuros das multinacionais. Tudo leva a crer que o apogeu de seu crescimento ficou para trás. Nunca, desde a Segunda Guerra Mundial, as multinacionais viram tantos maus presságios se acumularem em seu horizonte de investimentos".[7]

Na ONU, os projetos de regulamentação internacional conduzidos pelas confederações sindicais entram em ressonância com a agenda anti-imperialista de uma coalizão de países "não alinhados", dentre os quais muitos que haviam acabado de conquistar a independência. Sob iniciativa do presidente argelino Houari Boumediene, em maio de 1974 a Assembleia Geral adota um "programa de ação para o estabelecimento de uma nova ordem econômica internacional".[8] Seis meses mais

---

5 *Multinational Corporations...* 1973, p. 229.
6 Vernon 1971, p. 743.
7 Lyons 1973, p. 39.
8 A resolução correspondente afirmava o princípio de uma "soberania plena e integral permanente de cada Estado sobre seus recursos naturais" e previa enquadrar os investimentos estrangeiros pela redação posterior de dois códigos de conduta, um visando operar transferências de tecnologia em favor dos países em desenvolvimento, o outro com o propósito de proibir, entre outras coisas, a

tarde, a Carta de Direitos e Deveres Econômicos dos Estados reafirmava a soberania dos Estados sobre seus recursos naturais e seu direito inalienável de exercer autoridade sobre o investimento estrangeiro, inclusive, mediante compensações, o direito "de nacionalizar, expropriar ou transferir a propriedade de bens estrangeiros". Essa última frase era particularmente inadmissível para os meios empresariais.

Isso foi o alerta de guerra. "A empresa multinacional" – escreve em 1975 David Rockefeller – "atualmente está sitiada por todos os lados. E a batalha nem começou."[9] "Universitários, escritores, economistas de esquerda e cientistas políticos" acusam hoje esse novo "Satã" de desenraizar a produção, explorar os países em desenvolvimento apropriando-se de seus recursos, praticar a evasão fiscal e erodir a soberania dos Estados-nação. "Nós deveríamos fazer tudo o que está em nosso poder para furar o cerco."[10] Sem isso, é "totalmente possível" – reforça Peter Drucker – "que as multinacionais sejam gravemente atingidas, até mesmo destruídas, ao longo da próxima década".[11]

"A ONU declarou de fato guerra às multinacionais e ao sistema da livre-iniciativa", afirma, em 1982, um relatório da Heritage Foundation.[12] São "os países pobres" que a impelem a "exercer uma autoridade reguladora", a "governar a economia mundial" a fim de "aumentar as transferências de recursos" a favor deles. Na verdade, esses países concebem a tecnologia como uma "'herança comum da humanidade' – um recurso que não pertence a ninguém, que tem condições de ser compartilhado por todos os países", como um *direito*, em suma, mais do que "uma propriedade privada

---

interferência das multinacionais "nos assuntos internos dos países nos quais operam e sua colaboração com regimes racistas e administrações coloniais". Cf. "General Assembly Declaration" 1974, p. 799.
9   Rockefeller 1975 em Arquivo do Congresso dos Estados Unidos 1975, p. 18323.
10   Ibid., p. 18326.
11   Drucker 1974, p. 133.
12   Brooks 1982, p. 5.

que é preciso comprar".[13] E ainda estigmatizavam a muito inquietante alínea em que está escrito, preto no branco, que se pode chegar até a "nacionalizar, expropriar ou transferir a propriedade". Mesma história no ano seguinte com Jeane Kirkpatrick (embaixadora, representante dos Estados Unidos na ONU, membro do gabinete de Reagan, anticomunista fervorosa): na ONU, arena em que reina uma "versão crua da ideologia anticapitalista",[14] uma "versão da guerra de classes desenvolvida pela transposição grosseira das categorias marxistas às relações entre nações",[15] tramam-se projetos de "regulamentação paternalista" que na realidade participam – dispara ela – de uma estratégia que visa impor um "novo socialismo mundial". Exageros à parte, Kirkpatrick identifica nessa passagem um dos desafios reais do antagonismo: "A regulamentação é um instrumento de redistribuição do que chamam de riqueza mundial".[16]

Para compreender a razão dessa dramatização persistente quando – hoje se sabe –, em 1983, a reviravolta neoliberal tinha definitivamente começado, é preciso ter em mente que "muitas multinacionais não viram o início dos anos 1980 como a aurora de uma nova era, e sim como uma continuação dos anos 1970".[17] Assim, é importante lembrar, contra as ilusões fatalistas de um relato retrospectivo, que, "longe do triunfo inexorável das ideias do livre mercado, o futuro aparecia como uma batalha entre [o que se chamará] o Consenso de Washington e [...] a perspectiva de uma 'nova ordem de regulamentação internacional'".[18] Na época não se tinha certeza de que a batalha seria vencida. As primeiras vitórias – sabia-se bem – eram frágeis, não estavam de modo algum ao abrigo de uma reviravolta. Pagan alerta, ainda em 1983: as tentativas para criar uma "nova ordem econômica", os

---

13 Ibid., p. 9.
14 Kirkpatrick 1983, p. 21.
15 Ibid., p. 18.
16 Ibid., p. 22.
17 Adler 2014, p. 126.
18 Ibid., p. 126.

"esforços para estabelecer precedentes para a regulação das multinacionais" não morreram: "eles esperam somente um momento mais oportuno" para ressurgir.[19]

No centro da batalha, havia um tipo de texto, o "código de conduta", cujo sentido, status e alcance seriam objeto de interpretações opostas: eles seriam obrigatórios e vinculantes ou facultativos e voluntários? Foi no momento desses debates que alguns juristas começaram a tematizar a noção, hoje central na nova governança capitalista, de *soft law* – direito flexível, brando, complacente, quiçá "direito no estado gasoso".

O teórico do direito René-Jean Dupuy – um dos primeiros a se interessar por essa noção então emergente – propunha, em 1975, conceber a *soft law* como manifestação de uma força ainda incapaz de se instituir no direito, um direito ainda "verde", em formação, transitório ou, como ele preferia dizer, um direito "programático": "Votadas pelos países do Terceiro Mundo, [essas resoluções] se apresentam contra um direito positivo que elas recusam. [...] Mais que falar em leis imperfeitas, vale antes reter a noção de direito-programa".[20] Ele aí adivinhava, visivelmente seduzido, uma "tentativa de revisão do direito pela via habitual" – uma via original, na medida em que pretendia criar do nada, sem tradição prévia, um costume inédito para servir de fonte material a um direito futuro. Um tipo de "costume revolucionário" agindo por "projeção factual de uma vontade política".[21]

Outros juristas, longe de compartilhar o entusiasmo de Dupuy, preocupavam-se com o processo em curso. Eles entendiam que a manobra dos não alinhados consistia em "reconhecer de modo 'tácito' que os códigos deviam ser [...] voluntários em sua natureza jurídica para fazer com que o Norte aceitasse em troca concessões políticas e econômicas mais substanciais no conteúdo do próprio código".[22] De fato,

---

19 Pagan 1983, p. 25.
20 Dupuy 1975, p. 145.
21 Ibid., p. 135.
22 Seidl-Hohenveldern 1979, p. 194.

os diplomatas ocidentais mostravam-se prontos para fazer concessões importantes, com a condição de que elas "não fossem impostas como regras obrigatórias, mas como simples *soft law*". Ora, "trata-se de uma tendência perigosa, pois o *soft law* (à parte o fato de que o conceito de 'direito sem obrigação jurídica' seja uma impossibilidade lógica e semântica) é muito mais que 'direito sem a mínima obrigação jurídica'". O perigo, ao aceitar o direito suave para evitar o direito duro, era que o suave começasse – rapidamente – a endurecer, consciente de que os beneficiários dessas "regras suaves" "vão se esforçar para torná-las o mais duras possível, o mais depressa possível".[23]

Assim que um código internacional for adotado, ele funcionará como referência normativa. O que, na prática, quer dizer: "O campo que formular primeiro um 'código' a seu modo vai gozar de uma vantagem tática considerável".[24] Na luta pela referência, há um bônus para o primeiro colocado, aspecto que foi compreendido pelos protagonistas. Daí a corrida pela codificação que tem início, uma "debandada em direção a formulações rivais".[25]

Os países ricos, de seu lado, vão considerar que "o ataque era a melhor defesa contra a investida lançada pelo G77 contra os interesses econômicos ocidentais",[26] e esse ataque tomou a forma "de uma concessão aparente". Considerando que seria mais fácil obter consenso entre pares, a administração americana levou a OCDE a redigir seu próprio código de conduta. Mudava-se de arena, optando-se por um fórum mais favorável. Se na ONU os países desenvolvidos eram minoria, na OCDE eles estavam em casa. Lá eles podiam avançar rapidamente. A OCDE levou apenas um ano e meio para elaborar suas "Diretrizes para as empresas multinacionais", recomendações não vinculantes de formulações "amplas e às vezes

---

23 Ibid., p. 195.
24 Ibid., p. 197.
25 Ibid.
26 Robinson apud Rowe 2005b, p. 128.

ambíguas",[27] adotadas em junho de 1976, ou seja, seis meses antes que a ONU começasse a esboçar seu próprio código. De fato, os códigos pensados em Nova York, envolvidos em negociações entre posições irreconciliáveis, jamais vieram à luz.

Foi assim que "a corrida pelas codificações rivais [...] foi ganha pela OCDE".[28] Como resume John Robinson, houve "uma reação rápida do mundo rico diante da emergência ameaçadora de um código de conduta juridicamente vinculante, muito mais rígido, negociado pelas Nações Unidas em Nova York".[29] Um "golpe preventivo".[30] Código contra código.

Antes de ser posta em prática na OCDE pelos atores estatais, a estratégia, chamada de "guia contra a regulamentação",[31] fora iniciada por atores privados. Precocemente alarmada pelas iniciativas das organizações sindicais no *front* da regulação das multinacionais, a Câmara de Comércio Internacional lhes respondeu, em novembro de 1972, com suas próprias "Diretrizes para os investimentos estrangeiros". Tratava-se de "tomar a iniciativa para tentar deter um processo que ameaçava ganhar proporções alarmantes se deixassem sindicatos e países em desenvolvimento dar o primeiro passo".[32]

Algumas grandes empresas, compreendendo também o desafio, começaram a formular seus códigos de conduta domésticos, dentre eles a Caterpillar, uma das primeiras a redigir, já em 1974, o *Code of Worldwide Business Conduct*. "Eu prevejo" – declarava em 1975 o diretor de relações públicas – "que outras empresas vão se lançar nesse exercício, particularmente num contexto em que as multinacionais são cada vez mais vigiadas pelo público."[33]

A manobra é clássica: ostentar a boa vontade ética a fim de evitar a restrição jurídica. "Assim que as multinacionais

---

27 Kline 1985, p. 46.
28 Seidl-Hohenveldern 1979, p. 197.
29 Robinson 1983, p. 151.
30 Apud Petrini 2012, p. 6.
31 Kline 1985, p. 29.
32 Petrini em Andresen e Müller 2017, p. 4.
33 *The Multinationals...* 1975, p. 124.

sentem a respiração do Estado na nuca" – analisava o economista Raymond Vernon –, "elas procuram fórmulas que permitam aliviar a pressão local [...]. Daí o destaque das fórmulas do tipo 'código de boa conduta'."[34] Contrariamente ao que elas queriam nos fazer crer, longe de ser um sinal de boa vontade, esse tipo de engajamento voluntário é muito mais a expressão de sua *má vontade* de serem regulamentadas.

Seria um erro ver na *soft law* apenas uma versão menos rigorosa da regulação "dura", que persegue fins similares por outros meios. Sua função é fundamentalmente diferente. Como hipocritamente enunciavam os autores de um relatório sobre a autorregulação ética das indústrias de armamento: "Enquanto as leis e as regulações visam proteger o interesse do público, os códigos e as normas das companhias se destinam a proteger os interesses da companhia, em especial sua reputação".[35] Ao adotar programas de responsabilidade social, declarava um dirigente da IBM em 1979, as empresas "erguem-se em defesa do sistema de livre-iniciativa".[36]

A *soft law* teve origem numa batalha perdida, ao fim da qual seu significado e sua função política foram invertidos: de arma dos países do Sul, ela se transformou em escudo para as multinacionais do Norte. Para os antípodas da visão otimista de Dupuy, a *soft law* se tornou o principal instrumento de uma estratégia para evitar a regulamentação, visando à manutenção eterna de uma norma natimorta nos limbos do direito.

Os mesmos que previram com preocupação essa nova arma potencial fizeram dela sua ponta de lança, ao destacar a ideia de que, em matéria econômica, só seria possível ter, em escala internacional, um regime de direito especial, um "ramo autônomo menos conceitualizado e menos constrangedor, deslegalizado e desjurisdicionalizado", em que "as normas rígidas e precisas do direito internacional clássico

---

34 Vernon 1970, pp. 394-ss.

35 The President's Blue Ribbon Commission on Defense Management 1986, p. 271.

36 Maisonrouge apud Bursk e Bradley 1979, p. 124.

parecem dar lugar [...] a regras menos coatoras", e em que as regras "tendem a ceder o passo a programas, a normatividade à previsão, o direito puro e duro à *soft law*".[37]

Os partidários da autorregulação voluntária das multinacionais a apresentam hoje como uma solução pragmática para um problema de regime normativo: se o quadro jurídico tradicional do Estado-nação está de fato ultrapassado, se a ordem internacional está sem árbitro supremo, se toda tentativa de regulamentação coatora nessa escala está fadada ao fracasso, só restaria a opção, leve e elegante, do código de conduta. Entretanto, quando se tratou de garantir os investimentos e os direitos de propriedade das multinacionais, soube-se superar o obstáculo considerado insuperável para concluir acordos internacionais vinculantes. Nessa área, está fora de cogitação contentar-se com recomendações vagas ou boas intenções. Os mesmos regimes normativos duros ou rígidos que julgamos impossível encontrar quando se trata de direitos sociais e ambientais são instituídos sem muita dificuldade assim que vistos como necessários para garantir as condições da acumulação. Aqui, como em outros casos, há duplo padrão.

O mundo dos negócios não é hostil a qualquer regulamentação, somente a algumas. Significativamente, quando promulga em junho de 1976 seu código de conduta voluntário para as multinacionais, a OCDE reúne, no mesmo dia, no mesmo pacote, acordos vinculantes para os Estados-membros acerca dos aspectos mais decisivos da questão, entre eles o princípio da igualdade de tratamento entre empresas nacionais e estrangeiras. Assim, fazem um malabarismo entre as modalidades. A textura e a consistência da norma não são homogêneas; elas variam segundo os objetos considerados – superfícies macias e moles para os direitos sociais, ásperas e firmes para os direitos de propriedade.

A *soft law* não é, pois, o termo que identifica um novo regime geral para o qual o neoliberalismo nos faria uniformemente pender. Contra um quadro simplista como esse, César

---

37 Weil 1996, p. 91.

Rodríguez-Garavito tem razão em ressaltar que "as multinacionais se ligam estrategicamente ora aos apelos pelo reforço da *hard law* nacional e mundial sobre questões essenciais para a lucratividade de seu negócio (por exemplo, a propriedade intelectual), ora aos projetos de *soft law* e de autorregulação em outras áreas (por exemplo, os códigos de conduta voluntária para o trabalho). A mundialização neoliberal não repousa nem sobre a regulação 'disciplinar', nem sobre a autorregulação empresarial ou a desregulação associada à 'retirada do Estado'. A governança neoliberal consiste em um misto dos dois: da *hard law* para proteger os direitos corporativos e da *soft law* para regular os direitos sociais".[38]

Não se deve tampouco deixar-se ludibriar pelas conotações do vocabulário. A flexibilidade da norma, sua aparente complacência significa que na prática vai reinar, na consequente ausência de proteção jurídica, o arbitrário do poder privado, das relações realmente muito duras. Uma limitação jurídica menor (para uns) se traduz por uma coerção mais forte (para outros). Assim, é preciso sempre se perguntar *para quem* a *soft law* é "complacente". Um direito trabalhista *soft* é exploração *hard core*, um direito ambiental mais leve é uma poluição mais grave, e assim por diante. Mais do que falar em *soft law*, talvez fosse melhor falar de *low law*, de direito barato. É o que o cientista político James Rowe expressa de modo mais direto: "O contrário disciplinar dos mecanismos voluntários [...] são os cassetetes, as balas de borracha e o gás lacrimogêneo. O consenso que o *business* não pode obter por mecanismos voluntários vai ter de ser assegurado por uma 'regulação pública' de tipo francamente violento". Em suma: "O cassetete é o *télos* do código de conduta".[39]

Armas defensivas diante das regulamentações em gestação, os códigos de conduta serviram, em seguida, numa terceira fase, como armas ofensivas contra regulamentações existen-

---

38 Rodríguez-Garavito em Sousa Santos e Rodríguez-Garavito (orgs.) 2005, p. 77.
39 Rowe 2005b, p. 155.

tes. Não se trata mais apenas de "se defender contra uma lei possível",[40] de evitar a regulação, e sim de desregular ativamente, e isso não contra a vontade estatal, mas sob o próprio impulso de governos neoliberais.

Três décadas depois dos eventos que acabo de relatar, David Cameron pronuncia em 2006 um discurso diante de proprietários britânicos. Ele quer advertir aqueles que "ainda consideram a responsabilidade das empresas um socialismo por meios dissimulados". Para quem ouve mal, é preciso falar em alto e bom som. Isso se resume no *slogan*: "Desregulamentação contra responsabilidade". Resumindo: "Quanto mais as empresas adotam voluntariamente práticas responsáveis [...], mais se torna plausível o apelo por um afrouxamento do controle e da regulação".[41]

---

40 Kline 1985, p. 161.
41 Cameron 2006, reproduzido no *Financial Times*: ft.com/content/5f394dcc-e04a-11da-9e82-0000779e2340. Ver Kinderman 2012, p. 47.

19. CUSTOS / BENEFÍCIOS

Em si, tais juízos são bobagens. É preciso estender ao máximo as mãos e fazer a tentativa de apreender essa espantosa finesse, a de que o valor da vida não pode ser estimado.

FRIEDRICH NIETZSCHE,
Crepúsculo dos ídolos, 1888.

No início dos anos 1970, os movimentos ecologistas e de defesa dos consumidores conseguiram se impor como forças políticas indiscutíveis nos Estados Unidos. Suas mobilizações impulsionaram uma onda inédita de regulações governamentais: entre 1965 e 1975, mais de 25 legislações federais foram adotadas em matéria de proteção dos trabalhadores, dos consumidores e do meio ambiente – os orçamentos correspondentes quintuplicaram ao longo do período.[1] Diversas agências de regulamentação sanitária e ambiental também foram criadas, dentre as quais duas que se tornaram os bichos-papões do patronato americano, a Environmental Protection Agency (EPA) e a Occupational Safety and Health Administration (Osha).

Assim, à pressão indireta dos movimentos sociais se somava um crescente controle governamental. O impulso regulador – enfurecia-se um colunista do *The Wall Street Journal* – era a consequência direta de um "ataque orquestrado contra o mundo dos negócios" conduzido por "grupos de

---

1 Cf. Akard 1989, p. 35. Ver também Vogel 1983, p. 23. Para explicar esse "impulso regulador", frequentemente se insiste no papel dos movimentos de consumidores. Ele foi efetivo, mas não se pode esquecer de que uma das primeiras disposições desse tipo ocorreu graças ao movimento dos direitos civis sobre a questão da discriminação racial na contratação, com a criação da Equal Employment Opportunity Commission (EEOC) pelo Civil Rights Act de 1964.

pressão", cuja "agenda hostil foi adotada por novas espécies de agência de regulação governamental todo-poderosas".[2]

A originalidade das "novas regulamentações sociais" ligava--se a seu caráter transversal ou "pan-industrial"[3] – o que tinha como consequência, por exemplo, tornar inoperante um *lobbying* patronal tradicionalmente organizado por ramo ou setor de atividade. David Rockefeller observava que, como as empresas sofrem um "ataque simultâneo, todas devem se unir na resposta. O isolacionismo pode ser desastroso, tanto nos negócios como na política estrangeira".[4] O desafio era ultrapassar as lógicas estreitas da luta concorrencial para fazer frente em um combate conjunto.[5] Tal esforço passava pela revitalização de antigas organizações – dentre elas, a Câmara de Comércio americana – e pela criação de novas, entre as quais a Business Roundtable, em 1972. Retomando uma tática utilizada pelas organizações sindicais, ela continuou sobretudo a instaurar "comitês de ação política" encarregados de financiar as campanhas eleitorais de candidatos amigos, tendo em mira "alterar a composição política do Congresso".[6]

Teve início uma grande batalha contra as "novas regulamentações". Mas o que, exatamente, criticava-se nas medidas que, afinal, só visavam reduzir a poluição, prevenir os acidentes de trabalho, lutar contra as discriminações na empresa e proteger a saúde dos consumidores?

Thomas Shepard, coautor de um dos primeiros manifestos antiecologistas, em 1971, mira no que chama de "*lobby* do desastre", um conjunto de ecoalarmistas que, para ele, são "as

---

2   Bartley 1979, p. 58.

3   Cf. Useem 1984, p. 160; Vogel 1989, p. 201; Reuss 2013, p. 70.

4   Rockefeller 1975, p. 47 616.

5   "A deficiência mais importante" – lamenta Bartley – "é a incapacidade do mundo empresarial de se unir para defender seus interesses de classe. A Macy's não pensa em se engajar numa concorrência com a New Class – ela acha que o inimigo é a Gimbels." Macy's e Gimbels eram duas cadeias de lojas de departamento rivais. Ver Bartley 1979, p. 65.

6   Reuss 2013, p. 13.

mulheres e os homens mais perigosos dos Estados Unidos".[7] Imaturos, intransigentes e extremistas, esses militantes são também mentirosos sem-vergonhas que queriam convencer as pessoas de que a poluição atmosférica aumenta, quando se passa o contrário, ou ainda que uma "pretensa rebelião negra" rosna nos Estados Unidos, quando isso só diz respeito a "um punhado de militantes paranoicos que, em qualquer outro país, já estariam atrás das grades – a liberdade de que gozam é a prova de que vivemos no país mais liberal e menos racista do mundo".[8] Quanto à pretensão de querer salvar a natureza preservando as florestas, Shepard opõe uma objeção cabal: "Não acusam um castor de interferir na natureza quando ele corta uma árvore para construir sua barragem".[9] Baseado em tais argumentos, ele conclui: "Não é mais hora de capitulação e compromisso. O público americano deve saber que, quando a livre-iniciativa tiver sucumbido aos ataques dos movimentos de consumidores, dos ecologistas e do resto do *lobby* do desastre, a liberdade do consumidor terá a mesma sorte. Será o fim da sua liberdade de viver como bem entender e de comprar o que lhe apetece sem que um Big Brother de Washington venha lhe dizer que é proibido".[10] Eis, pois, o argumento cardinal: no plano ético-filosófico, essas regulações atravancam a liberdade inalienável de consumir. Afinal, se tenho vontade de pintar meu quarto com tinta que contém chumbo, isolar meu teto com placas de amianto e comprar um carro sem cinto de segurança, ou empanturrar meus filhos de biscoitos com óleo de palma na composição, com que direito o Big Brother me impediria de fazê-lo?

Mas isso não é tudo, pois, além da liberdade do cliente, a regulação pisoteia também a liberdade do patrão. Os inspetores sanitários irrompem nas fábricas sem avisar, sem ter de apresentar nenhum mandado – uma intrusão governamental que deveria suscitar a indignação dos defensores dos direitos

---

7   Shepard 1971, p. 1. Ver também Grayson e Shepard 1973.
8   Shepard 1971, p. 2.
9   Ibid., p. 3.
10 Ibid., p. 6.

do homem, dizem, já que isso representa uma "usurpação da liberdade dos indivíduos como empresários".[11] O Estado regulador, novo Big Brother? Big Mother,[12] nuança Murray Weidenbaum: um poder sufocante exercido em nome do cuidado, uma tirania benevolente, a expressão liberticida de uma vontade de superproteção social.

No entanto, a situação é muito mais grave do que se imagina, uma vez que é preciso compreender que a "expansão massiva do controle governamental sobre a indústria privada"[13] esconde, na verdade, uma mudança insidiosa de regime que conduz direto a uma saída para o capitalismo. Com essa "nova onda de regulação governamental dos negócios", anuncia Weidenbaum, referindo-se a Berle e a Burham, prepara--se, nada mais, nada menos que uma "segunda revolução gerencialista".[14] Enquanto a primeira viu o poder de controle passar dos proprietários aos gestores, agora são os gestores empresariais que se veem praticamente desprovidos de suas prerrogativas em prol desses gestores públicos que são os funcionários das agências de regulação.

O deslizamento do poder não para. Atrás do burocrata esconde-se, na verdade, o ativista de esquerda, que na realidade é quem mexe os pauzinhos.[15] Enquanto certos neomarxistas propunham à época, na contramão de Engels e Lênin,

---

11 Weidenbaum 1975b, p. 81.
12 Ibid. Kim Moody aponta que a ideologia da gestão americana, fundamentada na "liberdade de controlar", muito ligada à defesa de suas prerrogativas, oposta tanto às "interferências" governamentais quanto às veleidades de democratização interna das empresas, encontra suas raízes na história específica do capitalismo nos Estados Unidos, onde, à diferença da Europa – continente em que Estados fortes precederam a emergência de grandes empresas –, o desenvolvimento de empresas gigantes (das estradas de ferro às metalúrgicas) precedeu o desenvolvimento de um Estado central forte (Moody 2013, p. 145). Nos Estados Unidos, escreveu Gramsci, "a hegemonia nasce da fábrica" (Gramsci [1933-35] 2002, p. 247).
13 Weidenbaum apud Phillips-Fein 2010, p. 176.
14 Weidenbaum 1975b, p. 85
15 Cf. Weidenbaum 1980b, p. 354.

a tese de uma "autonomia relativa do Estado"[16] em relação às classes dominantes, alguns intelectuais conservadores foram ainda mais longe: o Estado estava escapando de suas mãos, seu poder de coerção era capturado por inimigos que, como denunciava Jensen, "recorrem ao processo político para invocar o poder de polícia do Estado a fim de tomar o controle dos ativos das sociedades".[17] Nessa hostilidade à regulamentação, a vontade de conservar intacto o poder sobre a gestão das empresas era uma motivação decisiva. Nesse sentido, tratava-se de uma revolta essencialmente política. Mas essa "fobia de Estado" expressava mais fundamentalmente um grande medo dos movimentos sociais.

Evidentemente, a recusa tinha também uma dimensão econômica. As novas regulações sociais e ambientais apareciam como fatores de custos suplementares, e, ainda pior, como operadores de redistribuição social.[18] Na verdade, enquanto elas reinternalizavam uma parte dos custos sociais e ambientais da produção privada, enquanto faziam pesar sobre o capital custos antes transferidos a outros sob a forma de externalidades negativas, essas medidas tinham um caráter redistributivo.[19]

Murray Weidenbaum, futuro presidente do Conselho Econômico do governo Reagan e arquiteto da onda de desregulamentação dos anos 1980, dedica toda a sua energia, em meados dos anos 1970, a denunciar os "custos excessivos da regulação governamental". As novas normas ditadas pelos reguladores têm custos diretos para os industriais – dentre os quais, os

---

16 Ver Poulantzas 1976.

17 Um processo de transferência do controle que vai desembocar na "destruição da empresa tal como a conhecemos" (Jensen e Meckling 1976, p. 5).

18 Vogel 1983, p. 36. Ver também Szasz 1986.

19 Razão pela qual David Vogel pôde considerar que "o combate sobre a questão da regulação governamental foi, pela primeira vez na história americana, posto no centro do conflito de classes: ele opôs os interesses do mundo dos negócios, tomado em sua globalidade, aos movimentos pelo interesse público, assim como à maioria das organizações de trabalhadores" (Vogel 1983, p. 36).

"custos de conformidade" (por exemplo, a compra de novos equipamentos) –, mas também custos indiretos (por exemplo, o tempo gasto para preencher novos documentos administrativos). Ora, ele argumenta que os custos de produção adicionais são igualmente pagos pelos consumidores.[20]

As novas normas de segurança e de proteção do meio ambiente, afirma ele, aumentaram em 320 dólares o preço médio de um carro novo entre 1968 e 1974.[21] Na lista das medidas dispendiosas, a obrigatoriedade de instalar cintos de segurança, imposta em 1968 às montadoras (11,51 dólares de sobrecusto por veículo), a de 1972, que impunha o respeito aos padrões de emissão de poluentes para os gases de escape (seis dólares a mais), ou ainda, no mesmo ano, a obrigatoriedade de reforçar a proteção exterior do habitáculo para segurança dos passageiros em caso de acidente (69,90 dólares). "É preciso mobilização", ele conclui, "para eliminar as medidas de controle que geram custos excessivos."[22] Se seguirmos a sua lógica, os cintos de segurança e os filtros de partículas deveriam ser opcionais.

"Nos períodos anteriores, quando a produtividade e o nível de vida aumentavam rapidamente, a nação podia se permitir aplaudir os progressos da regulamentação e fechar os olhos para seus custos. Mas os crescentes controles federais acentuam hoje a desaceleração do crescimento da produtividade."[23] É sensato preocupar-se com a saúde e com o meio ambiente quando nossos lucros e seus empregos estão contra o muro? Se destruíssemos essas regulações, a economia ficaria livre de um fardo pesado.[24] A retórica da crise, instrumento de uma "pedagogia da submissão à ordem econômica", justificava a retomada das concessões sociais arrancadas na fase anterior.[25]

---

20 A regulação cobrando uma "taxa escondida sobre as vendas" (Weidenbaum 1980a, p. 351).
21 Weidenbaum 1975a, p. 46.
22 Ibid., p. 51.
23 Ibid., p. 44.
24 Phillips-Fein 2010, p. 176.
25 Cf. Cusset 2006, p. 92.

Diferentemente, entretanto, dos ultraconservadores obtusos que apelavam pela abolição pura e simples das regulamentações sociais e ambientais, Weidenbaum adotou uma tática oblíqua: mais que as revogar em bloco, paralisá-las, colocar-lhes obstáculos suficientes para bloqueá-las na prática.

O problema, ele afirmava, não era a regulamentação em geral, somente a regulamentação excessiva, a *super-regulamentação*. Regular certamente é necessário, mas há limites que não devem ser ultrapassados. Como fixá-los? Onde traçar o limiar? Há super-regulamentação, diz Weidenbaum, quando "os custos para a sociedade excedem os benefícios". Daí a regra de ouro que ele preconiza: a "regulamentação governamental deveria ser levada até o ponto em que os custos incrementais se igualassem aos benefícios incrementais, nada além disso".[26] Sob um aparente bom senso, esse princípio escondia uma pequena revolução. Tratava-se de colocar a análise custos/benefícios assim definida como um novo critério de decisão, uma regra cardeal posta como condição absoluta para todo projeto de regulação.

Para apreender a amplitude da mudança, é preciso confrontar esse novo princípio com aqueles que ele pretendia suplantar. Tomemos o caso de uma fábrica cuja fumaça tóxica causa doenças respiratórias na vizinhança. Em quais condições uma agência governamental pode obrigá-la a se equipar com um filtro antipoluição?

Uma primeira abordagem consistia em conceder prioridade absoluta à preservação da saúde, concebida como direito fundamental. O objetivo então é minimizar a emissão de poluentes patogênicos, fazê-la tender a zero. Segundo essa lógica, o industrial deveria ser obrigado a se equipar com o filtro antipoluição mais eficiente possível.

Uma segunda abordagem, variação da anterior, equilibra o princípio de proteção com uma consideração de viabilidade, ao mesmo tempo técnica e econômica. Antes de ditar uma norma, assegurar-se de que as tecnologias correspondentes existem ou podem ser desenvolvidas, deixando o prazo aberto

---

26 Weidenbaum 1975a, p. 51.

conforme a necessidade; avaliar os custos de conformidadc, relacioná-los aos lucros, assegurar-se de que a medida não coloca em perigo financeiramente a atividade, prevendo ajudas públicas que permitam a transição. De acordo com esse princípio, o industrial será obrigado a se equipar com o filtro antipoluição mais eficaz no limite de sua capacidade.[27]

Ao adotar, ao contrário, a abordagem custos/benefícios defendida pelos desregulamentadores, os dois princípios anteriores são invalidados: torna-se impossível fixar normas sanitárias incondicionais (só se preservará a saúde dos ribeirinhos se isso não custar "caro demais" para o industrial), e a empresa, mesmo que tenha condições financeiras para fazê-lo, não é necessariamente obrigada a reduzir suas emissões tóxicas (um filtro antipoluição será considerado custoso demais, desde que seu preço exceda os "ganhos" correspondentes no tocante à população, ainda que o gasto seja módico em relação aos lucros obtidos pela empresa). Concretamente, se custa mais caro para a empresa reduzir suas emissões de fumaça que para as vítimas cuidarem de suas doenças respiratórias, então a indústria poderá continuar a poluir. Coloca-se na balança o montante das despesas de saúde *para os ribeirinhos* e o custo que haveria *para o industrial* evitar causá-las. É a inversão de um velho adágio: melhor remediar que prevenir.

Mas, antes mesmo de saber se um projeto de regulação vai ou não ser validado por esse tipo de teste, levanta-se a questão das condições de possibilidade do teste em si. Quais são os requisitos? Para que o equilíbrio possa acontecer, é preciso avaliar previamente, ao mesmo tempo, os custos da regulação e seus benefícios potenciais. Ora, no que tange ao segundo aspecto, a coisa não é tão fácil. Com efeito, como calcular os "benefícios esperados" de uma medida antipoluição?

Independentemente até da questão de sua estimativa monetária, seria necessário de início estar em condições de modelar seus efeitos prováveis, estabelecer, por exem-

---

27 Kelman 1981.

plo, uma correlação confiável entre a redução de uma taxa de partículas na atmosfera e sua incidência precisa sobre o número de patologias associadas. Ora, "determinar a relação dose-efeito entre exposição à substância e risco de doença"[28] é tarefa árdua, que requer "um leque de modelos científicos e médicos complexos, com incertezas que se multiplicam rapidamente em vias tortuosas para onde convergem as fontes de poluição, a química da atmosfera, a meteorologia, a ciência dos materiais e a epidemiologia".[29]

"Se tivéssemos esperado" – exclama um senador durante audiências sobre o assunto no fim dos anos 1970 – "até obter as informações necessárias para determinar se sim ou não, a balança custos / benefícios da instalação de um coletor de pó com mangas filtradoras na fábrica Armco seria equivalente àquela do tratamento médico dos resfriados crônicos e de outras doenças respiratórias; se tivéssemos esperado por isso, nunca teríamos conseguido a menor regulação. Se esse tivesse sido o padrão da prova, nenhuma regulação jamais teria se sustentado diante dos tribunais."[30] Aí estava o desafio: ao determinar a análise custos / benefícios como princípio de decisão, buscava-se modificar o regime de prova a favor da indústria. Era uma ofensiva lançada sobre o duplo terreno, epistemológico e judiciário, da prova.

Em 1977, um estudo epidemiológico publicado na revista *The Lancet* mostrava que os trabalhadores de uma fábrica de filme plástico para alimentos, expostos a níveis de benzeno inferiores aos limites autorizados, tinham entre cinco e dez vezes mais riscos de desenvolver leucemia que a população comum.[31] A Osha, agência encarregada das questões de higiene e segurança no trabalho, promulgou com urgência uma nova norma baixando os níveis de exposição máxima ao benzeno. Ela se conformava assim à sua política em matéria

---

28 Ibid., p. 40.
29 Greene Conley II 2006, p. 170.
30 Eckhardt, reproduzido em *Use of Cost-Benefit Analysis by Regulatory Agencies...* 1980, p. 104.
31 Infante et al. 1977.

261

de cancerígenos: reduzir o máximo possível a exposição dentro dos limites da viabilidade técnica e econômica.[32]

Mas a indústria não ouvia muito bem desse ouvido. Em 1978, um tribunal da Louisiana revogou a nova norma sob a alegação de que, "na falta de uma estimativa dos benefícios fundamentada em provas substanciais", a Osha não apresentava a prova de que os efeitos da nova norma sobre a saúde dos trabalhadores estariam "razoavelmente alinhados com os preços". Os juízes acrescentaram, de maneira bastante distorcida: "O acordo geral no seio da comunidade científica [...] permite inferir que a redução do limite da exposição permitida [...] engendrará certo benefício. Entretanto, [...] essa dedução não permite concluir que vantagens mensuráveis daí resultarão, e a Osha é incapaz de indicar estudos ou projeções que o demostrem".[33] Resumindo: sabe-se que a substância é cancerígena, é provável que a redução da exposição diminua o risco, mas a questão à qual a agência não respondeu é "quanto?". Quantas leucemias a menos para tanto de partes por milhões de benzeno a menos na atmosfera da fábrica? Ela não respondeu pelo fato de que não há estudos que respondam a isso. Contudo, por precaução, antes de baixar imediatamente a norma, os juízes decidem que a agência vai ter de esperar que os estudos estejam disponíveis para tomar sua decisão.

Com esse julgamento, o princípio custo/benefício se insinuava na jurisprudência americana. À época, Weidenbaum louvava a decisão como um sinal promissor que – ele comentava com indisfarçado entusiasmo – "parece estabelecer um

---

32 Uma política segundo a qual "se presume que, uma vez julgada cancerígena para o ser humano em qualquer nível de exposição, não existe nenhum limiar até o qual uma substância não apresente risco de câncer". Dado que os estatutos da agência exigem "que as normas sejam também o mais protetoras possível, as regras para os cancerígenos são fixadas em um nível de exposição zero, se a norma não levar à falência as indústrias concernentes" ("Supreme Court's..." 1980, p. 10193).

33 "American Petroleum Institute v. Occupational Safety and Health Administration" 1978, p. 20794.

novo enquadramento, mais exigente, para o qual o debate público sobre a regulamentação poderia se inclinar de forma proveitosa".[34] O sindicalista Anthony Mazzocchi via as coisas de outro modo: "O tribunal só nos deixa o meio de prova que consiste em esperar que os corpos cheguem ao necrotério [...]. A questão é saber quem vai pagar. E os tribunais se posicionaram firmemente a favor da empresa".[35]

Com efeito, foi preciso esperar dez anos até que a norma promulgada em 1977 fosse restabelecida. O especialista Peter Infante estima que esse prazo "custou" mais de duzentas mortes por leucemia e mieloma entre os trabalhadores do setor.[36] Esse é apenas um exemplo, entre tantos outros, do "custo humano" das manobras de obstrução conduzidas em nome da análise custos/benefícios. Alguns economistas têm sangue nas mãos.

Entretanto, a lâmina da análise custos/benefícios tinha dois gumes. Mesmo que a primeira condição tivesse sido atendida – indicar de modo provável a exata amplitude dos efeitos esperados –, restava a segunda: calcular os prejuízos assim evitados – condição *sine qua non* para relacionar os "benefícios" sociais e ambientais de uma medida de regulação a seus custos para a indústria.

Como estimar monetariamente prejuízos causados ao meio ambiente, à saúde ou à vida?[37] Quando a destruição atinge bens mercantis, pode-se medir seu preço. Mas, assim que afeta realidades fora do mercado, o economista não tem mais referências. Na ausência delas, ele terá de inventar procedimentos

---

34 Weidenbaum 1980a, p. 353.

35 Mazzocchi apud Green e Waitzman 1979, reproduzido em *Use of Cost-Benefit Analysis by Regulatory Agencies...* 1980, p. 230.

36 Infante em Harremoes et al. (orgs.) 2002, p. 40.

37 "Em nome da eficiência" – observa um crítico –, "o professor Weidenbaum quer aplicar critérios de mercado ao processo de regulação. Os custos devem ser cuidadosamente calculados e comparados com os benefícios para determinar um nível 'ótimo' de regulação. Mas como se calcula um número ótimo de menores mortos?". (cf. Fusfeld 1980, p. 365).

de estimativa convencional. Nos anos 1970, estimulados pela ascensão da análise custos/benefícios, os economistas debateram a questão e conceberam diversos métodos, mais ou menos absurdos, para estimar quanto vale uma vida.

Uma primeira abordagem, a dos "rendimentos futuros atualizados" (Discounted Future Earnings, ou DFE), considera que o valor de uma vida é igual ao total de rendimentos futuros de que a pessoa estaria privada em caso de morte precoce. Dado que os rendimentos são desiguais, nem todas as vidas têm o mesmo valor. Medida sob essa ótica, a vida de um executivo vale mais que a de um operário da mesma idade. A vida de uma criança pequena vale menos que a de seu irmão mais velho que já ganha um salário, ao passo que o caçula ainda ficará durante longos anos sob o encargo dos pais. O valor da vida de uma dona de casa, trabalhadora sem rendimento, é nulo. O de uma pessoa idosa chega a quase nada: no fim dos anos 1970, "segundo um indicador de rendimentos futuros atualizados, o valor de uma mulher negra de 85 anos chegava a 123 dólares".[38] Há também o caso esclarecedor das "vidas deficitárias", aquelas que geram gastos (por exemplo, de cuidados médicos) sem gerar rendimentos: um "acidente automobilístico que mata uma criança com deficiência grave pode, segundo esse método, produzir um benefício líquido para a sociedade".[39]

Swift, na sua famosa *Modesta proposta para prevenir que, na Irlanda, os filhos dos pobres sejam um fardo para seus pais ou seu país, e para torná-los úteis ao público*, considerava outro método de cálculo: "Já calculei que os gastos relativos à alimentação de um filho de um mendigo [...] eram de cerca dois *shillings* por ano, trapos incluídos; e creio que nenhum *gentleman* reclamará de dar dez *shillings* pelo corpo de uma criança bem gorda, que, como eu disse, resultará em quatro pratos de excelente carne nutritiva".[40] Ele distinguia, portanto, dois modos de cálculo: por um lado, o *valor* da criança, determinado por seus custos de produção; por outro, o *preço* da

---

38 Green e Waitzman 1979, p. 188.
39 Ibid.
40 Swift 1859, p. 166.

mesma criança, determinado pela vontade dos compradores de pagar por esse tipo de iguaria no mercado gastronômico.

Negligenciando a questão – aliás, crucial – dos custos de produção da vida, os economistas contemporâneos que retomaram a ideia conservaram, por outro lado, o segundo critério: a vontade de pagar, mas com uma melhoria ética nada desprezível em relação ao texto de Swift, já que se trata, a partir de então, de levar em conta não apenas a vontade dos compradores, como também a do próprio indivíduo cuja vida é objeto da transação. Por quanto você aceitaria ser devorado? Ou, ao contrário – porém dá no mesmo –, o que você daria para não ser?

Esse é o segundo grande método, a "disposição a pagar" (Willingness To Pay, ou WTP), baseado nas avaliações dos próprios indivíduos do "bem" que representa o fato de estar vivo. No início, os economistas consideraram formular diretamente a questão para as pessoas, por sondagem, mas os interrogados tinham dificuldade em responder – muitos preferiam, considerando prós e contras, perder uma soma infinita a morrer. Para contornar a dificuldade, Schelling e Mishan reformularam a questão: não "quanto você aceitaria pagar para não morrer?", e sim "quanto você estaria disposto a pagar para reduzir seu risco de morte prematura em x%?".[41] No entanto, essa estimativa varia. Ela é determinada sobretudo pelos diferenciais na capacidade de pagar. O executivo dirigente de uma companhia mineradora está muito mais disposto a pagar para mandar retirar o amianto presente em seu escritório e reduzir seu risco de câncer de 0,05% para 0,01% que o operário da mesma empresa para reduzir seu risco nas mesmas proporções.[42] Nesse caso, qual das duas avaliações deve prevalecer e para quem?

---

41 Cf. Mishan 1971a; Schelling 1984. Evitava-se assim a insondável questão sobre o valor da vida, substituindo aquela, mais abstrata, do "valor da vida estatística", uma vida que poderia ser a sua, mas podia muito bem não ser. A dimensão intimidadora, aponta Schelling, "desaparece quando lidamos com mortos estatísticos, com pequenos incrementos em uma taxa de mortalidade para uma grande população" (p. 127).

42 Cf. Tucker 1984, p. 304.

Diante desse tipo de aporia, tomou-se outro caminho, mais clássico. Para mensurar o valor monetário das coisas, a análise econômica costuma confiar na "disposição agregada dos consumidores a pagar", isto é, no preço.[43] O economista que não dispõe mais, desde o fim da escravidão, de um mercado oficial das vidas humanas para acessar esse tipo de verdade, começou a buscar "mercados de substituição". Tipicamente, as profissões ou os cargos de risco. Observando por qual montante suplementar os trabalhadores aceitam um risco mais elevado, espera-se inferir o valor que eles atribuem à sua vida. Mas aí também se acumulam as dificuldades.

Na verdade, ao contrário do postulado que fundamenta esse método, é duvidoso que o montante dos prêmios de risco possa ser adequadamente interpretado como uma autoestimativa do valor da vida. Ele corresponde mais prosaicamente ao que os trabalhadores podem negociar numa situação de escolha limitada, na qual pesam desigualdades de qualificação, de recursos, de acesso à informação, sem falar no desemprego, nas barreiras à mobilidade e nas discriminações. Em geral a pessoa está "disposta" a ser mal paga assim como se "dispõe" regularmente a pagar caro demais, porém isso não significa, de modo algum, que se considere que o salário baixo demais ou o aluguel elevado demais forneça um justo padrão do valor, um preço que pode servir de norma geral para uma política pública.

A sociedade volta-se para o economista e lhe pergunta, em sua condição "de reconhecido especialista do valor monetário das coisas",[44] quanto vale uma vida, subentendendo-se qual é o preço justo da vida, aquele que se poderia tomar como norma de referência para avaliar monetariamente os benefícios de uma redução dos riscos no trabalho, por exemplo; e ele, em posição muito desconfortável, não ousando no fundo confessar que é absolutamente incapaz de responder a esse tipo de questão normativa, gagueja, hesita, desconversa e acaba devolvendo a pergunta à sociedade: vejamos, preen-

---

43 Ibid., p. 298.
44 Adams 1974, p. 625.

cham para mim este questionário, ou melhor, não, porque não posso confiar nas suas respostas; mostrem-me os contracheques. Começando por vocês, trabalhadores sob risco, quanto aceitariam realmente para perder a pele aí? Ah, é? Tão pouco? Portanto, para saber "quanto vale uma vida", pergunta feita – lembremos – a fim de conhecer o que seria racional gastar para salvá-la, o economista acabava por responder: não mais do que os empregadores já estão dispostos a desembolsar para arriscá-la. Em suma, a serpente morde o rabo.

Hábeis cálculos econômicos estimavam em 2006 que uma vida estatística valia exatamente 1 266 037 dólares nos Estados Unidos, mas exatamente 5 248 dólares em Bangladesh.[45] Conclui-se que o "benefício" de salvar uma vida bangladeshiana é cerca de 241 vezes menor que o de salvar uma vida americana? Aquele país, do qual se estima que um quarto da superfície poderia ficar submerso pelas águas daqui até o fim do século, está na primeira fila da catástrofe ecológica em curso. Será aplicada uma política de restituição, país por país, para calcular os "benefícios" vitais globais de uma redução das emissões de gases de efeito estufa? Ou, antes, é preciso fixar um preço médio universal da vida humana? Com qual embasamento "científico" se fará isso?

A verdade é que não existe nenhuma base. Não em função de dificuldades técnicas, distorções metodológicas ou erros de cálculo, e sim porque não há preço *justo* pela vida, cuja supressão não se troca por nada sem uma perda irredutível. A questão, formulada de outro modo, é necessariamente aporética. Pois, é preciso ressaltar, isso é parte integrante do desafio lançado pelos desregulamentadores. É uma *tática de esfinge*: colocar o outro na posição de responder a uma questão insolúvel ou de se jogar no vazio – nenhuma outra escolha.

Numa audiência realizada por uma comissão do Senado em 1979, Weidenbaum é jogado na fogueira pelo jovem Al Gore, que lhe pergunta, com insistência, sobre o valor da vida: qual é o valor monetário de uma mutilação, de uma

---

45 Working Party on National Environmental Policies... 2012.

malformação congênita, da vida perdida de um operário do amianto? Weidenbaum recusa-se obstinadamente a responder, entrincheirando-se em seus valores morais: "Eu nunca, em nenhum de meus cálculos, pus uma etiqueta em dólares sobre uma vida humana. Acho que uma vida é preciosa".[46]

Mas – insiste o senador –, se se trata, como você exige, de impor o princípio de uma avaliação custos/benefícios, como você não quer, mesmo de modo implícito, atribuir um valor monetário à vida? Como "você quantificaria os benefícios de uma proibição do amianto", por exemplo?

> WEIDENBAUM O benefício de proibir o amianto seria o número de pessoas cuja vida seria salva ou cuja duração de vida aumentaria ao se proibir o amianto.
>
> GORE E que valor monetário você teria...
>
> WEIDENBAUM Eu não atribuiria um valor em dólares.[47]

Como aplicar, então, a análise de custos/benefícios? Seria necessário, responde Weidenbaum, comparar o número de mortos evitados pela proibição do amianto com o número de mortos ocasionados pela mesma proibição. Os mortos pela proibição do amianto? "Na condição de condutor de automóvel que utiliza o amianto, que se beneficia do amianto cada vez que pisa no pedal do freio do carro, cada vez que o amianto de que são feitas minhas pastilhas de freio me impede de bater no seu carro, você e eu, senhor presidente, nós estamos os dois muito cientes das vantagens do amianto. Qualquer análise que considerasse apenas as vidas salvas pela proibição do amianto, sem levar em conta as vidas perdidas pela proibição do amianto, não beneficiaria a sociedade."[48]

Weidenbaum se rebaixa a um dilema grosseiro. Desde que as pastilhas de freio não são mais fabricadas com amianto, mas com fibra de vidro, que eu saiba, não houve uma hecatombe nas estradas. O senador, contudo, não desiste:

---

46 *Use of Cost-Benefit Analysis by Regulatory Agencies...* 1980, p. 468.

47 Ibid., p. 472.

48 Ibid.

GORE O senhor diz: nenhum limite para a exposição ao amianto enquanto não efetuarmos a análise custo / benefício ou custo / eficácia, e eu creio que é impossível achar um número preciso o bastante para mensurar o número de pessoas cuja vida seria salva não se limitando a exposição dos trabalhadores ao amianto no local de trabalho. [...] O senhor acha que isso pode ser calculado com precisão?

WEIDENBAUM É um desafio que eu lançaria a um órgão regulador.

GORE E o senhor lançaria esse desafio e pediria que respondessem a esse desafio antes de poder proteger as pessoas expostas no local de trabalho? [...] Mesmo que não tenha certeza de poder responder a esse desafio?"[49]

Weidenbaum acabava de se trair soltando a palavra-chave que resume a sua tática: lançar ao regulador *desafios* aos quais é impossível responder.

Assim como é relativamente fácil estimar os custos da regulação para a indústria, é difícil estabelecer quantitativamente, de antemão, os efeitos num sistema aberto; e impossível, *salvo algum artifício*, avaliar monetariamente os "benefícios" para bens fora do mercado. Weidenbaum sabe disso, e sua tática explora de modo geral a assimetria a fim de paralisar o adversário – o que acontece com ele quando a pergunta lhe é devolvida.

---

49 Ibid., p. 475.

20. CRÍTICA DA ECOLOGIA POLÍTICA

O lucro de um empresário às vezes não passa de espoliação [...]; ele não ganha porque sua empresa produz muito mais do que ela custa, mas porque ele não paga tudo o que ela custa.

JEAN DE SISMONDI, *Novos princípios de economia política*, 1827.

O capital [...] tão pouco condicionado pela perspectiva do apodrecimento futuro da humanidade e seu irrefreável despovoamento final quanto pela possível queda da Terra sobre o Sol.

KARL MARX, *O capital*, 1867.

Em 1950 foi publicado o inovador livro *The Social Costs of Private Enterprise*, de William Kapp, autor heterodoxo cujo nome foi, desde então, riscado da história do pensamento econômico.[1] Essa obra esteve na base da constituição de uma crítica ecológica do capitalismo. Os defensores do liberalismo econômico viram nela um novo ataque, um novo desafio a vencer em sua contraofensiva intelectual.

Consideremos uma fábrica que polui. Sua atividade tem "custos privados" – despesas com equipamentos, matérias-primas, salários –, mas também "custos sociais", que "não são levados em conta nas despesas da empresa, mas transferidos para os outros e por eles assumidos".[2] Normalmente, se o industrial despeja resíduos no rio vizinho, ele não se encarrega de tratá-lo, e são os outros (peixes, pássaros, amantes da navegação, ribeirinhos...) que sofrerão os "custos" de um jeito ou de outro.

---

1 Kapp 1950.
2 Id. 1978, p. 29.

Esses custos sociais da produção privada são, ao mesmo tempo, *impagáveis* (eles não custam nada para o industrial nem para seus acionistas), *transferidos* para outros que os "pagam" nem que seja em gêneros ("custa-lhes" frequentemente o bem-estar, a saúde, quiçá a vida) e *não contabilizados* (eles não constam dos balanços societários nem da contabilidade nacional). Essa terceirização é, em primeiro lugar, material, física, no entanto é também cognitiva, epistemológica: sob o prisma da economia capitalista, em todos os sentidos do termo, essas negatividades *não contam*.

Werner Sombart sustentava que foi a "maneira de ver" inscrita nas técnicas de contabilidade moderna que, mostrando o lucro como pura quantidade, um número ao final de uma coluna, originalmente tornara pensável o conceito.[3] "O homem que efetua transações com base contábil", endossava o historiador da economia Hector Robertson, "tem apenas um objetivo: o crescimento de valores apreendidos de modo puramente quantitativo. A princípio, ele não considera grãos, lã, algodão, tecido, carga de navio, chá, pimenta. Essas realidades [...] tornam-se sombras, elas se fazem irreais [...]. A própria concepção do capital como 'posses lucrativas' depende, na prática, da análise da compatibilidade científica."[4] Segundo essa hipótese, a racionalidade capitalista seria o produto de certa "razão gráfica",[5] o efeito de uma tecnologia de escritura que converte qualidade em quantidade.

Mas a definição capitalista de valor dependia também, e mais radicalmente, de uma divisão fundamental entre o que seria ou não levado em conta. Ela foi fundamentada, lembrava o historiador Carroll Quigley, na decisão de só "contabilizar os 'custos econômicos', porém não os 'custos sociais'".[6] "No novo sistema industrial do início do século XIX, todos esses custos – transporte dos trabalhadores na ida e na volta da fábrica, moradia, educação, aposentadoria, enterro,

---

3 Sombart 1919, p. 120.
4 Robertson 1935, pp. 53-ss.
5 Cf. Goody 1979.
6 Quigley 1970, p. 9.

doença, cuidado dos órfãos – [...] foram excluídos da contabilidade da empresa. É possível, pois, se espantar com seu sucesso financeiro?" O capital se beneficia de um conjunto de externalidades positivas das quais financia apenas uma fração. Além disso, em seu ambiente social e natural, ele se liberta de um conjunto de negatividades cujo fardo é suportado por outros, humanos e não humanos. É somente sob a condição oculta dessa dupla isenção dos custos reais da produção que ele pode se apresentar como economicamente beneficiário. O capitalismo é uma *economia do despejamento*.

No entanto, a vasta terceirização dos custos sociais da produção privada não ocorre sem suscitar, em contrapartida, consideráveis contramovimentos de autodefesa social. "Não se pode compreender plenamente a história política do último século e meio" – escreve Kapp em 1950, prolongando assim as análises de seu amigo Polanyi[7] –, "enquanto não se perceber que se tratou de uma vasta revolta popular [...] contra a transferência de grande parte dos custos sociais de produção para terceiros ou para a sociedade."[8] A história moderna e contemporânea das lutas sociais *e* ambientais poderia ser relida sob essa ótica como uma *revolta das externalidades*, cujos motivos, heterogêneos somente na aparência, encontram unidade numa raiz comum: a mesma rejeição, a mesma recusa de endossar os "custos sociais" da produção privada, de pagar pelo capital.[9]

---

7   Sobre as relações entre Kapp e Polanyi, ver Berger 2008.

8   Kapp 1978, p. 15.

9   A noção de "custos sociais" está no cerne de um ecossocialimo que concebe a exploração do trabalho e da natureza como duas facetas de uma economia de espoliação generalizada: "Se os custos empresariais não medem os custos totais de produção, então o cálculo concorrencial custo-preço não é apenas absurdo – ele não passa de uma cobertura institucionalizada sob a qual é possível, para as empresas privadas, transferir parte dos custos para os ombros de outro e praticar uma forma de espoliação em grande escala, ultrapassando tudo o que os primeiros socialistas tinham em mente quando falavam da exploração do homem pelo homem" (Kapp 1978, p. 271).

Com o conceito de custos sociais, Kapp radicalizava uma tese que o economista Arthur Pigou propôs nos anos 1920.[10] Pigou notava que, em alguns casos, uma produção, ainda que lucrativa para o agente privado que a empreende, engendra para a sociedade perdas superiores a seus ganhos. A existência pontual de uma divergência entre "produto privado" e "produto social"[11] invalidava, como exceção, o raciocínio dos adeptos do *laissez-faire*. Em caso semelhante, é manifestamente equivocado alegar que a perseguição do interesse egoísta maximiza o valor total. Para corrigir esse tipo de disfunção, Pigou concluía, é "necessário que uma autoridade mais abrangente intervenha e ataque os problemas coletivos da beleza, do ar e da luz".[12] O Estado podia e devia intervir em casos parecidos por meio de "incentivos extraordinários" ou "restrições extraordinárias":[13] de um lado, subsídios; de outro, impostos.

Entretanto, até a publicação do livro de Kapp, as externalidades negativas foram consideradas um problema periférico, uma aberração menor na teoria econômica. Kapp, ao contrário, mostrava que o despejamento dos custos sociais era um fenômeno generalizado, consubstancial ao modo de decisão afetado por "uma tendência congênita a negligenciar os efeitos negativos (por exemplo, a poluição do ar e da água) tidos como 'externos' à unidade decisória".[14] E isso trazia implicações teóricas radicais, pois se nem a compatibilidade das

---

10 Pigou 1932.

11 Mais precisamente, uma divergência entre "produto privado marginal líquido" e "produto social marginal líquido". "Em geral, os industriais não se interessam pelo produto social líquido, apenas pelo produto privado de suas operações. [...] Quando existe divergência entre esses dois tipos de produtos marginais líquidos, o interesse pessoal não tende, portanto, a maximizar o dividendo nacional" (Pigou 1932, p. 172). "As externalidades constituem hoje a exceção típica à equação da otimização com uma concorrência universal perfeita" (Mishan 1971b, p. 1).

12 Pigou 1932, p. 195.

13 Ibid., p. 192.

14 Kapp 1974b, p. 60.

empresas nem os preços em geral são realmente capazes de registrar os "efeitos destruidores fora do mercado"[15] transferidos para o ambiente social e natural, "então os indicadores de preços não são apenas imperfeitos e incompletos: eles são mentirosos".[16]

O economista liberal Frank Knight, um dos primeiros a criticar, já em 1924, a tributação ambiental defendida por Pigou,[17] redige, bem no início dos anos 1950, uma resenha cáustica do livro de Kapp, que ele considera um exemplo de propaganda socialista.[18] É fato que a destruição do meio ambiente tem custos, ele diz, contudo a preservação do meio ambiente também tem. Para que o quadro fique completo, seria preciso pôr na balança os custos sociais e ambientais da produção e os custos da alternativa, os "custos da eliminação dos custos".[19] Ele enunciava, assim, o que se tornaria o tropo central da crítica que o neoliberalismo fazia da regulação social e ambiental, totalmente baseada no princípio de simetrização do antídoto e do mal. O mesmo cuja manobra vimos concretamente no capítulo anterior.

No seio do consenso anterior, concordava-se em afirmar que era desejável, em caso de poluição industrial, "responsabilizar o proprietário da fábrica pelos danos ocasionados".[20] Ora, Knight e seus colegas contestam esse postulado. Coube a Ronald Coase formalizar o argumento. Pensa-se comumente "que toda medida que elimina o transtorno é necessariamente desejável",[21] ele diz, mas há nisso um preconceito. Pois não se pode esquecer que, em semelhante caso, "para evitar o prejuízo causado a B, inflige-se um prejuízo a A". Se a poluição tem um custo (para os poluídos), as medidas anti-

---

15 Ibid., p. 86.
16 Ibid.
17 Cf. Knight 1924.
18 Id. 1951, p. 234.
19 Ibid.
20 Coase 1960, p. 1. Sobre as relações entre Knight e Coase, ver Berger em Ramazzotti et al. 2012, p. 103.
21 Coase 1960, p. 43.

poluição também têm (para os poluidores). Antes de decidir o que fazer, é preciso colocar ambos na balança.

"Se uma empresa despeja poluentes em um curso d'água" – raciocina igualmente Daniel Fischel –, "ela impõe aos usuários custos que podem exceder seus próprios benefícios. Entretanto, isso não significa que a poluição seja um comportamento imoral ao qual caberia pôr fim. Consideremos o caso inverso, quando a empresa, pelo bem dos usuários, não polui e opta por um método mais dispendioso de eliminação dos dejetos. Nessa situação, os usuários do rio impõem aos investidores, aos empregadores e aos consumidores da empresa custos que podem exceder seus próprios benefícios. Nem poluir nem se abster de poluir são *a priori* 'eticamente' ou 'moralmente' corretos."[22] É um pouco como se, sob o pretexto de que ferir ou cuidar de alguém tivesse custos, se concluísse que os dois atos são eticamente indiferentes. Eu lhe fiz mal e isso tem um custo para você, mas cuidar de você teria um custo para mim, portanto, concluo – diz o economista munido de sua calculadora –, que nem prejudicá-lo nem reparar o dano que causei são, *a priori*, "eticamente" ou "moralmente", corretos ou incorretos.

Seria um erro, garantem os economistas, insistir que pagar é sempre uma obrigação dos responsáveis. Isso depende, pois penalizar o autor do dano pode se mostrar menos lucrativo no conjunto do que não o fazer. Assim, somos convidados a julgar os danos segundo uma balança custos-benefícios em que só importa a consideração do valor total. Se este é "maior no caso em que a parte lesada endossa os danos",[23] então se sustenta que é economicamente racional que as vítimas assumam os custos que outros lhe infligiram. "Se nós supomos que o efeito nocivo da poluição é que ela mata os peixes, a questão a resolver é a seguinte: o valor dos peixes perdidos é superior ou inferior ao valor do produto que a contaminação do curso d'água torna possível?"[24] Se os peixes mortos valem menos que

---

22 Fischel 1982, p. 1270.
23 Demsetz 1996, p. 566.
24 Coase 1960, p. 2.

a produção da indústria química (o que é mais do que provável), então é economicamente racional deixá-los morrer.[25] O neoliberalismo é fundamentalmente um antiecologismo.

Mesmo que esses economistas tenham apresentado seu método como algo evidente, os cálculos pressupõem que seja possível: 1) recensear de modo exaustivo os danos sociais e ambientais ligados a determinada atividade; e 2) mensurá-los adequadamente segundo o valor mercantil. Ora, esses dois postulados são problemáticos. Vamos examinar cada um deles.

Sob a luz dos exemplos que povoam essa bibliografia, inventariar os danos ambientais parece brincadeira de criança: a nuvem de fumaça só atinge hipoteticamente a vizinhança imediata, o despejo da substância tóxica se limita a matar x peixes no rio adjacente. Em suma, só se consideram situações de danos finitos, circunscritos no espaço e no tempo. Mas isso é desconhecer a realidade de fenômenos

---

25 Há apenas um princípio, um só padrão-mestre nesse modo de pensar: "O problema econômico, em todos os casos, de efeitos nocivos, é saber como maximizar o valor da produção" (Ibid., p. 15). O critério absoluto de decisão é um número. Uma soma. Conta apenas a quantidade total, independentemente de sua distribuição. Mas por que esse critério, e não outro? Por que tomar como referência o total de valor produzido em vez de, por exemplo, a satisfação sustentável das necessidades sociais? Para isso, a economia neoclássica realmente não traz resposta, contentando-se em repetir circularmente que ela adota o critério porque ele é constitutivo de seu modo de pensar. Coase, no entanto, era demasiado sutil para ignorar completamente o problema. Bem no final do seu artigo, ele menciona o elefante que está na sala desde o início: "Neste artigo, a análise limitou-se, como sói acontecer neste setor da economia, a comparações do valor da produção medido pelo mercado. Mas é evidentemente desejável que a escolha entre os diferentes arranjos sociais para a solução dos problemas econômicos se faça num sentido mais amplo, e que se leve em conta o efeito total desses arranjos em todas as esferas da vida. Como Frank H. Knight ressaltou várias vezes, os problemas da economia do bem-estar devem finalmente se dissolver num estudo da estética e da moral" (Coase 1960, p. 43; e ver Knight 1924, p. 161).

de poluição caracterizados pela não finitude. Em primeiro lugar: eles não são somente locais, limitados a zonas precisas – sua repercussão também ocorre em outros lugares. Em segundo lugar: os danos ambientais não são apenas instantâneos e imediatos; eles podem persistir por muito tempo após sua primeira manifestação; podem igualmente se revelar só muito mais tarde, depois de um longo período de latência.[26]

A economia neoclássica alega poder analisar os fenômenos de poluição segundo o velho esquema das "relações de trocas mútuas e recíprocas entre unidades microeconômicas".[27] Só que, em um ecossistema, "o processo de causalidade não costuma ser de natureza bilateral, em que poluidores particulares causam danos a pessoas ou a entidades específicas ou identificáveis".[28] Trata-se antes, ressalta Kapp, de um "princípio de causalidade cumulativa ou circular".[29] Diversas fontes de poluição engendram efeitos combinados que não "variam necessariamente na proporção da sua quantidade e da sua frequência. Quando a capacidade de assimilação do ambiente atinge limiares críticos, quando diferentes poluentes se combinam, se concentram, gerando reações químicas em cadeia, uma única porção de emissão suplementar pode ter efeitos não lineares, não proporcionais, mas desproporcionais, produzindo consequências catastróficas para a saúde humana".[30] Além de sua não finitude e da sobredeterminação, as perturbações ambientais têm um caráter global. Elas são "globais" – escreve Kapp em 1977 – "no sentido em que alguns poluentes e resíduos persistentes têm o potencial de afetar o planeta inteiro, modificando a composição química da atmosfera, provocando mudanças climáticas de consequências maiores".[31]

---

26 Kapp 1977, p. 532.
27 Id. 1974a, p. 84.
28 Id. 1977, p. 531.
29 Id. 1983, p. 2.
30 Id. 1977, p. 530.
31 Ibid., p. 529. A tendência do capitalismo de "socializar os custos reais de produção" é também o processo material em que fluxos psicoquímicos são metabolizados por um ambiente planetário pro-

Justamente quando esse modo de pensamento ecossistêmico aflorava, a economia ortodoxa continuava prisioneira de uma concepção seriada e linear da troca que a impedia de conceber outra coisa além das relações simples entre poluições particulares e danos imediatos. Uma emissão de gases de efeito estufa talvez afete os que os inalam imediatamente, entretanto ela participa também da produção de um hiperfenômeno global – um "hiperobjeto" que o pensamento econômico neoclássico, tributário de uma epistemologia ultrapassada, pré--ecológica, só é capaz de apreender fragmentando-o e subestimando-o de maneira crônica.[32] "Resolver esse desafio" – apontava Kapp – "exige bem mais que quantificação e matemática. É preciso ter vontade [...] de avaliar os fluxos físicos e seus efei-

---

fundamente perturbado. Nesse sentido, essa socialização é também uma "naturalização".

32 "O que conta não são apenas os efeitos de um poluente específico do ar ou da água, mas os efeitos psíquicos e sociais de várias fontes, inclusive a degradação das condições de vida e de trabalho que determinam a qualidade do ambiente humano e a extensão dos danos causados. Em suma, os danos ambientais e a qualidade de vida devem ser compreendidos [...] em sua totalidade" (Kapp 1977, p. 530). Segundo o autor, a teoria econômica clássica não é adequada à análise de tais interdependências. "Com os problemas de perturbação ambiental e de custos sociais, somos confrontados com efeitos tecnológicos diretos, não mercantis, que, dados seus efeitos cumulativos, tornam obsoleta a abordagem tradicional da economia convencional fundamentada no equilíbrio" (Kapp 1974a, p. 83). Nesse contexto, é difícil estabelecer uma relação biunívoca entre um poluente individual e um dano ambiental. Isso afeta não só o raciocínio em termos de justiça retributiva (quem pode ser considerado responsável por um efeito global?), mas também o esquema econômico clássico da troca bilateral, que compartilha, nesse ponto, o mesmo limite epistemológico fundamental, uma concepção atomística da agência acoplada a uma concepção linear da causalidade. Em certo sentido, os neoliberais têm razão em dizer que a abordagem jurídica é inadequada, porém eles não fornecem o motivo certo. Se a abordagem em termos jurídicos é insuficiente, não é, como dizem, porque haveria reversibilidade das posições, e sim porque há não linearidade crescente entre as causas do dano e suas repercussões. Sobre o conceito de hiperobjeto, ver Morton 2013.

tos em termos *reais*."[33] Fazer ciência de outro modo, ultrapassar a racionalidade econômica com uma nova razão ecológica.

Além do problema da totalização dos efeitos ambientais, há o da comensurabilidade dos danos. "O que se deve saber" – exige Coase – "é se o ganho associado ao impedimento dos danos excede a perda sofrida pelo fato de se ter posto fim à ação que a engendra."[34] Mas uma análise como essa pressupõe que os dois tipos de "custos" possam ser adequadamente expressos numa mesma unidade contábil. Já evocamos essas dificuldades no capítulo anterior: quanto vale uma vida? Qual será a medida comum entre, digamos, os lucros da Eternit e os mortos pelo amianto? E quem decidirá a equivalência?

Talvez os moralistas se escandalizem – retrucam os neoliberais –, contudo as medidas de regulação, a começar pela tributação das indústrias poluidoras, já atribuem implicitamente equivalentes monetários a tais realidades consideradas inestimáveis. O problema não seria atribuir um valor à paisagem, a uma espécie animal ou a vidas humanas. O problema estaria na maneira como o fazem. Os modos de avaliação em vigor, aqueles que fundamentam a política pública, "baseiam-se em *preços* sociais (preço da vida humana, da prevenção contra acidentes...) que refletem melhor a ideia que alguns *lobbies* (grupos de pressão) bem organizados e particularmente motivados [...] têm dos preços implícitos, mais do que o nível social 'ótimo' que resultaria do conhecimento perfeito do conjunto das escalas de preferências individuais".[35] Em suma, preocupam-se com que o modo de avaliação em vigor seja de ordem *política*: governamental, decerto, mas sobretudo demasiadamente sujeito às "pressões" dos movimentos sociais.

Então, qual é a alternativa? Como determinar o preço "ótimo" do ar respirável ou da vida saudável? "Ele é aquele que prevaleceria se dispuséssemos de um *mercado* em que cada um pudesse confrontar o preço que estaria disposto a pagar para

---

33 Kapp 1974a, p. 88.
34 Coase 1960, p. 27.
35 Lepage 1978b, p. 294.

ter de suportar menos poluição com o preço que o poluidor estaria disposto a aceitar para reduzir a sua poluição."[36]

Num exemplo famoso, Coase imagina dois vizinhos, um médico e um confeiteiro, cujas máquinas fazem um barulho que impede o primeiro, do outro lado da parede, de fazer auscultações. O médico processa o vizinho. Primeira possibilidade: o tribunal dá razão ao médico e obriga o outro a desligar as máquinas, fazendo com que o confeiteiro perca sua fonte de renda. Mas nada o impede, observa Coase, uma vez aplicada a justiça, de negociar com seu vizinho para dele "comprar" o direito de continuar a fazer barulho. Segundo cenário: o tribunal recusa o pedido do médico e autoriza o confeiteiro a continuar utilizando as máquinas. Se, apesar de tudo, o médico quiser continuar trabalhando, ele também pode negociar com o vizinho a compra do direito ao silêncio.

Popularizado por George Stigler, o teorema de Coase foi apresentado como a demonstração paradoxal de uma "simetria fundamental nas relações" entre poluidor e poluído e do fato de que "a composição da produção não será afetada pela atribuição de uma responsabilidade civil".[37] Diz-se que em ambos os casos, seja qual for a decisão do juiz, os agentes estão em condições de negociar um acordo privado que satisfaça as duas partes. De resto, saber quem paga é uma questão "economicamente indiferente", na medida em que transferências de dinheiro em uma ou em outra direção não afetam o valor total. Bela ilustração da reversibilidade das posições sociais, da indiferença da economia pelo direito, da inanidade da imputação de responsabilidade, do caráter supérfluo da regulação governamental e, ao contrário, da autossuficiência de uma ordem privada fundamentada no regateio dos direitos (direito de poluir, direito de não ser poluído).

Só que, analisando melhor, o exemplo de Coase estava longe de estabelecer tudo isso. Em que caso, na verdade, a negociação pode acontecer racionalmente? O médico só pode comprar o silêncio se ele ganhar o suficiente para

---

36 Ibid., p. 296.
37 Stigler 1987, p. 120

fazer ao confeiteiro uma oferta no mínimo igual ao rendimento que este perderá por interromper as máquinas. Do mesmo modo, o confeiteiro só pode comprar de seu vizinho o direito de prosseguir em sua atividade se ele ganhar pelo menos tanto quanto o médico, caso contrário será incapaz de lhe fazer uma oferta que compense a perda de honorários.[38] É recorrente, seja qual for a deliberação do tribunal, que somente aquele que ganha mais possa esperar regatear uma decisão de justiça favorável. Se o juiz se pronunciou a favor do confeiteiro, mas o médico ganha menos que ele, este terá de suportar a poluição sonora. Ao contrário, portanto, das interpretações que se acreditavam possíveis, o exemplo paradigmático não mostra que as posições dos agentes são sempre reversíveis nem que a decisão de justiça é indiferente em todos os casos. Ele estabelece, ao contrário, que a lei faz a diferença ao reconhecer o direito de não sofrer a poluição independentemente dos rendimentos de que dispõe o poluído. Mostra também que a assimetria do poder de negociação, determinado pela disparidade dos rendimentos, é, em geral, irreversível na ausência de um direito imperativo. E revela, enfim, que, na ausência de regra jurídica, a decisão é abandonada à arbitrariedade das desigualdades econômicas.

Seja como for, a principal inovação teórica de Coase residia na ideia absurda de colocar os poluídos em posição de comprar do poluidor o direito de não o ser, de comercializar os direitos, de privatizar a responsabilidade.[39] Esse foi o sinal de uma mudança importante. Na verdade, antes do artigo de Coase, quando "a possibilidade de uma resolução negociada simplesmente não era reconhecida",[40] os econo-

---

38 Como o próprio Coase indica, no adendo de um parágrafo, "a solução do problema depende essencialmente de saber se continuar a utilizar as máquinas mais aumenta os rendimentos do confeiteiro do que diminui os do médico" (Coase 1960, p. 9).

39 Como ressaltou Demsetz, "não são as observações de Coase sobre a importância dos custos de transação, mas sua 'privatização' do problema da externalidade que constitui a principal contribuição metodológica de seu trabalho" (Demsetz 1996, p. 566).

40 Ibid., p. 572.

mistas estavam em total acordo quanto à necessidade de uma ação corretiva por parte do poder público. Aos instrumentos tradicionais da intervenção governamental em matéria de poluição – impostos, subsídios e normas –, os neoliberais vão opor, a partir dos anos 1960, uma abordagem concebida em termos de direitos de propriedade transferíveis. A ideia era criar novos mercados nos quais se trocariam direitos de poluir, mecanismos alternativos à intervenção estatal, mas também à correlação de forças social e política.

Consideraram-se inicialmente dispositivos mercantis que replicavam a comédia de Coase, seu acordo confeiteiro/médico. Oferecer aos poluídos a oportunidade de comprar do poluidor o direito de não o ser. "Quando uma fábrica enche mil casas de fumaça, a solução ideal" – professava Stigler – "consiste em instaurar um sistema de compensação pelo qual os proprietários [das moradias] paguem à fábrica para instalar dispositivos de redução da fumaça até que o custo marginal da redução da fumaça se iguale à soma dos ganhos marginais para os proprietários."[41] Assim, o valor dos "bens" sanitários e ambientais poderia ser fixado não por uma decisão política, e sim por um mecanismo de mercado. Se você se importa com sua saúde ou com a natureza, se preservá-las é importante para você, então atribua um preço a elas, um montante que expressará *in fine*, via medida objetiva da disposição a pagar, o valor dos "bens" correspondentes. Invenção de um princípio bem estranho: o do poluído-pagador.

Em 1966, Thomas Crocker imaginou outro tipo de mercado: uma agência governamental estabeleceria direitos de emitir substâncias poluentes que seriam leiloados.[42] John Dales propôs, dois anos depois, um modelo similar: um sistema de "direitos de poluir" transferíveis cujo limite total seria fixado pelo governo, mas cujo preço seria determinado pelo mercado, "assegurando automaticamente que a redução

---

41 Essa ideia aparece em 1966 na terceira edição do manual de Stigler (Stigler 1966, p. 113).

42 Crocker em Wolozin 1966.

de despejo de dejetos exigida fosse realizada com o menor custo total possível".[43]

O mercado falhou? Viva o mercado. Afinal, que solução melhor diante das deficiências do mercado existente que dele fazer nascer um novo mercado, remendo ilusório aplicado sobre o primeiro? Invenção, portanto, de uma *governança mercantil das externalidades*. Em 1971, Nixon, em campanha pela reeleição, propôs *en passant* "vender permissões de poluir",[44] mas a ideia ainda não estava madura politicamente. Seria necessário esperar os anos 1990 para que os mercados dos direitos de poluir, hoje bem conhecidos, fossem experimentados nos Estados Unidos.[45] Esse foi um caso bastante inédito de "mercados artificiais" criados do nada, com base na teoria econômica.[46] E com o êxito conhecido.

O problema, dizia a crítica ambientalista, é que os custos sociais e ambientais não são contabilizados pela economia capitalista. Se quiserem que os levemos em conta – respondiam de imediato os economistas neoclássicos –, precisamos atribuir um preço a essas realidades. Sem isso, não há consideração possível. Recusando o princípio de uma avaliação política, eles opunham uma estimativa mercantil. Assim, os mercados podiam ser apresentados como soluções gnosiológicas ao problema da medida do valor e justificar do mesmo modo – longe do materialismo sujo que, entretanto, constitui a motivação essencial – uma nova extensão do domínio da apropriação privada.

"Não nego", esclarecia Kapp, "que seja possível atribuir valor monetário aos danos ambientais, à saúde humana, à vida humana e até a valores estéticos, assim como não nego a possibilidade de conferir valor monetário a uma obra de arte. Na verdade, no mercado, essas avaliações são feitas constantemente. No entanto [...] não concordo que valores monetá-

---

43 Dales 1968, p. 107.
44 Tribbett 2014, p. 51.
45 Cf. Gorman e Solomon 2002, p. 309.
46 Ver Montgomery 1972, p. 395; e Philibert e Reinaud 2004, p. 9.

rios constituam critérios apropriados e responsáveis para avaliar tais danos."[47] Portanto, o problema não é que sejam realidades absolutamente incomensuráveis – não é esse o caso –, mas que a mensuração mercantil saia pela tangente.

Um mercado pode estimar com propriedade custos sociais e ambientais? Kapp diz que não. Sob o fetiche do "mercado", há agentes individuais que devem ser capazes de determinar, por suas escolhas agregadas, o preço justo das realidades ambientais que estão em jogo. Ora, limites estruturais os impedem de fazê-lo de maneira satisfatória.

O primeiro problema é o limite das capacidades gnosiológicas do agente econômico racional. Abandonado à própria sorte, esse "*indivíduo* não está em condições de estimar as consequências negativas da poluição em toda a sua amplitude", não mais do que "os benefícios de curto e de longo prazo das melhorias ambientais sobre a saúde e o bem-estar".[48] Isso não quer dizer que tais efeitos sejam irreconhecíveis de todo, apenas que o agente é incapaz de adivinhá-los valendo-se de sinais do mercado. Para tanto, seria preciso algo inteiramente diferente: todo um trabalho socializado de informação sobre outras bases, o desenvolvimento das novas ciências do meio ambiente que Kapp almeja – e que o mercado não produzirá sozinho.

A segunda dificuldade diz respeito ao horizonte temporal no qual os agentes fazem suas escolhas. Suas decisões afetam "os interesses das gerações futuras", mas, como estas "não são representadas" nos cálculos, seus interesses "não serão levados em conta nos preços atuais do mercado".[49] A tendência estrutural consiste, desde então, em escolher um ganho imediato pelo preço de uma perda transferida para outros em um futuro que não nos dirá mais respeito.

O terceiro obstáculo refere-se aos limites do princípio da "disposição a pagar". Os neoclássicos consideram que o mercado permite revelar, pelo montante que os indivíduos

---

47   Kapp 1977, p. 531.
48   Id. 1978, p. 314.
49   Id. 1977, p. 531.

estão dispostos a desembolsar por certos bens, o estado das preferências subjetivas. O princípio parece verossímil: se alguma coisa conta muito para você, você estará disposto a comprometer uma grande soma para obtê-la ou preservá-la. Só que sua "disposição a pagar" é limitada por sua *capacidade de pagar*. Talvez você *desse* tudo no mundo para salvar um ente querido, porém só pode colocar em jogo o que você tem. O critério da disposição a pagar é estruturalmente distorcido pela estrutura das desigualdades econômicas.[50] Se utilizassem esse princípio para decidir a implantação de um parque em uma zona residencial abastada ou em um bairro popular, é mais provável que no jogo dos leilões, de preferências subjetivas iguais, o primeiro grupo de moradores ganhasse. Caso se tratasse de decidir a localização de um aterro sanitário ou de uma fábrica de celulose, é certo que os segundos sairiam perdendo. Numa sociedade desigual, confiar ao mercado a tarefa de redistribuir direitos ambientais alienáveis resulta, necessariamente, em deixar os mais ricos transferirem os custos sociais para os mais pobres.[51] São aqueles que não têm os meios para pagar (com dinheiro) que pagarão (com gêneros). E isso num círculo vicioso em que a desigualdade econômica atrai uma desigualdade ambiental que agrava ainda mais a miséria real dos pobres.

Segundo os neoliberais, se quisermos *levar em conta* as realidades ambientais, é preciso integrá-las à lógica capitalista

---

50 "O uso da disposição a pagar como critério para quantificar e avaliar a qualidade do meio ambiente" – mostra Kapp – "tem o efeito insidioso de reinterpretar as necessidades humanas originais [...] de acordo com critérios que refletem as desigualdades e as distorções existentes na estrutura de preços, de salário e de renda" (Kapp 1978, p. 313). Se unidades econômicas, com poder ilegal, podem fazer seus custos recaírem sobre os outros, então "os custos e os preços de mercados devem ser considerados medidas mais ou menos arbitrárias". Em outras palavras, dadas as desigualdades econômicas, a capacidade e a disposição a pagar "são tão arbitrárias quanto a estrutura de preços e de renda de que resultam" (Kapp 1969, p. 335).
51 Kapp 1974a, p. 81.

do valor, o que implica estender o domínio de propriedade privada aos bens comuns ou públicos que ainda podiam escapar. O postulado é que, a partir do momento em que uma realidade se torna privada, ela adquire um valor mercantil, então os que disso se beneficiam terão interesse em sua preservação. Nessa concepção do mundo, a destruição de uma realidade ambiental só é considerada se for economicizada. A poluição de um lago somente se torna uma realidade econômica – uma realidade e ponto final – se existe, por exemplo, uma base náutica que verá seus rendimentos baixarem em consequência da poluição. Um lago não capitalista, ao contrário, *não existe*. A tese fundamental é de que a apropriação mercantil da natureza é a condição de sua preservação. Os "bens comuns", ao contrário, são considerados uma tragédia.[52]

Para compreender como as promessas do novo "capitalismo verde", muito mais que um embuste, são uma catástrofe, é esclarecedor reabrir o velho livro. No início do século XIX, um lorde escocês radicado em Paris, James Maitland, conde de Lauderdale, em contato com a Revolução Francesa, descobriu o paradoxo econômico que leva seu nome.[53]

O que é a "riqueza pública"? Contrariamente ao que se poderia pensar, ela não se reduz à "soma das fortunas particulares"[54] – ou, como diriam hoje, ao "total do valor produzido". As duas noções, riqueza pública e valor privado, são não apenas distintas, mas realmente contraditórias, a segunda só podendo, em geral, aumentar à expensa da primeira.

Para que uma coisa seja "adequada para entrar na riqueza individual", dizia Lauderdale, sua aprovação e utilidade não bas-

---

52 Essa contraofensiva no campo ecológico está estreitamente ligada à crítica teórica lançada concomitantemente contra os "comuns": para dar crédito à ideia de que só a apropriação privada pode salvaguardar os recursos naturais, era necessário invalidar a alternativa: retratar a gestão comunal dos bens públicos como algo destinado ao fracasso, e daí o tema da "tragédia dos comuns" (Hardin 1968).

53 Lauderdale 1808.

54 Ibid., p. 25.

tam: "É preciso, além disso, que ela apresente certo grau de raridade".[55] De maneira inversa, enquanto uma riqueza é abundante, livremente acessível, ela não pode ser apropriada com lucro. Só se pode converter riqueza pública em valor privado com a condição de que ela se torne rara. Imaginem, diz Lauderdale, uma terra dotada de "tudo o que satisfaz às necessidades e graças da vida, regada por todos os lados por riachos da água mais pura: o que se diria do homem que propusesse como meio de aumentar a riqueza dessa bela região o projeto de gerar uma boa carência de água, em vez da abundância que os habitantes olham como uma das maiores dádivas da natureza? Certamente ele seria tratado como louco. Entretanto, é verdade que sua opinião tenderia a aumentar a massa das fortunas individuais; pois a água, que conserva sempre a qualidade que a torna útil e agradável, chegaria à circunstância de ser rara e adquiriria certo valor".[56] Eis o paradoxo: o crescimento da riqueza privada mensurada à luz do valor de troca pressupõe a raridade dos bens públicos correspondentes, sob o risco de rarefazê-los por conta própria, de modo artificial, organizando sua destruição deliberadamente.

Na época de Lauderdale, a cena de apropriação destrutiva dos recursos hídricos era ainda da ordem da ficção. Ela já ecoava práticas capitalistas existentes, em particular nas colônias. Lauderdale toma o exemplo da "conduta que os holandeses mantinham quando, nos anos férteis demais para o gosto deles, queimavam imensa quantidade de especiarias; quando distribuíam recompensas aos nativos das ilhas onde cresce a noz-moscada para que, em troca, eles colhessem as flores jovens e as folhas verdes, a fim de destruir a árvore".[57]

Se quisermos apreender o verdadeiro sentido da "crise ambiental" contemporânea, é preciso reinseri-la naquela história, num sistema econômico cuja expansão teve como condição consubstancial a apropriação destruidora da natureza, e voltar a situá-la, como Lauderdale nos convidava a fazer de

---

55 Ibid., p. 27.
56 Ibid., p. 28.
57 Ibid., p. 36.

antemão, na continuidade da predação colonial e da acumulação primitiva do capital.

A diferença entre esses exemplos de destruição intencional e os hiperfenômenos de perturbação ambiental que conhecemos desde então é que não se poderia atribuir, por exemplo, a causa da poluição atmosférica global à ação orquestrada de um grupo de especuladores que a teria intencionalmente provocado para dela tirar proveito direto. A rarefação da atmosfera respirável não é orquestrada secretamente por vendedores de ar engarrafado, nem o aquecimento climático por indústrias de ar-condicionado, ainda que os aparelhos que eles comercializam contribuam para isso. O efeito global não foi um objetivo em si mesmo. Mas é justo aí que reside a única diferença. Aliás, que a rarefação tenha sido intencionalmente organizada ou que se produza como efeito secundário estrutural de uma terceirização dos custos sociais, o resultado é o mesmo. Na medida em que os danos ambientais produzem efeitos de rarefação, eles fornecem as condições objetivas de um novo ciclo de mercantilização, de uma conversão mercantil da antiga *riqueza* em novo *valor*, num esquema em que, ontem como hoje, a extensão da apropriação privada tem como precondição a destruição da riqueza pública.

Uma vez que a riqueza pública é negada e integrada à produção mercantil, aqueles que disso se beneficiam não têm nenhum interesse – muito pelo contrário – em voltar a estados de abundância fora do mercado. Uma firma que vende água engarrafada teria mais interesse objetivo no desparecimento das fontes públicas. É preciso, então, que o estado de raridade se perpetue, quiçá se acentue, o que é incompatível com a política de reabilitação e de extensão dos bens públicos ambientais. "Se pudéssemos ter a terra tão facilmente como o ar, ninguém pagaria renda fundiária", escrevia o jovem Engels.[58] Talvez ele não imaginasse que a recíproca pudesse um dia se tornar verdadeira: numa era em que ar puro se torna raro, não vai demorar, de um jeito ou de outro, para que nos façam pagar por ele.

---

58   Engels [1844] 1981, p. 65.

A extravagante promessa da economia dominante, observa com veemência John Bellamy Foster, é pretender salvar o planeta pela expansão do mesmo capitalismo que a está destruindo.[59] Em uma fantástica inversão do real, os neoliberais nos apresentam a apropriação privada como a solução para um desastre ambiental que é, no entanto, ao mesmo tempo, o produto de acumulações privadas anteriores e a condição renovada de uma ampla apropriação mercantil. Pseudoantídoto que, como nos casos de dependência tóxica, só estende seu domínio agravando o mal que alega aliviar.

59 Bellamy Foster e Clark 2009.

21. RESPONSABILIZAR

Os diretores da companhia de Yorkshire e de Lancashire tomam o cuidado de anunciar em seu protocolo que, em caso de acidente, sejam quais forem os ferimentos infligidos, seja por negligência própria, seja por negligência dos diretores ou de seus subordinados, eles se consideram isentos de toda responsabilidade jurídica. [...] Parece que o capital possui uma espécie particular de moralidade muito própria, um tipo de direito superior [...], enquanto a moral comum deve apenas valer para as pessoas pobres.

KARL MARX, "Political Movements.
Scarcity of Bread in Europe", 1853.

O ano é 1971. Pela janela do carro, a mão lança uma sacola que vai rebentar adiante, no acostamento da estrada. Os detritos se espalham aos pés de uma personagem majestosa de mocassins. Um índio com uma pena nos cabelos. Primeiro plano. Ele olha direto para a câmera. Ele chora. *Zoom* sobre a lágrima que rola por sua face enrugada. Voz em *off*: "A poluição começa pelas pessoas. São elas que podem acabar com isso". Inserção na tela: *Keep America Beautiful*.[1]

O índio é a natureza. Vocês são a civilização. Ele é a sua consciência pesada. O submisso não pode falar, mas seus olhos abertos o fazem em lugar da boca fechada. Esta América virginal, anterior à colonização, foi ela a poluída, a devastada, o alvo de genocídio; vocês continuam a feri-la e ela os reprova em silêncio. Em seguida vem o *slogan*. A causa da poluição são vocês. O antídoto, por conseguinte, são vocês também. Tudo está nas suas mãos. Sua culpa, vocês podem aliviá-la. Basta mudar de comportamento.

---

1 Disponível em: youtube.com/watch?v=9Dmtkxm9yQY.

Belo apelo à tomada de consciência ecológica e à responsabilidade de cada um. Mas quem se esconde exatamente sob o signatário dessa edificante mensagem publicitária? Ao contrário do que se poderia imaginar, a Keep America Beautiful não é uma organização de defesa do meio ambiente, e sim um consórcio de industriais de bebida e de embalagens, entre os quais a Coca-Cola e a American Can Corporation. Essa organização de fachada fora fundada em 1953, num contexto que seria útil retraçar.

Nos Estados Unidos existia havia muito tempo um sistema de depósito para a venda de bebidas: o cliente desembolsava alguns centavos a mais, que lhe eram devolvidos quando levava de volta as garrafas vazias. Esse sistema de reutilização da embalagem – diferentemente da reciclagem dos materiais (não se refundia o vidro, enchia-se novamente a garrafa) – era eficaz, sustentável, e minimizava os rejeitos.[2]

As coisas começaram a mudar nos anos 1930. No fim da proibição, quando os negócios foram retomados, os industriais da cerveja inventaram a latinha. A garrafa de vidro reutilizável, com a qual os consumidores estavam habituados, manteve-se majoritária ainda por um tempo, mas a passagem para embalagens descartáveis abria perspectivas suculentas: suprimir os custos de coleta e recondicionamento, eliminar os intermediários (entre eles os engarrafadores locais), concentrar a produção estendendo a distribuição até grandes distâncias. Generalizar o descartável implicava obviamente aumentar a produção de rejeitos, mas os industriais lavavam as mãos. No início dos anos 1950, os fabricantes de refrigerantes, liderados pela Pepsi, com a Coca-Cola logo atrás, seguiram o passo dos fabricantes de cerveja. A mudança foi espetacular. Enquanto, em 1947, 100% dos refrigerantes e 85% das cervejas eram vendidos em garrafas reutilizáveis, em 1971 essa parcela não correspondia a mais que 50% e 25%, respectivamente.[3] Por conseguinte, latinhas vazias e garrafas descartáveis começaram a cobrir cada vez mais sarjetas, aterros, margens de rios e outras áreas de piquenique.

---

2   Para o trecho, cf. Greene Conley II 2006, p. 95.

3   Jaeger 2017, p. 4.

Houve comoção. Fizeram abaixo-assinados. Exigiram que as autoridades tomassem providências. Em 1953, a Assembleia do Estado de Vermont adotou uma primeira lei tornando obrigatório o sistema de devolução dos cascos. Para as empresas, foi um alerta de peso. Temia-se que tal legislação criasse "um precedente que, um dia, poderia afetar toda a indústria".[4] Foi para deter o movimento que se criou, no mesmo ano, a Keep America Beautiful [Mantenha a América bonita].

Nos anos 1960, a organização produziu anúncios publicitários com uma garotinha de vestido branco, Susan Spotless, que dava lição de moral aos pais quando eles jogavam papel sujo no chão.[5] Em 1963, a organização coproduziu, com a Richfield Oil Corporation, uma empresa petrolífera, um curta-metragem, *Heritage of Splendor*, que louvava as belezas naturais do país e denunciava os efeitos devastadores da poluição individual. A narração foi confiada a um ator hollywoodiano em decadência, ainda não convertido à política, um tal de Ronald Reagan. A incivilidade ambiental dá raiva, dizia a voz em *off*; em algumas regiões, foi necessário até proibir o acesso às margens dos rios por causa dos "elevados custos de limpeza dos detritos que pescadores negligentes deixam à sua passagem";[6] em outro ponto, "praias inteiras tiveram de ser fechadas por causa de uma minoria de pessoas que esquece as boas maneiras". Para encurtar a história, o filme entrou em cartaz logo depois da maré negra que, em 1962, destruiu os rios Mississippi e Minnesota em função de uma instalação petrolífera que, aparentemente, também "esqueceu as boas maneiras".

Mas voltemos aos pescadores mal-educados que a voz de Reagan estigmatizava. No verão de 1936, quando a Continental Can Company lançou suas novíssimas cervejas em lata, ela havia financiado uma ampla campanha publicitária elogiando os méritos de sua nova invenção, tão prática, que abre depressa, conservando o sabor e o frescor, e que, sobretudo, permite

---

4   "Report of the Vermont State Litter Commission..." [1956] apud Jaeger 2017, p. 9.

5   Cf. Dunaway 2017.

6   Disponível em: archive.org/details/Heritage1963.

"beber diretamente na lata, sem cascos para devolver". O principal argumento de venda para as cervejas descartáveis era – nenhuma surpresa – sua descartabilidade. Nada de entrega, nada de ficar arrastando cadáveres de garrafas por aí. Uma foto, unindo o gesto à palavra, mostrava dois pescadores em um barco, em mangas de camisa, cujas respectivas posturas ilustravam dois momentos de uma mesma sequência visivelmente repetida sem cessar ao longo da tarde de pesca: um com o cotovelo para o alto bebendo, o outro, braço levantado, latinha vazia na mão, prestes a jogá-la nas águas do lago. Beba, joga fora.

FIGURA 4 "Beba direto da lata; sem precisar retornar as garrafas". Publicidade da American Can Company em 1936 (detalhe). © The San Francisco Examiner Sun.

Três décadas mais tarde, uma publicidade desse tipo seria impensável. No fundo, nada mudara: a vantagem dos descartáveis é que eles podem ser descartados (caso contrário, não haveria vantagem alguma). Mas não era possível dizê-lo de modo tão claro. Chegara o tempo de corrigir a primeira mensagem com uma segunda.

No anúncio de 1971, do índio que chora, encontrava-se o mesmo gesto, braço levantado jogando fora, porém desta vez seguido de outra imagem: a lágrima indígena que, por efeito Kuleshov, conferia-lhe, em retrospecto, outro sentido.

O antigo conteúdo manifesto, agora recalcado, dizia: "Compre-me, é cômodo, quando já estiver meio alto, você poderá me jogar na água do lago". Tornado latente, ele era substituído oficialmente por este: "Eu sou descartável, mas, cuidado, se você me jogar onde não deve (o que você já fez), vai se sentir culpado. O que nós o estimulamos a fazer, agora não apenas ordenamos que não faça, mas também que carregue a culpa". Tratava-se de produzir um efeito de *arrependimento*.

FIGURA 5 Frames do anúncio da Keep America Beautiful (1971), disponível em: youtu.be/j7OHG7tHrNM.

"Numa ótica de controle social" – lê-se numa obra coletiva sobre a *psicologia do vandalismo* –, "os apelos à consciência [...] buscam reforçar as ameaças de vergonha e embaraço [...]. Sua função, manifesta ou latente, é fazer as pessoas sentirem culpa".[7] Nesse caso, o procedimento serve também para redistribuir as responsabilidades, para culpar alguns liberando outros. Essa lágrima, foi você quem a fez escorrer. Você só pode ficar chateado consigo mesmo.

---

7   Grasmick et al. em Goldstein 1996, p. 186. Passando de uma função à outra, da culpa à gratificação, o ator do anúncio, Iron Eyes Cody, às vezes também era encarregado de entregar, em traje de gala, os *awards* que a Keep America Beautiful reservava às figuras merecedoras de um novo "capitalismo verde". Para encurtar a história, revelou-se que Cody, vestido de índio na cidade, como no anúncio, apresentado em todo lugar como tal, não tinha ascendência cherokee, mas ítalo-americana. Cf. Aleiss 1997, p. 5.

A mensagem se esforçava para redefinir o que a palavra "poluição quer dizer, reduzir o sentido ao *littering*, ao despejo de lixo na via pública". Com o problema reformulado como resultante de desvios de conduta, a solução era óbvia: ela viria de um trabalho de reeducação moral. Bastaria que todos adotassem individualmente boas maneiras ambientais para acabar com a poluição.

A indústria tinha um problema cada vez mais evidente. Apesar de terem martelado que "as pessoas" eram as únicas responsáveis pela poluição, assim que elas "iam embora, só restavam, plantadas bem no meio da paisagem, coisas, coisas de cores berrantes com o nome da marca escrito em letras garrafais. Essa poluição é um oferecimento de – à escolha – Coca, Pepsi, Ballantine, Pabst ou Miller, e parecia trombetear esses restos de naufrágio. Mesmo que eu não tenha jogado a latinha" – resumia o presidente da National Soft Drink Association em 1970 –, "tem o meu logo impresso nela".[8] Como "a embalagem de nossos produtos é muito visível" – lamentava também o presidente executivo da Coca-Cola –, "nós somos mais criticados que outros fabricantes".[9]

Em abril de 1970, alguns dias antes do primeiro Dia da Terra,[10] o dirigente da Coca-Cola, J. Paul Austin, fez um discurso para alguns banqueiros. Divulgando as temáticas ecológicas do momento, ele afirmava se preocupar com os próprios filhos, que, nos anos 2000, estariam com a sua idade, por causa "do homicídio ambiental" em curso. No longo prazo, o planeta corria o risco de se tornar inviável, não deixando talvez à humanidade outra escolha a não ser a "migração

---

8 "Meeting minutes from the State Association Conference..." apud Elmore 2012, p. 493.
9 Ibid., p. 488.
10 Após a maré negra de janeiro de 1969 na costa de Santa Bárbara, ativistas lançam a ideia de um Dia da Terra, um dia de mobilização ecológica. O primeiro aconteceu em 22 de abril de 1970. Milhões de americanos foram às ruas para apoiar projetos de reformas a favor de maior proteção ao meio ambiente.

interplanetária".[11] Enquanto alguns vituperavam contra a juventude contestadora, ele lhe prestava homenagens públicas: "Os jovens deste país estão conscientes dos desafios [...], estão indignados com nossa aparente despreocupação. Massas de estudantes se engajam e se manifestam". Ora, era o momento de *agradecer* a essa juventude turbulenta: "Eu saúdo nossos jovens por sua consciência e perspicácia. Todos eles nos fizeram um favor acionando o alarme". Isso posto, o que fazer? "O governo não pode resolver o problema. [...] As pessoas, entretanto, podem fazer alguma coisa."[12] Tinha-se aí, nessa fórmula de dois tempos, a palavra de ordem dos industriais diante da contestação verde e das veleidades de regulamentação que a prolongavam: insignificância da intervenção pública, todo poder à responsabilização individual.

Mais do que perseguir, como lhes haviam aconselhado, os "pescadores negligentes" e outros grosseirões de domingo, os movimentos de defesa do meio ambiente remetiam à fonte, incriminando os industriais que fizeram a escolha do descartável, afundando, por pura preocupação com a rentabilidade, um sistema bem consolidado de reutilização de embalagens. No início dos anos 1970, multiplicavam-se as iniciativas para obrigar os fabricantes a voltar ao sistema de devolução do casco. Uma "lei sobre as garrafas" foi adotada nesse sentido no Oregon, em 1972; em seguida em Vermont, no ano seguinte. Os industriais se enfureciam a ponto de às vezes esquecer seus temas de discussão. "Precisamos lutar com todos os meios contra os referendos sobre as garrafas organizados este ano no Maine, em Massachusetts, Michigan e Colorado, onde são os comunistas ou pessoas que têm ideias comunistas que tentam fazer com que esses estados tomem o caminho do Oregon",[13] irritava-se William F. May, que tinha a dupla função de diretor da American Can Company e de presidente da Keep America Beautiful.

---

11 Austin, em Arquivo do Congresso dos Estados Unidos 1970, p. 12 814.
12 Ibid.
13 "Clean-up groups fronting for bottlers, critics say" 1976, p. 3.

Diante da ameaça reguladora, o Glass Container Manufacturers Institute (GCMI) lançou em 1970 uma grande campanha de relações públicas, dotada de um orçamento de vários milhões de dólares. A agência de comunicação encarregada das operações teve a ideia de lançar um grupo de músicos para popularizar a garrafa descartável entre os *teenagers*. A princípio batizado de Soda Pop and the One-Way Bottles,[14] ele tinha a missão de "convencer a geração jovem, por meio de publicidades radiofônicas e televisivas, discos e *shows*, a escolher garrafas descartáveis ao comprar refrigerantes".[15] "Minha garrafa descartável me mantém vivo e em forma... Não preciso voltar para a cidade para devolvê-la", cantarolava o grupo numa das primeiras faixas.[16] Diante da polêmica que não demorou a crescer, recuaram um pouco. "Nós erramos" – admite o diretor do GCMI –, "não tínhamos previsto a urgência política da questão ambiental."[17] O grupo foi renomeado The Glass Bottle, e seu propósito foi atenuado. Esses bardos corporativos de *look hippie*, cabelo comprido, túnica indiana e faixa na cabeça cantavam, então, num tom meloso e recorrendo excessivamente a trocadilhos infames,[18] as virtudes do refrigerante em garrafa (o vidro é limpo, ele conserva o sabor...), em lugar de insistir muito às claras na tão cômoda descartabilidade da embalagem.

Mas a campanha anticasco também assumiu outras formas, a seu modo mais hábeis que a propaganda musical de baixo nível. Em 1970, dois dias antes do primeiro Dia da Terra, o GCMI lançou em Los Angeles um programa-piloto de reciclagem: os habitantes, mobilizados por intermédio de associações, escolas ou igrejas parceiras, foram convidados a devolver, em centros de coleta abertos com esse intuito, tampas e garrafas vazias, por dois centavos o quilo de recipiente

---

14 Swatek 1970, p. 128.
15 CSA Super Markets 1970, p. 67.
16 Greene Conley II 2006, p. 98.
17 Cheney apud Greene Conley II 2006, p. 98.
18 O refrão da música deles, "It's uncanny", significa "é estranho, desconfortável", mas literalmente também "é não latinha".

recolhido.[19] Pretendia-se assim provar "que era preferível – do ponto de vista econômico e ecológico – reciclar garrafas não retornáveis a proibi-las ou taxá-las".[20] Cada dia a imprensa recebia a informação do número de garrafas coletadas. A participação ultrapassou as expectativas. Menos de um mês depois, coletavam-se 250 mil garrafas por semana na grande Los Angeles. Mais tranquilo com esse sucesso, o GCMI criou no ano seguinte um programa de reciclagem em escala nacional durante uma "semana contra o descarte de lixo".

Assim, a prática da reciclagem foi promovida pela indústria como alternativa aos projetos de devolução obrigatória e de proibição de embalagens descartáveis. Foi no fim dessa contraofensiva vitoriosa conduzida pelos *lobbies* industriais que a "reciclagem se tornou a solução exclusiva, mais que o complemento, de programas restritivos de redução na fonte".[21] No exato momento em que se iniciavam as primeiras práticas de triagem e de reciclagem encorajadas pela indústria, o volume do lixo doméstico explodia.

O exemplo é paradigmático de um procedimento de *responsabilização* que, nesse ínterim, tornou-se, em muitas áreas, uma das principais táticas do "neoliberalismo ético" contemporâneo. Sua função primordial é evitar a regulamentação. Governar as condutas pela ativação da boa vontade, pelo estímulo de uma participação voluntária, mais do que pela restrição jurídica. A responsabilização, analisa Ronen Shamir, é "uma interpelação que constrói e pressupõe uma capacidade moral de agir", "uma técnica de governo que mobiliza uma subjetividade reflexiva considerada capaz de participar do desenvolvimento de uma autoridade horizontal".[22]

A responsabilização apela para a autonomia subjetiva; ela se dirige a indivíduos intimados a se responsabilizar, a gover-

---

19 Greene Conley II 2006, p. 96.
20 Ibid., p. 96.
21 Elmore 2012, p. 478.
22 Shamir 2008, p. 4. Ver também Rose 1999; Garland 2001, pp. 124-ss; Brown 2015, pp. 143-ss.

nar a si mesmos.[23] No início dos anos 1980, Thomas Schelling propôs uma nova palavra, "egonomia", para designar *a arte de gerenciar a si mesmo*.[24] Tratar a si mesmo como se fosse outra pessoa – ele observava – é uma "técnica de autogerenciamento muito difundida".[25] A responsabilização é uma egonomia, nesse sentido? Talvez, mas ela aparece também como uma arte de governar o outro, fazendo-o gerenciar a si mesmo. Uma arte do governo dos outros, fundamentada na ativação, neles, de uma faculdade reflexiva de direção de si mesmo – uma autonomia na heteronomia.

É no momento que os industriais acabam com o casco retornável, isentando-se dos custos de reprocessamento; no exato momento em que tomam decisões estruturalmente antiecológicas, que eles apelam para a responsabilização ecológica dos consumidores. Um caso típico de dupla moral em que se proclama uma norma que vale para todos, menos para quem a postula. Responsabilizar os outros para melhor se desresponsabilizar.

Com o emprego massivo de campanhas publicitárias, os industriais conseguiram fazer do problema dos rejeitos uma "questão de responsabilidade individual desconectada do processo de produção",[26] sem referência à redução da produção dos rejeitos na fonte. Talvez fosse lisonjeiro imaginar, indivíduos que somos, que tudo repousa sobre nossos frágeis ombros. Mas, ocupados em fazer a triagem de nossas embalagens na cozinha, o fato é que, de modo menos visível de imediato, são outros tipos de atores, a começar pelas municipalidades, que, diante da produção exponencial de lixo doméstico, tiveram de investir e se endividar para financiar as infraestruturas necessárias. Entretanto, no final das con-

---

23 Como aponta Pat O'Malley, "o risco sofre assim uma transformação notável: de técnica fundadora da segurança social, ele se torna responsabilidade a ser assumida por indivíduos que governam a si mesmos com a ajuda de um Estado que estimula [*empowering*] e ativa essa responsabilidade" (O'Malley 2004, p. 57).
24 Schelling 1984, p. 63.
25 Ibid., p. 64.
26 Hazen 2005. Ver também Rogers 2006, p. 25.

tas, foram os cidadãos que "subsidiaram (ao mesmo tempo por nossa atividade e por nossos impostos) o sistema de reciclagem das embalagens produzidas pela indústria da bebida, permitindo às empresas expandir suas atividades sem ter de assumir custos suplementares".[27]

Os industriais, retomando a retórica dos movimentos militantes, lançaram, nos anos 1970, apelos para "se engajar" e "continuar o combate" por meio de pequenos gestos responsáveis. Para além do desvio discursivo, bastante grosseiro, sua habilidade tática foi compreender que eles não poderiam vencer os movimentos ecológicos sem introduzir contrapráticas capazes de suplantar as deles. À campanha publicitária do indígena que chora associava-se, assim, um folheto inventariando as "71 coisas que você pode fazer para acabar com a poluição".[28] A publicação se esforçava para promover formas de engajamento doméstico suscetíveis de satisfazer o desejo de agir que então surgia, reorientando-o para uma direção não antagônica, compatível com os interesses dos industriais, mais do que em conflito com eles.

A força psicológica dessas táticas é que elas dizem algo muito agradável de ouvir, algo de verdadeiro também, contanto que seja concebido adequadamente: tudo está nas suas mãos, você tem o poder de "fazer a diferença". Elas se esforçam para canalizar pujantes aspirações de mudar as coisas do aqui e agora, inclusive próximas das práticas da vida cotidiana, mas pregando armadilhas quanto a formas de ação inofensivas. A promoção corporativa da reciclagem foi uma tática desse tipo: seduzir as potenciais oposições mantendo as pessoas num estado de *ocupação* apolítica.[29]

Esse estranho neoliberalismo ético opõe à ação política, considerada vã, a acumulação de microatos solitários. Entretanto, isso é o que a sua própria prática desmente de imediato: para colocar em xeque os projetos de regulação ambiental, os

---

27 Elmore 2012, p. 501.

28 *71 things you can do to stop pollution* 1971.

29 O que Samantha MacBride chama, com um jogo de palavras de difícil tradução, "*buzy-ness*" (MacBride 2011, pp. 6 e 220).

industriais fizeram política ativamente. Longe de agir como *agregado*, eles, ao contrário, reuniram-se em *conglomerado*, num coletivo capaz de agir de modo orquestrado.[30]

Nos anos 1960, tanto para os movimentos ecológicos nascentes como para os movimentos feministas, "o pessoal era político": era preciso desentocar as relações de dominação até nas dobras do cotidiano, a revolução passava também pelo questionamento dos hábitos irrefletidos e dos comportamentos privados. A tábula rasa das formas de vida era pensada como uma das dimensões integrais de uma política revolucionária. Trabalhar para mudar suas práticas individuais e lutar para mudar o sistema; fazer compostagem e militar não eram excludentes.

Foi o discurso da responsabilização promovido pela indústria que dissociou e opôs as duas dimensões, promovendo uma microrreforma dos comportamentos individuais como alternativa à ação política. Foi ele que propagou a falsa antinomia entre micro e macrotransformação; foi ele que opôs à exigência – a partir de então apresentada como estratosférica, utopicamente estéril – de uma "transformação do sistema", a pretensa autossuficiência de uma reforma das práticas individuais que deveria mudar as coisas de modo puramente incremental, sem ação coletiva nem conflito.

Pensando bem, há algo de paradoxal nessa história. O sistema de troca de cascos repousava na mobilização de um interesse preciso e hesitante: eu levava a garrafa vazia para recuperar, como bom *Homo economicus*, meus 50 centavos. Esse era um dispositivo de governo por interesse, plenamente de acordo com os pressupostos antropológicos da economia clássica. Ora, foi essa energia que se quis substituir por outra, fundamentada, ao contrário, numa motivação desinteressada. É por pura preocupação com o interesse geral que eu sou, a partir de agora, obrigado a separar meu lixo, na ausência – para mim – de qualquer motivação egoísta aparente ao fazê-lo.

---

30 A respeito dessa distinção, cf. French 1984, p. 13.

Assim, entre o *Homo economicus* e o *Homo politicus*[31] aparece uma terceira figura, a do *Homo ethicus*, sujeito "responsável" encarregado, em pequena escala, de combater macrovícios sistêmicos com sua microvirtude.

Só que a nova governança ética não exclui a outra, econômica, que se impõe aos mesmos agentes. Ela não a suprime, ela se comprime àquela. Os mesmos indivíduos interpelados como sujeitos éticos ainda são também intensamente interpelados como agentes econômicos. De modo que cada um tem de gerir a tensão que produzem essas injunções contraditórias: ser eficiente do ponto de vista econômico, mas ecologicamente responsável.

A responsabilização é também o nome do adiamento da contradição na vida psíquica dos indivíduos, o de uma nova figura da consciência infeliz associada a uma forma de *governo pelo dilema*. Num mundo em que se cindem as dimensões éticas e econômicas da atividade, escrevia o jovem Marx, os sujeitos vivem uma existência dupla, celestial e terrestre. Eles estão divididos entre sua existência "terrestre" como agentes econômicos e sua existência "celestial" como sujeitos éticos. "Mas em quem devo acreditar mais agora, na economia nacional ou na moral?"[32] Difícil dizer, pois "está fundado na essência da alienação que cada esfera me imputa um critério distinto e oposto: um, a moral; outro, a economia nacional, porque cada uma é uma alienação determinada do homem e cada uma fixa um círculo particular da atividade essencial alienada; cada uma se comporta de maneira alienada com relação à outra".[33]

O que a moral chama de má conduta é apenas a expressão mais acabada do que a economia chama de boa conduta. Uma boa conduta econômica conduzida na prática por uma armada de dispositivos de alinhamento dos interesses, de disciplina concorrencial e de bloqueio das relações de agência. A governança ética queria nos convencer de que os

31 Brown 2015, p. 87.
32 Marx [1844] 2004, p. 143.
33 Ibid. Tradução modificada.

pujantes mecanismos da governança de mercado podem ser transcendidos pela responsabilização individual de agentes despolitizados. "Que ilusão gigantesca ter de reconhecer e sancionar [...] a sociedade da indústria, da concorrência geral, dos interesses privados que perseguem com liberdade seus próprios fins [...] e, ao mesmo tempo, anular a posteriori em alguns indivíduos concretos as *manifestações de vida* dessa sociedade."[34]

Irresponsabilização econômica e responsabilização ética, dissolução concreta dos costumes e apelos abstratos à moralização, os pares caminham juntos formando uma unidade contraditória. Denunciar sua duplicidade não basta; a questão crucial, em cada situação, seria saber como atiçar a contradição, reconverter o dilema moral em conflitualidade política.

---

34 Marx & Engels [1844] 2003, p. 141.

[6] O ESTADO INGOVERNÁVEL

22. CRISE DE GOVERNABILIDADE DAS DEMOCRACIAS

Estes filósofos pensam [...] que o homem é, entre todos os animais, o mais difícil de governar.

WALTER BAGEHOT, *Physics and Politics*, 1883.

A ideia não era nova. Segundo diziam, "circulava nos coquetéis mundanos"[1] havia anos. Minha cara, vai por mim: este país se tornou ingovernável. Mas em meados dos anos 1970 uma série de intelectuais neoconservadores cismou de erigir uma teoria baseada nesse lugar-comum reacionário.

Em 1975, a Comissão Trilateral publicou um texto que gerou escândalo, *A crise da democracia: relatório sobre a governabilidade das democracias.*[2] Samuel Huntington, de quem nos lembramos hoje sobretudo por *Choque de civilizações*, era um dos autores.

Historicamente, ele lembrava, as democracias sempre "comportaram uma população marginal mais ou menos numerosa sem participação ativa na política".[3] A democracia grega se baseava na exclusão de escravos, estrangeiros e mulheres; a democracia censitária, na exclusão dos pobres; a democracia patriarcal, na exclusão das mulheres. Embora essas exclusões fossem "intrinsecamente antidemocráticas", nem por isso, acreditava Huntington, elas haviam "impedido a democracia de funcionar de modo eficaz".[4]

---

1   Douglas 1976, p. 483.
2   Crozier et al. 1975. A Comissão Trilateral, organização privada fundada em 1973 sob iniciativa do banqueiro David Rockefeller e do cientista político Zbigniew Brzezinski, reuniu eminentes personalidades dos Estados Unidos, da Europa Ocidental e do Japão, uma elite transnacional que tinha a função de elaborar recomendações políticas para os "países desenvolvidos". Cf. Sklar (org.) 1980.
3   Huntington 1975, p. 114.
4   Ibid., p. 114.

Eis, porém, que "grupos sociais marginais", outrora "passivos ou desorganizados" – negros, índios, chicanos, mulheres... –, cismam que são sujeitos políticos plenos.[5] "Na família, na universidade, nas empresas, a disciplina se afrouxou e as diferenças de status desapareceram. Cada grupo afirmou seu direito de participar da igualdade e, talvez até mais que da igualdade, das decisões que o afetam."[6]

Longe de se alegrar com a "onda democrática", Huntington se inquieta, identificando uma fonte "de problemas para a governabilidade da democracia nos anos 1970".[7] O perigo é "sobrecarregar o sistema político de reivindicações que ampliam suas funções e minam sua autoridade".[8] Nesse pensamento reacionário, como mostrou Jacques Rancière, "o que provoca a crise do *governo democrático* é a intensidade da *vida democrática*".[9] Em suma, democracia demais mata a democracia.

---

5 Ibid., p. 61.

6 Ibid., p. 75.

7 Ibid., p. 76.

8 Ibid., p. 114.

9 Rancière 2005, p. 13. Em *As lutas de classes na França*, Marx fez em poucas linhas uma análise do "sufrágio universal" (masculino) instaurado pela Constituição de 1848 que ultrapassa em perspicácia muitos discursos conservadores subsequentes sobre a crise de governabilidade das democracias: "a contradição abrangente dessa Constituição é a seguinte: mediante o sufrágio universal, ela dotou de poder político as classes cuja escravidão social visa eternizar [...]. E a classe cujo antigo poder social foi por ela sancionado, ou seja, a burguesia, ela privou das garantias políticas desse poder. Ela comprime seu domínio político dentro de condições democráticas que, de um momento para o outro, podem propiciar a vitória às classes inimigas [...]. Daquelas, ela pede que não avancem da emancipação política para a social, desta, que não retroceda da restauração social para a política" (Marx [1850] 2012, p. 77). Para que esse tipo de regime se mantenha na encosta agora desaparecida, seria necessário que as partes aqui representadas respeitassem, cada qual, simetricamente, uma proibição tão insustentável para umas quanto para as outras. Para as classes dominadas, não prolongar seu movimento de emancipação política no terreno social e econômico quando elas têm a oportunidade de fazê-lo; para a burguesia, não empregar seu colossal poder econômico

Huntington atualizava um tema clássico: a filosofia política, no fundo, nunca parou de repetir, desde os gregos, que a democracia nada mais é que o regime do transbordamento permanente. Entretanto, para ele, tratava-se menos de fazer uma crítica da democracia em geral como forma de governo essencialmente "ingovernável" que de desenvolver, baseado em um exame da situação, estratégias de saída da crise.[10]

Como sugere a forma gramatical, evocar um problema de "governabilidade *da democracia*" é interrogar a capacidade desse regime não tanto de governar seus sujeitos, e sim de *ser ele mesmo governado*. Longe de ficar paralisado pela crise que o afeta, ao contrário, o Estado mostrava sinais de hiperatividade. Em resposta à contestação, ele intervinha, regulava e gastava freneticamente. A crise de governabilidade da democracia se manifestava não por um recuo, mas por um expansionismo da atividade governamental. O que estava se tornando ingovernável, segundo essa análise, era o próprio fenômeno governamental.

Outrora o homem tinha se voltado para Deus; "agora", declarava em 1975 Anthony King, "ele se dirige ao governo".[11] Um governo-deus do qual ele espera tudo. As políticas keynesianas adotadas desde o pós-guerra "criaram mais problemas do que os resolveram", sobretudo porque levaram as pessoas a desenvolver uma ideia exagerada acerca de seus direitos,

---

para garantir a manutenção de sua plena preeminência social por meio de manobras mais ou menos frontais de restauração política.

10 "Nosso relatório" – ele escreve um ano após a publicação – "rejeitou de maneira decisiva o pessimismo massivo segundo o qual nada pode salvar a democracia. Ele forneceu sugestões práticas do que poderia e deveria ser feito [...]. Ele se preocupava, como sugere o título, com a 'governabilidade' da democracia e com a melhoria dessa governabilidade, e não com vãs lamentações sobre a ingovernabilidade da democracia" (Huntington 1976, p. 11). De fato, Huntington não emprega o termo "ingovernabilidade" no relatório da Trilateral, ao contrário de seus colegas Crozier (Crozier et al. 1975, pp. 11, 30 e 37) e Watanuki (id., p. 119).

11 King 1975, p. 288.

a dar muita importância à igualdade.[12] Nesse contexto, é conveniente para as "minorias organizadas" botar lenha na fogueira. Estado keynesiano e movimentos sociais, eis, para os intelectuais conservadores, as "duas ameaças endêmicas que pesam sobre a democracia representativa liberal".[13] Seus efeitos combinados alimentam uma "inflação das expectativas sociais", uma "espiral das reivindicações" que exerce uma pressão irresistível sobre o poder político.[14] O paradoxo é que essa mesma agitação social, percebida por alguns da esquerda como manifestação de uma recusa a ser governado, é, ao contrário, interpretada pela direita como uma demanda infinita de intervenção governamental.

Apesar de o Estado de bem-estar social ter multiplicado as concessões, nem assim os ânimos se acalmaram. Ao contrário, tudo acontece como se cada nova liberalidade apenas aguçasse o apetite de um *demos* insaciável. O fato de "gerar expectativas excessivas",[15] escreve Samuel Brittan, do *Financial Times*, é um perigo inerente à democracia representativa. Ora, dada a "disparidade entre o volume de reivindicações e as capacidades do governo", essas expectativas estão fadadas à frustração.[16] Daí um círculo vicioso: na tentativa de, expandindo sua atividade, conter a erosão de sua autoridade, o Estado alimenta expectativas que, uma vez frustradas, se traduzem por uma nova perda de legitimidade que ele busca compensar pelos mesmos meios, reiniciando assim um ciclo

---

12 Birch 1984, p. 136.

13 Brittan 1975, p. 129.

14 Cf. Heidorn 1982, p. 214. Ver também Schäfer 2009, p. 162. "A essência da 'democracia keynesiana'" – resumia Jean Leca – "consiste na institucionalização dos conflitos de classe pela 'politização da economia' (pela intervenção do poder público) e pela transformação da política em mercado. [...] Segue-se um paradoxo do Estado de bem-estar: seu sucesso torna sua intervenção contínua mais necessária, mas também mais difícil. [...] Quanto mais ele se desenvolve, mais sua inércia deve se acentuar de maneira inevitável" (Leca em Leca e Papini 1985, p. 182).

15 Brittan 1975, p. 129.

16 Offe 1984, p. 68.

infinito – quanto mais a atividade governamental se expande, mais a autoridade do Estado se enfraquece.

Dizem que o problema reside na permeabilidade excessiva dos governantes às reivindicações dos "grupos de pressão". Mas por que os dirigentes políticos são tão receptivos? Há quem prove que isso se deve ao próprio funcionamento das democracias representativas.

Na esteira de Schumpeter, que, nos anos 1940, descrevia a democracia como uma "luta concorrencial que incide sobre os votos do povo",[17] e de Anthony Downs, que, na década seguinte, formulava uma "teoria econômica da democracia",[18] nos anos 1970 surge uma nova corrente, a "escola da teoria da escolha pública", que propõe estender o paradigma do mercado para o campo político. Tratava-se "de aplicar ao Estado e a todas as engrenagens da economia pública as mesmas técnicas utilizadas havia quarenta anos para identificar os defeitos e deficiências da economia de mercado".[19] Enquanto os "constitucionalistas" concebiam a empresa como um governo privado, os teóricos da escolha pública analisam inversamente, a partir de então, a democracia eleitoral como um tipo de mercado público.

Visto por esse prisma, o candidato à eleição aparece como um empreendedor político que troca promessas por votos num mercado em que vários partidos "periodicamente concorrem pelo controle do aparelho governamental".[20] E, claro, "a maneira mais simples de angariar votos é dar aos eleitores, pelo menos aparentemente, o que eles querem. Um político que ignora a opinião de seus eleitores é tão raro quanto um comerciante que vende biquínis no Ártico".[21]

---

17 Schumpeter [1942] 1979, pp. 367-ss.
18 Cf. Downs 1957.
19 Lepage 1978b, p. 176.
20 Downs 1957, p. 137. Daí o teorema eleitoral segundo o qual "os partidos em uma democracia só formulam programas políticos como meios para obter votos", e que "o governo age sempre para maximizar o número de votos que vai receber".
21 Gwartney e Wagner 1988, p. 9.

Considerando que é mais fácil que os políticos conquistem "mais votos propondo novos programas de gastos do que defendendo uma redução dos gastos públicos",[22] é previsível que, "nas democracias ocidentais, as coalizões políticas favoráveis ao aumento dos gastos do Estado serão sempre [...] muito mais eficazes que todas as coalizões de contribuintes que tentassem se opor ao aumento dos gastos".[23] Uma vez em ação, esses programas provocam um efeito em cadeia: nenhum governo poderá voltar atrás sem se arriscar a perder votos.

Os teóricos da escolha pública explicam que a hipertrofia, crescente aos olhos deles, do Estado de bem-estar social não é um fenômeno contingente, mas o efeito normal do funcionamento do mercado eleitoral. O problema não se deve, portanto, à fraqueza psicológica de governantes influenciáveis demais, mas à racionalidade fundamental do *Homo gubernatorius* em regime democrático.[24] Portanto, ironicamente, essa teoria prevê a provável derrota de seu próprio campo social e político sem oferecer, pelo menos no primeiro momento, a menor saída.

Dizia-se que seria necessário que os homens políticos "educassem os cidadãos para querer menos governo",[25] mas eles não o faziam: presos em um jogo de leilão eleitoreiro, preferiam prometer sempre mais Estado social a manter um discurso impopular. Alguns acreditavam, contudo, entrever uma solução. A contrapartida dessa demagogia não é que as formações políticas, uma vez eleitas, vão forçosamente decepcionar as expectativas? Em consequência disso, "o sistema em seu conjunto simplesmente oscilará de um governo

---

22 Meltzer 1977, pp. 7 e 17.
23 Lepage 1978b, p. 211.
24 De acordo com Berle e Means, assim como os gestores estariam racionalmente propensos a perseguir seus interesses egoístas em detrimento dos acionistas, os burocratas, conclui-se, procurariam maximizar seus interesses, inclusive em detrimento das classes economicamente dominantes. Para uma crítica neoliberal da burocracia estatal, cf. Niskanen 1971.
25 Rose 1975, p. 16.

impopular a outro".[26] Era essa a teoria da alternância política: ida e volta pendular entre dois grandes partidos gêmeos. É possível, conjecturava Rose, que a salvação venha precisamente dessas desilusões em série: "O malogro sucessivo dos diferentes partidos em satisfazer os eleitores pode ter um efeito educativo que os leva a esperar menos coisas de governos que com frequência eles viram fracassar".[27] A alternância, experiência repetida da frustração, converteria o eleitorado desencantado a um saudável realismo político.

Sim, só que é possível também, contrapõe James Douglas, que "a cada oscilação o sistema bipartite em seu conjunto perca uma parte suplementar de legitimidade".[28] Até onde se poderá descer? Quantas alternâncias antes de chegar ao fundo? E o que acontecerá no fim dessa degringolada previsível? Alguns entreveem um desinteresse crescente que se traduz pela abstenção massiva. Outros pensam haver poucas chances de que isso se mantenha. "As decepções assim acumuladas", pondera Claus Offe em 1979, "podem detonar sua força explosiva em duas direções": tanto pode haver "a polarização no seio do sistema dos partidos", com uma subida até os extremos dos dois lados do tabuleiro político, quanto "a polarização entre o sistema dos partidos e os movimentos sociais que operam de modo extraparlamentar"[29] – opções, aliás, combináveis, que conduziriam, em qualquer caso, a deflagrações políticas de grande amplitude.

Imagina-se que esse ciclo poderia "culminar em uma confrontação semelhante aos eventos de Maio de 1968 em Paris – que não derrubaram o regime, mas indicaram os limites de sua autoridade –, ou então desembocar num golpe de Estado, como o que ocorreu na França uma década antes".[30] Enfim, não restariam mais que duas possibilidades: situação pré-insurrecional e/ou bonapartismo. Bem, devemos nos tranquili-

---

26 Douglas 1976, p. 487.
27 Rose 1975, p. 16.
28 Douglas 1976, p. 487.
29 Offe 1984.
30 Rose 1975, p. 17.

zar: o que chamamos de cenário "positivo prevê que os indivíduos se voltem para o governo para protegê-los da desordem". Seria a via de um "governo forte" diante dos perigos.[31]

Seja como for, se é verdade que o problema é estrutural, que está inscrito na "dinâmica interna da própria democracia",[32] então com certeza não será possível contentarmo-nos com contramedidas superficiais. Será preciso atacar, de uma forma ou de outra, o que se identificou como a raiz do mal.

"A democracia liberal", reconheceu à época Samuel Brittan, "sofre de contradições internas."[33] Naqueles anos, os intelectuais de direita que se animam com o "renascimento das teorias conservadoras da crise" começam a empregar um vocabulário que até então era o apanágio do estilo marxista. Alguns, à esquerda, interpretavam as "tentativas de utilizar ideias neomarxistas para fins conservadores" como o sintoma de pobreza teórica, de "falência ideológica" do campo adversário.[34] Claus Offe fazia uma leitura menos otimista. Para ele, o discurso da crise estrutural estava mudando de lado. No fim dos anos 1960, era a esquerda que tinha a convicção de que aquilo "não podia durar mais"; uma década depois, os adversários herdaram a combatividade inspirada por tal sentimento.[35] Elaborar uma teoria da crise constituía para eles o preparativo necessário à formulação bem planejada de um programa de ação.

"Um camelo é um animal capaz de suportar fardos pesados. Porém, a partir de determinado ponto, se se acrescentar um único fio de palha, o camelo arqueia as costas."[36] O cientista político Richard Rose recorria a essa imagem para ilustrar a noção de "sobrecarga da demanda": o Estado no papel

---

31 Ibid., p. 16.
32 Huntington em Crozier et al. 1975, p. 115.
33 Brittan 1975, p. 129.
34 Wolfe, 1975, p. 561.
35 Offe 1984, p. 65.
36 Rose 1980, p. 6.

do camelo; as reivindicações sociais como fios de palha ou rolos de feno.[37]

As queixas que convergem de todos os lados a respeito do Estado, analisava também Daniel Bell, em 1974, aumentam despesa e engendram uma sobrecarga orçamentária que ocasiona uma crise das finanças públicas.[38] O intelectual neoconservador tomava essa tese emprestada de um jovem economista marxista, James O'Connor, que acabara de publicar um portentoso volume sobre *A crise do Estado capitalista*.[39]

Mais tarde, ele revelou que a principal ideia dessa obra lhe ocorrera certa manhã, ao abrir o jornal e se dar conta de que todas as informações da primeira página, sob aparente heterogeneidade, integravam a mesma lógica: "A luta pela Previdência Social, uma greve de professores, um novo subsídio do Estado às empresas, um conflito sobre impostos. Foi naquele momento que percebi que a luta de classes tinha (em parte) se deslocado para o Estado e seu orçamento".[40] Quem contribui para as receitas fiscais? Em que nível? Como será alocado o gasto público? Com tais questões, que confrontavam interesses sociais divergentes, a luta de classes se prolonga com uma luta sobre tributações.

"O novo campo da luta de classes", dizia Bell, "é o conflito fiscal."[41] Entretanto, retomando por conta própria a tese central de O'Connor, os neoconservadores obliteravam parte de seu raciocínio e o reduziam a uma explicação simples, monofatorial, da crise orçamentária. De modo que, mesmo que houvesse um acordo entre as partes para admitir uma crise das finanças públicas, as explicações divergiam. Para os neoconservadores, isso se associava, sobretudo, às deficiências

---

37 "As instituições do governo estão cada vez mais sobrecarregadas", o que "ameaça enfraquecer ou perturbar as atividades do governo", uma rampa escorregadia que pode acabar "destruindo regimes políticos" (Rose 1980, p. 13).
38 Bell 1974, p. 40.
39 O'Connor 1973. Cf. Huntington em Crozier et al. 1975, p. 73.
40 O'Connor 2009, p. 14.
41 Bell 1974, p. 34.

da democracia de bem-estar social. A análise dos neomarxistas era mais complexa.

Eles mostravam que o problema é que o Estado capitalista deve preencher duas missões "fundamentais e frequentemente contraditórias": uma função de acumulação – "ajudar os industriais privados a acumular mais capital" – e uma função de legitimação – "assegurar lealdade em massa em relação ao sistema".[42]

A intervenção pública não é sempre um entrave à atividade econômica privada. Ao contrário, ela desempenha – eles corrigiam, opondo-se à doxa econômica liberal – um papel importante para favorecer seu desenvolvimento. Por meio de despesas de "investimento social" – em infraestrutura, nas redes de transportes e de comunicação, mas também em saúde, pesquisa e educação –, o Estado se encarrega de uma parte decisiva das condições de acumulação do capital. Só que a acumulação privada, assim apoiada e favorecida, engendra custos sociais e ambientais que suscitam contramovimentos, conflitos sociais que geram, em contrapartida, novas intervenções de um Estado que "deve responder às diversas reivindicações daqueles que pagam os 'custos' do crescimento econômico",[43] se ele quiser manter sua legitimidade e, com ela, a aceitação da ordem econômica dominante. Contrariamente à apresentação truncada que fazem os neoconservadores, a pressão estrutural sobre o gasto é dupla, num esquema dialético em que a consolidação do primeiro polo engendra, por efeito contrário, a do segundo.

Se essa contradição estrutural é permanente, num período de recessão econômica ela se torna incandescente. O Estado deve, então, continuar assegurando conjuntamente suas duas missões fundamentais num momento que, com a diminuição de seus recursos fiscais, ele não pode mais financiar as tare-

---

42 Wolfe 1975, p. 560.

43 O'Connor 1973, p. 8. Em suma: "A socialização dos custos e a apropriação privada dos benefícios criam uma crise orçamentária, ou 'distanciamento estrutural', entre as despesas do Estado e as receitas do Estado" (p. 9).

fas de legitimação sem fazer cortes nas tarefas de acumulação e vice-versa. Se, além disso, ele escolhe reduzir os impostos sobre o capital, o patrimônio e os rendimentos dos mais ricos, sob o pretexto de uma política da oferta, sua situação orçamentária logo se tornará insustentável.

Mas essa "crise da gestão da crise" também está relacionada a uma contradição mais profunda. O problema é que a política pública, "ao mesmo tempo que deve cuidar da regulação das consequências disfuncionais da produção privada, não deve se intrometer na primazia da produção privada".[44] O Estado deve permanentemente salvar o capitalismo de suas tendências autodestrutivas, sem nunca atingir as relações econômicas fundamentais que as determinam. A partir do momento em que ele se aventura a tomar medidas de regulamentação social, por mais indispensáveis que sejam segundo uma lógica bem compreendida de interesse, elas são sentidas pelo capital como entraves intoleráveis à liberdade econômica. Eis o dilema: o Estado deve ao mesmo tempo garantir previamente as condições da acumulação e em seguida intervir para manter a hegemonia que esta põe em perigo, isso quando ele não consegue cumprir com eficácia sua função de legitimação sem se chocar com a oposição imediata do capital. Por isso, conclui Offe, as sociedades capitalistas "são sempre ingovernáveis".[45]

Apagando essas contradições, a versão neoconservadora da teoria da crise – uma retomada parcial e deformada – operava um deslocamento maior em relação à formulação inicial: "O que os marxistas atribuem erroneamente à economia capitalista", afirma Huntington, dando razão a Bell, "é na realidade o resultado da política democrática".[46] Nesse caso, o problema não é mais o funcionamento capitalista da economia, e sim o funcionamento "democrático" da política: "As dificuldades das sociedades contemporâneas [...] revelam

---

44 Offe 1984, p. 61.
45 Offe 1984, p. 83.
46 Huntington em Crozier et al. 1975, p. 73.

317

menos uma falência das economias de mercado que uma falência de nossas instituições públicas".[47]

Assim, apesar das semelhanças aparentes, sob a recuperação superficial, não é o mesmo problema que se apresenta. A questão, reescrita pelos neoconservadores, será, a partir de então, saber como restaurar a governabilidade do Estado sem atingir as relações capitalistas. A "crise de governabilidade da democracia" é o nome de uma reformulação mutilada da teoria da crise.

Como, para eles, toda crítica da economia política é a princípio rejeitada, o discurso se reduz necessariamente a uma crítica da razão governamental. A crise de governabilidade, dizem os neoliberais, deve-se às formas existentes de decisão "democrática", aos "defeitos inerentes da atual estrutura de nossos mecanismos de escolha coletivos", ao fato de que "as democracias ocidentais são prisioneiras de uma tecnologia política arcaica". Consequentemente, "o desafio de nossa época não é econômico [...], mas de ordem institucional e política: *imaginar uma nova tecnologia política*".[48] Revolução, ou melhor, contrarrevolução anunciada nas artes de governar. O Estado de bem-estar social como base material da hegemonia, a intervenção pública como modo de regulação social, a democracia representativa como dialética da sociedade civil e do Estado: tudo isso deve ser revisto.

Apresenta-se com frequência o Estado de bem-estar social dos Trinta Anos Gloriosos (1945–75) como um compromisso histórico com capacidade de assegurar forte crescimento concomitantemente a um fraco nível de conflito social. Em meados dos anos 1970, não é mais assim que se percebe a questão no seio das classes dominantes. O que se elogiara como regime de estabilização, um abafador das lutas, voltou-se explicitamente contra si mesmo. André Gorz também fazia essa constatação valendo-se de outro ponto de vista: "Contrariamente às previsões dos fundadores do Estado de bem-estar social, as proteções e benefícios sociais não recon-

---

47 Lepage 1978b, p. 40.
48 Ibid., p. 40.

ciliaram as populações com a sociedade capitalista [...] ao intervir, regulamentar, proteger e arbitrar em todas as áreas, o Estado [...] colocou-se na linha de frente. [...] A 'crise de governabilidade', tanto nas sociedades como nas empresas, marcava o esgotamento de um modelo".[49] Chegara-se a uma situação-limite, em que o Estado social só podia esperar "conservar seu poder de regulamentação e arbitragem restringindo o jogo do mercado, mais do que havia feito até então [...]. Isso significava travar uma prova de resistência com a burguesia".[50]

Huntington, por sua vez, entrevia dois grandes cenários: um "otimista", em que "a abertura e o pluralismo da democracia permitiriam a adaptação a circunstâncias volúveis, garantindo assim a estabilidade do sistema no longo prazo"; e outro "pessimista", em que a crise de governabilidade, ao se aprofundar, levaria "à sobrecarga do sistema e, no fim, à sua polarização e ao colapso".[51]

Nos anos 1970, o intelectual de direita se mostra habitualmente melancólico.[52] A crise é grave. O capitalismo se precipita para sua ruína. Daí o tom apocalíptico frequentemente adotado na bibliografia do período: "A democracia representativa liberal sofre contradições internas que correm o sério risco de aumentar com o tempo [...]. Em vista dos sinais atuais", prediz Brittan, "é possível que os adultos de hoje vivam para assistir à morte do sistema".[53]

A esquerda comentava que "o pessimismo da Comissão Trilateral deveria suscitar o otimismo em toda parte. Se os grupos detentores do poder acham que estão perdendo, é porque todos os demais estão ganhando. Se o mundo deles desmorona, isso é sinal de que o nosso vai se construir. Seus temores são, na realidade, o espelho de nossas oportunidades".[54]

---

49 Gorz 1997, p. 26.
50 Id. 1988, p. 229.
51 Huntington 1976, p. 10.
52 Como escreve Michel Feher, "lembrar que a melancolia nem sempre foi tratada da mesma maneira convida, na verdade, a pensar que ela pode mudar de lado" (Feher 2017, p. 10).
53 Brittan 1975, p. 129.
54 Wolfe 1975, p. 563.

Mas o alarmismo exibido pelos conservadores, talvez mais que um verdadeiro derrotismo, era o início de um impulso de reconquista. Advertir que uma rampa escorregadia pode levar à queda não implica crer na fatalidade histórica, nem na futilidade da ação política. Trata-se de um argumento de *inevitabilidade condicional*: se não fizermos nada, essa é a sorte que nos aguarda, porém ainda podemos agir para nos esquivar disso.

Uma coisa é certa, escrevia Huntington: não se pode contar com "nenhuma 'mão invisível' para assegurar a viabilidade das políticas democráticas". Em suma, "ao contrário de toda hipótese de autocorreção automática",[55] será necessário *intervir*. Na falta desse tipo de reação, os problemas já identificados "podem se acumular e muito provavelmente acabar destruindo a ordem política".[56]

Já não é mais hora, opinava Dahrendorf, de substituir um a um os fios que derreteram; não, na verdade, "aquilo de que precisamos é outro sistema de fusíveis".[57] "O que é necessário" – anunciava também Fritz Scharpf – "não são consertos ou melhorias pontuais de elementos particulares do mecanismo do Estado de bem-estar social, e sim uma nova configuração do poder". Uma mudança comparável, em magnitude, "à transição do capitalismo do *laissez-faire* em direção ao Estado de bem-estar social um século e meio atrás".[58] Mas no sentido oposto: um grande salto para trás.[59]

---

55 Huntington 1976, p. 11.
56 Scharpf 1977, p. 345.
57 Dahrendorf 1980, p. 406.
58 Scharpf 1977, p. 344.
59 Cf. Halimi 2006.

23. HAYEK NO CHILE

Embora o capitalismo e a democracia tenham historicamente surgido juntos e tenham ambos se justificado pelo liberalismo filosófico, não há nenhuma necessidade teórica ou prática para eles caminharem juntos.

DANIEL BELL, *The Cultural Contradictions of Capitalism*, 1978.

"A ameaça que pesa sobre a existência da grande empresa [...] provém de um conflito fundamental entre a nossa forma de democracia política e o sistema do mercado. Temos a convicção de que os dois sistemas são, no fim das contas, incompatíveis."[1] É preciso levar a sério o que Jensen e Meckling queriam dizer com isso em 1978. Para a esquerda radical, não há democracia autêntica sem que o capitalismo se esvaia. Inversamente, muitos da direita começavam a achar, cada vez mais abertamente, que não haveria salvação para o capitalismo sem, de uma forma ou de outra, retirar o lastro da "democracia".[2]

Alguns, escreveu Huntington, alegavam que "o único remédio para os males da democracia é mais democracia", mas, nas circunstâncias atuais, isso equivaleria a "jogar lenha na fogueira". Sabendo que, para funcionar eficazmente, o sistema político requer "certa dose de apatia e de não engajamento"[3] por parte dos governados, é preciso, ao contrário, "um grau mais alto de moderação na democracia".[4]

A democracia, portanto, deve ser consumida com moderação. Mas como, nesse período de forte politização, impor essa sobriedade? Como a exclusão estatutária de parte da

---

1 Jensen e Meckling 1982, p. 32.
2 Wolfe 1975, p. 558.
3 Huntington em Crozier et al. 1975, p. 114.
4 Ibid., p. 113.

população não é mais uma opção viável, seria necessário que os negros, as mulheres e outras minorias "se autorrestringissem".[5] Que aprendessem a *se conter*.[6]

Desconfiava-se, entretanto, que não era possível contar muito com isso. Huntington advertia que "as tensões susceptíveis de prevalecer em uma sociedade pós-industrial provavelmente vão exigir um modelo de tomada de decisão governamental mais autoritário e eficaz". E ainda acrescentava, em tom pessimista: "É provável que a política pós-industrial represente a face mais sombria da sociedade pós-industrial".[7]

Como observa um crítico à época, "o tom excepcionalmente cru do relatório sobre a governabilidade das democracias violava um tabu da sociedade americana: por mais que se sinta ódio da democracia, nunca se deve violar sua retórica em público. Razão pela qual o relatório suscitou verdadeira controvérsia no seio da própria Comissão Trilateral". Em todo caso, "intelectuais ocidentais debatem, a partir de então, o mais seriamente possível, hipóteses que até há pouco eram reservadas a alguns grupos marginais delirantes".[8]

Ao longo do debate que se seguiu à apresentação de Huntington na reunião da Trilateral em Kyoto, em maio de 1975, Dahrendorf criticou indiretamente sua problemática: não estaria ele sugerindo que restaurar a autoridade governamental implicava um Estado forte, não apenas política, mas também economicamente? Um Estado intervencionista e talvez até dirigista? Ora, não seria melhor considerar que "um dos desafios da democracia é permitir às pessoas e aos grupos operar no que se pode chamar de um ambiente de mercado, mais do que num ambiente que seja amplamente determinado por diretivas provenientes do governo e de instituições políticas"?[9] A questão do debate estava relacionada com a

---

5 Ibid., p. 114.

6 "A democracia liberal ainda poderia ser salva", considerava também Brittan, "se o igualitarismo contemporâneo perdesse de seu ascendente" (Brittan 1975, p. 159).

7 Huntington 1974, p. 166.

8 Wolfe 1975, p. 559.

9 Dahrendorf em Crozier et al. 1975, p. 188.

natureza da reviravolta autoritária evocada por Huntington: seria ele liberal ou não no plano econômico?

Em outro texto, Dahrendorf explicitava as coordenadas do problema: "A partir do momento em que o crescimento econômico – condição *sine qua non* para que os governos possam responder às expectativas que eles mesmos estimularam – emperra, os governos democráticos enfrentam sérios problemas. Caso estejamos no início de um ciclo Kondratieff, o que significa um quarto de século de fraco crescimento ou mesmo de declínio econômico, a política democrática não terá mais os meios de enfrentar a situação. Somente – de todo modo essa é a conclusão de Huntington – introduzindo elementos de autoritarismo poderemos sobreviver a essa longa queda".[10] Afinal, depois de tudo, como mencionava com cinismo Richard Rose, "um regime que perdeu a aprovação popular, mas conservou sua eficácia, ainda pode recorrer à ameaça da coerção para ter êxito em suas políticas".[11]

De certo modo, já haviam nos prevenido desde o início. Quero dizer que a própria história do termo "ingovernável" poderia ter nos deixado com a pulga atrás da orelha. Antes de ser reintroduzida em teoria política, essa palavra pertencia ao vocabulário policial, designando, em particular no contexto do "policiamento das crianças", "má conduta não criminal". Qualificar um menor de "ingovernável" permitia à administração, na própria ausência de infração ou delito, pela simples justificativa de desvios de conduta repetidos, submetê-lo a medidas de coerção ou de reeducação.[12] Quando as classes dirigentes reclamam da ingovernabilidade de seus sujeitos, reciclando

---

10 Dahrendorf 1980, p. 405.
11 Rose 1979, p. 355. Ele acrescenta: "Na bibliografia sobre a ingovernabilidade [...], esses escritos apresentam igualmente uma tendência a subestimar a perspectiva de um regime que garantiria sua sobrevivência pela coerção [...], a ascensão dos protestos e as atividades terroristas ao longo da última década, aliás, revelaram amplo apoio popular às fortes medidas antissubversivas e antiterroristas" (p. 369).
12 "A incorrigibilidade e a ingovernabilidade", pode-se ler em um relatório administrativo do início dos anos 1960, "são [...] termos intercambiáveis. [...] Uma criança cai numa dessas categorias quando

em política uma categoria que serve, aliás, para justificar a submissão de uma pirralhada incorrigível à tutela policial, cabe esperar que elas recorram a procedimentos similares.

No fim dos anos 1970, Nicos Poulantzas alertava contra a chegada de um "estatismo autoritário-social" que, ao "declínio decisivo das instituições da democracia política e à restrição draconiana e multiforme do conjunto dessas liberdades 'formais'", faria corresponder uma "monopolização acentuada, pelo Estado, do conjunto das áreas da vida econômico-social".[13] Tal hipótese correspondia efetivamente ao que os neoconservadores tinham em mente à época: um Estado forte, que combina alinhamento autoritário da vida política, dirigismo tecnocrático da economia e subsunção neocorporativista do social.

Entretanto, nem Poulantzas nem Huntington vislumbraram com nitidez a emergência da reviravolta neoliberal, que, para falar em defesa deles, por muito tempo aparecera apenas como uma opção estratégica entre outras, um *outsider* programático.

No processo de recomposição em curso, de fato emergiriam formas de política autoritária, mas elas estariam dissociadas do estatismo econômico-social que Poulantzas chegou a imaginar que iria de par: um Estado politicamente autoritário, porém economicamente liberal, que, no que concerne à gestão das relações sociais, trocaria os antigos esquemas de sujeição corporativista por formas mais autônomas de governança privada. Para apreender a estranha síntese estratégica que se esboçava então – um neoliberalismo autoritário de inúmeras faces –, seria preciso ler outros autores.

Convidado em 1980 a imaginar o que seria o capitalismo dos anos 2000, o economista Paul Samuelson apontava um cenário preocupante. Para discernir no presente uma imagem possível do futuro, ele sugeria que não era em direção à Escandinávia e ao seu modelo social-democrata, não era em

---

está fora do controle de seus pais, mas sem ainda ter cometido infrações à lei" (Myren e Swanson 1962, p. 69).

13 Poulantzas 1978, p. 226. Para uma atualização fecunda do conceito de Poulantzas, ver Boukalas 2014.

direção à velha Europa e à sua economia mista, tampouco à Iugoslávia e às suas experiências de autogestão que deveríamos nos voltar, mas para alguns países da América Latina. Lá encontraríamos presságios bem menos favoráveis.

Ele ainda narra uma "parábola", historieta lúgubre destinada a servir de relato paradigmático: "Generais e almirantes tomam o poder. Eles exterminam seus antecessores de esquerda, exilam os opositores, prendem os intelectuais dissidentes, sufocam os sindicatos, controlam a imprensa e amordaçam toda atividade política. Nessa variante do fascismo de mercado, porém, as autoridades militares se mantêm à margem da economia. Não planejam e não aceitam propinas. Confiam a economia toda a fanáticos religiosos – fanáticos cuja religião é o *laissez-faire* de mercado [...]. Então o relógio da história volta para trás. O mercado é liberado e a massa monetária é estritamente controlada. Cortados os créditos da assistência social, os trabalhadores têm de se matar de trabalhar ou morrer de fome. [...] A inflação declina ou é reduzida a nada. [...] Com a liberdade política marginalizada, a desigualdade de renda, de consumo e de riqueza tendem a crescer".[14] Esse cenário, na verdade realista – a Argentina ou o Chile –, correspondia à operação de certo tipo de regime político-econômico que Samuelson caracterizava abertamente como "capitalismo fascista",[15] um capitalismo desenfreado, imposto e mantido por uma força brutal. "Se os 'Chicago Boys' e os generais chilenos não tivessem existido" – ele observa –, "teríamos de inventá-los a título de casos arquetípicos."[16]

Em 2 de novembro de 1973, menos de um mês depois do golpe de Estado de Pinochet, um editorialista bem informado do *The Wall Street Journal* já se entusiasmava: "Alguns economistas chilenos que estudaram na Universidade de Chicago, conhecidos em Santiago pelo nome de Escola de Chicago, apressam-

---

14 Samuelson 1983, p. 75.
15 Id. 1981, p. 44.
16 Ibid.

-se em despertar. Seria uma experiência a ser observada com grande interesse do ponto de vista acadêmico".[17]

De uma perspectiva mais pragmática, a Anistia Internacional prepararia, alguns meses mais tarde, um balanço provisório da experiência em questão: "A tortura é uma prática corrente no interrogatório dos prisioneiros políticos [...]. Dezenas de milhares de trabalhadores [...] perderam seus empregos por razões políticas, muitos deles provavelmente foram reduzidos à miséria".[18] Outro relatório, três anos depois: "As violações dos direitos humanos não cessaram: detenções arbitrárias, execuções, recurso sistemático à tortura e ao 'desaparecimento' de presos políticos [...]. Desde 1º de setembro de 1973, cerca de 100 mil pessoas foram detidas e presas, mais de 5 mil foram executadas e dezenas de milhares tiveram de se exilar por razões políticas".[19]

Entretanto, isso não impede que as grandes figuras do neoliberalismo ocidental vistam seus trajes de gala e, com conhecimento de causa, viajem ao Chile para homenagear a ditadura.[20] Quando encontra Pinochet em março de 1975, Friedman lhe fala – a história é conhecida – de política econômica e de "terapia de choque".[21] Chegada a vez de Hayek ser recebido pelo ditador, em novembro de 1977, ele conversa sobre outro assunto, a espinhosa questão da "democracia limitada e do governo representativo". "O chefe de Estado" – a imprensa chilena registra – "escutou atentamente e lhe pediu que for-

---

17 "Review and Outlook" 1973.

18 Anistia Internacional 1974, p. 7.

19 Anistia Internacional 1977, p. 2.

20 Milton Friedman, Gordon Tullock, James Buchanan e Friedrich Hayek, dentre outros, estiveram presentes, e a Sociedade do Mont--Pèlerin lá organizou um colóquio em novembro de 1981. O próprio Hayek indica ter recebido antes de sua visita, para dissuadi-lo, "um catatau [...] de documentos" sobre o regime, dos quais alguns provenientes da Anistia Internacional. Cf. Hayek 1978c, p. 44.

21 Cf. Klein 2008, pp. 145-ss. Ver também Meadowcroft e Ruger 2014, p. 363.

necesse os documentos que ele redigira sobre a questão."[22] De volta à Europa, Hayek lhe envia, por meio de sua secretária, um esboço de seu "modelo de constituição", um texto que justifica sobretudo o estado de exceção,[23] e escreve ao *The Times* de Londres defendendo o regime contra as calúnias: "Não encontrei ninguém neste Chile tão vilipendiado que não concordasse em afirmar que a liberdade pessoal é muito maior sob Pinochet do que era sob Allende".[24] Claro: qualquer um que ousasse sustentar publicamente o contrário *desaparaceria* na primeira oportunidade.

Durante sua segunda visita, em abril de 1981,[25] Hayek concede uma longa entrevista ao jornal *El Mercurio*. "O que o senhor acha das ditaduras?", pergunta-lhe a jornalista pró-Pinochet. Muito boa pergunta. Obrigado por fazê-la. Falemos um pouco a respeito.

> HAYEK: Bem, eu diria que, como instituição de longo prazo, sou totalmente contra as ditaduras. Mas uma ditadura pode ser um sistema necessário durante um período de transição. Às vezes é necessário para um país ter, durante certo tempo, uma forma de poder ditatorial. Como a senhora deve compreender, é possível para um ditador governar de maneira liberal. E é igualmente possível que uma democracia governe com total falta de liberalismo. Pessoalmente, eu prefiro um ditador liberal a um governo democrático sem liberalismo. [...]
>
> SALLAS: Isso significa que durante os períodos de transição o senhor proporia governos mais fortes e ditatoriais...
>
> HAYEK: [...] Em tais circunstâncias, é praticamente inevitável que alguém tenha poderes quase absolutos. Poderes abso-

---

22 "Premio Nobel Friedrich von Hayek" 1977, pp. 27-28, apud Farrant et al. 2012, p. 520.

23 Ibid., p. 525. Esse texto correspondia ao capítulo "A Model Constitution", em Hayek [1973] 1976.

24 Hayek 1978b, p. 15.

25 Hayek foi duas vezes ao Chile durante a ditadura: em novembro de 1977, quando encontrou Pinochet pessoalmente, e em abril de 1981. Cf. Caldwell e Montes 2015.

lutos que ele deveria utilizar precisamente para evitar e limitar todo poder absoluto no futuro.[26]

O que Samuelson denuncia como capitalismo fascista, Hayek defende como um mal menor. Para os liberais, em circunstâncias parecidas, a ditadura se mostra a pior das soluções, à exceção de todas as outras – a começar, sobretudo, pelo socialismo. Em cima do muro, entre Allende e Pinochet, como em outros tempos entre a República e Franco, não se hesita. A ditadura decerto não é aceita, asseguram, como uma forma de governo que se deva perenizar, mas como um expediente temporário, uma fase de transição, um estado de exceção passageiro que, a se acreditar nessa teoria burguesa da ditadura, vai instituir a ordem novamente e se autodissolver, uma vez concluída a tarefa.

Grande acrobacia dialética histórica essa defesa liberal da ditadura transicional. Como resume à época lorde Kaldor: "O Chile é uma ditadura dotada de uma polícia secreta, de campos de detenção etc., onde as greves são vetadas e é proibida a organização dos trabalhadores em sindicatos. [...] E, se levássemos o professor Hayek ao pé da letra, qualquer ditadura fascista deveria ser considerada a condição prévia necessária (assim como o monetarismo) de uma 'sociedade livre'".[27]

Acertou na mosca. É preciso lembrar que Hayek, com tais declarações, não sai de seu caminho. Esses posicionamentos estão em perfeita continuidade intelectual com o que ele teorizava havia décadas.[28]

No entanto, a apologia de uma "ditadura liberal de transição" não se encaixa bem com o que se retém comumente de sua doutrina. Se, como se afirma com tanta constância, o liberalismo se caracteriza pela exigência de uma "estrita limitação das funções coercitivas do governo",[29] como pôde

---

26 Hayek entrevistado por Renée Sallas em 1981, apud Caldwell e Montes 2015, pp. 44–45.
27 Kaldor 1978, p. 17.
28 Cf. Farrant e McPhail 2014, pp. 332-ss.
29 Hayek 1966, p. 605.

Hayek afirmar a compatibilidade, ainda que temporária, do liberalismo e da ditadura? Se nos ativermos a uma interpretação superficial de sua filosofia, isso é um enigma. Porém, analisando melhor, a contradição é apenas aparente.

O que é democracia? Para Hayek, que tem uma concepção puramente instrumental, ela é apenas uma "regra de procedimento",[30] um método de decisão fundamentado na regra majoritária. Um simples meio; em alguns casos, um fim em si mesmo. Essa técnica política tem suas vantagens sobretudo porque favorece as transições pacíficas no comando do Estado, mas não é um princípio intangível, certamente não o corolário de alguma coisa como o direito político incondicional à autodeterminação.

O valor absoluto é a "liberdade", não a democracia. A democracia é apenas uma forma de governo, enquanto a "liberdade" deveria ser concebida como um modo de vida.[31] Se porventura ambas se esbarram, a segunda, sem nenhuma discussão, deve ceder a primazia à primeira. "Eu preferiria sacrificar temporariamente, repito, provisoriamente, a democracia a abrir mão da liberdade."[32]

Hayek, contudo, que adora um paradoxo, vai mais longe e afirma que a "liberdade pessoal" pode, às vezes, ser "mais bem preservada sob um regime autoritário que sob um governo democrático".[33] Com Pinochet, entretanto, nem as liberdades políticas (entre elas o direito de se apresentar às eleições, mas também a liberdade de expressão, de reunião e de associação, sem falar do direito à greve e de manifestação...) nem as liberdades civis fundamentais (entre elas não se submeter

---

30 "A democracia tem uma tarefa que eu chamo de 'higiene', ou seja, cuidar para que os processos políticos sejam conduzidos de maneira sã. Ela não é um fim em si. É uma regra de procedimento que tem o objetivo de servir à liberdade. Mas de modo algum tem o mesmo status da liberdade" (Hayek em entrevista a Lucia Santa Cruz apud Caldwell e Montes 2015, p. 47).

31 Cristi 2000b, p. 11.

32 Hayek em entrevista a Lucia Santa Cruz apud Caldwell e Montes 2015, p. 47.

33 Id. 1978b, p. 15.

à prisão, detenção ou à execução arbitrárias) foram preservadas. Sustentar, pois, como Hayek faz, que esse tipo de regime pode proteger a "liberdade pessoal" pressupõe redefini-la num sentido completamente diferente. Mas que conteúdo resta em uma noção de liberdade tão rasa? Apenas a "liberdade econômica", compreendida como livre disposição de sua propriedade. "Quando madame Thatcher afirma que a livre escolha deve se exercer mais no mercado que nas urnas, ela se limita a lembrar", Hayek endossa, "que esse primeiro tipo de escolha é indispensável à liberdade individual, enquanto o segundo não é: a livre escolha pode, aliás, existir sob uma ditadura capaz de limitar a si mesma, mas não sob o governo de uma democracia ilimitada."[34] Não poderia ser mais claro: a liberdade econômica, a do individualismo possessivo, não é negociável, enquanto a liberdade política é opcional. Embora se conceba que "um governo autocrático dê provas de restrição" em matéria de intervenção econômica, um "governo democrático onipotente é simplesmente incapaz de fazer isso".[35]

A filosofia política de Hayek revisa as categorias estabelecidas e redistribui as oposições pertinentes. A favor dessa operação de redistribuição conceitual, enunciados paradoxais se tornam formuláveis: a democracia poderá ser denunciada como totalitária, mas a ditadura também poderá ser perfeitamente louvada como liberal.

Ele esclarece que a diferença entre liberalismo e democracia "é mais discernível se consideramos seus contrários: o contrário de liberalismo é totalitarismo, ao passo que o de democracia é autoritarismo".[36] Em seu esquema, a oposição principal se dá, portanto, entre liberalismo (entendido como governo economicamente limitado) e totalitarismo (entendido como governo economicamente ilimitado). Outra linha de clivagem, secundária, opõe democracia e autoritarismo, atravessa o quadro e o subdivide. Assim, obtém-se implicita-

---

34 Id. 1978a, p. 15.
35 Id. [1973] 1979, p. 118.
36 Id. [1960] 1978, p. 103.

mente uma tipologia quadripartite dos regimes políticos que se pode reconstituir como segue:

	Liberalismo	Totalitarismo
Democracia	Democracia liberal	Democracia totalitária
Autoritarismo	Autoritarismo liberal	Autoritarismo totalitário

FIGURA 6 Tipologia dos regimes de governo segundo Hayek.

Esse quadro dos regimes de governo funciona também como um mapa, ou seja, como um meio para o neoliberal se orientar, fazer escolhas. A coerência do apoio que Hayek atribui ao regime de Pinochet se esclarece sob essa luz. Nessa lógica, são preferíveis todas as formas de governo economicamente "limitado", seja ele qual for, a qualquer forma "ilimitada" correspondente. Sabendo que "uma democracia ilimitada é provavelmente pior que qualquer outra forma de governo ilimitado",[37] a conclusão é lógica. Antes Pinochet que Allende.

Em 1981, quando lhe perguntam sobre sua posição diante dos regimes totalitários da América do Sul, Hayek retruca que isso não existe. Não confundamos totalitarismo e autoritarismo. E esclarece que o único "governo totalitário" que existira até recentemente na América Latina havia sido "o Chile de Allende".[38] Sem dúvida, um caso extremo de "democracia totalitária".[39] Totalitária? Mas em que sentido? É "totalitário", Hayek responde, um sistema que, diferentemente do liberalismo e do individualismo, "pretende organizar o conjunto da sociedade e todos os seus recursos" tendo em mira um "fim unitário".[40]

---

37 Id. 1978a, p. 15.

38 Hayek em *Daily Journal* 1981 apud Ebenstein 2001, p. 300.

39 "Parece que em todo lugar onde as instituições democráticas deixaram de ser contidas pela tradição de supremacia do direito elas não apenas levaram à 'democracia totalitária', como, após certo tempo, a uma 'ditadura plebiscitária'" (Hayek [1973] 1979, p. 5).

40 Hayek [1944] 2007, p. 100.

"A distinção entre autoritarismo e totalitarismo", explica Andrew Gamble, "desempenha um papel importante na bibliografia sobre o tema. Os regimes autoritários, como o Chile, são considerados, de longe, preferíveis aos regimes 'totalitários', [...] pois, se interferem nas liberdades políticas, não interferem na liberdade econômica; os sindicatos são evidentemente dissolvidos ou reprimidos, mas o investimento estrangeiro não é entravado, e os cidadãos são ainda livres para possuir [...], comprar e vender." Para os neoliberais, "a destruição da liberdade política é sempre lamentável, [...] mas está claro que ela não poderia ser comparada à perda, muito mais grave, da liberdade econômica para o capital".[41]

Segundo Hayek, caso se queira evitar afundar no "totalitarismo", é preciso de uma vez por todas pôr limites em regimes parlamentares que, da democracia liberal, tendem inexoravelmente a escorregar para a "democracia ilimitada", e dela para a democracia totalitária. Mas como proceder? Uma coisa é certa: a transição não se dará de forma espontânea. Ela requer intervenção, planejamento, organização, tudo o que o liberalismo se proibiu oficialmente. Assim, Hayek se encontra preso numa contradição: professando como regra geral o respeito ao autoengendramento espontâneo, por oposição tanto ao construtivismo social como ao decisionismo político, ele se choca com um fenômeno que viola suas opiniões e para o qual não vê nenhum remédio, a não ser o contrário da não intervenção: a imposição por decisão política de uma limitação da democracia, nem que seja pelo recurso ao estado de exceção e à ditadura de transição, quando o perigo é iminente. "Afinal", conclui, "algumas democracias só se tornaram possíveis pelo poder militar de alguns generais."[42] Foi sobretudo por aí que muitas delas terminaram.

Hayek sustenta que o liberalismo se baseia na "descoberta de uma ordem autogeradora ou espontânea nas questões

---

41 Gamble 1979, p. 9.
42 Hayek 1978b, p. 15.

sociais".[43] O dogma oficial dessa nova teologia econômica afirma que o mercado seria capaz de engendrar por si mesmo uma ordem harmoniosa se ao menos o deixassem fazê-lo.[44] À ordem teleocrática (comandada pelos fins) opõe-se uma ordem nomocrática (baseada em leis gerais). Hayek não se priva de, quando necessário, mostrar-se partidário de uma ditadura de transição. Para evitar a tirania política de uma "direção consciente" da vida econômica, ele está disposto a endossar a tirania militar-policial de uma repressão consciente da vida social e política, desde que ela continue "liberal".

Tais contorções explicam-se mais profundamente pelas contradições constitutivas do liberalismo econômico. A princípio contrária ao que seu dogma reivindica, a ordem do mercado não se institui de modo espontâneo. É preciso instituí-la e reproduzi-la o tempo todo. O que nos é apresentado como uma ordem natural requer, na realidade, para se manter, como afirmava Polanyi, o artifício de um "intervencionismo contínuo, controlado e organizado de forma centralizada".[45]

Essa ordem econômica não é autônoma, tampouco; de maneira mais radical, ao contrário de uma representação resistente, ela existe em separado. Estado e sociedade civil, política e economia, ressaltava Gramsci, são *distinções metodológicas* traçadas em um mesmo conjunto prático, mais do que referidas a esferas realmente dissociadas: "Mas, dado que sociedade civil e Estado se identificam na realidade dos fatos, deve-se estabelecer que também o liberismo é uma 'regulamentação' de caráter estatal, introduzida e mantida por via legislativa e coercitiva: é um fato de vontade consciente dos próprios fins, e não a expressão espontânea, automática, do

---

43 Id. 1966, p. 602.

44 "Ausência de dominação contra planificação central, não interferência contra intervencionismo, coordenação contra subordinação": como observa Peter Koslowski, a economia clássica "corresponde teologicamente ao deísmo e ontologicamente ao modelo da harmonia preestabelecida" (Koslowski [1982] 1996, p. 28).

45 Polanyi [1944] 2011, p. 172. Cf. Mirowski em Mirowski e Plehwe (orgs.) 2009, p. 441. Ver também, para uma crítica da retórica do "livre mercado", Harcourt 2011, pp. 240-ss.

fato econômico. Portanto, o liberismo é um programa político, destinado a modificar, quando triunfa, os dirigentes de um Estado e o programa econômico do próprio Estado, isto é, a modificar a distribuição da renda nacional".[46]

Ainda que não se autoengendre, essa ordem produz, e de maneira espontânea, sua própria negação, ou, como dizia Marx, seus próprios coveiros. Estranhamente, era possível ler os textos alarmistas de Hayek sobre a rampa fatal que leva da democracia ilimitada ao socialismo como uma espécie de tradução aproximada, em idioma liberal, dessa famosa tese marxista. Só que, para Hayek, essa contradição, em vez de ser apreendida de forma endógena, com base nas relações de produção, é afastada com a intrusão de uma realidade percebida como exterior, parasitária, supérflua – a política vista como um alienígena.

No fundo, a questão é a teoria da crise: quando se considera, a exemplo dos neoliberais, que o capitalismo é, em sua essência, estável, autorregulador, então as desregulamentações e as convulsões pelas quais ele é tão afetado só são atribuíveis a outra coisa para além dele mesmo. A crise somente pode ser de origem externa, atribuível a um fenômeno de politização exógena da "economia". As teorias da "crise de governabilidade da democracia" são a expressão dessa negação. Apagadas as contradições internas do capitalismo, com suas manifestações reveladas pelo efeito de uma interferência da política democrática, a solução geral é natural. Como diz Hayek, "limitar a democracia".

---

46 Gramsci [1932-34] 1999, p. 47.

24. NAS FONTES DO LIBERALISMO AUTORITÁRIO

> *Já que* [para William Godwin] *o governo não passa de um mal necessário, ele concluiu que o mínimo possível era o bastante. Isso é um* [...] *erro. O governo não é necessário fora de sua esfera; nessa esfera, porém, ele não pode se exceder. A liberdade só tem a ganhar desde que o governo esteja severamente circunscrito em seu círculo legítimo; mas ela não ganha nada, ao contrário, ela perde, quando, no interior desse círculo, ele é fraco; nele, o governo deve ser sempre todo-poderoso.*
>
> BENJAMIN CONSTANT, "Sobre Godwin e sua obra 'Sobre a Justiça Política'", 1817.

Como a "democracia ilimitada" desliza inexoravelmente em direção a um "Estado totalitário", é necessário impor-lhe limites. Tal é o *leitmotiv* do pensamento político de Hayek, ao menos desde 1944, em *O caminho da servidão*.

Mas de onde vem o tema paradoxal da "democracia totalitária"? Ele é, antes de tudo, a retomada de um lugar-comum apoiado no pensamento reacionário, motivo clássico de uma longa tradição de ódio à democracia que remonta, no que diz respeito ao período moderno, ao anti-Iluminismo. Hayek não o ignora, ele que, neste ponto, remete a um livro de Franz Neumann em que se lê: "Desde a Revolução Francesa propagaram-se teorias antiliberais e antidemocráticas afirmando que a democracia deve necessariamente conduzir ao reino da multidão [...]. O Estado total aparece, então, como o resultado necessário da democracia. De Maistre, Bonald, Donoso Cortés, Spengler, Ortega y Gasset repetem todos essa ideia, de uma forma ou de outra".[1]

Inscrevendo-se firmemente nessa tradição –"antiliberal", a bem dizer –, Hayek faz uma distinção que dissipa a incoerên-

---

1 Neumann 1966, p. 211. Ver também Hayek [1960] 1978, p. 421, nota 3.

335

cia aparente desse posicionamento. Na verdade, para ele, há historicamente *dois* liberalismos: um autêntico, anglo-saxão, que seria o dele próprio, de Smith, mas também de Burke; o outro artificial, continental, por ele execrado, o de "Voltaire, Rousseau, Condorcet e da Revolução Francesa, que se tornaram os ancestrais do socialismo moderno".[2] A oposição entre "democracia liberal e democracia totalitária" só expressa, no fundo, "o antagonismo entre liberalismo e socialismo".[3]

Em Hayek, no entanto, a ideia também tem uma fonte mais próxima e mais precisa. A tese segundo a qual "o nascente Estado de bem-estar democrático estava destinado a solapar o Estado de direito" vinha de suas leituras da juventude: "Para os que conhecem bem os debates jurídicos da época de Weimar", comenta William Scheuerman, "grande parte do relato de Hayek é surpreendentemente pouco original; sua própria socialização intelectual, como ele mesmo observa em vários momentos, se desenvolveu claramente à sombra dos debates de Weimar. Na verdade, sua análise apresenta paralelos impressionantes, sob muitos aspectos, com Carl Schmitt".[4]

"A fraqueza de um governo democrático onipotente", argumenta Hayek em *Direito, legislação e liberdade*, "foi bem destacada por Carl Schmitt, o extraordinário analista alemão de política que, nos anos 1920, entendeu melhor que ninguém o caráter da forma de governo que então se desenvolvia; e que, na minha opinião, mais tarde, com frequência aderiu ao lado errado, tanto no plano moral como no intelectual".[5] Condenando, pois, as escolhas políticas ulteriores de Schmitt, Hayek retoma por conta própria a crítica pré-nazista da democracia.

O conceito-chave para apreender a caracterização schmittiana dessa forma de governo é o de "Estado total".[6] Quando

---

2 Hayek 1966, p. 601.

3 Kelsen apud Hayek [1960] 1978, p. 431, nota 4.

4 Scheuerman 1997, p. 178.

5 Hayek [1973] 1979, p. 226, nota 11 (tradução modificada).

6 Hayek, a respeito da ideia segundo a qual "uma democracia pode muito bem exercer poderes totalitários", cita Heinz Ziegler, que foi também uma das fontes de Schmitt sobre esse tema (Hayek [1960] 1978, p. 442, nota 1; cf. Ziegler 1932).

Schmitt introduz essa fórmula, no início dos anos 1930, ele logo evoca o *Stato totalitario* fascista. É preciso lembrar que o adjetivo "totalitário" era então empregado positivamente, com fins de autocelebração por Mussolini e seus capangas.[7] Mas Schmitt, como de hábito, desloca o sentido dos termos. Apropriando-se desse léxico a contrapelo, num primeiro momento ele o aplica, de maneira depreciativa, à democracia parlamentar. Schmitt combinava essa requalificação com uma tese histórica impressionista que Hayek tomará para si. Ela se resume a uma proposição: o "Estado *neutro*, do liberal século XIX" está se transformando em "Estado *total*".[8]

Total em que sentido? Na medida em que ele intervém "em todas as áreas da vida". Ao estender suas prerrogativas a um conjunto de questões sociais e econômicas que até então não eram de responsabilidade do poder público, a esfera do Estado de bem-estar passa a ser total, a englobar todas as coisas. Em uma situação na qual Estado e sociedade se tornam idênticos, escreve Schmitt, "não se pode mais diferenciar matérias político-estatais daquelas de cunho social e apolítico".[9] Quando tudo é político, o Estado fica sem o "lado de fora".

A que se deve, porém, esse fenômeno? É "na democracia" que se deve buscar, diz Schmitt, "a causa do atual 'Estado total' ou, dito com mais precisão, a causa da politização total de toda a existência humana".[10] Se o Estado se amplia, é porque um governo democrático é continuamente intimado a "satisfazer à exigências de todos os interessados".[11] Se o Estado intervém na economia, é porque a sociedade intervém no Estado. A estatização da sociedade é apenas o efeito da "societalização" do Estado.

Ora, essa ampliação do campo do Estado não é, de jeito nenhum, paradoxalmente, uma manifestação de força: "Um

---

7 Cf. Faye 2013, p. 9.

8 Schmitt [1931] 2007, p. 117. Esse trecho é citado por Hayek [1944] 2007, p. 190, nota 32.

9 Schmitt [1931] 2007, p. 115.

10 Id. [1932] 2007, pp. 96-97.

11 Ibid., p. 99. Esse trecho é citado por Hayek [1973] 1979, p. 226, nota 11.

estado pluripartidário torna-se 'total' não por meio da força e do vigor, mas da fraqueza".[12] Fraqueza, primeiro porque ele cresce passivamente, tornando-se um joguete de interesses sociais que de certa maneira tomam posse dele pelas fímbrias; fraqueza também porque, quanto mais se alarga sua esfera, mais sua força se atenua. Quanto mais esse Estado parece onipotente, mais ele se torna, na realidade, impotente. O antigo Leviatã decaído, quando passa a ser simples "sociedade que se auto--organiza",[13] perde toda transcendência; enfraquece e degenera.

Hayek e também Schumpeter, que conheciam em primeira mão as análises schmittianas da democracia, foram os difusores dessas teses no pós-guerra. À distância, elas constituíram uma das matrizes intelectuais dos discursos sobre a crise de governabilidade da democracia elaborados nos anos 1970.[14]

Em 23 de novembro de 1932, no limiar da ascensão de Hitler ao poder, Carl Schmitt fez uma conferência a convite de uma organização patronal, a Langname Verein.[15] Segundo Jean--Pierre Faye, para quem o evento foi decisivo, o discurso de Schmitt desempenhou um papel determinante para aliar o patronato alemão à opção nazista.[16] Seu título anunciava o programa: "Estado forte e economia saudável".[17]

12 Schmitt [1932] 2007, p. 99.
13 Id. [1931] 2007, p. 116.
14 Cf. Scheuerman 1999, p. 85.
15 Langname Verein: a "Associação do Nome Comprido", apelido da União para a Conservação dos Interesses Econômicos Comuns na Renânia e Vestfália.
16 Foi, segundo ele, "o momento mais decisivo do desastre que invadiu o século" (Faye 2013, p. 7).
17 Schmitt 1933, Caderno 2. Schmitt retomava, modulando-o, o título de uma conferência proferida dois meses antes pelo economista Alexander Rüstow, um dos pais fundadores do ordoliberalismo: "Economia livre, Estado forte". Rüstow referia-se à crítica schmittiana do Estado total quantificativo para concluir: "O novo liberalismo [...] apela para um Estado forte" (Rüstow em Boese 1932, p. 69). Acerca da história do tema do Estado forte no seio do ordoliberalismo, ver Bonefeld 2017; e Christoph 2012, pp. 119 e 129-ss.

Nesse texto, Schmitt operava uma distinção entre duas versões da noção de "Estado total" – uma que ele rejeitava, outra que ele almejava. A primeira, nós acabamos de ver: é o Estado total "quantitativo". Não um Estado forte, mas fraco, em virtude de sua extensão. "Esse tipo de Estado total é um Estado que se estende indistintamente a todos os domínios, a todas as esferas da existência humana [...]. Ele é total em um sentido puramente quantitativo, num simples sentido de volume, não de intensidade ou de energia política."[18]

Como acabar com o Estado total? "Somente um Estado muito forte" – afirma Schmitt – "poderia romper esse terrível emaranhamento."[19] A solução para resolver o nó górdio do Estado total é o Estado total, mas tomado em outro sentido. Ao "Estado total quantitativo", ele opõe o "Estado total qualitativo" – um Estado "total no sentido da qualidade e da energia, assim como o Estado fascista se qualifica como *Stato totalitario*";[20] um Estado forte, que concentra em suas mãos todo o poder da técnica moderna, a começar pelos meios militares e os novos instrumentos de comunicação de massa; um Estado militar-midiático, guerreiro e propagandista, dotado do que há de melhor na tecnologia em matéria de repressão dos corpos e de manipulação das mentes. Mobilizando "meios inéditos de poder",[21] esse Estado não tolerará mais "a emergência de forças subversivas em seu seio".[22] Novamente

---

18 Schmitt 1933, p. 84.
19 Ibid., p. 86.
20 Ibid., p. 84.
21 Ibid.
22 Ibid. "Os meios técnicos modernos", ele escreve, "conferem tal poder e influência que as antigas noções de poder de Estado e de resistência [...] se atenuam. As imagens de Épinal com paralelepípedos e barricadas parecem brincadeira de criança diante dos modernos meios de poder" (p. 83). Além da repressão armada, há a propaganda: "O crescimento do poder dos meios técnicos também oferece a possibilidade de exercer sobre as massas uma influência muito superior a tudo o que podiam conseguir a imprensa e os outros meios tradicionais de formação da opinião" (p. 83). Schmitt pensa no rádio e no cinema, "meios de dominação de massa, de

capaz de diferenciar amigos e inimigos, ele não hesitará em combater os inimigos que estão em seu seio.

Mas resta uma questão capital: qual será a relação desse Estado com a economia? Resposta: "Somente um Estado forte pode despolitizar, somente um Estado forte pode decretar, nítida e eficazmente, que algumas questões, como os transportes ou o rádio, estão sob seu domínio e devem ser administrados por ele [...], que outras dependem de uma gestão econômica autônoma, e que todo o resto deve ser deixado à esfera da livre economia".[23] Haverá então três setores: monopólios públicos em certos domínios estratégicos, livre mercado e, entre ambos, uma forma de autoadministração econômica por câmaras patronais.

Schmitt quer seduzir e dar segurança ao patronato alemão. Ele promete um Estado forte, propagandístico-repressivo, capaz de amordaçar as oposições sociais e políticas, assegurando que essa força imensa se deterá respeitosamente no limiar das empresas e dos mercados. O autogoverno privado das relações econômicas não será questionado; ao contrário, será estendido e sacralizado.

Enquanto a política democrática confunde Estado e sociedade, a política "autoritária total" os distinguirá cuidadosamente; enquanto a primeira politiza a sociedade e "societaliza" o Estado, a segunda despolitiza a sociedade e reforça o Estado, mas nos limites estritos de uma distinção bem clara entre Estado e economia. Com a luta de classes assim alocada sob o calcanhar de ferro do Estado, "a economia" poderá reflorescer. Estado forte, economia saudável.

Entretanto, Schmitt não esconde que esse programa implica uma série de inflexões em relação aos dogmas do liberalismo clássico.

Inicialmente, como ele já indicava em *O guardião da constituição*, é preciso reconhecer que "antigo princípio liberal

---

sugestão de massa e de formação da opinião pública" que o Estado não poderia deixar nas mãos de seus opositores.

23 Ibid., p. 90

da não-interferência, da absoluta não-intervenção", está ultrapassado.[24] Numa situação em que as massas se agitam e grandes partidos se enfrentam, estacionar num *"laissez--faire" stricto sensu*, manter-se como espectador, esperar que o melhor (ou o pior, tudo depende do ponto de vista) ganhe não é opção. Porém, ao contrário das interpretações que alguns comentadores fizeram dessa passagem, nela Schmitt não afirma que o poder de Estado deva intervir administrativamente na "economia", e sim politicamente na luta de classes.[25]

Ora, ele adverte que "será uma intervenção cirúrgica dolorosa, que não poderá se produzir 'organicamente' no sentido de um crescimento lento".[26] Portanto, é preciso também se conformar com a ideia de que "uma despolitização, um afastamento do Estado das esferas não estatais, [...] é um processo político",[27] tarefa que requer muito mais que um Estado "mínimo" ou um Estado vigia noturno: "Um Estado que pudesse engendrar tal reorganização deveria, como disse, ser extraordinariamente forte – o ato de despolitização é um ato político particularmente intenso".[28]

Enfim, a visão liberal clássica, de uma atomística da sociedade civil, em que o Estado só encontraria diante dele agentes econômicos individuais, está ultrapassada. Se o Estado se retira de uma série de funções de direção das relações econômicas, outras instâncias devem assumi-las. Entre o Estado e o mercado vai se intercalar um domínio intermediário regido pelo autogoverno privado de grandes corpos patronais.[29]

---

24 Schmitt [1931] 2007, p. 119.
25 Cf. Cristi 2000a, p. 1763, nota 69.
26 Schmitt 1933, p. 86.
27 Ibid., p. 87.
28 Ibid., p. 90. "Como expõe Heinz O. Ziegler, é mister uma autoridade estável para se realizarem as despolitizações necessárias e, uma vez fora do Estado total, resgatar as esferas livres e áreas vitais" (Schmitt [1932] 2007, p. 97). Hayek cita esse trecho de Schmitt, bem como o opúsculo de Ziegler 1932 (cf. nota 6, p. 337).
29 Schmitt 1933, p. 89 e 90.

Quando, em 1932, o jurista social-democrata Hermann Heller lê o discurso de Schmitt para o patronato alemão, ele capta muito bem o significado. Pouco antes de partir para o exílio (Heller morreria na Espanha no ano seguinte), ele deixa um texto curto que está entre os mais clarividentes do período. Aí vemos, ele analisa, a invenção de uma nova categoria política, um pequeno monstro conceitual, a quimera de um *"liberalismo autoritário"*.[30]

Schmitt, que até então havia dissimulado suas verdadeiras posições "sob negações sofisticadas", escreve Heller, recentemente experimentou a necessidade "de expressar um pouco mais às claras suas ideias" diante dos industriais.[31] "Até agora ouviu-se Schmitt dizer que o Estado atual era um Estado fraco, em razão de seu caráter 'pluralista'."[32] Ora, Schmitt entrevê a partir desse momento uma solução: o Estado forte, autoritário, "qualitativamente total".

Mas até que ponto esse Estado é forte? Contra quem ele será "autoritário"? Com quem não será? A pedra de toque reside em sua relação com "a ordem econômica": "Na verdade, assim que se trata de economia, o Estado 'autoritário' renuncia à sua autoridade. Seus porta-vozes pretensamente 'conservadores' conhecem um único lema: liberdade da economia em relação ao Estado!".[33] É um Estado forte-fraco, forte com uns, fraco com outros – forte, comenta Wolfgang Streeck, "contra as reivindicações democráticas de redistribuição" social, no entanto "fraco na sua relação com o mercado".[34] Afinal, essa palavra de ordem, prosseguia Heller, "decerto não implica que o Estado pratique a abstinência no que concerne à política de subsídios concedidos aos grandes bancos, às grandes empresas industriais e às grandes explorações agrícolas, mas que ele proceda ao desmantelamento autoritário da política social". O que os partidários do Estado "autoritá-

---

30 Heller 1933.
31 Ibid., p. 295.
32 Ibid., p. 296.
33 Ibid., p. 295.
34 Streeck 2015, p. 362.

rio" abominam acima de tudo, ele observa, é "o Estado de bem-estar".[35]

Em 1934, um jovem filósofo alemão fugido do nazismo publicou na revista da Escola de Frankfurt um longo artigo sobre "a luta contra o liberalismo na concepção totalitária do Estado",[36] no qual analisava o deslocamento conceitual identificado por Heller. Herbert Marcuse, é dele que falamos, também tinha Schmitt na alça de mira.

Na superfície, a nova filosofia schmittiana do "Estado autoritário total" se opõe ao liberalismo, doutrina odiosa à qual ela dirige palavras bem duras. Mas qual é, perguntava Marcuse, a consistência real desse antagonismo? Assim que nos interessamos pelo programa deles, percebemos que os partidários do "Estado autoritário total" não pretendem atingir as relações econômicas fundamentais. Esse novo Estado, na medida em que "organiza a sociedade sem modificar sua base de maneira decisiva, é apenas uma autotransformação do Estado liberal".[37]

E se, por sua vez, os liberais professam uma filosofia política totalmente diferente daquela do *Stato totalitario* dos fascistas, na prática, alguns estão dispostos a aderir a essa opção em casos extremos. Marcuse cita Von Mises, o mentor de Hayek: "Se tivéssemos de resumir o programa do liberalismo em uma única fórmula", ele escrevia em 1927, "seria: propriedade privada dos meios de produção [...]; todas as outras exigências do liberalismo derivam desse princípio fundamental. [...] O fascismo e todos os impulsos similares em direção à ditadura por ora salvaram a civilização europeia. O mérito que o fascismo tirou dela ficará gravado para sempre na história".[38]

---

35 Heller 1933, p. 296.
36 Marcuse 1934.
37 Ibid., p. 195.
38 Ibid., p. 166. A essa homenagem, o mentor de Hayek acrescentava, entretanto, importante aditamento que Marcuse não menciona: "Mas, embora sua política tenha trazido a salvação no momento, ela não é capaz de prometer um sucesso duradouro. O fascismo era um expediente temporário; ver mais que isso seria um erro fatal" (Mises 1927, p. 45).

Apesar de suas divergências filosóficas reais, essas duas correntes concordam num ponto decisivo: a proteção das relações econômicas capitalistas. "Vê-se, então", afirma Marcuse, "a razão pela qual o Estado total autoritário situa seu combate contra o liberalismo no terreno das 'visões de mundo', porque ele deixa de lado a estrutura fundamental do liberalismo: essa estrutura de base lhe convém muito amplamente. [...] Ele deixa intacto o princípio que rege as relações de produção."[39]

Contudo, Marcuse logo nuança esse primeiro esquema num sentido bem menos economicista do que parecia. Certamente "a passagem de um Estado liberal para um Estado total autoritário se faz com base na mesma ordem social",[40] mas, quando isso acontece, provoca-se uma transformação política efetiva, não uma simples "adaptação ideológica". Reduzir "a teoria do Estado autoritário total [...] ao simples resultado de uma manobra ideológica" seria um desvio. "Com o Estado autoritário e com os pensamentos que ele suscita com intuito propagandista, desenvolvem-se forças que ultrapassam as próprias formas políticas e que tendem para outro estado de coisas."

Ainda que em última instância haja acordo a respeito das relações econômicas fundamentais, isso não significa que ambos, liberalismo econômico e doutrina do Estado total autoritário, sejam idênticos, nem que seja artificial ou negligenciável a distância de suas visões de mundo. Ainda que o transcrescimento do Estado liberal em Estado total autoritário seja possível, e que, sem ser necessário, o fenômeno não seja acidental, não podemos concluir que o liberalismo seria essencialmente um criptofascimo, nem que o fascismo seria a simples continuação da economia liberal por outros meios ideológicos. Um capitalismo fascista não é o mero acréscimo de um atributo a um substrato que permanece idêntico sob uma modificação acessória na taxonomia. É uma visão de mundo,

---

39 Marcuse 1934, p. 166.
40 Ibid., p. 174.

mas não apenas isso. Se ela se produz, advertia Marcuse, que viveu a experiência, tomba-se em *outro mundo*.

Nos anos 1940, quando os Aliados começavam a empregar a expressão "luta contra o totalitarismo" para designar sua ofensiva militar contra as potências do Eixo, alguns intelectuais conservadores, no interior dessas "democracias ocidentais", apropriaram-se da fórmula para criticar os próprios governos, segundo eles, culpados de alimentar imprudentemente em seu seio um totalitarismo crescente.

Hayek, em *O caminho da servidão* (1944); Von Mises, em *O governo onipotente* (1944),[41] e Schumpeter, em *Capitalismo, socialismo e democracia* (1942), denunciam, ao mesmo tempo, os vícios da democracia representativa, por meio de uma mensagem que poderia ser assim resumida: se vocês querem mesmo combater o "totalitarismo", esforcem-se mais, pois na verdade ele transpira no corpo de vocês, defendendo-se de vocês, ele está inscrito como um *fatum* nos desvios intrínsecos dos sistemas democráticos e do Estado de bem-estar de vocês.

Durante a República de Weimar, adverte Hayek, "foram principalmente pessoas de boa vontade que, em razão de sua política socialista, prepararam o terreno para as forças que representavam tudo o que elas detestavam. Poucos reconheceram que a ascensão do fascismo e do nazismo não era uma reação contra as tendências socialistas do período anterior, mas um resultado necessário dessas tendências".[42] Eis o cerne do raciocínio: a democracia do bem-estar alimenta um socialismo que conduz diretamente ao fascismo. Mussolini seria, assim, o resultado necessário de Gramsci, e Hitler, por sua vez, o resultado necessário de Rosa Luxemburgo. Esse continuísmo grosseiro, tão falso intelectual como politicamente, só pode ser enunciado à custa de uma negação das relações políticas reais. Embora Hayek tenha citado autores que nos anos 1920 e 1930 "identificam o liberalismo como

---

41 Mises 1944.

42 *The Condensed Version of The Road...* [1945]. Londres, 1999, p. 31 (retifico aqui o texto, que contém um erro de transcrição nessa edição).

345

o principal inimigo do nacional-socialismo", ele fracassa, como aponta Andrew Gamble, "em provar que o socialismo democrático alemão era intrinsecamente totalitário – ele, que não se juntou ao nazismo, mas foi esmagado por sua bota".[43] Heller e Marcuse não se deixavam enganar: longe de interpretar o regime em formação como uma excrescência do Estado social, eles o compreendiam, ao contrário, como sua negação, uma reação baseada numa síntese original entre economia liberal e autoritarismo político da pior espécie.

Portanto, em plena Segunda Guerra Mundial, Hayek e seus colegas não acharam nada melhor para fazer do que criticar os excessos da democracia e apelar para o rompimento com o Estado de bem-estar. Mas eles perdem. Para desgraça deles, o pós-guerra será keynesiano. E eles se limitarão a pregar no deserto, ou quase, durante três longas décadas.

Quando de súbito chegam as turbulências sociais e políticas do fim dos anos 1960, eles estão ao mesmo tempo preocupados e tranquilos, pois, se a crise política é grave, ela parece também dar-lhes razão. As cassandras se pavoneiam. Bem que avisaram. Olhe aonde isso leva. Nessa crise eles veem uma oportunidade. Enfim, seus velhos diagnósticos poderão reconquistar a credibilidade e, com eles, seus "antídotos heroicos".

Hayek sempre deixou claro que, se louvava as análises clarividentes do Schmitt pré-nazista acerca da "democracia ilimitada", desaprovava suas escolhas políticas posteriores.[44] Que fique registrado. É preciso dar-lhe crédito. Hayek considera, portanto, que Schmitt viu em sua análise apenas a democracia parlamentar, mas que ele, "como de hábito, se colocou [...] do lado errado, tanto no plano moral como no intelectual". Como se ambos não tivessem relação, como se a queda fosse acidental. É isso que acontece de fato? Pode-

---

43 Gamble 1996, pp. 88-ss.

44 "A conduta de Carl Schmitt sob o regime hitlerista não muda em nada o fato de que, entre os escritos alemães modernos sobre o tema, o seu está sempre entre os mais eruditos e perspicazes" (Hayek [1960] 1978, p. 485, nota 1).

-se dizer que, apesar de sua boa análise da situação, Schmitt tirou conclusões erradas? Isso seria acima de tudo repreendê-lo por inconsequência. Mas é possível, sobretudo de um pensador tão agudo, dissociar tão facilmente análise e decisão? Talvez, ao contrário, enxergando erroneamente, ele com efeito tenha, com toda lógica, tirado as conclusões correspondentes. Haveria, contudo, outra interpretação, que teria o mérito de fazer jus de modo menos mecânico à unidade do diagnóstico e da terapêutica, acentuando menos a lógica que a *vontade*. Para falar com mais clareza: quando alguém quer se livrar do cão, diz que ele tem raiva. Acontece o mesmo com essa cadela da democracia e seus rebentos socialistas.

Não obstante as repetidas reprovações que Hayek dirige a Schmitt, eles ficam muito próximos quando se trata de traçar o quadro dos vícios da democracia parlamentar. O que Hayek pega emprestado das análises de Schmitt está longe de ser superficial. Ora, há quadros conceituais que não podem ser retomados impunemente.

Portanto, Schmitt, segundo Hayek, enxergou de forma correta (ele viu que a democracia era totalitarismo crescente), embora tenha caído (como se tropeça acidentalmente em tão bom caminho), como de hábito, do "lado errado". Mas Hayek, que também enxerga corretamente, visto que pôs seus óculos de Schmitt para examinar a questão do governo democrático, de que lado ele cai? Salazar toma o poder em Portugal. Hayek envia-lhe seu projeto de constituição com palavras gentis. Os generais dominam a Argentina, ele vai até lá dar uma sondada. Pinochet derrama sangue no Chile, lá vai ele de novo. Um boicote se lança contra a África do Sul, Hayek pega a pena para defender o regime, e assim por diante.[45] Toda vez (ou quase sempre) que ele se acha numa situação histórica em que, precisamente, "por reação contra as tendências socialistas", um regime ditatorial se impõe, ele se apressa em oferecer seus conselhos.

---

45 Cf. Farrant et al. 2012, p. 518 e 521.

Do famoso curso de Foucault sobre *O nascimento da biopolítica*, retivemos sobretudo uma visão do neoliberalismo como processo de governamentalização do Estado, como dissolução dos antigos quadros da soberania nas formas do mercado.[46] Isso é verdade, mas somente em parte. Para melhor captar a ambiguidade da política neoliberal em suas relações com o poder de Estado, é preciso estudar a outra face. Como observa Wolfgang Streeck, "Foucault poderia ter recuado mais, até Schmitt e Heller, onde teria encontrado o motivo fundamental do pensamento que informou e informa ainda as concepções liberais acerca do papel econômico da autoridade do Estado no regime capitalista: a ideia, para retomar o título de um livro publicado nos anos 1980 sobre Margaret Thatcher, de que é necessário um 'Estado forte' para uma 'economia livre'".[47]

---

46 Cf. Foucault [1978-79] 2008a. Mas é preciso esclarecer que o próprio Foucault tinha notado nos textos dos ordoliberais, entre eles Röpke, o tema da necessidade de "um Estado forte, pairando bem acima dos grupos de interesses famintos" (p. 358).

47 Streeck 2015, p. 364.

25. DESTRONAR A POLÍTICA

No mais, o que é o trono? Quatro pedaços de
madeira dourada, recobertos de veludo.

NAPOLEÃO BONAPARTE apud P. F. Henry,
Histoire de Napoléon Buonaparte, 1823.

Qual seria a solução para a "crise de governabilidade da democracia"? Entre as opções disponíveis, havia o que Samuelson chamava de "antídoto do diabo":[1] poder ditatorial contra onda democrática; para despolitizar a sociedade, militarizar a política. Essa foi a estratégia de guerra preventiva total aos inimigos internos teorizada na América Latina sob a denominação de "doutrina da segurança nacional".[2]

A democracia, prevenira Hayek, não é possível em todo lugar,[3] nem Pinochet poderia ser exportado para todos os países. Para instituir a ordem neoliberal, a ditadura militar é um meio extremo, não um modelo universalmente generalizável. O Chile, insistia Milton Friedman, era "a exceção, não a regra".[4]

---

1 Samuelson 1983, p. 75.
2 Cf. Comblin 1977. Nessa doutrina, analisa Comblin, opera-se uma "inversão perniciosa da fórmula de Clausewitz: a política seria [...] a continuação da guerra por outros meios" (pp. 13-14). Em menor escala, táticas de repressão semelhantes também foram desenvolvidas nas "democracias ocidentais" contra os movimentos militantes. Nos Estados Unidos, foi o programa Cointelpro [Counter Intelligence Program] (cf. Blackstock [1975] 1988; Churchill e Wall 2002).
3 Hayek escreve, em 1978: "Se uma democracia limitada provavelmente for a melhor forma de governo conhecida, isso não significa que possamos tê-la em toda parte, nem que ela seja um valor supremo, nem o melhor meio de garantir a paz; [...] nossos democratas doutrinários deveriam levar mais a sério explicitamente a questão de saber quando a democracia é possível" (Hayek 1978b, p. 15).
4 "O fato de o Chile ter adotado políticas de livre mercado com a bênção e o apoio da junta militar dirigida pelo general Pinochet faz nascer o mito de que somente um regime autoritário pode colocar

Havia muitas outras formas possíveis de "governo transicional". Pode-se "limitar a democracia" com passos mais delicados que aqueles ritmados pelo bater dos coturnos. Em outras latitudes, uma Thatcher ou um Reagan podiam muito bem dar conta do recado.

Hayek revela ter desejado, com seus últimos livros, "elaborar um aparato intelectual de socorro" capaz de salvar o sistema, em vez de, "por desespero, apelar para uma forma qualquer de ditadura".[5] O zelo era louvável, mesmo que nessa afirmação também possamos ler uma ameaça velada: se o modo suave for recusado, restará apenas o modo forte.

Ecoando os discursos sobre a crise de governabilidade da democracia, Hayek sustenta precocemente, em 1978, que "a epidemia de governite aguda que está tomando formas cada vez mais surpreendentes é a consequência imprevista de nosso sistema atual de democracia ilimitada"[6] – diga-se de passagem, qualificar de "democracia ilimitada" os Estados Unidos de Carter, a França de Giscard d'Estaing ou a Itália de Andreotti diz muito sobre os limites do conceito hayekiano de democracia. Mas retomemos: como essa tendência, ele prossegue, é "inerente à forma particular que demos aos governos democráticos, só poderemos impedir o crescimento explosivo [...] se transformarmos por completo nossas instituições".[7]

A democracia, ele ainda escreve, "só pode se conservar sob a forma de uma democracia limitada. Uma democracia ilimitada necessariamente destrói a si mesma".[8] Portanto, se ela está fadada à autodestruição, é melhor tomar a iniciativa e cuidar dela: amputá-la para prevenir a gangrena. Mas o que

---

em funcionamento, com sucesso, uma política de livre mercado. A realidade é bem diferente. O Chile é a exceção, não a regra" (Friedman 1982, p. 59). Ver também Meadowcroft e Ruger 2014, p. 365.

5 Hayek [1973] 1979, p. 182.

6 Id. [1978] 2002, p. 217.

7 Ibid.

8 Ibid., p. 226.

há na caixa de instrumentos? Que tipo de bisturi? Que técnicas de desdemocratização?[9]

O tratamento seguia o diagnóstico. Se, de fato, "a crise se deve a uma vulnerabilidade excessiva do governo às reivindicações populares, então é preciso achar meios de 'insular' os governos, de pôr um conjunto de questões fora do alcance da política democrática".[10] Tratava-se de saber como "controlar o próprio governo".[11] Diante das sereias da reivindicação social, não se poderia recorrer a antigas artimanhas e amarrar o comandante do navio ao mastro? Então, dizia-se, a governabilidade seria enfim restaurada.

Para isso, Hayek considerava vários procedimentos que contribuíam para a realização de um mesmo programa: "*destronar a política*".[12] Na verdade, é com essa fórmula que se enuncia a estratégia do neoliberalismo como poder "destituinte".

O objetivo geral – restringir drasticamente as margens de manobra do poder governamental em matéria social e econômica – valia para todo tipo de regime, mas "na democracia" sua aplicação se chocava com uma dificuldade específica: será possível encontrar um meio de impô-lo sem romper abertamente demais com as formas do regime representativo? "Em geral se acreditava que isso era impossível", dizia Hayek, que pensava ter desvendado o truque: "O problema só parecia insolúvel porque esqueceram um ideal mais antigo, segundo o qual o poder de toda autoridade encarregada de funções governamentais devia ser limitado por regras consolidadas que ninguém tivesse o poder de mudar ou anular".[13] Uma única saída: a constituição.

"A democracia" – ele justificava – "precisa, mais do que outro regime, de um limite severo dos poderes discricionários que o governo pode exercer, porque ela, mais que qualquer outro,

---

9 Sobre essa noção, ver Brown 2015, p. 18; e Brown 2006. Ver também Tilly 2007, pp. 58-ss.

10 Crouch 1979, p. 15.

11 Rose 1980, p. 1.

12 Cf. Hayek [1978] 2002; ver também Hayek [1973] 1979, pp. 153-ss.

13 Ibid., p. 154.

está sujeita à pressão eficaz de interesses particulares."[14] Para deter os "defeitos que caracterizam os regimes políticos em que as maiorias legislativas têm uma capacidade de legislar praticamente ilimitada",[15] a salvação passava pela restrição *a priori* do campo do poder governamental, defendendo-o de uma vez por todas por meio de proibições gravadas no mármore da lei fundamental, avançando sobre os canteiros da "economia". À enorme liberdade da decisão democrática opunha-se o modelo de um "governo constitucionalmente limitado" em matéria de decisão econômica.[16] O velho e predileto tema do liberalismo era retomado por um neoliberalismo econômico, passando a manobrar no terreno do *jus politicum*. Destronar a política pela sacralização constitucional da economia. Paradoxo de uma destituição constitucional ou de uma constitucionalização destituinte.

Na mesma linha, Buchanan sustenta que é perfeitamente possível conservar o princípio de eleições "livres" sob a condição de antes bloquear o campo de decisão dos governantes que serão eleitos. É importante "distinguir as escolhas feitas *entre* diferentes regras (política constitucional) das escolhas que se fazem *no interior* de certas regras (política normal)".[17] E, se "a política normal não pode equilibrar o orçamento", nem toda esperança está perdida, pois ainda é possível formular uma regra superior que a obrigue a fazê-lo. Essa estratégia constitucional se concebe como uma meta política, como uma intervenção despolitizante nas regras de formação das escolhas políticas.

Note-se que as formulações de Buchanan são mais prudentes, em termos de relações públicas, que as de Hayek: o que se vai limitar assim – insiste Buchanan diante dos membros da Sociedade do Mont-Pèlerin reunidos na charmosa estação

---

14 Ibid.

15 Gwartney e Wagner 1988, p. 4.

16 Ibid. Foucault comenta: "A inovação institucional [...] é aplicar à economia algo que na tradição alemã se chama *Rechtsstaat* e que os ingleses chamam de *Rule of law*, o Estado de direito ou reinado da lei. E é aí, então, que a análise ordoliberal vai se inscrever, não mais na linha da teoria econômica da concorrência [...]; ela vai se inscrever em toda uma linha de teoria do direito" (Foucault [1978-79] 2008a, p. 231).

17 Buchanan 1995, pp. 349-ss.

balneária de Viña del Mar, no Chile, em 1981 – não é de modo algum "a democracia", somente "o governo", como ele nuança.[18] "Se as eleições pudessem mudar alguma coisa", dizia o humorista, "elas teriam sido abolidas há muito tempo". Mas, secundariamente, garante-se de antemão que elas serão impotentes para mudar algo, então nada impede que se as conserve.

Hayek não faz boca de siri: assim, argumenta, passaria a um regime de "democracia limitada". Em que sentido? "A fim de evitar os mal-entendidos", ele explica que a atividade do legislador deveria "se limitar à adoção de regras de conduta gerais e abstratas".[19] Essa explicação também é geral e abstrata. Mas o que isso quer dizer, de forma mais precisa e concreta?

Ao que tudo indica, a limitação em nada concerne ao conteúdo das leis possíveis, apenas à sua *forma*: um parlamento não poderá adotar mais do que leis *gerais*, valendo igualmente para todos, mas nenhuma outra medida *particular* aplicada especificamente a grandes grupos sociais distintos. Só que, sem entrar em detalhes do modelo de constituição imaginado por Hayek, o efeito procurado é muito mais substancial: "É claro que uma constituição do gênero aqui proposto inviabilizaria todas as medidas socialistas de redistribuição".[20] Sem nem chegar até aí, "toda intervenção sobre o mercado para corrigir a partilha dos rendimentos será inviabilizada".[21] Sob o formalismo jurídico, não tarda, portanto, a ressurgir o conteúdo social real da limitação. O que há na zona proibida? A placa

---

18 Buchanan 1981, p. 12, apud Farrant e Tarko 2018, pp. 14-15.
19 Hayek [1978] 2002, p. 218.
20 Id. 1979, p. 180.
21 Talvez contraponham que nenhuma constituição é de fato inamovível. A história do direito está repleta de leis irrevogáveis e, no entanto, revogadas. Mas não é impossível quebrar esse tipo de bloqueio, o que evidentemente requer muito mais energia que uma simples mudança de legislação. O outro ponto importante é que toda tentativa política para se emancipar de restrições assim inscritas na constituição verá planar acima de sua cabeça a ameaça de um golpe de Estado legal iniciado por aquele que tiver se declarado o guardião do Estado.

353

indica em letras garrafais: em virtude de nossa nova constituição, redistribuição das riquezas interdita, proibição absoluta de mexer na ordem "espontânea" das desigualdades sociais.

Uma das chaves da estratégia institucional correspondente consiste em atuar nas escalas de poder: esticar, esquartejar e enfim explodir em definitivo a unidade da soberania territorial clássica. Enquanto a trava constitucional seria transferida para o alto, para instâncias federais, parte das antigas funções do aparelho de Estado seria descentralizada, rebaixada a níveis inferiores. "A maioria das atividades de serviço do governo poderia, então, ser delegada com vantagem a autoridades locais ou regionais, inteiramente limitadas em seus poderes coercitivos pelas regras impostas por uma autoridade legislativa superior."[22] Esses dois movimentos são complementares: eles correspondem aos dois vetores inversos de uma estratégia de *devolução* cruzada que, em um efeito tesoura, deixa a antiga forma da soberania estatal para substituí-la por outros dispositivos de "governabilização" da política pública. A construção europeia forneceria um caso exemplar para o estudo mais refinado dessa estratégia. Imaginando desde 1939 a criação de um sistema federal, Hayek já o apresentava como a via real para uma "restrição do poder e da extensão do governo" pelo viés de uma constitucionalização econômica da política em escala supranacional.[23]

Esses projetos de limitação constitucional decerto abriam perspectivas promissoras para uma destituição da política democrática, mas ainda restava um problema prático. Como "impor limites ao regulador? Como acorrentar o Leviatã"? Era essa, de acordo com Buchanan, "a questão crucial de nosso tempo".[24] Ditador providencial posto de lado, como aferrar as

---

22 Hayek [1973] 1979, p. 159. Assim, "a maioria dos serviços poderia ser, e provavelmente seria de fato, delegada às instituições regionais e locais que disputam para atrair moradores" (p. 124).

23 Hayek [1939] 1948, p. 266; cf. Durand 2013, p. 28.

24 Buchanan, em 1973, no *Atlantic Economic Journal*, apud Farrant e Tarko 2018, p. 15.

correntes na democracia senão com uma arma encostada à sua cabeça? Seria sensato esperar que a "democracia ilimitada" limite a si mesma, justo ela, criticada havia décadas por ser estruturalmente incapaz? Novo enigma a resolver.

Segundo as análises da "escolha pública", havia uma tendência a considerar os programas políticos favoráveis à despesa pública "mais eficazes que as coalizões a favor da redução dos impostos".[25] O economista Allan Meltzer, no entanto, mostrava-se tranquilo: "Não há nada de inevitável nesse processo. Seria perfeitamente possível pôr fim ao crescimento do governo por meio de uma limitação constitucional".[26] Só que a dificuldade permanecia intacta, pois, se a dinâmica do campo eleitoral é, em sua estrutura, contrária às políticas de austeridade, é bem provável que ela também seja contrária a consolidá-las no bronze da constituição. Seria preciso, portanto, habilidade.

"Como os conservadores que não gostam do funcionamento da democracia não estão atualmente dispostos a seguir sua lógica até a conclusão fascista", observava Paul Samuelson em 1980, "eles preconizam limitações constitucionais da fiscalidade como forma de capitalismo imposto."[27] "Para começar a apreciar essa nova teoria, não é necessário descer além do Equador. [...] Se não se pode confiar na democracia, basta gravar de uma vez por todas na constituição que o capitalismo deve ser a lei do país."[28] Samuelson se referia a um projeto de lei incluído no referendo de Massachusetts em 1980, que previa a criação de um teto para as tributações municipais de 2,5% dos recursos dos contribuintes.[29] Essa nova tática eleitoral consistia em se apoiar na revolta fiscal latente das classes médias, intensificá-la e instrumentalizá-la a fim de instituir normas coerci-

---

25 Meltzer 1977, p. 5. Ver p. 312.

26 Ibid., p. 9.

27 Samuelson em Tsuru (org.) 1983, p. 75.

28 Samuelson 1981, p. 44. Esse texto tem o mesmo título que o anterior, mas seu conteúdo é diferente.

29 A "proposta 2½", submetida a votação em Massachusetts, em novembro de 1980, havia sido precedida pela proposta 13, muito similar, adotada na Califórnia em 1978.

355

tivas de limitação da despesa pública. Começava-se a dizer no campo conservador que, se as coalizões políticas favoráveis à manutenção do Estado social tendem a ser mais fortes que as que prometem à massa de seus beneficiários alívio da carga tributária, podia-se, em contrapartida, esperar, dando nova roupagem às coisas, que programas prometendo às classes médias a redução dos impostos compusessem a base de novas alianças suscetíveis de desfazer a posição contrária.

Foi também naquele momento que se lançou uma grande ofensiva ideológica sobre o tema do "equilíbrio orçamentário" e da "luta contra os déficits". Todos os nossos males, podia-se ler em 1977, em *Democracy in Deficit*, de Buchanan e Wagner, provêm da "destruição keynesiana do equilíbrio orçamentário".[30] O Estado está hipertrofiado, os déficits são abissais, o setor público está "rigorosamente fora do controle".[31] "Como os orçamentos não podem mais ser deixados à deriva no mar da política democrática", seria necessário instituir "uma regra externa e 'superior'",[32] uma "norma constitucional" restritiva e "sacrossanta" de equilíbrio orçamentário.

Eis o hino oficial. No entanto, entre si, os neoliberais cantarolavam outra melodia. Em 1982, durante uma conferência organizada pelo Federal Reserve Bank de Atlanta, Milton Friedman entrega o ouro: "É uma boa ideia ter um orçamento equilibrado, mas não à custa do aumento dos impostos. Eu preferiria 400 bilhões de dólares em despesas federais com um déficit de 100 bilhões a 700 bilhões de despesas com um perfeito equilíbrio orçamentário".[33] Portanto, ao contrário daquilo que martelam, o equilíbrio não é um valor em si. O objetivo que impera é a *redução* do orçamento do Estado. Então por que essa insistência, se o objetivo está em outra parte? "Se o equilíbrio orçamentário é importante", continua Friedman, "é principalmente por razões políticas, e não econômicas; isso permite garantir que, se o Congresso votar um

---

30 Buchanan e Wagner 1977, p. 131.
31 Buchanan e Tullock 1977, p. 147.
32 Buchanan e Wagner 1977, p. 147.
33 Friedman 1982, p. 62.

aumento das despesas, ele também terá de votar o aumento dos impostos"[34] – o que os parlamentares, ligados a seu capital eleitoral, vão se recusar a fazer.

Trata-se, portanto, de conter a despesa. Mas esse objetivo, por sua vez, encobre o quê? Sobre a questão da despesa, decifra Friedman, há outras questões: a "fiscalidade, sabidamente a bomba-relógio dos programas de previdência social, de seguro-saúde", e, lá atrás, sobretudo "os impostos embutidos sob forma de despesas obrigatórias para as empresas privadas".[35] Eis o cerne do problema: se nos preocupamos tanto com a "sobrecarga" do orçamento do Estado, é porque nos insurgimos contra a "sobrecarga" do capital, esse outro camelo que com certeza também desmorona com o peso das taxas e das contribuições sociais.[36]

Friedman, porém, vai mais longe. Analisando melhor, ele retifica: o tão difamado déficit orçamentário não é uma calamidade, mas uma bênção, uma oportunidade formidável para seu campo: "O déficit foi o único freio eficaz para a despesa no Congresso. Com certeza preferiríamos, de longe, uma emenda constitucional que impusesse o equilíbrio orçamentário e limitasse a despesa. Apoiar-se no déficit para controlar as despesas é uma solução alternativa – mas ainda é melhor do que nada".[37] Na falta de uma regra básica orçamentária inscrita na lei fundamental (o que seria o ideal), conduzir uma política do caixa

---

34 Ibid.

35 Friedman 1988.

36 Ver p. 314.

37 Friedman 1988. "Friedman", acrescenta Perelman, "não era o único a ver o déficit com bons olhos. Alan Meltzer, outro economista conservador de [...] primeira linha, [...] taxou o governo Reagan como uma política de agravamento intencional do déficit, uma tática deliberada para impedir as futuras administrações de adotar novos programas de despesas" (Perelman 2002, p. 68). "Deixar escapar um déficit importante", explica Meltzer, "pode ser um meio eficaz para restringir as despesas futuras do governo" (Meltzer 1988, p. 538).

vazio agitando a dívida como um leque ideológico também pode bastar.[38]

Mas um novo fenômeno econômico que abria outras perspectivas estava se produzindo. Para enfrentar a crise crescente das finanças públicas, observava um cientista político no fim dos anos 1970, "os governos contam cada vez mais com o financiamento dos mercados privados".[39] Ora, é preciso compreender, ele advertia, que essa "dependência dos governos em relação aos mercados financeiros privados [...] cria pressões suplementares a favor de políticas econômicas conservadoras e que respeitem os interesses do capital. Torna-se mais difícil seguir políticas igualitárias de repartição dos rendimentos".[40]

Tinha-se aí outra forma de limitação da política governamental, talvez mais eficaz do que todas as expostas até aqui. Ela não era militar, constitucional, eleitoral ou ideológica, mas tecnicamente ajustada a uma decisão pública prestes a se tornar financeiramente tributária da avaliação de suas políticas pelo mercado das obrigações soberanas. A norma se dava em outra instância. Tinha outros agentes, mais discretos, mais elegantes talvez, do que um impotente condecorado. A ditadura dos mercados, enfim, mais elevada que a dos generais.

"É impressionante", constata Bernard Manin dez anos após a publicação do relatório da Trilateral, "que esse tema da governabilidade das democracias tenha saído de moda.

---

38 Essa "política dos déficits", ou "política dos caixas vazios", visa, como mostrou Sébastien Guex, "limitar ou diminuir as receitas do Estado, estabelecendo um teto ou baixando os impostos, de preferência aqueles que atingem os detentores de capitais, com o intuito de aumentar os déficits orçamentários. Em outras palavras, trata-se de favorecer ou mesmo provocar uma crise das finanças públicas. [...] O objetivo dessa estratégia consiste em criar o que um pesquisador americano denomina 'clima de austeridade', e outro, 'uma alavanca permanente para cortar os orçamentos sociais', em suma, para estabelecer condições ideológicas e políticas favoráveis à contrarreforma social e financeira" (Guex 2003, p. 54).

39 Keohane 1978, p. 120.

40 Ibid., p. 121.

Não se fala mais nisso, mais ninguém se interessa pelo problema."[41] Por quê? "Por um lado, achou-se uma solução":[42] situado no cerne das regulações monetaristas, "o mercado fornece [...] um princípio muito eficaz de limitação do poder, porque ele constitui uma instância de regulação que escapa ao alcance dos diferentes agentes". Tal era "a solução global para a crise de governabilidade: a regra do mercado".[43]

Uma das principais inovações do neoliberalismo, esclarecia Manin, foi conceber o mercado como uma tecnologia política: não mais simplesmente "como o que realiza a alocação ótima dos recursos" na esfera considerada autônoma da economia, e sim como um "princípio político, como princípio de ordem e de governabilidade".[44] O mercado não era mais somente aquilo sobre o que a política não devia avançar, mas também aquilo a que ela devia se subordinar a partir de então. O mercado passava, assim, do ponto de vista da política governamental, do status de objeto-limite ao de sujeito limitador de sua ação.

---

41 Manin 1984, p. 19.

42 Ibid.

43 Sousa Santos em Sousa Santos e Rodríguez-Garavito (orgs.) 2005, p. 34.

44 Manin 1984, p. 19. Ele acrescenta: "É o retorno a certo tipo de governo invisível em nome da coerção internacional [...]. Regulações monetaristas são também regulações de tipo político, que oferecem a imensa vantagem de deslocar a variável crucial de alguma coisa visível a algo muito mais complexo [...]. Por outro lado, isso talvez seja ainda mais importante, o lugar da decisão escapando em grande parte às pressões e ao jogo da democracia" (id.). "O mesmo raciocínio", comentava Gorz, "valia pela 'crise de governabilidade' das empresas [...]. Tornava-se urgente também lá substituir o poder demasiadamente visível do administrador-geral por reformas de auto-organização centralizada, ou seja, pela criação de redes de subunidades relativamente autônomas que, coordenando a si mesmas, permitiriam igualmente economizar os custos de organização. Era urgente enfraquecer a combatividade dos trabalhadores, o poder de negociação dos sindicatos, as 'imaleabilidades' que convenções coletivas, acordos de empresas, direitos sociais introduziram nas relações de produção. Era preciso, em poucas palavras, 'liberar o mercado de trabalho' daquilo que o deformava. A palavra de ordem era 'desregular'" (Gorz 1997, p. 26).

A solução consistia, no final das contas, em aplicar aos gestores do Estado um equivalente da fórmula catalárquica que já fora descoberta para garantir a lealdade dos gestores de certas empresas: uma relação de agência sancionada por mercados que, ao mesmo tempo que cumprem sem cessar sua função especulativa, exercem uma função policial sem que os agentes necessariamente a desejem. Os mercados financeiros, portanto, como operadores de governabilização dos governos.

Só que a famosa "crise de governabilidade da democracia" comportava dois patamares, e não um só. Além da enorme permeabilidade dessa forma política às "expectativas sociais", havia as próprias expectativas, a forte mobilização, a enorme politização da sociedade, a "onda democrática" que alarmava Huntington. Além do problema da democracia-governo, havia o da democracia-movimento.

Ora, se as táticas de bloqueio neoliberal propunham regular o primeiro tipo de governo com uma limitação multidimensional da decisão pública, o segundo permanecia intacto. Para fazer refluir a combatividade social, considerava-se necessário atacar as condições da correlação de forças que a sustentava, mas isso implicava partir para o conflito, sob o risco de diluir o assentimento mínimo de que esse tipo de regime continua, apesar de tudo, a depender. O problema, lamentava Brittan, é que "a democracia liberal impede os governos de combater os grupos coercitivos [ouçam os movimentos sociais], seja renunciando ao engajamento no pleno-emprego, seja pela restrição efetiva do poder monopolístico dos sindicatos, seja pela instauração de uma 'política dos salários'".[45] Rose, que considerava também um conjunto de medidas ofensivas, dentre as quais a privatização de grande parte do setor público, dizia-se pessimista quanto às chances de conseguir isso, tamanha era a força das resistências. Definitivamente, ele ousava, "só uma medida como a suspensão das eleições livres reduziria de maneira substancial e imediata as pressões das expectativas

---

45 Brittan 1975, p. 130.

sobre o governo".[46] De modo que a questão do recurso a um poder ditatorial, expulsa pela porta, voltava pela janela.

O comandante está em vias de ser amarrado, porém as sereias ainda estão lá. Talvez um dia, cansadas de se esgoelar em vão, elas passem ao ataque. Para liberar o caminho, seria possível lançar um arpão, mas o regulamento do navio proíbe fazê-lo com força máxima; além disso, caso se arrisquem, decerto se espera que elas contra-ataquem.

Em 1977, a OCDE tornou público o Relatório McCracken sobre a inflação e a desaceleração do crescimento.[47] As recomendações desse grupo de economistas ainda marcados pelo keynesianismo reinante permaneciam ecléticas, mas algumas passagens em particular chamam a atenção dos críticos, algumas páginas em que os especialistas recomendavam, com certa timidez, a disciplina monetária, a redução das despesas públicas e a flexibilização do mercado de trabalho. Orientações que alguns interpretaram como o sinal precursor de uma possível reviravolta, o anúncio de uma conversão da política econômica dominante ao neoliberalismo que se aproximava.

No comentário ácido que fez do relatório, o cientista político Robert Keohane se perguntava sobre a *viabilidade política* do projeto econômico que aí entrevia. E resumia: a Comissão McCracken aconselha os governos a "exercer maior disciplina sobre suas economias resistindo à tentação de conceder benefícios a seus cidadãos no curto prazo por meio de despesas públicas em grande escala".[48] Keohane comentava que essa posição não é nem do Estado mínimo do *laissez-faire*, nem do Estado de bem-estar social dos keynesianos, e sim uma fórmula intermediária, um "Estado disciplinar" que conservaria um papel de regulação da economia fazendo cortes na política social.[49]

---

46 Rose 1975, p. 15.

47 McCracken et al. 1977. Sobre a gênese e a interpretação desse relatório, cf. Gayon 2017.

48 Keohane 1978, p. 109.

49 Ibid., p. 122.

Os autores do relatório imaginam, ingenuamente, segundo ele, que os "Estados disciplinares democráticos serão capazes de persuadir seus cidadãos a aceitar restrições econômicas mais severas com menos vantagens sociais",[50] conservando uma "legitimidade substancial em suas sociedades".[51] Ele duvida, e não pouco. Se os especialistas da OCDE não parecem ver onde está o problema, a outros ele não escapou. Os "radicais", relata Keohane, aqueles mesmos que se opuseram desde o pós-guerra às proezas do "Estado assistencial contemporâneo [...] como uma refutação das teorias marxistas sobre a crise do capitalismo", tiram de sua derrota atual as conclusões que se impõem: "Se aqueles que estão no comando da economia voltassem a seu engajamento em matéria de pleno-emprego e estabilidade dos preços, então se encontraria abalada uma das principais justificativas do capitalismo (do ponto de vista da classe operária). Quem poderia, a partir de então, culpar os trabalhadores se eles decidissem reconsiderar sua adesão a arranjos políticos e econômicos que decepcionaram suas expectativas?".[52]

Creio que o que ali se esboçava era uma nova versão – mesmo que Keohane não empregasse a fórmula – da crise de governabilidade, a extensão desse tema a um novo gênero de regime político-econômico em gestação. Até aqui, a crise só estava associada à democracia de bem-estar social. Segundo diziam, essa calamitosa combinação de keynesianismo e democracia representativa tornara a política estatal insustentável. Mas o que será da manutenção da segunda sem o primeiro? Se o Estado de bem-estar acabou sendo afetado por uma crise severa de legitimidade, a despeito de suas boas obras, o que acontecerá se fecharem a torneira? A questão seria esta: uma democracia pós-keynesiana é possível?

Se há "condições estruturais de ingovernabilidade",[53] analisava a esquerda, elas são, na realidade, ainda muito mais

---

50 Ibid.
51 Ibid.
52 Ibid., p. 117.
53 Offe 1984, p. 84.

profundas do que querem admitir os neoconservadores e os neoliberais: "O capitalismo tornou-se tributário da função legitimadora das despesas sociais. O 'segredo incômodo', a contradição do capitalismo, é que, mesmo que ele 'não possa coexistir com o Estado de bem-estar, também não pode mais existir sem ele'".[54] Se você acha que a "democracia" keynesiana é ingovernável, experimente a "democracia" neoliberal.

Os autores do Relatório McCracken – critica Keohane – varrem o problema para debaixo do tapete. Eles postulam que seu "Estado disciplinador" será, por princípio, por artigo de fé, democrático, contudo não se perguntam por um só segundo sobre as condições de viabilidade política de semelhante forma em tais condições. No fundo, eles são ingênuos de pensar que "o capitalismo e a democracia são e podem continuar a ser totalmente compatíveis" – o que, entretanto, lembra Keohane citando ao mesmo tempo Marx e Schumpeter, no fundo não tem nada de evidente.[55]

Uma "democracia disciplinadora" pode continuar "democrática"? Keohane duvida, mas se recusa a responder em termos absolutos. Depende. "Na Alemanha, no Japão e nos Estados Unidos, talvez", dado que "o vigor econômico e a estabilidade política de tais sociedades podem lhes permitir engolir esse tipo de poção econômica sem grandes reações alérgicas políticas". Nos outros países da OCDE, a coisa é menos garantida. "Apelar para sacrifícios [...] a fim de aumentar os lucros e preservar o capitalismo não constitui um grito de adesão muito brilhante para formar uma nova maioria. É difícil imaginar socialistas franceses [se ele soubesse...], comunistas italianos ou sindicalistas britânicos se juntando com facilidade num 'consenso sobre a necessidade de lucros mais elevados'." Conclusão: "É pouco provável que esses Estados sejam estabelecidos democraticamente no conjunto da zona da OCDE".[56] Retorno, portanto, ao início do jogo. É impressionante ver a

---

54 Id. 1984c, p. 153. Ver também Hueglin 1987, p. 153.
55 Keohane 1978, pp. 109-10.
56 Ibid., p. 123

que ponto, nessa fase de transição ainda incerta em direção ao neoliberalismo, ronda o espectro da ditadura.

E, no entanto, pelo menos nos discursos, os anos 1980 seriam de grande triunfo da "democracia". Em abril de 1981, Norman Podhoretz assinava na *Harvard Business Review* um artigo sobre "os novos defensores do capitalismo". Os homens de negócios – ele aconselhava seus leitores – fariam bem em se interessar mais pela vida intelectual e "levar as ideias a sério", pois elas são de grande importância política. Ora, anunciava o analista neoconservador, "os primeiros sinais de uma inversão da atitude tradicionalmente hostil em relação ao capitalismo começam a surgir hoje na comunidade intelectual"[57] – sobretudo na França, onde "novos filósofos de repente renunciaram ao marxismo".[58] Redescobrindo as "virtudes do capitalismo", muito intelectuais consideram, a partir de então, que o antagonismo político fundamental opõe "a democracia" ao "totalitarismo".[59]

Ao ler essas linhas, seu colega neoconservador Daniel Bell discorda e sente a necessidade de reagir na seção de "Cartas dos leitores": Podhoretz nos diz que "o capitalismo [...] é propício à liberdade e à democracia. É isso mesmo?". Não necessariamente: "Poucos filósofos políticos sérios fazem um amálgama de 'liberdade' e 'democracia'. A maioria, na verdade, sustentaria – como os teóricos do século XIX, como Alexis de Tocqueville – que existe uma tensão intrínseca entre liberdade e democracia, e que com frequência a tirania da maioria, derivada do *demos*, ameaça à liberdade".[60] Um modo de dizer que faríamos bem em ficar alerta e que as besteiras dos "novos filósofos", mesmo que fossem franceses, não devem fazer perder de vista os princípios fundamentais de uma política reacionária.

---

57 Isso é crucial, pois, ele acrescenta, "a própria sobrevivência da empresa privada nos Estados Unidos pode depender da vitória dessa nova visão, simpática ao capitalismo, sobre a hostilidade tradicional no mundo das ideias" (Podhoretz 1981, p. 96).

58 Ibid., p. 97.

59 Ibid., p. 104.

60 Bell 1981, p. 61.

De todo modo, o vento estava de fato agitando a ideologia dominante: enquanto na fase precedente os defensores do sistema apontavam, de modo bastante unânime, as tensões, quiçá a incompatibilidade entre capitalismo e democracia, um novo discurso começava a apresentá-los como sinônimos, promovendo um em nome do outro.

Como se explica essa mudança? Se louvamos a partir de então uma democracia ainda ontem abominada, é certamente com a estrita condição implícita de celebrar sob esse nome apenas o que alguns caracterizam hoje como "pós--democracia", um resíduo vazio, uma forma sem substância. Mas só se compreende mais a fundo a reviravolta quando associada a uma nova estratégia política que fazia, então, um movimento de pivô do qual essa agitação discursiva era, ao mesmo tempo, o sinal e o instrumento.

"A crise do Estado de bem-estar e a frustração popular que a acompanhou", teorizava Chantal Mouffe em 1986, "estavam na origem de uma série de reações antiestatais que a direita se apressou em traduzir nos termos da crítica neoliberal. Estabeleceu-se uma cadeia de equivalência entre política = público = Estado = burocracia, o que permitiu aos conservadores apresentar sua ofensiva contra a democracia como uma luta pela democracia, esta última definida pelo ângulo de uma recuperação, pelo 'povo', dos 'direitos' que o Estado confiscara."[61] Entretanto, enquanto a palavra "democracia" era assim ressignificada como o nome de um individualismo liberal oposto ao coletivismo estatal, o *demos* correspondente foi, ao mesmo tempo, redefinido ou reimaginado de um modo neotradicionalista como um *ethnos* de identidade ameaçada pela "sociedade permissiva" – outro nome da emancipação social, racial, sexual e geracional que então começava com vigor. A estranha unidade ideológica desse populismo liberal-conservador era indissociavelmente individualista e autoritária, empresarial e tradicionalista. O neoliberalismo econômico, entrando em política, associava-se assim a um tipo de nacional-democratismo que cheirava a sexistas, homofóbicos e racistas. É nessa

---

61 Mouffe 1986.

unidade contraditória e lenta que talvez resida uma das principais fontes das patologias políticas atuais das democracias liberais no Ocidente.

Quando Andrew Gamble procura, em 1979, caracterizar o programa do thatcherismo, ele o resume com esta fórmula: "Economia livre e Estado forte".[62] Assim, ele retomava quase palavra por palavra o título do discurso de Carl Schmitt.

O liberalismo autoritário conhece muitas declinações. Mas, vejam bem, declinações *diferentes*. Afinal, não era o caso, como alertava Stuart Hall, do retorno do "fascismo" à cena política, tampouco do "despertar dos fantasmas e dos espectros familiares" da esquerda, e sim do advento de outra coisa, que era preciso compreender em sua especificidade. Cabia desconfiar, portanto, de um reflexo de falso reconhecimento: "O que nós temos de explicar", ele esclarecia, "é um movimento em direção a um 'populismo autoritário' – uma forma excepcional do Estado capitalista que, ao contrário do fascismo clássico, deixou no lugar a parte principal (porém não a totalidade) da instituição representativa formal e que, ao mesmo tempo, foi capaz de construir em torno dele um consenso popular ativo".[63]

O thatcherismo se apresentava como uma ideologia estranhamente sincrética, uma "nova direita" que podia "parecer ora libertária, ora autoritária; ora populista, ora elitista".[64] Para

---

62 Gamble 1979. Gamble, que não parece conhecer o texto de Schmitt, toma a fórmula emprestada de Rüstow. Cf. nota 17 p. 338. A própria Thatcher declarava, em 1980: "As atividades do Estado invadiram quase todos os aspectos da vida. Entre outras coisas, o Estado endossou a responsabilidade dos imensos monopólios nacionais que empregam centenas de milhares de homens e mulheres. O problema, já que o Estado se envolve em cada greve, em cada preço ou em cada contrato que afeta uma empresa pública, é que as pessoas tendem a associar o Estado a essas coisas, mais que a seu papel tradicional necessário, que também é mais elevado. Consequentemente, sua autoridade se encontra não amplificada, mas reduzida. Em nosso partido, nós não almejamos um Estado fraco. Ao contrário, precisamos de um Estado forte para preservar tanto a liberdade como a ordem" (Thatcher 1980, apud Christoph 2010, p. 259).

63 Hall 1979, p. 15.

64 Gamble 1988, p. 28.

além das incoerências aparentes, isso se devia ao fato de ele operar uma síntese entre "uma defesa liberal tradicional da economia livre e uma defesa conservadora tradicional da autoridade do Estado".[65] Para além de uma ideologia, era uma estratégia de redistribuição do Estado, instado ao mesmo tempo a se retirar quase por completo de certas áreas e a reinvestir com vigor em outras, a ser não intervencionista e intervencionista, centralizado e descentralizado. Contudo, esses movimentos contraditórios na aparência eram intimamente solidários. Se o Estado deve se reforçar, é para melhor enfraquecer: "Uma ação firme e decisiva é necessária para reduzir os programas de despesas públicas e os impostos, para privatizar [...] os serviços públicos e abolir as agências intervencionistas e reguladoras".[66]

Só que, sob "a abstração chamada 'despesa'", desmistificava Alan Wolfe, há sempre "as necessidades reais de pessoas reais".[67] Ora, é pouco provável que elas se deixem despojar sem nada dizer. No início dos anos 1980, os governos neoliberais sabem disso e se preparam para o confronto.

Mas, para ganhar, não bastaria travar a política pelo alto e demonstrar firmeza nos confrontos centrais. Era também necessário desenvolver táticas mais requintadas, mais capilares quanto à neutralização da política.

---

65 Ibid., p. 28.
66 Ibid., p. 32.
67 Wolfe 1975, p. 342.

26. MICROPOLÍTICA DA PRIVATIZAÇÃO

> *Em suma, tudo é político, mas toda política é ao mesmo tempo macropolítica e micropolítica.*
>
> GILLES DELEUZE e FÉLIX GUATTARI, *Mil platôs*, 1980.

> *A análise dos micropoderes não é uma questão de escala, não é uma questão de setor, é uma questão de ponto de vista.*
>
> MICHEL FOUCAULT, *Nascimento da biopolítica*, 1978–79.

No fim dos anos 1970, as linhas majoritárias do programa neoliberal estavam traçadas. As elites dirigentes do "mundo livre" se convertiam em grande velocidade, repudiando a ortodoxia keynesiana. Tudo caminhava bem. Restava, no entanto, uma sombra. Considerados a radicalidade da ruptura e seu cortejo de implicações socialmente deletérias, seria inevitável a operacionalização se chocar com oposições fortes. Sabia-se muito bem: um governo que tentasse decretar "tais mudanças por meios convencionais teria [...] de enfrentar uma multidão hostil".[1] Era preciso se preparar intelectual e politicamente para o confronto, reencontrar "a coesão e o nervo político necessários para sair vencedor de um choque inevitável com a esquerda sindical".[2]

Daí, na alta-roda, sombrias ruminações estratégicas. Alguns "especulavam sobre a necessidade de um governo sacrificial, que cumprisse sua missão renunciando a toda esperança de ser reeleito, enquanto outros acalentavam a ideia de um governo que simplesmente não tivesse necessidade de ser reeleito".[3] Era

---

1   Pirie 1988, p. 281.
2   Moss 1975, p. 257.
3   Pirie 1988, p. 279.

esta a alternativa: governo camicase ou governo autocrata, ou encontrar políticos dispostos a reformar custasse o que custasse, em detrimento de sua popularidade, sob o risco de dilapidar seu capital eleitoral, sob o risco de um suicídio político de seu próprio partido, ou instaurar uma forma ou outra de cesarismo ou bonapartismo que liberasse o espaço, restringindo ou suspendendo o modo de funcionamento corrente da democracia representativa.

Para sair dessa situação difícil, alguns imaginaram uma terceira via. Na verdade, foi "nesse palco", escreve Madsen Pirie, "que se introduziram as ideias centrais da *micropolítica*".[4] Aparentemente sem conhecer Foucault, Deleuze ou Guattari, esse neoliberal britânico estava firmemente convencido de ter inventado uma nova palavra: *micropolitics*, nome de um método original que permitia "aos governos iniciar os programas de reformas sem ter de pagar o preço político largamente anunciado".[5]

Pirie era um dos líderes do "grupo de Saint Andrews" – nome que fazia referência à universidade escocesa em que seus integrantes se formaram.[6] "Sabíamos", ele se recorda, "que estávamos fazendo uma revolução. No fim dos anos 1960 era moda. Havia enormes manifestações em Londres e os estudantes ocupavam as universidades britânicas. Na França, o governo de Charles de Gaulle era sacudido por uma onda de greves e contestação. Mas a revolução que fazíamos em Saint Andrews era diferente. Os deuses deles eram Karl Marx, Che Guevara e Herbert Marcuse; os nossos eram Friedman, Hayek, Karl Popper e Milton Friedman. [...] Isso é tudo, na verdade, salvo que fomos nós os que ganhamos."[7] Conselheiros dos conservadores britânicos e da administração Reagan,

---

4   Ibid., p. 279, grifo meu.

5   Ibid., p. 284.

6   Keith Dixon, que retraçou o percurso político e intelectual deles, observa que "seu militantismo estudantil protothatcheriano" se associava então à "defesa dos regimes racistas da África Austral e ao combate para salvar a identidade (branca) britânica" (Dixon 2015). Ver também Dixon 1998.

7   Pirie 1999 apud Dixon 2015.

os membros dessa corrente de fato desenvolveram táticas políticas originais, ainda hoje muito ativas.

O que está por trás dessa "micropolítica" neoliberal? Pirie a define de modo bastante obscuro como "a arte de gerar circunstâncias nas quais os indivíduos serão motivados a preferir adotar a alternativa da oferta privada e nas quais as pessoas tomarão individual e voluntariamente decisões cujo efeito cumulativo propiciará o advento do estado de coisas desejado".[8]

Retomemos os diferentes pontos dessa definição: 1) A micropolítica é uma arte, uma tecnologia política. 2) Seu objetivo: a privatização. 3) Seu objeto: as escolhas individuais, a serem reorientadas. 4) Seu principal meio: nem a persuasão pelo discurso nem a coerção pela força, mas uma engenharia social que reconfigura as situações de escolha por meio de mecanismos de incitação econômicos. 5) Seu artifício (que poderíamos batizar, em homenagem a Adam Smith, de "a manipulação invisível"): fazer com que microescolhas individuais trabalhem involuntariamente para produzir no varejo uma ordem social que a maioria das pessoas talvez não tivesse escolhido se lhes fosse apresentada no atacado.

Essa abordagem, formulada em termos de tecnologia política, opunha-se a outra estratégia, a da "batalha das ideias", à qual muitos da direita haviam se lançado desde o início dos anos 1970, e da qual examinamos acima um exemplo característico com o memorando de Powell.[9] Segundo esse modelo simplório inspirado nas doutrinas contrainsurrecionais, a tarefa principal diante do que se analisava como ataque ideológico contra o sistema da livre-empresa era reconquistar os corações e as mentes com um contra-ataque massivo conduzido no terreno das "ideias". Tal como foi reinterpretado por esse gramscianismo de boteco, a luta pela hegemonia se reduzia a tarefas de lavagem cerebral.

---

8   Pirie 1985, p. 29.
9   Ver capítulo 10, p. 130.

Para o grupo de Saint Andrews, esse era o caminho errado. Como mostrava a experiência então recente, embora já se tivesse conseguido convencer a maioria das pessoas – o bastante, em todo caso, para ganhar as eleições –, ainda assim a sociedade resistia e as reformas patinavam. E de nada adiantava, ante tais "bloqueios", repetir que era necessário ser mais "didático". Os partidários da "batalha das ideias" cometem um erro fundamental de método que se liga à sua concepção errônea das relações entre teoria e prática. Postulando que, uma vez conquistados os cérebros, as condutas os seguirão, eles consideram a vitória ideológica uma precursora da reforma, e nisso se enganam redondamente. É esse esquema, ao mesmo tempo idealista e gradual, que Pirie contesta. Ele fareja aí uma ilusão típica dos intelectuais, eles que, por sua posição social, tendem a atribuir às "ideias" e, secretamente, a si mesmos, os instigadores, papel primordial: "Para eles, é natural supor que as ideias são os determinantes últimos, e que ganhar a batalha das ideias equivale a ganhar a batalha dos acontecimentos".[10] Mas isso é claramente falso.

Caso se queira ganhar, ele prossegue, é preciso inverter a relação. Se você quiser compreender, aconselha a seus colegas, faça uma pausa na leitura soporífica de Hayek e abra um pouco de Che Guevara – um "herói" – e em seguida, sobretudo, Lênin – autêntico "homem de ação". Afinal Vladímir Ilitch mostrou o caminho: "Mais que buscar *aplicar* a teoria marxista, ele descobriu *na experiência prática* como um grupo de homens pouco numeroso, mas determinado e implacável, podia tomar o controle de uma grande nação e conservar o poder".[11] Em suma, se há uma lição a aprender com o inimigo, é que "a ação precede a teoria".[12] Recuperação, portanto, não de um ou de outro motivo da crítica do capitalismo, e sim de uma *atitude* revolucionária. Curioso nascimento de um estilo bolchevique-liberal na política reacionária.

---

10 Pirie 1988, p. 17.
11 Ibid., p. 26.
12 Ibid., p. 29.

A especificidade daquela corrente do neoliberalismo reside em sua atenção refinada atribuída aos dispositivos práticos. "Nos anos 1970, alguns grupos", escreve Pirie (ele fala frequentemente dele mesmo e de seus amigos na terceira pessoa), "se concentraram não sobre a batalha das ideias, mas sobre questões de engenharia política. Mais que agitar o estandarte do mercado e incitar os gritos de adesão habituais, eles se interessaram [...] de modo detalhado por técnicas e mecanismos políticos."[13] Esses intelectuais se concebem menos como oradores ou propagandistas do que como "engenheiros políticos" que "constroem máquinas que funcionam".[14] A tarefa não é tanto convencer as pessoas, e sim encontrar meios técnicos de "modificar as escolhas que elas fazem, alterando as circunstâncias dessas escolhas".[15] Que mudem as condições da prática, e o resto seguirá. "A maior parte dos sucessos da micropolítica" – ele se vangloria retrospectivamente – "precedeu a acepção geral das ideias sobre as quais ela se fundamentava. Em muitos casos, foi o sucesso desses políticos que conduziu à vitória da ideia, mais que o contrário."[16]

Como – perguntam-se esses autores no fim dos anos 1970 – governos conservadores, embora eleitos com boa margem e decididos a "reformar", não conseguem levar isso a cabo, pelo menos não tanto quanto anunciavam?[17] Não é por má vontade ou pusilanimidade da parte deles, mas por razões objetivas, porque eles se chocam com a contradinâmica da "sobrecarga da demanda" inscrita nas próprias engrenagens da democra-

---

13 Ibid., p. 265.

14 Ibid., p. 271.

15 Ibid., p. 127.

16 Ibid., p. 269.

17 Em 1974, a queda de braço que o primeiro-ministro conservador Edward Heath mantinha com os sindicatos de mineradores o leva a convocar eleições antecipadas, as quais ele perde. Esses conservadores infelizes (no mesmo ano Nixon é posto para fora), "embora persuadidos de que era preciso acabar com o *big government*, não sabiam o que fazer para reduzi-lo". Faltava-lhes a tática certa (ibid., p. 50).

cia do bem-estar – isso sem ter o menor rudimento de estratégia eficaz para lhe fazer oposição.

Procurando desajeitadamente realizar cortes nas despesas públicas, esses governos costumam suscitar, a cada tentativa, ondas de protestos por parte dos grupos sociais afetados. O erro deles consiste em querer reduzir *a oferta* governamental suprimindo benefícios sem se preocupar previamente em diminuir a *demanda* social que o Estado de bem-estar concentrou estruturalmente sobre si. É o mesmo que querer impedir a água de ferver segurando bem forte a tampa da panela.[18]

A solução para esse problema seria a "privatização" – neologismo que se empregava ainda entre aspas no início dos anos 1980. De modo muito sugestivo, a capa do livro que Pirie publicou em 1985 nos Estados Unidos, *Dismantling the State: The Theory and Practice of Privatization*,[19] era ilustrada pelo desenho de uma mão gigante, segurando um pé de cabra, que quebrava a cúpula do Congresso em Washington.

Definida como uma "inclinação das funções governamentais sobre o setor privado",[20] essa "estratégia para cortar no orçamento", em contraste com as anteriores, apresentava a vantagem de não eliminar o serviço da noite para o dia; em vez disso, transferia-o para outros prestadores. Os sindicatos de funcionários públicos certamente iriam se opor à privatização em defesa dos empregos e do status, contudo a aposta era de que os usuários, não vendo imediatamente o que perderiam com a mudança – ainda mais porque os serviços públicos teriam sofrido uma degradação prévia –, não reagiriam com tanto vigor como se lhes tivessem anunciado claramente a supressão das atividades não rentáveis.

A privatização com certeza constitui um procedimento engenhoso de corte orçamentário, porém, acrescentavam os neoliberais de Saint Andrews, estaríamos errados se a reduzíssemos a isso, pois suas potencialidades são ainda muito mais promissoras. Sem dúvida havia motivações de grande

---

18 Butler 1985, p. 326.
19 Pirie 1985.
20 Butler 1985, p. 326.

vulto por trás de tudo isso, tanto é verdade que a privatização dos serviços públicos participa de um novo ciclo de apropriação que David Harvey qualificou "de acumulação por espoliação",[21] mas seus promotores preferiam insistir em outro aspecto – também muito importante, e não apenas um pretexto –, apresentando-a como uma estratégia propriamente política, centrada nos desafios da governabilidade.

"Removendo o serviço do mundo político para situá-lo num mundo puramente econômico"[22] não se muda apenas de regime de propriedade, mas também de modo de governo. Enquanto o serviço é regido pelas lógicas do mundo político, é muito difícil controlar os custos e limitar sua expansão, no entanto "se esse programa pode ser deslocado para o setor privado, então ele vai automaticamente se subordinar às disciplinas de mercado".[23] O que os governos penam para fazer voluntariamente, a disciplina da concorrência impõe de forma mecânica. A privatização, por consequência, menos que um projeto de desregulamentação, é uma *re-regulamentação*: passar de um modo de regulação a outro, diferente em seus procedimentos, porém ainda mais drástico, sabendo que "a regulação que o mercado impõe à atividade econômica é superior a toda regulação que os homens possam conceber e instaurar pela lei".[24]

A privatização prometia resolver ao mesmo tempo o problema da sobrecarga da demanda: "Mais que frustrar as demandas políticas em favor da despesa, *desviar* essa demanda para o setor não governamental",[25] "reorientar as reivindicações" dirigidas ao Estado de bem-estar "para as relações de troca monetárias",[26] reorientá-las "para domí-

---

21 Cf. Harvey [2005] 2008, pp. 125-ss.
22 Pirie 1985, p. 24.
23 Ibid., p. 3.
24 Ibid., p. 4.
25 Butler 1985, p. 330.
26 Offe 1984, p. 69.

nios extrapolíticos, de mercado",[27] com vistas a neutralizar "a dinâmica política subjacente que estimula a despesa".[28]

Convertendo as antigas reivindicações políticas em demanda de mercado, esperava-se descarregar, não apenas orçamentária, como também politicamente, o Estado da pressão do público. "Quanto mais o Estado se retira do processo econômico, por exemplo, privatizando os serviços públicos, mais ele consegue escapar das exigências de legitimação ligadas à sua responsabilidade geral para aliviar os fardos de um capitalismo em crise."[29] Pretendia-se com isso matar dois coelhos com uma cajadada só: resolver a crise financeira do Estado e sua crise de legitimidade – ou seja, as duas tetas da "crise de governabilidade das democracias".

"É preciso compreender bem", insiste o sociólogo Paul Starr, "que a privatização é um projeto de reordenação fundamental das reivindicações em uma sociedade."[30] Enquanto o usuário insatisfeito se voltava para o poder público e lhe exigia ruidosamente as contas, o cliente descontente se limita a trocar de padaria. Privatizando a oferta, busca-se despolitizar a demanda, fazendo-a preferir, segundo as categorias de Hirschman, o *exit* à *voice*: votar com os pés em direção à saída, mais do que contestar de viva voz.

Em 1987, sinal dos tempos, Stuart Butler, um dos privatistas do Saint Andrews, diverte-se desvirtuando o antigo *slogan* da esquerda radical, "*Power to the people*", do qual tira o título de um de seus artigos, acrescentando o seguinte subtítulo: "Uma visão conservadora do *welfare*".[31] Tratava-se de "retomar a palavra de ordem dos anos 1960 – *empowerment* – para lhe dar seu verdadeiro significado".[32] Mais do que financiar serviços sociais, ele preconizava a distribuição de vales, de vouchers, aos beneficiários, para que eles fossem gastá-los

---

27 Ibid., p. 71.
28 Butler 1985, p. 326.
29 Habermas 1989, p. 26.
30 Starr 1988, p. 38.
31 Butler 1987, pp. 3-8.
32 Ibid., p. 7.

em um mercado aberto à concorrência. Enquanto o empoderamento militante visava intensificar um poder de ação coletiva e política, o empoderamento neoliberal visa, ao contrário, substituir essa ação pelo agenciamento de consumidores individuais, "responsabilizados" por um fundo de privatização e concorrência dos prestadores. Dar-lhes a escolha, mas para que eles parem de ter voz. Empoderamento de mercado contra empoderamento político.[33]

No início dos anos 1980, alguns neoliberais encorajavam os governos conservadores a "recorrer ao fórceps se engajando para pôr fim aos serviços do Estado". Mas, criticava Pirie, isso significava correr o risco de, "ao encarar a questão, ter de enfrentar os inimigos todos juntos".[34] Desnacionalizar em bloco é de fato possível em alguns setores, no entanto é uma "técnica altamente visível",[35] por isso arriscada em termos políticos. É preciso, em geral, adotar de preferência outros méto-

---

33 Em seu livro *The Will to Empower*, Barbara Cruikshank considera que, entre empoderamento de esquerda e empoderamento de direita, "o problema e a estratégia são [...] os mesmos: limitar a intervenção do governo de tal modo que as pessoas governem a si mesmas" (Cruikshank 1999, p. 70). Os conservadores, entretanto, são muito explícitos nesse aspecto: o empoderamento, para eles, não é uma noção da esquerda; ele se distingue e deve se distinguir precisamente porque é o nome de outra tática mobilizada para fins opostos. Eis uma anedota reveladora a esse respeito. Bem no início dos anos 1990, nas guerras administrativas internas do governo Bush entre a velha guarda e os adeptos de uma reforma radical do sistema de auxílio social, o conflito se cristaliza no emprego do termo empoderamento – Richard Darman, o secretário de Orçamento, proibiu seus colaboradores de utilizá-lo. Um deles se lembra de um telefonema: "'Não use mais a palavra empoderamento em nenhum dos memorandos que enviar', [...] ele me disse: 'Vocês não compreendem as conotações dessa palavra dos anos 1960'. Mas claro que a compreendemos perfeitamente. Eu queria ter respondido que a graça era justamente essa – roubar da esquerda um de seus termos. Porém me contive" (apud Deparle 1993).

34 Pirie 1988, p. 209.

35 Ibid., p. 206.

dos, menos evidentes, mais progressivos. A micropolítica é micro inicialmente por seu modo de ação, na medida em que ela procede pouco a pouco. Esse tipo de recomendação espantou inclusive o campo conservador. Alguns acolheram com desconfiança a abordagem desses micropolíticos que, "em vez de buscar substituir imediatamente o setor público por alternativas privadas, pareciam mirar apenas as investidas mais modestas". Mas ver aí falta de ambição, uma política de compromisso ou uma meia medida era um contrassenso: esses neoliberais, longe de se comportarem como reformadores tímidos, procuravam, como revolucionários prudentes, conceber processos de transformação social de longa duração.

Nada ilustra melhor essa filosofia quanto os procedimentos que os neoliberais organizam sob o rótulo de "microincrementalismo".[36] Entre eles o método número 15: "acabar com os monopólios públicos para que se desenvolva a concorrência".[37] Nesse caso exemplar, "deixa-se a oferta pública intacta, desenvolvendo uma alternativa no setor privado. [...] Criam-se, assim, circunstâncias em que as pessoas têm uma escolha alternativa eficaz".[38] Não é necessário desnacionalizar de uma vez. O Estado pode muito bem continuar a ser o único acionista – uma vez introduzida a abertura à concorrência, um processo se desencadeia chegando *in fine*, mais ou menos, ao mesmo resultado. Pirie cita o exemplo da liberalização, por parte de uma Thatcher recém-eleita, em 1980, do transporte interurbano por ônibus – prelúdio da privatização das estradas de ferro britânicas...[39]

A força desse procedimento está nisto: uma vez protocolada a liberalização, são os próprios indivíduos, por meio de suas microescolhas de consumidores, que se tornam os motores da mudança. "Uma característica atraente desse tipo de privatização é que ela permite a passagem progressiva do púbico ao privado sem que seja necessário lutar para

---

36 Ibid., p. 209.
37 Pirie 1985, p. 81.
38 Id. 1988, p. 206.
39 Id. 1985, p. 82.

privatizar o conjunto do serviço. [...] As pessoas votam com a carteira, determinando elas mesmas o ritmo no qual desejam que os serviços privados se desenvolvam."[40] Assim, "as escolhas são feitas progressivamente pelos indivíduos, e ao longo dos meses e anos elas produzem cumulativamente a nova realidade. As revoluções mais seguras são aquelas que as pessoas fazem por elas mesmas no decorrer do tempo".[41]

Pouco espetacular em seu modo de ação, a micropolítica da privatização não deixa de ser temerária. Ela é o que se poderia chamar, numa referência ao inseto xilófago de mesmo nome, *a política do caruncho*: ninguém precisa talhar as vigas com machado quando, ocultas na madeira, mil pequenas bocas roem inexoravelmente a estrutura.

Com esse método, não é necessário persuadir todo mundo a aderir ao projeto global de uma sociedade de mercado a fim de que cada um trabalhe para que ela aconteça. Na realidade, é até crucial jamais formular para as pessoas a questão nessa escala: não se vende essa sociedade por atacado, apenas no varejo. A grande questão da escolha de sociedade é evitada dissolvendo-a em minúsculas questões de uma sociedade de escolha. Nas microescolhas, e é esse o ardil da razão micropolítica, decide-se também, ainda por cima sem saber, outra coisa diferente de seu objeto imediato: as resoluções de cada pessoa contribuem para construir uma sociedade que talvez elas não tivessem escolhido caso fosse apresentada desde o início como o resultado esperado. Essa micropolítica é, portanto, pequena também no sentido da mesquinhez. Encurtar o horizonte. Não olhar o mundo para além do buraquinho da luneta. A paisagem geral só será contemplada mais tarde, recuando, enfim, talvez um pouco. Uma a uma, as relações mais ínfimas terão sido alteradas e, a perder de vista, o conjunto se tornará irreconhecível.

As análises da escolha pública evocavam, quanto ao Estado de bem-estar, um "efeito de catraca" na despesa pública: uma

---

40 Ibid.
41 Pirie 1988, p. 209.

vez concedidos alguns programas sociais, não apenas se tornava difícil voltar atrás, como eles tendiam a se estender a novos beneficiários. Os privatizadores teorizam um efeito de "catraca inversa", "uma catraca do setor privado" – bastaria começar o processo de privatização para "movimentar uma cadeia de acontecimentos que acabará conduzindo ao objetivo desejado".[42] O aspecto mais atraente da solução, do ponto de vista político, é "sua permanência. É preciso cumpri-lo apenas uma vez".[43]

Mas sejamos claros. Para desencadear esse tipo de processo é indispensável arrombar algumas trancas legislativas. Isso pode implicar conflitos centrais, batalhas macropolíticas que devem ser vencidas nessa escala. Assim, longe de excluir a prova de resistência, a micropolítica a impõe com bastante frequência para que suas microengrenagens possam funcionar. Contudo, para cada setor, prometem, bastará impor a coisa uma única vez – abrir à concorrência, mudar de status etc. Em seguida, não haverá mais necessidade de guiar o movimento de cima, basta deixá-lo funcionar. E os cupins, você e eu, faremos o serviço.

É essa visão da história, a ideia de que teríamos de ganhar a cada vez uma única vitória decisiva para liberar as energias solventes do mercado no setor em questão, que motiva a tenacidade dos governos neoliberais nesse tipo de conflito: eles interpretam esse processo como batalhas-catracas.

Pretendia-se assim ter descoberto o elo que faltava ao neoliberalismo. Até aí, expõe Pirie, havia, entre sua metodologia econômica e suas preconizações políticas, uma distância impressionante: "Embora os economistas reconheçam a importância preponderante dos fatores microeconômicos, eles não estendem a constatação à arena política. Não

---

42 Id. 1985, p. 82.

43 Ibid., p. 3. "Uma vez que um programa opera com sucesso fora do setor estatal, ele aí permanece", o que permite, por efeito de "catraca inversa, [...] reduzir de modo permanente, em seu conjunto, a implicação do Estado na economia".

raro ouvimos economistas cuja análise repousa em estudos microeconômicos defenderem, por exemplo, que se 'acabe com as indústrias de Estado', ou que [...] 'se suprima o serviço de saúde pública'". Já "os dirigentes políticos, que sabem muito bem que esse tipo de coisa não se alcança por simples decreto, consideram esses conselhos desconectados da realidade política".[44]

Tratava-se de harmonizar o modo de ação com o método de análise, de repensar a estratégia política na escala da análise microeconômica: assim como "a microeconomia leva em conta o comportamento dos indivíduos e dos grupos nos mercados econômicos, a micropolítica se interessa pelos mercados políticos".[45] Tratava-se, de certo modo, de prolongar a abordagem da "escola da escolha pública",[46] só que não se contentando mais em fazer a *crítica* do funcionamento do mercado eleitoral; desejava-se encontrar os meios de *modificar* as escolhas que aí se formam. "Uma vez que se compreendem as dinâmicas do mercado político, podem-se introduzir dispositivos que reorientem as forças que nele operam. E é tudo o que a micropolítica quer fazer."[47]

Mas o obstáculo principal identificado pelas análises da "escolha pública" ainda atravessava o caminho. Aquelas e aqueles que gozam das "benesses" do Estado assistencialista (os famosos "grupos de interesses", porém, mais amplamente, o público em geral) formam com aquelas e aqueles que as fornecem (os funcionários públicos) uma coalizão potente a favor de sua manutenção. Assim, enxergava-se mal o que poderia incitar uns e outros a se tornarem partidários do movimento oposto.

Se o desafio parece insolúvel, admite Pirie, é porque seria necessário descobrir os meios de "fazer com que as pessoas

---

44 Pirie 1988, p. 126.
45 Ibid., p. 127. Pirie acrescenta: "Há uma aura 'micropolítica' como há uma microeconomia".
46 Cf. p. 311.
47 Pirie 1988, p. 255.

trabalhem diretamente em prol dos próprios interesses".[48] O "problema fundamental da filosofia política",[49] escreviam Gilles Deleuze e Félix Guattari, reduz-se à famosa questão de Spinoza: "Por que os homens combatem *por* sua servidão como se se tratasse da sua salvação?". A resposta deveria ser buscada pela análise da "máquina desejante",[50] tarefa que só poderia ser conduzida por "micromecânicos".[51]

Os micropolíticos neoliberais colocam em paralelo, mas em sentido invertido, com acepções políticas antitéticas, uma questão próxima: não mais *por que*, e sim *como fazer para que* os homens lutem por sua servidão como se se tratasse de sua salvação. A resposta deles trazia uma semelhança, falseada, à dos autores de *O anti-Édipo*: desenvolver uma microengenharia da escolha racional. Como levar as pessoas a fazer o que queríamos que fizessem? Não tanto pela repressão de seus grandes desejos quanto pela reorientação de suas pequenas escolhas.[52]

Como proceder, mais exatamente? Os privatizadores redigem manuais listando as táticas disponíveis. Pirie enumera não menos que 22 grandes métodos de privatização e suas variantes. A exemplo dos antigos, ele faz o inventário dos artifícios de guerra – mas no caminho ignora aplicar a si mesmo o primeiro dos estratagemas, segundo Frontino: "Esconder seus propósitos".[53]

Tomemos um procedimento entre outros: para privatizar com sucesso, sempre "oferecer alguma coisa em troca da perda", quer dizer, "comprar os grupos de interesse existentes".[54] Em 1983, o governo Thatcher começa a privatizar a British Airways. Vinte mil empregos correm risco, ou seja,

---

48 Ibid., p. 121.
49 Deleuze e Guattari [1972] 2017, p. 46.
50 Ibid., p. 437.
51 Ibid., p. 450.
52 Aí está um princípio estratégico: "A micropolítica desce à escala do micro porque ela reconhece que pode ganhar no nível em que indivíduos motivados tomam decisões" (Pirie 1988, p. 263).
53 Frontino 1848, p. 25.
54 Pirie 1985, p. 65.

quase um funcionário a cada três. Se se demite nessa escala, oposições acaloradas não tardarão. O que fazer? "Ofereceram condições generosas em troca de demissões voluntárias" (um cheque correspondente a dois anos de salário).[55] É, portanto, possível, comenta Pirie, levar as pessoas a "renunciar a um ganho contínuo no longo prazo [...] em troca de um ganho único [...] que põe fim ao sistema".[56] Para sufocar um interesse durável, apresentar uma vantagem imediata.

Nem todo mundo se deixará enganar, mas não importa. O simples fato de que uma fração dos assalariados aquiesça permite quebrar a unidade. Assim, *"compram-se"* porções-chave da coalizão contrária. Na British Airways, como os recursos jurídicos impetrados pelas organizações sindicais "atrasaram muitas vezes a data da venda, os empregados ameaçaram começar uma greve se as negociações não fossem logo concluídas. Como aconteceu frequentemente em outras empresas, os trabalhadores foram envolvidos como parceiros da privatização".[57] "É no mínimo duvidoso", admite Pirie, "que uma ou outra dessas reformas tenha acontecido [...] sem a perspectiva de uma privatização iminente."[58] É verdade que, sem o chicote, a cenoura parece bem menos apetitosa.

Essa tática conhece muitas declinações. Mais que comprar das pessoas seu próprio futuro, é possível prometer-lhes que conservarão suas vantagens de longo prazo sob a condição de sacrificar os novos ingressantes. Assim, "quando os interesses especiais existentes têm o poder de contrariar uma passagem ao setor privado, pode-se utilizar uma técnica que modifica o modelo no futuro continuando a contemplar os beneficiários atuais".[59] Por que então vocês se mobilizariam pela defesa de um status que não lhes será retirado? Por que se preocupar, já que não serão pessoalmente atingidos?

---

55 Ibid., p. 185.
56 Ibid., p. 123.
57 Ibid., p. 185
58 Ibid.
59 Pirie 1985, p. 65.

O método que consiste em "bloquear as entradas futuras garantindo as vantagens daqueles que já estão no sistema" tem, para além do caso evidente do status da função pública, muitos outros campos de aplicação. Tomemos o caso da regulamentação dos aluguéis. A lógica é a mesma: se você tentar desregular de uma vez o mercado imobiliário, os locatários que se beneficiam de aluguéis limitados por um teto vão se revoltar. Outra abordagem, mais prudente, consiste em se abster de atingir os contratos existentes mudando somente os termos dos novos contratos de locação. "O método engendra uma série de eventos em cadeia que reduzem, progressiva mas inexoravelmente, a oferta sob controle público e aumentam pouco a pouco o quinhão do mercado privado. Assim, pode-se chegar sem maiores problemas à extinção do que parecia um componente irredutível do setor público."[60]

O mesmo método também pode se revelar muito útil ao partir para o ataque dos regimes de aposentadoria. De nada adianta, também nesse caso, agitar as oposições atacando muito abertamente os direitos sociais dos trabalhadores ainda ativos. Para fazer a reforma passar, tomem o cuidado de deixar claro, recomenda Pirie, que "as mudanças propostas não se aplicarão aos benefícios prometidos e não afetarão ninguém que atinja a idade da aposentadoria antes do fim do século". "Tais propostas", ele resume, "consistem de certa forma em 'comprar' as gerações presentes a fim de progressivamente instaurar um novo sistema."[61] Vendam-nos às gerações futuras, e vocês serão poupados. A mensagem é a mesma que a anterior: dado que vocês não serão atingidos *pessoalmente*, em que isso lhes afetaria *politicamente*? Por que lutar por outros que não vocês mesmos, ainda que sejam seus filhos ou netos? Não olhem um palmo adiante do nariz. O que importa, afinal, já que vocês – promessa é dívida – passarão pela peneira? E, depois de vocês, o dilúvio.

---

60 Ibid., p. 66.
61 Ibid.

A micropolítica neoliberal pensa no longo prazo e sabe esperar.[62] Mesmo que às vezes ela precise operar avanços rápidos a fim de ganhar posições-chave, a campanha de conjunto não é nem pode ser uma *blitzkrieg*. O cálculo estratégico opera aqui na escala de várias gerações. Na verdade, ainda estamos nesse ponto. Várias décadas depois que os princípios foram tematizados, sua atualidade permanece impressionante. Isso é sinal de que o processo não se completou. Quero dizer que ainda dá tempo de fazê-lo descarrilhar.

Essa política também é micro pela escala que privilegia: subdividir o território, conduzir uma política de "experimentação em pequena escala",[63] criar zonas francas... Consequentemente, os dispositivos micropolíticos não serão uniformes. "Como cada caso é diferente, cada um exige uma política distinta."[64] Em suma, diversidade das táticas. Descentralizar, delegar tanto quanto possível as decisões a variados agentes locais de ritmos discordantes. Difratar e dessincronizar as correlações de força a fim de impedir não apenas que o adversário ganhe peso, mas também que *marque um tento*.

A tática de fragmentação não é somente territorial; ela também é social. Na preocupação sobretudo de não ter de "enfrentar todos os inimigos ao mesmo tempo", a micropolítica prescreve uma estratégia de "subdivisão das classes":[65] "isolar certos grupos tratando-os diferentemente segundo

---

62 A micropolítica desencadeia processos de mudança profundos no longo prazo: "Isso talvez demore mais de uma geração, antes que o último dos beneficiários do modelo público finalmente desapareça, mas, nesse ínterim, uma oferta alternativa terá tido tempo de crescer e formar um grupo de interesse eficaz, muito antes da abolição final do serviço do Estado". Assim se chegará à extinção de um modelo. Quem espera sempre alcança (Pirie 1988, p. 228).

63 Ibid., p. 214.

64 Ibid., p. 205.

65 Ibid., p. 209.

suas posições",[66] de modo a "reduzir o tamanho da oposição".[67] Dividir para melhor reinar, reinventa-se a pólvora.

O micropolítico dedica "esforços consideráveis para converter certos grupos em amigos, assim como formar alianças para deter a oposição de outros grupos".[68] Este é o *método número 11*: "instaurar contragrupos".[69] Para liberalizar, por exemplo, o sistema de saúde, é aconselhável se apoiar nos "grupos que se dedicam à medicina privada". Essa tática é ainda mais eficaz por se dirigir a "classes médias [...] dotadas de grande visibilidade e que sabem fazer pressão de maneira eficaz sobre o sistema com vistas a atingir seus fins".[70] Outro caso, mesmos atores, é a educação. Somente uma minoria de pais – "aqueles que possuem os meios para escolher"[71] – podem se dar ao luxo de "pagar duas vezes",[72] inscrevendo seus rebentos na escola privada. Duas vezes? Sim, pois eles pagam diretamente para inscrever seus filhos na escola particular enquanto já pagaram indiretamente, via imposto, pela educação pública *dos filhos dos outros*, uma vez que renunciaram a esse serviço para os próprios filhos. Tem-se aí uma formidável oportunidade de criação de um contragrupo no *front* do serviço público para que os impostos "deles" parem de financiar o ensino público.

Uma observação importante: os estrategistas da micropolítica neoliberal entenderam muito bem que o poder político das relações de mercado não está apenas em sua pretensa capacidade de regulamentação *automática* da sociedade, ao contrário da imagem enganosa que alguns dela veiculam. Se elas importam é também porque produzem e reforçam interesses sociais cujas energias podem ser politicamente mobilizadas para a defesa e a consolidação dos mercados que as sustentam. Para que o projeto neoliberal ganhe, não basta economicizar a política, é preciso também politizar os interesses econômicos

---

66 Ibid., p. 214.
67 Ibid., p. 210.
68 Ibid., p. 209.
69 Pirie 1985, p. 69.
70 Pirie 1988, p. 208.
71 Ibid., p. 147.
72 Ibid., p. 145.

suscetíveis de sustentar o movimento, constituir, com base nas posições de mercado, grupos sociopolíticos mobilizáveis. Sem isso, um programa neoliberal não pode conquistar suas indispensáveis vitórias no mercado eleitoral, tampouco um governo neoliberal consegue resistir muito tempo, na hipótese de se ver desprovido de qualquer base social além da oligárquica, diante das confrontações sociais de grande amplitude. Caso se queira "desviar as coalizões favoráveis à despesa pública",[73] é indispensável construir contracoalizões políticas. Não se trata de dissolver totalmente a política em mecanismos de mercado, e sim de ativar interesses de mercado capazes de servir como bases sociais à constituição de grupos de apoio político ao programa de liberalização.

O público-alvo da micropolítica neoliberal são as "classes médias". Nos anos 1980, a estratégia política da "Nova Direita" americana, de Reagan, apoiou-se nessa base social. A estagflação, diferentemente de outros períodos de depressão econômica, tinha o efeito de não nivelar, mas, ao contrário, de acentuar, como mostrou Mike Davis, a "diferenciação intraclasses",[74] de polarizar a estrutura social não somente entre as classes, como no interior das próprias classes sociais, aprofundando em cada uma delas a separação entre abastados e despossuídos. Como consequência fez prosperar, no topo das classes médias, uma camada agressiva composta de gestores, profissionais liberais, novos empreendedores e rentistas. "A fragmentação da estrutura de classe que daí resultou facilitou a recomposição da política em torno do eixo egoisticamente 'sobrevivencialista' favorecido pela Nova Direita."[75] Um neopopulismo que, segundo Mike Davis, exacerbava o "ressentimento dos trabalhadores brancos contra os assistidos"[76] a fim de melhor promover uma "estratégia de redistribuição

---

73 Butler 1985, p. 330.
74 Davis 1999, p. 178.
75 Ibid., p. 178.
76 Ibid.

social em detrimento das minorias, dos trabalhadores do setor público e dos trabalhadores com baixos salários".[77]

Se o neoliberalismo conquistou suas vitórias, foi menos como ideologia do que como tecnologia política. Um antropólogo esquecido, Arsène Dumont, propunha bem no começo do século xx uma distinção nocional entre "a etografia, a descrição dos costumes" e "a etonomia, a arte de fazer com que os costumes sejam o que devem ser".[78] A micropolítica neoliberal aparece nesse sentido como uma etonomia política, uma tecnologia que busca modificar as normas de se conduzir a si mesmo e de se comportar com os outros. O espírito geral dessa etonomia transparece bastante nos exemplos aqui relatados: incitar cada um a seguir suas inclinações mais insociáveis, com o risco de dissolver as formas mais elementares do que Hegel chamava de *Sittlichkeit*, a "moralidade dos costumes". A micropolítica neoliberal visa produzir efeitos sobre a consciência e sobre a ação. Alterar radicalmente a capacidade de pensar e o modo de agir, num nível antropológico. Tal é a radicalidade do que estamos enfrentando. Quanto a isso, é reciso tomar todas as providências.

---

77 Ibid.
78 Dumont apud *Bulletins et Mémoires de la Société d'Anthropologie de Paris* 1902, p. 365.

CONCLUSÃO

A sedução que o neoliberalismo, apesar de tudo, conseguiu impor relaciona-se à dupla promessa de autonomia individual e de autorregulação social. Contra as antigas tutelas, contra as amarras da disciplina, é preciso oferecer a imagem de um sujeito emancipado, gozando da "autonomia de ser dono da própria vida" e passível de "responsabilização, nesse sentido".[1] Contra a rigidez vertical do comando e do controle, contra o intervencionismo de um Estado burocrático, ele oferece a utopia de uma "regulamentação cibernética da economia de mercado", em que o lucro serviria como "instrumento transcendente de uma regulação global da qual todo mundo se beneficia, mesmo que momentaneamente alguns se beneficiem mais que outros"...[2]

Enfim, se você está em busca de uma "arte de não ser governado", volte-se para Hayek e companhia. Lá você encontrará uma "forma de racionalidade governamental que propicia o desenvolvimento do desejo dos indivíduos, que reconhece que é mais eficaz deixar fazer, pelo menos parcialmente, do que querer controlar tudo, ditar, reprimir".[3]

Essa visão encantada, quase libertária, da governabilidade neoliberal é enganosa.

As estratégias elaboradas para conjurar a "crise de governabilidade da democracia" convergem muito mais para um *liberalismo autoritário* cuja definição cumpre esclarecer.

Como é costume se afirmar em ciência política, a autoridade não basta por si só para caracterizar o autoritarismo. Tudo bem. Então o que o define? O abuso de autoridade? Os avan-

---

1 Donzelot 2005, p. 78.
2 Lepage 1980, p. 403.
3 Jean-Claude Monod reconhece nesses termos a "admiração surda" que Foucault revela pelo neoliberalismo em suas aulas de 1977-79 (cf. Monod 2006, p. 59).

ços mais ou menos impulsivos da "autoridade" sobre as "liberdades"? Talvez. Mas também, de modo mais fundamental, outra coisa, que forma o núcleo do conceito: é autoritário um poder que se afirma como o *único verdadeiro autor* da vontade política. Os partidários do Estado autoritário louvam as virtudes de uma vontade soberana, "autônoma e responsável em relação a ela mesma",[4] "neutra", pois independe do Parlamento e dos partidos. Na prática, entretanto, a edificação de uma vontade soberana autonomizada, destacada do *demos*, implica que se restrinjam os meios de pressão subalternos sobre a tomada de decisão política. O enfraquecimento dos poderes parlamentares, a repressão dos movimentos sociais, o enfraquecimento dos direitos sindicais, da liberdade de imprensa, das garantias jurídicas etc., participam de um mesmo processo de insulamento e de verticalização da decisão soberana.

Se os defensores de um "Estado forte" não têm todos a mesma ideia do que essa força recobre, até onde concretamente ela pode ir, desde a simples demonstração de firmeza até a repressão sistemática dos opositores, eles concordam, no entanto, em considerar que a autoridade do Estado deve se livrar das pressões da "vontade popular" para se reerguer.

A esse primeiro aspecto da noção, a vertente liberal acrescenta, contudo, uma segunda dimensão que implica paradoxalmente restringir a mesma autoridade que se tratava de reforçar em primeiro lugar. Ainda que o Estado liberal autoritário fosse todo-poderoso na sua esfera, esta terá sido severamente limitada. Com a recusa explícita do "intervencionismo", essa limitação econômica do campo da decisão política recobre, na realidade – Hayek não fazia mistério –, a proibição fundamental de tocar na ordem das desigualdades sociais, o repúdio a toda política de redistribuição. Como nos advertia Heller, um liberalismo autoritário é um autoritarismo socialmente assimétrico. Tudo depende de com quem ele lida: forte com os fracos, fraco com os fortes.

---

4   Ziegler 1932, p. 8.

Longe de se reduzir ao caso extremo da ditadura liberal, a noção de liberalismo autoritário assim definida se aplica a todas as situações em que, a uma limitação do perímetro da decisão política pela proibição econômica (sua vertente *liberal*), associa-se uma restrição dos meios de pressão subalternos sobre a tomada de decisão política (sua vertente propriamente *autoritária*).

Não há simples conjunção acidental entre certo tipo de programa econômico e certo estilo de governo, porém, de modo mais profundo, há articulação funcional e estratégica entre a redução do campo de intervenção do Estado e o reforço de sua autoridade nesse campo limitado – isso se dá em uma relação recíproca. Afinal, como escrevia um dos pais fundadores do ordoliberalismo, Alexander Rüstow, se a autolimitação do Estado é "a condição e a expressão de sua independência e de sua força",[5] na medida em que ela lhe permite escapar dos "grupos de interesse" dos quais ele não passa de "proa"; se então é para se fortalecer que o Estado deve se limitar, apesar disso, como observava Schmitt, ele não pode proceder a essa amputação sem ser fortalecido de antemão, política e policialmente, já que a operação implica o confronto com os interesses sociais subalternos envolvidos.

Ora, embora existam regimes autoritários que não são economicamente liberais, é difícil conceber uma política neoliberal que não proceda, em princípio, à primeira limitação (limitação econômica da política) e, por necessidade estratégica – a menos que se imagine um povo composto de patrões e rentistas –, à segunda (estrangulamento mais ou menos insistente da manifestação política dos interesses subalternos). Disseram muitas vezes que o liberalismo autoritário era um oximoro – ele seria mais um pleonasmo.

No entanto, a dimensão autoritária do neoliberalismo excede a esfera do poder de Estado. O que o mundo empresarial defende com unhas e dentes é o sentido de sua mobilização política – é a autonomia de seu governo privado. Se há um ator

---

5 Rüstow 1932, p. 68.

social que não quer ser governado, é este: tornar-se a si mesmo ingovernável, mas isso para melhor governar os outros.

Organizando a ingovernabilidade dos mercados, o neoliberalismo os eleva à posição de dispositivos de governança. Indicamos por quais meios a conduta dos gestores se alinhou ao valor acionário. Todavia, enquanto os dirigentes viram suas margens de manobra decisórias restringidas pela subordinação crescente aos mercados financeiros, sua autoridade, a que eles exercem sobre os subordinados, não se enfraqueceu. A intensificação de disciplinas de mercado é acompanhada pelo reforço do poder dos grandes e dos pequenos dirigentes nas organizações.

A política neoliberal – na medida em que pratica a desregulamentação, sobretudo do direito trabalhista; ao reforçar o poder do empregador na relação contratual; ao precarizar e comprometer a segurança dos trabalhadores; ao enfraquecer sua correlação de forças; ao reduzir sua capacidade de recusa, sua liberdade, pois ela favorece a acumulação das riquezas; ao aprofundar as desigualdades, exacerbando ainda mais as oportunidades de subjugação de todas as ordens – implica um endurecimento dos autoritarismos privados. É nesse sentido também que o liberalismo econômico é autoritário, no sentido social, e não somente do Estado.

Pode-se apresentar o neoliberalismo como a expressão de uma "fobia de Estado". Na realidade, ele se acomoda muito bem ao poder de Estado, inclusive sob formas autoritárias, desde que esse Estado permaneça liberal no plano econômico.

Do que ele tem "fobia"? Vimos o exemplo da questão ecológica: temor da regulação, de seus custos para o capital, seus avanços sobre as prerrogativas gerenciais e, por trás disso, horror aos movimentos sociais da "democracia-movimento" e suas exigências, com razão percebidas como tendencialmente contrárias à organização capitalista da produção e ao primado do valor que a fundamenta.

Para os economistas que se esforçavam nos anos 1970 em reconstruir novas teorias da empresa, assim como para os especialistas em gestão que no mesmo período se perguntavam sobre os limites do poder disciplinador na empresa, havia um objeto preciso: se não era fobia, pelo menos era preocupação. Não com o Estado, mas com a *autogestão*.

Esse era o grande tema da esquerda radical da época. Nutrindo suas reflexões com uma miríade de experiências alternativas, dentre as quais as cooperativas, as ocupações de fábricas com controle operário ou ainda as empresas autogerenciadas iugoslavas, ela via aí um novo caminho promissor, uma alternativa tanto à empresa capitalista como à burocracia estatal.

Nós nos esquecemos, mas os defensores da "livre-iniciativa", em uma situação – pelo menos no início do período – próxima à falência intelectual, também se interessavam muito pelas teorias da autogestão.[6] A ideia de que "a individualidade na cooperação" pode se revelar social e historicamente superior à "competição no individualismo", tal como repetia nesses mesmos anos Colette Magny, parecia aos neoliberais uma hipótese bastante plausível para que gastassem tanta tinta e papel com o intuito de refutá-la. E com razão.

O antiestatismo das correntes da autogestão, seu pensamento sobre a imanência, a autonomia e a auto-organização, exerciam sobre os neoliberais inegável atração. A autogestão como tentativa de ruptura com o estatismo econômico e projeto de superação ao mesmo tempo do governo gerencial e da pseudorregulação pelo mercado parecia-lhes um verdadeiro desafio. Tal era o principal inimigo no terreno teórico. Daí podia vir o perigo para o futuro, muito mais que de um keynesianismo moribundo.

A grande reação que se preparou nos anos 1970 não foi concebida como alternativa ao Estado de bem-estar, mas como alternativa à sua contestação. Foi uma alternativa à alternativa. Talvez tenhamos aí uma boa indicação para saber hoje de onde partir: contra o liberalismo autoritário, reabrir o canteiro de obras da autogestão.

---

6 Para dar apenas um exemplo, Henri Lepage, importante para popularizar e importar para a França as teorias neoliberais norte-americanas, em 1978 preparou um livro para dar uma cacetada na autogestão (Lepage 1978a).

REFERÊNCIAS BIBLIOGRÁFICAS

ABRAMS, Richard M. *America Transformed*. Cambridge: Cambridge University Press, 2006.

ACKOFF, Russell Lincoln. *Redesigning the Future*. New York: Wiley, 1974.

ADAMS, John G. U. "...and How Much for Your Grandmother?". *Environment and Planning A*, n. 6, v. 6, pp. 619-26, dez. 1974.

ADLER, Paul. *Planetary Citizens: U.S. NGOS and The Politics of International Development in the Late Twentieth Century*. Tese. Washington: Georgetown University, 2014.

AGLIETTA, Michel e Antoine RÉBÉRIOUX. *Dérives du capitalisme financier*. Paris: Albin Michel, 2004.

AKARD, Patrick J. *The Return of the Market: Corporate Mobilization and the Transformation of U.S. Economic Policy, 1974-1984*. Tese. Lawrence: University of Kansas, 1989.

AKERLOF, George e Janet YELLEN. "Introduction", in G. Akerlof e J. Yellen (orgs.). *Efficiency Wage Models of the Labor Market*. Cambridge: Cambridge University Press, 1986.

ALCHIAN, Armen A. "The Basis of Some Recent Advances in the Theory of Management of the Firm". *The Journal of Industrial Economics*, n. 1, v. 14, pp. 30-41, nov. 1965.

ALCHIAN, Armen A. e Harold DEMSETZ. "Production, Information Costs, and Economic Organization". *The American Economic Review*, n. 5, v. 62, pp. 777-95, dez. 1972.

ALINSKY, Saul. *Rules for Radicals* [1971]. New York: Vintage, 1989.

ANDERSON, Terry H., "The Movement and the Business", in D. R. FARBER 1994.

ALEISS, Angela. "Indian Heritage Lives On in Actor". *Indian Country Today*, Oneida, fev. 1997.

ANISTIA INTERNACIONAL. *Chile: An Amnesty International Report*. London: AI Publications, 1974.

____. *Disappeared Prisoners in Chile*. London: AI Publications, 1977.

ANSHEN, Melvin e George Leland BACH (orgs.). *Management and Corporations 1985*. New York: McGraw Hill, 1960.

ANSOFF, H. Igor. *Corporate Strategy*. New York: McGraw-Hill, 1965.

ARMSTRONG, Richard. "Labor 1970: Angry, Aggressive, Acquisitive". *Compensation e Benefits Review*, n. 1, v. 2, pp. 37-42, jan. 1970.

ARNOLD, N. Scott. *The Philosophy and Economics of Market Socialism*. New York: Oxford University Press, 1994.

ARONOWITZ, Stanley. *False Promises*. New York: McGraw-Hill, 1973.

AUSTIN, J. Paul. "Environmental Renewal or Oblivion – Quo

Vadis?". *Congressional Record*, v. 116/10. Washington: U.S. Government Printing Office, 1970.

BAGEHOT, Walter. *Physics and Politics*. New York: Appleton, 1883

BAILEY, Ronald. "Greenbusters". *Chief Executive*, n. 60, pp. 37-39, 1990.

BANERJEE, Subhabrata Bobby. "Corporate Citizenship, Social Responsibility and Sustainability: Corporate Colonialism for the New Millennium?", in J. Jonker e M. de Witte. *The Challenge of Organizing and Implementing Corporate Social Responsibility*. New York: Palgrave Macmillan, 2006, pp. 31-50.

BAROODY, William J. "Toward intellectual competition", in *NAM Reports*, v. 18. Washington: National Association of Manufacturers, 1973.

BAROVICK, Richard L. "Activism on a Global Scale". *Public Relations Journal*, v. 38, pp. 29-31, 1982.

BARRÉ, Louis. *Complément au Dictionnaire de l'Académie Française*, t. II. Bruxelas: Firmin-Didot, 1839.

BARRY, Norman P. "The Stakeholder Fallacy". Foundation for Economic Education, 2000.

_____. "The Stakeholder Concept of Corporate Control is Illogical and Impractical". *Independent Review*, n. 4, v. 6, pp. 541-54, 2002.

BARTLEY, Robert L. "Business and the New Class", in B. Bruce-Briggs (org.). *The New Class?*. New Brunswick: Transaction Books, 1979, pp. 57-66.

BAZELON, David T. "The Scarcity Makers". *Commentary*, n. XXXIV, pp. 293-304, out. 1962.

BEAVER, William. "Is the Stakeholder Model Dead?". *Business Horizons*, n. 3, v. 42, mar./abr. 1999, pp. 8-12.

BELL, Daniel. *The End of Ideology*. Glencoe: Free Press, 1960. [ed. bras.: *O fim da ideologia*, trad. Sérgio Bath. Brasília: Editora UNB, 1980].

_____. "The Coming of Post-Industrial Society". *Business Society Review/Innovation*, n. 5, pp. 5-23, 1973.

_____. "The Public Household: On 'Fiscal Sociology' and the Liberal Society". *The Public Interest*, n. 37, 1974, pp. 29-68.

_____. *The Cultural Contradictions of Capitalism*. New York: Basic Books, 1978.

_____. "Letter to the Editor". *Harvard Business Review*, v. 59, n. 3, mai.-jun. 1981, pp. 60-61.

BELLAMY FOSTER, John. "Marx, Kalecki and Socialist Strategy". *Monthly Review*, n. 11, v. 64, pp. 1-14, abr. 2013.

_____ e Brett CLARK, "The Paradox of Wealth: Capitalism and Ecological Destruction". *Monthly Review*, v. 61, n. 6, 2009, pp. 1-18.

BENTLEY, Arthur Fisher. *The Process of Government*. Chicago: University of Chicago Press, 1908.

BERDET, Marc. *Fantasmagories du capital*. Paris: La Découverte, 2013.

BERGER, Sebastian. "Karl Polanyi's and Karl William Kapp's Substantive Economics: Important

Insights from the Kapp–Polanyi Correspondence". *Review of Social Economy*, n. 3, v. 66, pp. 381-96, set. 2008.

BERGER, Sebastian. "The Discourse on Social Costs: Kapp's 'Impossibility Thesis' Vs. Neoliberalism", in P. Ramazzotti, P. Frigato e W. Elsner (orgs.). *Social Costs Today. Institutional analyses of the present crises*. New York: Routledge, 2012, pp. 96-112.

BERLE, Adolf A. e Gardiner C. MEANS. *The Modern Corporation and Private Property*. London: Macmillan, 1932 [ed. bras.: *A moderna sociedade anônima e a propriedade privada*, trad. Dinah Azevedo. São Paulo: Abril Cultural, 1984.].

BERLE, Adolf. *The 20th Century Capitalist Revolution*. New York: Harcourt, Brace e World, 1954 [ed. bras.: *A revolução capitalista do século XX*, trad. W. E. Knefeli. Rio de Janeiro: Ipanema, 1954].

____. "Modern Functions of the Corporate System". *Columbia Law Review*, n. 3, v. 62, pp. 433-49, mar. 1962.

BERNAYS, Edward L. "Foreword", in S. Chase (org.), *The Social Responsibility of Management*. New York: New York University, 1950.

____. "Propaganda" [1928], in *Zones*. Paris: La Découverte, 2007.

BIRCH, Anthony H. "Overload, Ungovernability and Delegitimation: The Theories and the British Case". *British Journal of Political Science*, v. 14, n. 2, abr. 1984, pp. 135-160.

BLACKSTOCK, Nelson. *Cointelpro* [1975]. New York: Pathfinder Books, 1988.

BLACKSTONE, William. *Commentaries on the Laws of England* [1765]. Chicago: The University of Chicago Press, 1979.

BLAIR, Margaret M. "Locking In Capital". *UCLA Law Review*, v. 51, n. 2, 2003, pp. 387-455.

BLINDER, Alan S. *Economic Policy and the Great Stagflation*. New York: Academic Press, 1981.

BLUMBERG, Phillip I. "The Politicalization of the Corporation". *Boston University Law Review*, v. 26, 1971, pp. 1551-87.

BLUNDELL, John. *Waging the War of Ideas*. Washington: The Heritage Foundation, 1989.

____. "Introduction: Hayek, Fisher and The Road to Serfdom", in F. Hayek 1999.

BODDY, Radford e James CROTTY. "Class Conflict and Macro-Policy: The Political Business Cycle". *Review of Radical Political Economics*, n. 1, v. 7, pp. 1-19, 1975.

BOESE, Franz (org.). *Deutschland und die Weltkrise*. Dresden: Duncker e Humblot, 1932.

BOLTANSKI, Luc e Ève CHIAPELLO. *Le Nouvel Esprit du capitalisme*. Paris: Gallimard, 1999.

BONEFELD, Werner. "Authoritarian Liberalism: From Schmitt via Ordoliberalism to the Euro". *Critical Sociology*, v. 43, n. 4-5, 2017, pp. 747-761.

BOSQUET, Michel (André Gorz). "Les Patrons découvrent 'l'usine-bagne'". *Le Nouvel Observateur*, n. 384, mar. 1972.

BOUKALAS, Christos. "No Exceptions". *Critical Studies on Terrorism*, v. 7, n. 1, 2014, p. 112-30.

BOUVIER, John. *A Law Dictionary*, v. 2. Filadélfia: Johnson, 1843.

BOWEN, Howard R. *Social Responsibilities of the Businessman* [1953]. Iowa: University of Iowa Press, 2013.

BOWEN, Shannon A. e Brad L. RAWLINS. "Corporate Moral Conscience", in R. L. Heath (org.), *Encyclopedia of public relations*, v. 1. Thousand Oaks: Sage Publications, 2005, pp. 205-10.

BOWLES, Samuel e Herbert GINTIS. "The Power of Capital: On the Inadequacy of the Conception of the Capitalist Economy as 'Private'". *Philosophical Forum*, n. 3-4, v. 14, pp. 225-45, 1983.

____. "A Political and Economic Case for Economic Democracy". *Economics and Philosophy*, n. 1, v. 9, pp. 75-100, 1993.

BOWLES, Samuel; David M. GORDON e Thomas E. WEISSKOPF. *After the Waste Land: Democratic Economics for the Year 2000* [1990]. New York: Routledge, 2015.

BRATTON, William W. e Michael L. WACHTER. "Shareholder Primacy's Corporatist Origins: Adolf Berle and the Modern Corporation". *Journal of Corporation Law*, v. 34, pp. 99-152, 2008.

BRECHER, Jeremy. *Strike!*. San Francisco: Straight Arrow, 1972.

BRENNER, Aaron. *Rank-and-File Rebellion, 1966-1975*. Tese. New York: Universidade de Columbia, 1996.

BRENNER, Robert. *The Economics of Global Turbulence* [1988]. London: Verso, 2006.

BRITTAN, Samuel. "The Economic Contradictions of Democracy". *British Journal of Political Science*, v. 5, n. 2, abr. 1975, pp. 129-159.

BROOKS, Roger A. "Multinationals: First Victim of the UN War on Free Enterprise". *The Backgrounder*. Washington: The Heritage Foundation, nov. 1982.

BROWN, Wendy. "American Nightmare: Neoliberalism, Neoconservatism, and De-Democratization". *Political Theory*, v. 34, n. 6, dez. 2006, pp. 690-714.

____. *Undoing the Demos*. New York: Zone Books, 2015.

BUCHANAN, James M. *Democracy: limited or unlimited* (1981). Arquivos Buchanan.

____. "Clarifying Confusion about the Balanced Budget Amendment". *National Tax Journal*, set. 1995, v. 48, n. 3, pp. 347-55.

____ e Gordon TULLOCK. "The Expanding Public Sector: Wagner Squared". *Public Choice*, v. 31, 1977, pp. 147-50.

____ e Richard E. WAGNER. *Democracy in Deficit: The Political Legacy of Lord Keynes*. New York: Academic Press, 1977.

BUFFLE, Jean-Claude. *Dossier N comme Nestlé*. Paris: Alain Moreau, 1986.

BURAWOY, Michael. *Manufacturing Consent*. Chicago: The University of Chicago Press, 1979.

___. "Manufacturing Consent Revisited". *La Nouvelle Revue du travail*, n. 1, 2012.

BURCK, Gilbert. "Union Power and the New Inflation". *Fortune*, pp. 65-70, fev. 1971.

BURNHAM, James. *The Managerial Revolution*. New York: John Day, 1941.

BURSK, Edward Collins e Gene E. BRADLEY. Top Management Report on Corporate Citizenship: Outstanding Examples Worldwide. Washington: International Management and Development Institute, 1979.

BUTLER, Stuart. "Privatization: A Strategy to Cut the Budget". *Cato Journal*, v. 5, n. 1, 1985, pp. 325-35.

___. "Power to the People: A Conservative Vision for Welfare". *Policy Review*, n. 40, 1987, pp. 3-8.

CALDWELL, Bruce e Leonidas MONTES. "Friedrich Hayek and his visits to Chile". *The Review of Austrian Economics*, v. 28, n. 3, set. 2015, pp. 261-309.

CAMERON, David. "Speech to Business in the Community". *The Financial Times*, 23 fev. 2012.

CHANDLER, Alfred D. *The Visible Hand*. Cambridge: Harvard University Press, 1977.

CHARAN, Ram e R. Edward FREEMAN. "Planning for the Business Environment of the 1980s". *Journal of Business Strategy*, n. 2, v. 1, pp. 9-19, 1980.

CHASE, W. Howard. "Issue management: Origins of the Future". *Issue Action Publication*, 1984.

CHIAPELLO, Ève. "Le capitalisme et ses critiques". Riodd, Lille, jun. 2009. Disponível em researchgate.net/publication/228592489.

___. "Capitalism and its Criticisms", in P. Du Gay e G. Morgan (orgs.). *New Spirits of Capitalism? Crises, Justifications and Dynamics*. Oxford: Oxford University Press, 2013.

CHRISTOPH, Gilles. "Le libéralisme autoritaire de Friedrich Hayek: un exemple de bricolage idéologique?", in F. Odin e C. Thuderoz (orgs.), *Des mondes bricolés?*. Lausanne: PPR, 2010, pp. 253-64.

___. *Du Nouveau libéralisme à l'anarcho-capitalisme*. Tese. Lyon: Université Lumière Lyon 2, 2012.

CHURCHILL Ward e Jim Vander WALL. *Agents of Repression*. Boston: South End Press, 2002.

CIEPLEY, David A. "Authority in the Firm (And the Attempt to Theorize It Away)". *Critical Review*, v. 16, n. 1, jan. 2004, pp. 81-115.

___. "Beyond Public and Private: Toward a Political Theory of the Corporation". *The American Political Science Review*, v. 107, n. 1, fev. 2013a, pp. 139-58.

___. "Neither Persons nor Associations. Against Constitutional Rights for Corporations". *Journal of Law and Courts*, v. 1, n. 2, 2013b, pp. 221-45.

CLARKSON, Max B. E. "A Risk Based Model of Stakeholder Theory", in *Proceedings of the Second Toronto Conference on Stakehol-*

der Theory. Toronto: University of Toronto, 1994.

COASE, Ronald H. "The Nature of the Firm". *Economica*, v. 4, n. 16, nov. 1937, pp. 386-405.

_____. "The Problem of Social Cost". *The Journal of Law e Economics*, v. 3, pp. 1-44, out. 1960.

COCHRAN, Thomas C. "Business and the Democratic Tradition". *Harvard Business Review*, n. 2, v. 34, mar.-abr. 1956.

COMBLIN, Joseph. *Le Pouvoir militaire en Amérique latine. L'idéologiede la Sécurité nationale.* Paris: Delarge, 1977.

CONGRESSO DOS EUA E PARLAMENTO EUROPEU. *The Multinationals: Their Function and Future. Report on the Sixth Meeting of Members of Congress and of The European Parliament.* Washington: U.S. Government Printing Office, 1975.

CORIAT, Benjamin e Olivier WEINSTEIN. "Les théories de la firme entre 'contrats' et 'compétences'". *Revue d'économie industrielle*, n. 129-30, 2010, pp. 57-86.

COWIE, Jefferson. *Stayin' Alive*. New York: New Press, 2010a.

_____. "That's 70's Feeling". *The New York Times*, 2010b.

CRABLE, Richard E. e Steven L. VIBBERT, "Managing Issues and Influencing Public Policy". *Public Relations Review*, n. 2, v. 11, pp. 3-16, 1985.

CRISTI, Renato. "The Metaphysics of Constituent Power: Schmitt and the Genesis of Chile's 1980 Constitution". *Cardozo Law Review*, v. 21, 2000a, pp. 1749-1998.

_____. *El pensamiento político de Jaime Guzmán*. Santiago: LOM, 2000b.

CROCKER, Thomas D. "The Structuring of Atmospheric Pollution Control Systems," in H. Wolozin (org.). *The Economics of Air Pollution.* New York: Norton, 1966, pp. 61-86.

CROSLAND, Anthony. *The Future of Socialism*. London: Cape, 1956.

CROUCH, Colin. "The State, Capital and Liberal Democracy", in C. CROUCH (org.), *State and Economy in Contemporary Capitalism*. London: Croom Helm, 1979, pp. 13-54.

CROZIER, Michel J., Samuel P. HUNTINGTON, Joji WATANUKI. *The Crisis of Democracy*. New York: University Press, 1975.

CRUIKSHANK, Barbara. *The Will to Empower*. Ithaca: Cornell University Press, 1999.

CUSSET, François. *La Décennie*. Paris: La Découverte, 2006.

DAHL, Robert. "On Removing Certain Impediments to Democracy in the United States". *Political Science Quarterly*, n. 1, v. 92, pp. 1-20, 1977.

DAHRENDORF, Ralf. [1957] *Class and Class Conflict in Industrial Society*. Stanford: Stanford University Press, 1959 [ed. bras.: *A classe e seus conflitos na sociedade* industrial, trad. José Viegas. Brasília: Editora UNB, 1982].

_____. "Excerpts of Remarks by Ralf Dahrendorf on The Governability Study" in CROZIER et al. 1975.

____. "Effectiveness and Legitimacy: On The 'Governability' of Democracies". *The Political Quarterly*, v. 51, n. 4, 1980, pp. 393-410.

DALES, John H. *Pollution, Property e Prices*. Toronto: University of Toronto, 1968.

DAVENPORT, John. "How to Curb Union Power". *Fortune*, n. 1, v. 84, pp. 53-54, jul. 1971.

DAVENPORT, Russell W. (org.). *The Permanent Revolution*. New York: Prentice-Hall, 1951.

DAVIES, James C. "Toward a Theory of Revolution". *American Sociological Review*, n. 1, v. 27, pp. 5-19, 1962.

DAVIS, Gerald F. *Managed by the Markets*. Oxford: Oxford University Press, 2009.

DAVIS, Mike. *Prisoners of the American Dream*. London: Verso, 1999.

DE CERTAU, Michel. *L'Invention du quotidien*, t. 1 [1980]. Paris: Gallimard, 1990 [ed. bras.: *A invenção do cotidiano*, trad. Ephraim F. Alves. Petrópolis: Vozes, 2014].

DE MARIA, Alfred T. *How Management Wins Union Organizing Campaigns*. New York: Executive Enterprises Publications, 1980.

DELEUZE, Gilles e Félix GUATTARI. *L'Anti-Œdipe*. Paris: Minuit, 1972 [ed. bras.: *O anti-Édipo*, trad. Luiz B. L. Orlandi. São Paulo: Editora 34, 2017].

____. *Mille plateaux*. Paris: Minuit, 1980 [ed. bras. *Mil platôs*, v. 1-5, trad. A. L. de Oliveira et al. São Paulo: Editora 34, 2012].

DEMELLE, Brendan. "Gas Fracking Industry Using Military Psychological Warfare Tactics and Personnel In U.S. Communities". DeSmog, set. 2011.

DEMSETZ, Harold. "The Theory of the Firm Revisited". *Journal of Law, Economics e Organization*, n. 1, v. 4, pp. 141-61, 1988.

____. "The Core Disagreement between Pigou, the Profession, and Coase in the Analyses of the Externality Question". *European Journal of Political Economy*, v. 12, pp. 565-79, 1996.

DEPARLE, Jason. "How Jack Kemp Lost the War on Poverty". *New York Times*, 28 fev. 1993.

DEPARTMENT OF ECONOMIC AND SOCIAL AFFAIRS. *Summary of the Hearings Before the Group of Eminent Persons*. New York, 1974.

DEWEY, John. "The Historic Background of Corporate Legal Personality". *Yale Law Journal*, v. 35, n. 6, 1926, pp. 655-73.

DHONDT, Geert. *The Relationship between Mass Incarceration and Crime in the Neoliberal Period in the United States*. Tese. Amherst: University of Massachusetts Amherst, 2012.

DIEHM, Walter A. "Three Major Factors in Business Management". *Social Science Reporter*. San Francisco: VIII Social Science Seminar, 19 mar. 1958.

DILL, William R. "Public Participation in Corporate Planning: Strategic Management in a Kibitzer's World". *Long Range Planning*, n. 1, v. 8, pp. 57-63, fev. 1975.

DIXON, Keith. *Les Évangélistes du marché*. Paris: Raisons d'agir, 1998.

____. "Le 'groupe de Saint Andrews'. Aux origines du mouvement néolibéral britannique", in J. Guilhaumou, J.-L. Fournel e J.-P. Potier (orgs.), *Libertés et libéralismes*. Paris: ENS Éditions, 2015, pp. 407-21.

DODD, Edwin Merrick. "For whom Corporate Managers Are Trustees: A Note". *Harvard Law Review*, n. 7, v. 45, pp. 1145-63, mai. 1932.

DONALDSON, Thomas e Lee E. PRESTON. "The Stakeholder Theory of the Corporation: Concepts, Evidence, and Implications". *The Academy of Management Review*, n. 1, v. 20, pp. 65-91, jan. 1995.

DONZELOT, Jacques. "Michel Foucault et l'intelligence du libéralisme". *Esprit*, n. 319, nov. 2005, pp. 60-81.

DOUGLAS, James. "The Overloaded Crown". *British Journal of Political Science*, v. 6, n. 4, out. 1976, pp. 483-505.

DOWLING, John e Jeffrey PFEFFER. "Organizational Legitimacy: Social Values and Organizational Behavior". *The Pacific Sociological Review*, n. 1, v. 18, pp. 122-36, jan. 1975.

DOWNS, Anthony. "An Economic Theory of Political Action in a Democracy". *The Journal of Political Economy*, v. 65, n. 2, abr. 1957, pp. 135-50.

DRAPER, Hal. "Neo-Corporatists and Neo-Reformers". *New Politics*, n. 1, pp. 87-106, 1961.

DRUCKER, Peter F. *The New Society*. New York: Harper, 1950.

____. "Multinationals and Developing Countries: Myths and Realities". *Foreign Affairs*, n. 1, v. 53, pp. 121-34, out. 1974.

____. *The Unseen Revolution*. New York: Harper e Row, 1976 [ed. bras.: *A revolução invisível*, trad. Carlos A. Malfeuari. São Paulo: Pioneira, 1977].

DUCHIN, Ronald A. "Take an Activist Apart and What Do You Have?". *CALF News*, jun. 1991.

DUMÉNIL, Gérard e Dominique LÉVY. *Crise et sortie de crise*. Paris: PUF, 2000.

DUMONT, Arsène apud *Bulletins et mémoires de la Société d'anthropologie de Paris*. Paris: Masson, 1902.

DUNAWAY, Finis. "The "Crying Indian" ad that fooled the environmental movement". *Chicago Tribune*, 21 nov. de 2017.

DUPUY, René-Jean. "Droit déclaratoire et droit programmatoire de la coutume sauvage à la 'soft law'", in Société Française pour le Droit International, *L'Élaboration du droit international public*. Paris: Pedone, 1975, pp. 132-48.

DURAND, Cédric. "Introduction: qu'est-ce que l'Europe?", in C. Durand (org.), *En finir avec l'Europe*. Paris: La Fabrique, 2013, pp. 7-48.

EASTERBROOK, Frank H. "Managers' Discretion and Investors'

Welfare: Theories and Evidence". *Delaware Journal of Corporate Law*, v. 9, pp. 540-71, 1984.

____. *The Economic Structure of Corporate Law* [1991]. Cambridge: Harvard University Press, 1996.

EASTERBROOK, Frank H. e Daniel R. FISCHEL. "The Corporate Contract". *Columbia Law Review*, v. 89, pp. 1416-48, 1989.

EBENSTEIN, Alan. *Friedrich Hayek: A Biography*. New York: Palgrave, 2001.

EDSALL, Thomas Byrne. *The New Politics of Inequality*. New York: Norton, 1984.

EELLS, Richard. *The Meaning of Modern Business*. New York: Columbia University Press, 1960.

____. *The Government of Corporations*. Glencoe: Free Press of Glencoe, 1962.

____ e Clarence WALTON. *Conceptual Foundations of Business*. Washington: R. D. Irwin, 1961.

EGERTON, Henry C. *Handling Protest at Annual Meetings*. New York: Conference Board, 1971.

EISENBERG, Melvin A. "The Conception that the Corporation is a Nexus of Contracts, and the Dual Nature of the Firm". *The Journal of Corporation Law*, v. 24, n. 4, 1998, pp. 819–36.

ELMORE, Bartow J. "The American Beverage Industry and the Development of Curbside Recycling Programs, 1950-2000". *Business History Review*, v. 86, n. 3, 2012, pp. 477-501.

ENFANTIN, Barthélémy Prosper. *Œuvres d'Enfantin*, t. XI. Paris: Dentu, 1873.

ENGELS, Frederich. "Esboço de uma crítica da economia política" [1844], trad. bras. Maria Filomena Viegas, in *Política*. São Paulo: Ática, 1981, pp. 53-81.

ENGLANDER, Ernie e Allen KAUFMAN. "The End of Managerial Ideology: From Corporate Social Responsibility to Corporate Social Indifference". *Enterprise e Society*, n. 3, v. 5, pp. 404-50, set. 2004.

EVAN, William M. e R. Edward FREEMAN. "A Stakeholder Theory of the Modern Corporation: Kantian Capitalism", in T. L. Beauchamp e n. E. Bowie (orgs.). *Ethical Theory and Business*. Englewood Cliffs: Prentice Hall, 1993, pp. 75-84.

EWING, David W. *Freedom Inside the Organization*. New York: McGraw-Hill, 1978.

FARBER, David R., *The Sixties: From Memory to History*. Chapel Hill: University of North Carolina Press, 1994.

FAMA, Eugene F. "Agency Problems and the Theory of the Firm". *Journal of Political Economy*, n. 2, v. 88, pp. 288-307, 1980.

____ e Michael C. JENSEN. "Separation of Ownership and Control". *The Journal of Law e Economics*, n. 2, v. 26, pp. 301-25, 1983.

FARMER, James. "The Hired Guns of Deunionisation", in Public Sector Labor Law Conference, mar. 1979, Spokane.

FARRANT, Andrew e Edward MCPHAIL. "Can a Dictator Turn a Constitution into a Can-opener? F. A. Hayek and the Alchemy of Transitional Dictatorship in Chile". *Review of Political Economy*, v. 26, n. 3, 2014, pp. 331-48.

___ e Sebastian BERGER. "Preventing the 'Abuses' of Democracy: Hayek, the 'Military Usurper' and Transitional Dictatorship in Chile?". *The American Journal of Economics and Sociology*, v. 71, n. 3, jul. 2012, pp. 513-38.

FARRANT, Andrew e Vlad TARKO. "James M. Buchanan's 1981 visit to Chile: Knightian democrat or defender of the 'Devil's fix'?". *The Review of Austrian Economics*, jan. 2018, pp. 1-20.

FAYE, JEAN-PIERRE. *L'État total selon Carl Schmitt*. Paris: Germina, 2013.

FEHER, Michel. *Le Temps des investis*. Paris: La Découverte, 2017.

FERNANDEZ, Louis. "Business Isn't Perfect Either". *The Washington Post*, set. 1982.

FERRY, Wilbur Hugh. *The Corporation and the Economy*. Santa Barbara: Center of the Study of Democracy Institutions, 1959.

FISCHEL, Daniel R. "The Corporate Governance Movement". *Vanderbilt Law Review*, n. 6, v. 35, pp. 1259-92, nov. 1982.

FLIGSTEIN, Neil. "The Social Construction of Efficiency", in Mary Zey (org.), *Decision-Making*. Newbury Park: Sage, 1992.

___. *The Architecture of Markets*. Princeton: Princeton University Press, 2002.

FOUCAULT, Michel. *Surveiller et punir*. Paris: Gallimard, 1975 [ed. bras.: *Vigiar e punir*, trad.

Raquel Ramalhete. Petrópolis: Vozes, 2004].

___. *Naissance de la biopolitique* [1978-79]. Paris: Gallimard / Seuil, 2004a [ed. bras.: *Nascimento da biopolítica*, trad. Eduardo Brandão. São Paulo: Martins Fontes, 2008a].

___. *Sécurité, territoire, population* [1978]. Paris: Gallimard / Deuil, 2004b [ed. bras.: *Segurança, território, população*, trad. Eduardo Brandão. São Paulo: Martins Fontes, 2008b].

___. "Qu'est-ce que la critique? Critique et *Aufklärung*" [1978]. *Bulletin de la Société Française de Philosophie*, ano 84, n. 2, abr.-jun. 1990 [ed. bras.: "O que é crítica?". trad. Antonio C. Galdino. Cadernos da Faculdade de Filosofia e Ciências, Unesp, n. 1, v. 9, p. 169-89, 2000].

___. "Entretien avec Michel Foucault" [1984], in *Dits et écrits*, t. II. Paris: Gallimard / Quarto, 1994 [ed. bras.: *Ditos e escritos* v. II, trad. Elisa Monteiro. Rio de Janeiro: Forense, 2013].

FOURIER, Charles. "Théorie des quatre mouvements", in *Œuvres complètes*, t. I. Paris: Librairie Sociétaire, 1846.

___. *Publication des manuscrits de Fourier*. Paris: Librairie Phalanstérienne, 1851.

FREEMAN, Jeffrey et al. *Stakeholder theory*. Cambridge: Cambridge University Press, 2010.

FREEMAN, R. Edward. *Strategic Management*. Boston: Pitman, 1984.

____ e David L. REED. "Stockholders and Stakeholders: A New Perspective on Corporate Governance". *California Management Review*, n. 3, v. 25, pp. 88-106, 1983.

FRENCH, Peter. *Collective and Corporate Responsibility*. New York: Columbia University Press, 1984.

FRIEDMAN, Milton. *Capitalism and Freedom*. Chicago: University of Chicago Press, 1962 [ed. bras.: *Capitalismo e liberdade*, trad. Afonso Serra. Rio de Janeiro: LTC, 2014].

____. "A Friedman Doctrine: The Social Responsibility of Business is to Increase its Profits". *The New York Times*, set. 1970.

____. "Supply-SidePolicies: Where Do We Go from Here?", in *Supply-Side Economics in the 1980s, Conference Proceedings – "Conference at the Atlanta Hilton, March 17-18, 1982"*. Quorum Books, 1982, Westport.

____. "Why the Twin Deficits are a Blessing". *The Wall Street Journal*, 14 dez. 1988.

FRIEDMAN, Saul. "This Napalm Business", in R. Heilbroner (org.), *In the Name of Profit*. New York: Doubleday, 1972.

FRONTINO. *Les Stratagèmes*, livro I. Paris: Panckoucke, 1848.

FURUBOTN, Eirik G. e Svetozar PEJOVICH. "Property Rights and Economic Theory: A Survey of Recent Literature". *Journal of Economic Literature*, n. 4, v. 10, pp. 1137-62, dez. 1972.

FUSFELD, Daniel R. "Some notes on the opposition to regulation". *Journal of Post Keynesian Economics*, n. 3, v. 2, 1980, pp. 364-67.

GALBRAITH, John Kenneth. "Books Review: Berle and Means, The Modern Corporation Private Property". *Antitrust Bulletin*, n. 4, v. 13, p. 1527, 1932.

____. *L'Ère de l'opulence* [1958], trad. Andrée Picard. Paris: Calmann-Lévy, 1967 [ed. bras.: *Sociedade afluente*, trad. Carlos Afonso Malferrari. Rio de Janeiro: Expressão e Cultura, 1974].

____. *The New Industrial State* [1967]. Boston: Houghton-Mifflin 1971 [ed. bras. *O novo Estado industrial*, trad. Leônidas Carvalho. São Paulo: Nova Cultural, 1985].

GAMBLE, Andrew. "The Free Economy and the Strong State", in R. MILIBAND e J. SAVILLE (orgs.), *Socialist Register*, v. 16, 1979, pp. 1-25.

____. *The Free Economy and the Strong State. The Politics of Thatcherism*. London: Macmillan Education, 1988.

____. *Hayek: The Iron Cage of Liberty*. Boulder: Westview Press, 1996.

GARLAND, David. *The Culture of Control*. Chicago: University of Chicago Press, 2001.

GART, Murray J. "Labor's Rebellious Rank and File". *Fortune*, nov. 1966.

GAYON, Vincent. "Le keynésianisme international se débat. Sens de l'acceptable et tournant néolibéral à l'OCDE". *Annales de Histoire et Sciences Sociales*, v. 72, n. 1, 2017, pp. 121-64.

GENERAL MOTORS. "GM's Record of Progress in Automotive Safety, Air Pollution Control Mass Transit, Plant Safety and Social Welfare", 1970.

GEORGINE, Robert A. "Statement of Robert A. Georgine: President of the Building and Construction Trades Department, AFL-CIO", in *Pressures in Today's Workplace*, v. 1., 16º congresso, 1ª seção, House of Representatives. Washington: U.S. Government Printing Office, 1979, pp. 408-35.

GILDER, George. *Wealth and Poverty*. New York: Basic Books, 1981, p. 69.

GOLOB, Urša e Klement PODNAR. "Corporate Social Responsibility Communication and Dialogue", in Ø. Ihlen, J. L. Bartlett e S. May. *The Handbook of Communication and Corporate Social Responsibility*. Oxford: Wiley-Blackwell, 2011, pp. 231-52.

GOODING, Judson. "Blue-Collar Blues on the Assembly Line" [1970], in L. Zimpel, *Man against Work*. Grand Rapids: Eerdmans, 1974.

GOODPASTER, Kenneth E. "Business Ethics and Stakeholder Analysis". *Business Ethics Quarterly*, n. 1, v. 1, jan. 1991, pp. 53-73.

GOODY, Jack. *La Raison graphique*. Paris: Éditions de Minuit, 1979.

GORMAN, Hugh S. e Barry D. SOLOMON. "The Origins and Practice of Emissions Trading". *Journal of Policy History*, n. 3, v. 14, pp. 293-320, 2002.

GORZ, André. "Le Despotisme d'usine et ses lendemains", in *Critique de la division du travail*. Paris: Seuil, 1973 [ed. bras.: *Crítica da divisão do trabalho*, trad. Estela Abreu. São Paulo: Martins Fontes, 2001].

_____. *Métamorphoses du travail: Quête du sens. Critique de la raison économique*. Paris: Galilée, 1988 [ed. bras.: *Metamorfoses do trabalho*, trad. Ana Montoia. São Paulo: Annablume, 2003].

_____. *Misères du présent, richesses du possible*. Paris: Galilée, 1997 [ed. bras.: *Miséria do presente riqueza do possível*, trad. Ana Montoia. São Paulo: Annablume, 2004].

GRAMSCI, Antonio. *Cadernos do cárcere* [1932-34] v. 3, trad. bras. Luiz Sérgio Henriques et al. Rio de Janeiro: Civilização Brasileira, 1999.

_____. *Cadernos do cárcere* [1933-35] v. 4, trad. bras. Carlos Coutinho e Luiz Sérgio Henriques. Rio de Janeiro: Civilização Brasileira, 2002.

_____. *Os intelectuais e a organização da cultura* [1949], trad. Carlos Coutinho. Rio de Janeiro: Civilização Brasileira, 1982.

GRASMICK, Harold G., Robert J. BURSIK Jr, Karyl A. KINSEY, "Shame and Embarrassment as Deterrents to Noncompliance with the Law. The Case of an Antilittering Campaign", in Arnold P. Goldstein, *The Psychology of Vandalism*, 1996, pp. 183-98.

GRAYSON, Melvin J. e Thomas R. SHEPARD. *The Disaster Lobby: Prophets of Ecological Doom and Other Absurdities*. Chicago: Follett Publishing Company, 1973.

GREEN, Mark e Norman WAITZMAN. *Business War on the Law*. Washington: The Corporate Accountability Research Group, 1979.

GREENE CONLEY II, Joe. *Environmentalism Contained: A History of Corporate Responses to the New Environmentalism*. Tese. Nova Jersey: Princeton University, 2006.

GUEX, Sébastien. "La politique des caisses vides". *Actes dela recherche en sciences sociales*, v. 146-47, mar. 2003, pp. 51-61.

GURR, Ted Robert. *Why Men Rebel*. Princeton: Princeton University Press, 1970.

GWARTNEY, James D. e Richard E. WAGNER. "Public Choice and the Conduct of Representative Government", in *Public Choice and Constitutional Economics*. Greenwich: JAI Press, 1988.

HABERMAS, Jürgen. *The New Conservatism*. Cambridge: MIT Press 1989.

HACKER, Andrew. *Politics and the Corporation*. New York: Fund for the Republic, 1958.

HALIMI, Serge. *Le Grand Bond en arrière*. Paris: Fayard, 2006

HALL, Stuart. "The Great Moving Right Show". *Marxism Today*, jan. 1979, pp. 14-20.

HAMDANI, Khalil e Lorraine RUFFING. *United Nations Centre on Transnational Corporations*. New York: Routledge, 2015.

HAMPTON, Sheldon e John STAUBER. *Trust Us, We're Experts!*. New York: Putnam, 2001.

HANSMANN, Henry e Reinier KRAAKMAN. "The End of History for Corporate Law". *Georgetown Law Journal*, n. 2, v. 89, jan. 2001.

____, Reinier KRAAKMAN e Richard SQUIRE. "Law and the Rise of the Firm". *Harvard Law Review*, v. 119, n. 5, pp. 1333-1403, 2006.

HARBRECHT, Paul P. "A New Power Elite?", in *Challenge*, n. 6, v. 8, mar. 1960, pp. 55-60.

HARCOURT, Bernard E. *The Illusion of Free Markets*. Cambridge: Harvard University Press, 2011.

HARDIN, Garrett. "The Tragedy of the Commons". *Science*, n. 385, v. 162, pp. 1243-8, dez. 1968.

HARDT, Michael e Antonio NEGRI. *Empire*. Cambridge: Harvard University Press, 2000 [ed. bras.: *Império*, trad. Berilo Vargas. Rio de Janeiro: Record, 2001].

HARMAN, Willis W. "The Great Legitimacy Challenge: A Note on Interpreting the Present and Assessing the Future", in *Middle-and Long-Term Energy Policies and Alternatives, Appendix to Hearings Before the Subcommittee on Energy and Power*. Washington: U. S. Government Printing Office, 1976, pp. 25-31.

HARVEY, David. *O neoliberalismo: História e implicações* [2005], trad. Adail Sobral e Maria Stela Gonçalves. São Paulo: Loyola, 2008.

HAYEK, Friedrich. "The Economic Conditions of Interstate Federalism", in *Individualism and Economic Order* [1939].

Chicago: University of Chicago Press, 1948.

____. *The Road to Serfdom* [1944]. Edição definitiva. Chicago: The University of Chicago Press, 2007 [ed. bras. *O caminho da servidão*, Anna Maria Capovilla et al. São Paulo: Instituto Mises Brasil, 2010].

____. *The Condensed Version of The Road to Serfdom as it Appeared in the April 1945 Edition of Reader's Digest* [1945]. London: The Institute of Economic Affairs, 1999.

____. *The Constitution of Liberty* [1960]. Chicago: The University of Chicago Press, 1978 [ed. bras.: *Os fundamentos da liberdade*, trad. Anna Maria Capovilla e José Ítalo Stelle. Goiânia: Visão, 1983].

____. "The Principles of a Liberal Social Order". *Il Politico*, v. 31, n. 4, dez. 1966, pp. 601-18.

____. *Law, Legislation and Liberty* [1973], v. 2. London: Routledge e Kegan Paul, 1976 [ed. bras.: *Direito, legislação e liberdade*, trad. Henry Maksoud. Goiânia: Visão, 1985].

____. "The Dangers to Personal Liberty". *Times*, 11 jul. 1978a.

____. "Freedom of choice". *Times*, 3 ago. 1978b.

____. "Internationaler Rufmord. Eine persönliche Stellungnahme". *Politische Studien, Sonderheft "Chile, einschwieriger Weg"*, 1978c, pp. 44-45.

____. "The Confusion of Language in Political Thought", in *New Studies in Philosophy and Politics, Economics and the History of Ideas*. London: Routledge e Kegan Paul, 1978d, pp. 71-97.

____. *Droit, législation et liberté*, v. 3. Paris : PUF, 1979.

____. "Die Entthronung der Politik" [1978], *in Grundsätze einer liberalen Gesellschaftsordnung, Aufsätze zur Politischen Philosophie und Theorie*. Tübingen: Mohr, 2002.

HAZEN, Don. "The Hidden Life of Garbage: An interview with Heather Rogers". Alter Net, 30 out. 2005, disponível em alternet.org/story/27456/the_hidden_life_of_garbage.

HEALD, Morrell. *The Social Responsibilities of Business* [1970]. London: Transaction Publishers, 1988.

HEATH, Robert L. "Issues Management", in *Encyclopedia of public relations*, v. 1. Thousand Oaks: Sage Publications, 2005, pp. 460-63.

____. "A Rhetorical Approach to Issues Management", in C. Botan e V. Hazleton (org.). *Public relations theory*, v. 2. New York: Lawrence Erlbaum Associates, 2006, pp. 499-522.

HEIDORN, Joachim. *Legitimität und Regierbarkeit*. Berlin: Duncker and Humblot 1982.

HELLER, Hermann. "Autoritärer Liberalismus". *Die Neue Rundschau*, v. 44, 1933, pp. 289-98.

HESSEN, Robert. "A New Concept of Corporations". *Hastings Law Journal*, v. 30, pp. 1327–50, mai. 1979.

_____ (org.). *Controlling the Giant Corporation*. Rochester: University of Rochester, 1982.

_____. "The Modern Corporation and Private Property: A Reappraisal". *Journal of Law and Economics*, n. 2, v. 26, pp. 273-89, 1983.

HOBBES, Thomas. *Leviatã* [1651], trad. Gabriel Marques e Renan Birro. Petrópolis: Vozes, 2020.

HORN, Steve. "Fracking and Psychological Operations: Empire Comes Home". Truthout, mar. 2012.

_____. "Divide and Conquer: Unpacking Stratfor's Rise to Power – Part 1". *MintPress News*, jul. 2013.

HSIEH, Nien-hê. "Survey Article: Justice in Production". *Journal of Political Philosophy*, n. 1, v. 16, pp. 72-100, 2008.

HUEGLIN, Thomas O. "The Politics of Fragmentation in an Age of Scarcity: A Synthetic View and Critical Analysis of Welfare State Crisis". *Canadian Journal of Political Science*, v. 20, n. 2, jun. 1987.

HUNTINGTON, Samuel P. "Postindustrial Politics: How Benign Will It Be?". *Comparative Politics*, v. 6, n. 2, jan. 1974, pp. 163-91.

_____. "The United States", in CROZIER et al. 1975.

_____. "The Governability of Democracy One Year Later". *Trialogue*, n. 10, 1976. pp. 10-11.

INFANTE, Peter F. "Benzene: An Historical Perspective on the American and European Occupational Setting", in P. Harremoes et al. (orgs.). *Late Lessons from Early Warnings*. London: Earthscan, 2002, pp. 35-48.

_____, R. A. RINSKY, J. K. WAGONER, R. J. YOUNG. "Leukaemia inbenzene workers". *The Lancet*, v. 310, n, 8028, 1977, pp. 76-78.

IRELAND, Paddy. "Corporate Governance, Stakeholding and the Company: Towards a Less Degenerate Capitalism?". *Journal of Law e Society*, n. 3, v. 23, pp. 287-320, set. 1996.

_____. "Defending the Rentier", in PARKINSON et al. (orgs.), *The Political Economy of the Company*. Oxford: Hart, 2000.

_____. "Property and Contract in Contemporary Corporate Theory". *Legal Studies*, v. 23, pp. 453-509, 2003.

JAEGER, Andrew Boardman. "Forging Hegemony: How Recycling Became a Popular but Inadequate Response to Accumulating Waste". *Social Problems*, 2017, pp. 1-21.

JELLIFFE, Derrick. "Commerciogenic Malnutrition". *Nutrition Reviews*, n. 9, v. 30, pp. 199-205, 1972.

JENSEN, Michael C. "Organization Theory and Methodology". *The Accounting Review*, v. 58, n. 2, pp. 319-39, abr. 1983a.

_____. "Corporate Governance and 'Economic Democracy': An Attack on Freedom", in C. J. Huizenga (org.). *Corporate Governance*. Cambridge: Harvard Business School, 1983b.

_____. "Takeovers: Folklore and Science". *Harvard Business*

Review, n. 6, v. 62, pp. 109-21, nov.-dez. 1984.

____. *Foundations of Organizational Strategy* [1998]. Cambridge: Harvard University Press, Cambridge, 2001.

____. "Value Maximization, Stakeholder Theory, and the Corporate Objective Function". *Business Ethics Quarterly*, n. 2, v. 12, abr. 2002, pp. 235-56.

____ e William H. MECKLING. "Theory of the Firm: Managerial Behavior, Agency Costs and Ownership Structure". *Journal of Financial Economics*, v. 3, pp. 305-60, 1976.

____. "Can the Corporation Survive?". *Financial Analysts Journal*, v. 34, n. 1, pp. 31-37, jan.-fev. 1978.

____. "Reflections on the Corporation as a Social Invention", in HESSEN 1982.

JOHNSON, Douglas. *Confidential Discussion: Notes on a Discussion with Jack Mongoven, Vice-President, Nestlé Coordination Center for Nutrition, out. 8-9, 1985, São Paulo, Brasil*, in Action for Corporate Accountability Records Collection, caixa 25, Minnesota Historical Society.

JONES, Barrie L. e W. Howard CHASE, "Managing Public Policy Issues". *Public Relations Review*, n. 2, v. 5, pp. 3-23, 1979.

JONES, Thomas M. "Instrumental Stakeholder Theory: A Synthesis of Ethics and Economics". *The Academy of Management Review*, n. 2, v. 20, pp. 404-37, 1995.

JURIEU, Pierre. *Justification de la morale des reformez contre les accusations de Mr. Arnaud*, t. I. Haia: Arnout Leers, 1685.

KALDOR, Nicholas. "Chicago boys in Chile". *Times*, 18 out. 1978.

KAPP, Karl William. *The Social Costs of the Business Enterprise*. Cambridge: Harvard University Press, 1950.

____. "On the Nature and Significance of Social Costs". *Kyklos*, n. 2, v. 22, pp. 334-47, 1969.

____. "Environmental Disruption and Social Costs: Challenge to Economics", in *Environmental Policies and Development Planning in Contemporary China and Other Essays*. Paris: Mouton, 1974a, pp. 77-88.

____. "Environmental Disruption: Challenge to Social Science", in *Environmental Policies and Development Planning in Contemporary China and Other Essays*. Paris: Mouton, 1974b, pp. 57-76.

____. "Environment and Technology: New Frontiers for the Social and Natural Sciences". *Journal of Economic Issues*, n. 3, v. 11, pp. 527-40, set. 1977.

____. *The Social Costs of the Business Enterprise – Revised and Extended Edition*. Nottingham: Spokesman, 1978.

____. *Social Costs, Economic Development, and Environmental Disruption*. Lanham: University Press of America, 1983.

KAYSEN, Carl. "The Social Significance of the Modern Corporation". *The American Economic*

Review, n. 2, v. 47, pp. 311-19, mai. 1957.

_____. "The Corporation: How Much Power? What Scope?", in MASON [1959] 1972.

KEEP AMERICA BEAUTIFUL. *71 things you can do to stop pollution*. New York, 1971.

KEOHANE, Robert. "Economics, Inflation and the Role of the State. Political Implications of the McCracken Report". *World Politics*, v. 31, n. 1, out. 1978, pp. 108-28.

KELMAN, Steven. "Cost-Benefit Analysis. An Ethical Critique". *Regulation*, n. 1, v. 5, jan.-fev., pp. 33-40, 1981.

KENT, Michael L. e Maureen TAYLOR, "Building Dialogic Relationships through the World Wide Web". *Public Relations Review*, n. 3, v. 24, pp. 321-34, 1998.

KIM, E. Han, Adair MORSE e Luigi ZINGALES. "What Has Mattered to Economics Since 1970". *The Journal of Economic Perspectives*, n. 4, v. 20, 2006.

KINDERMAN, Daniel. "Free Us Up So We Can Be Responsible!". *Socio-economic Review*, n. 1, v. 10, pp. 29-57, 2012.

KING, Anthony. "Overload: Problems of Governing in the 1970s". *Political Studies*, v. 23, n. 2-3, 1975, pp. 284-296.

KIRCHHOFF, J. "Corporate Missionary: Those Who Believe in Capitalism Must Fight Back". *Barron's*, n. 59, 1979.

KIRKPATRICK, Jeane J. "Global Paternalism: The UN and the New International Regulatory Order". *Regulation*, n. 1, v. 7, pp. 17-22, jan./fev. 1983.

KLEIN, Naomi. *The Shock Doctrine*. New York: Picador, 2008.

KLINE, John M. *International Codes and Multinational Business*. Westport: Quorum Books, 1985.

KNAPP, Bryan V. *"The Biggest Business in the World": The Nestlé Boycott and the Global Development of Infants, Nations and Economies, 1968-1988*. Tese. Providence: Brown University, 2015.

KNIGHT, Franck H. "Some Fallacies in the Interpretation of Social Cost". *The Quarterly Journal of Economics*, n. 4, v. 38, pp. 582-606, ago. 1924.

_____. "Review: *The Social Costs of Private Enterprise*, by K. William Kapp". *The Annals of the American Academy of Political and Social Science*, v. 273, pp. 233-34, jan. 1951.

KORPI, Walter. "Conflict, Power and Relative Deprivation". *American Political Science Review*, n. 4, v. 68, pp. 1569-78, 1974.

KOSLOWSKI, Peter. *Ethics of Capitalism and Critique of Sociobiology* [1982]. Berlim: Springer, 1996.

KREMEN, Bennett. "The New Steelworkers". *The New York Times*, jan. 1973.

KRISTOL, Irving. "When Virtue Loses All Her Loveliness". *The Public Interest*, n. 21, pp. 3-15, 1970.

_____. "On Corporate Capitalism in America". *The Public Interest,* n. 41, pp. 124-41, 1975.

___. *Two Cheers for Capitalism* [1975]. New York: Mentor, 1979.

LAKOFF, Sanford. "Private Government in a Managed Society" [1969], in *Private Government: Introductory Readings*. Glenview: Scott Foresman, 1973, pp. 218-42.

LARNER, Robert J. "Ownership and Control in the 200 Largest Nonfinancial Corporations, 1929 and 1963". *The American Economic Review*, n. 4, v. 56, pp. 777-87, set. 1966.

___. *Separation of Ownership and Control and its Implications for the Behavior of the Firm*. Tese. Madison: University of Wisconsin, 1968.

LATHAM, Earl. "The Commonwealth of the Corporation". *Northwestern University Law Review*, v. 55, pp. 25-37, 1960.

___. "The Body Politic of the Corporation", in E. S. Mason 1979.

LAUDERDALE, James Maitland. *Recherches sur la nature et l'origine de la richesse publique, et sur les moyens et les causes qui concourent à son accroissement* [1804], trad. E. Lagentie de Lavaïsse. Paris: Dentu, 1808.

LECA, Jean. "Conclusion. Perspectives démocratiques", in Jean LECA e Roberto PAPINI (org.), *Les démocraties sont-elles gouvernables?*. Paris: Economica, 1985.

LÊNIN (Vladimir Ilyich Ulianov). *Esquerdismo: doença infantil do comunismo* [1920], trad. Luiz Fernando. São Paulo: Global, 1980.

LEPAGE, Henri. *Autogestion et capitalisme*. Paris: Masson, 1978a.

___. *Demain le capitalisme*. Paris: Le Livre de Poche, 1978b.

___. *Demain le libéralisme*. Paris: Le Livre de Poche, 1980.

___. *Pourquoi la propriété*. Paris: Hachette, 1985.

LEVITT, Martin Jay. *Confessions of a Union Buster*. New York: Crown Publishers, 1993.

LEVITT, Theodore. "The Dangers of Social Responsibility". *Harvard Business Review*, n. 5, v. 36, pp. 41-50, 1958.

LEWIS, Ben W. "Power Blocs and the Operation of Economic Forces. Economics by Admonition". *The American Economic Review*, v. 49, n. 2, pp. 384-98, mai. 1959.

LIPARTITO, Kenneth e Yumiko MORII. "Rethinking the Separation of Ownership from Management in American History". *Seattle University Law Review*, n. 4, v. 33, pp. 1025-63, 2010.

LIPPERT, John. "Fleetwood Wildcat". *Radical America*, n. 5, v. 11, pp. 7-38, 1977.

___. "Shopfloor Politics at Fleetwood". *Radical America*, n. 12, pp. 52-69, jul. 1978.

LITTLEJOHN, Stephen E. "Competition and Cooperation: New Trends in Issue Identification and Management. *California Management Review*, n. 1, v. 29, 1986, pp. 109-23.

LOGAN, John. "Employer Opposition in the US: Anti-Union Campaigning from the 1950s", in G. Gall e T. Dundon (orgs.). *Global Anti-Unionism*. London:

Palgrave Macmillan, 2013, pp. 21-38.

LORDON, Frédéric. *Capitalisme, désir et servitude*. Paris: La Fabrique, 2010.

LUDLOW, Peter. "The Real War on Reality". *The New York Times*, jun. 2013.

LYONS, John F. "Multinationals: Reaching the Outer Limits?". *Financial World*, out. 1973.

MACBRIDE, Samantha. *Recycling Reconsidered*. Cambridge: MIT Press 2011.

MACHLUP, Fritz. "Monopolistic Wage Determination as a Part of the General Problem of Monopoly", in *Wage Determination and the Economics of Liberalism*. Washington: Chamber of Commerce of the United States, 1947.

MACPHERSON, Crawford Brough. *The Political Theory of Possessive Individualism*. Oxford: Oxford University Press, 1962 [ed. bras.: *A teoria política do individualismo possessivo de Hobbes até Locke*, trad. Nelson Dantas. Rio de Janeiro: Paz e Terra, 1979].

MAGDOFF, Harry e Paul SWEEZY. *The Deepening Crisis of U.S. Capitalism*. New York: Monthly Review Press, 1981 [ed. bras.: *A crise do capitalismo americano*, trad. Waltensir Dutra. Rio de Janeiro: Zahar, 1982].

MALCOLM X. *Speaks*. New York: Grove Press, 1965.

MALOTT, Robert H. "Corporate Support of Education: Some Strings Attached". *Harvard Business Review*, v. 56, n. 4, pp. 133-38, 1978.

MANIN, Bernard. "Les deux libéralismes: marché ou contre-pouvoirs". *Intervention*, n. 9, maio-jul. 1984, pp. 10-24.

MANNE, Henry G. "Current Views on the Modern Corporation". *University of Detroit Law Journal*, v. 38, pp. 559-88, 1961.

____. "Corporate Responsibility, Business Motivation, and Reality". *The Annals of the American Academy of Political and Social Science*, v. 343, pp. 55-64, set. 1962a.

____. "The 'Higher Criticism' of the Modern Corporation". *Columbia Law Review*, n. 3, v. 62, pp. 399-432, mar. 1962b.

____. "Mergers and the Market for Corporate Control". *The Journal of Political Economy*, n. 2, v. 73, pp. 110-20, abr. 1965.

____. "The Myth of Corporate Responsibility, or, Will the Real Ralph Nader Please Stand Up". *The Business Lawyer*, n. 2, v. 26, pp. 533-39, nov. 1970.

____. "The Paradox of Corporate Responsibility", in *A Look at Business in 1990*. Washington: U.S. Government. Printing Office, pp. 95-98, 1972a.

____. "The Social Responsibility of Regulated Utilities". *Wisconsin Law Review*, n. 4, pp. 995–1009, 1972b.

____. "Review: In Defense of the Corporation by Robert Hessen". *University of Miami Law Review*, v. 33, pp. 1649-55, 1979.

____. "Controlling Giant Corporations". *Vital Speeches of the Day*, n. 22, v. 47, pp. 690-94, 1981.

MANNING, Bayless. "Corporate Power and Individual Freedom: Some General Analysis and Particular Reservations". *Northwestern University Law Review*, v. 55, pp. 38-53, 1960.

MANNING, Bayless. "Review: *The American Stockholder*, by J. A. Livingston". *The Yale Law Journal*, n. 8, v. 67, pp. 1477-96, jul. 1958.

MARCH, James G. "The Business Firm as a Political Coalition". *The Journal of Politics*, n. 4, v. 24, pp. 662-78, nov. 1962.

MARCUSE, Herbert. "Der Kampf gegen den Liberalismus in der totalitären Staatsauffassung". *Zeitschrift für Sozialforschung*, v. 3, n. 2, 1934, pp. 161-95.

MARGLIN, Stephen A. "Catching Flies with Honey: An Inquiry into Management Initiatives to Humanize Work" [1979], in William H. Lazonick (org.). *American Corporate Economy*, v. 3. New York: Routledge, 2002, pp. 280-93.

MARRIS, Robin. *The Economic Theory of "Managerial" Capitalism*. Glencoe: Free Press of Glencoe, 1964.

MARROW, Alfred J. "Management by Participation", in E. L. Cass e F. G. Zimmer (orgs.). *Man and Work in Society*. New York: Van Nostrand Reinhold, 1975, pp. 33-48.

MARX, Karl. *Manuscritos econômico-filosóficos* [1844], trad. Jesus Ranieri. São Paulo: Boitempo, 2004.

____. *Miséria da filosofia* [1847], trad. José Paulo Netto. São Paulo: Boitempo, 2017.

____. *Travail salarié et capital* [1849], trad. fr. Charles Longuet e Eduard Bernstein. Beijing: Éditions étrangères, 1966 [ed. bras. *Trabalho assalariado e capital*. São Paulo: Expressão Popular, 2010].

____. *As lutas de classes na França de 1848 a 1850* [1850], trad. Nélio Schneider. São Paulo: Boitempo, 2012.

____. "Political Movements. Scarcity of Bread in Europe" [1853], in K. Marx e F. Engels. *Collected Works*, v. 12. London: Lawrence & Wishart, 1980.

____. "The French Crédit Mobilier" [1856], in K. Marx e F. Engels. *Collected Works*, v. 15. London: Lawrence e Wishart, 1975.

____. "British Commerce and Finance" [1858], in K. Marx e F. Engels. *Collected Works*, v. 16. London: Lawrence e Wishart, 1980, pp. 33-36.

____. *O capital* v. 1 [1867], trad. Rubens Enderle. São Paulo: Boitempo, 2011.

____. *O capital* v. 3 [1894], trad. Rubens Enderle. São Paulo: Boitempo, 2017.

____ e Friedrich ENGELS. *A sagrada família* [1844], trad. Marcelo Backes. São Paulo: Boitempo, 2003.

____. "Carta de 2 de abril de 1858", in *Werke*, v. 29. Berlim: Dietz, 1978.

MASLOW, Abraham Harold. "A Theory of Human Motivation". *Psychological Review*, n. 4, v. 50, pp. 370-96, 1943.

MASON, Edward S. "The Apologetics of 'Managerialism'". *The Journal of Business*, n. 1, v. 31, pp. 1-11, jan. 1958.

____ (org.). *The Corporation in Modern Society* [1959]. New York: Atheneum, 1972.

MCCARTHY, Michael A. "Turning Labor into Capital. Pension Funds and the Corporate Control of Finance". *Politics and Society*, n. 4, v. 42, pp. 455-87, 2014.

MCCLAUGHRY, John. "Milton Friedman Responds: A Business and Society Review Interview". *Business and Society Review*, n. 1, pp. 5-16, 1972.

MCCRACKEN Paul et al. *Towards Full Employment and Price Stability*. Paris: OCDE, 1977.

MCGREGOR, Douglas. "The Human Side of Enterprise" [1957], in H. J. Leavitt; L. R. Pondy e D. M. Boje. *Readings in Managerial Psychology*. Chicago: University of Chicago Press, 1989, pp. 314-24.

MEADOWCROFT, John e William RUGER. "Hayek, Friedman, and Buchanan: On Public Life, Chile, and the Relationship between Liberty and Democracy". *Review of Political Economy*, v. 26, n. 3, pp. 358-67, 2014.

MELTZER, Allan. "The Decline ofthe Liberal Economy". *Vie et sciences économiques*, n. 72, jan. 1977.

____. "Economic Policies and Actions in the Reagan Administration". *Journal of Post*

Keynesian Economics, v. 10 n. 4, 1988, pp. 528-40.

MILIBAND, Ralph e John SAVILLE (orgs.). *Socialist Register*, v. 16, 1979, pp. 1-25

MILLER, Arthur S. "The Corporation as a Private Government in the World Community". *Virginia La Review*, v. 46, pp. 1539-72, dez. 1960.

MIROWSKI, Philip e Dieter PLEHWE (orgs.). *The Road from Mont Pelerin*. Cambridge: Harvard University Press, 2009.

MISES, Ludwig von. *Liberalismus*. Jena: Fischer, 1927.

____. *Omnipotent Government*. New Haven: Yale University Press, 1944.

MISHAN, Ezra J. "Evaluation of Life and Limb: A Theoretical Approach". *Journal of Political Economy*, n. 4, v. 79, pp. 687-705, jul.-ago. 1971a.

____. "The Postwar Literature on Externalities: An Interpretative Essay". *Journal of Economic Literature*, n. 1, v. 9, pp. 1-28, 1971b.

MITCHELL, Ronald K., Bradley R. AGLE e Donna J. WOOD. "Toward a Theory of Stakeholder Identification and Salience: Defining the Principle of Who and What Really Counts". *The Academy of Management Review*, n. 4, v. 22, pp. 853-86, 1997.

MITNICK, Barry M. "The Theory of Agency: The Policing 'Paradox' and Regulatory Behavior". *Public Choice*, v. 24, pp. 27-42, 1975.

MONGOVEN, Bartholomew T. "CLIMATE – Canadian

group condemns TckTckTck, Hopenhagen as greenwasher, fraud; accuses allies GP, NRDC, Oxfam etc." E-mail de jan. 2010. Disponível em wikileaks.org/gifiles/docs/40/409761_reclimate-canadian-group-condemnstcktcktck-hopenhagen-as.html.

MONGOVEN, Bartholomew T. *Oil Sands Market Campaigns*. Stratfor, s.d. Disponível em wikileaks.org/gifiles/attach/33/33714_Suncor%20Presentation-1210.pdf.

MONOD, Jean-Claude. "Qu'est-ce qu'une 'crise de gouvernabilité'?". *Lumières*, n. 8, pp. 51-68, 2006.

MONTESQUIEU. *O espírito das leis* [1748], trad. Cristina Murachco. São Paulo: Martins Fontes, 2000.

MONTGOMERY, W. David. "Markets in Licenses and Efficient Pollution Control Programs". *Journal of Economic Theory*, n. 3, v. 5, pp. 395-418, 1972.

MOODY, Kim. "Beating the Union: Union Avoidance in the US", in G. Gall e T. Dundon (orgs.). *Global Anti-Unionism*. London: Palgrave Macmillan, pp. 143-62, 2013.

MOORE, Philip W., "Corporate Social Reform: An Activist's Viewpoint". *California Management Review*, v. 15, n. 4, 1973.

MORTON, Timothy. *Hyperobjects*. Minneapolis: University of Minnesota Press, 2013.

MOSS, Robert. *The Collapse of Democracy*. London: Temple Smith, 1975.

MOUFFE, Chantal. "L'offensive dunéo-conservatisme contre la démocratie", in L. Jalbert e L. Lepage (orgs.), *Néo-conservatisme et restructuration de l'État. Canada–États-Unis–Angleterre*. Montréal: Les Presses de l'Université du Québec, 1986, pp. 35-47.

MULLER, Mike. *The Baby Killer*. London: War on Want, 1974.

MURPHY, Priscilla. "The Limits of Symmetry: A Game Theory Approach to Symmetric and Asymmetric Public Relations", in L. A. Grunig, J. E. Grunig (orgs.). *Public Relations Research Annual*, n. 1-4, v. 3, pp. 115-31, 1991.

MYREN, Richard A. e Lynn D. SWANSON. *Police Work with Children: Perspectives and Principles*, Children's Bureau Publications, n. 398. Washington: U.S. Government Printing Office, 1962.

NACE, Ted. *Gangs of America*. San Francisco: Berrett-Koehler, 2003.

NAPLES, Michele I. "The Unraveling of the Union-Capital Truce and the U.S. Industrial Productivity Crisis". *Review of Radical Political Economics*, n. 1-2, v. 18, pp. 110-31, 1986.

NEUMANN, Franz L. *The Democratic and the Authoritarian State*. New York: The Free Press, 1966.

NIETZSCHE, Friedrich. *Genealogia do moral* [1887], trad. Paulo César de Souza. São Paulo: Cia das Letras, 2013.

____. *Crepúsculo dos ídolos* [1889], trad. Paulo César de Souza. São Paulo: Cia das Letras, 2006.

NISKANEN, William. *Bureaucracy and Representative Government*. Chicago: Aldine Atherton, 1971.

NORDEN, Eric. "Saul Alinsky: A Candid Conversation with the Feisty Radical Organizer". *Playboy*, v. 19, n. 3, pp. 59-ss, 1972.

NOURSE, Edwin G. "From the Point of View of the Economist", in S. Chase (org.). *The Social Responsibility of Management*. New York: New York University, pp. 47-67, 1950.

O'CONNOR, James. *The Fiscal Crisis of the State*. New York: St. Martin's Press, 1973.

_____. *The Fiscal Crisis of the State*. New Brunswick: Transaction Publishers, 2009.

O'MALLEY, Pat. *Risk, Uncertainty and Government*. New York; Routledge, 2004.

O'TOOLE, James. *Work in America. Report of a Special Task Force to the Secretary of Health, Education, and Welfare*. Washington: Special Task Force on Work in America, Department of Health, Education, and Welfare, 1972.

OFFE, Claus. *Contradictions of the Welfare State*. London: Hutchinson, 1984.

ORESKES, Naomi e Erik M. CONWAY. *Merchants of Doubt*. New York: Bloomsbury Press, 2010.

ORWELL, George. "Second Thoughts on James Burnham" [1946], in *The Complete Works* v. 18. London: Secker e Warburg, pp. 268-84, 1986.

OSTERGAARD, Geoffrey. "Approaches to Industrial Democracy". *Anarchy: A Journal of Anarchist Ideas*, n. 2, pp. 36-46, abr. 1961.

PACKARD, Dave. *Corporate Support of the Private Universities*. New York: University Club, 1973.

PAGAN INTERNATIONAL. "Religious group strategy", in *Shell u.s. South Africa Strategy, Prepared for The Shell Oil Company*. Washington: Pagan International, 1987.

PAGAN, Rafael D. "The Future of Public Relations and the Heed for Creative Understanding of the World Around Us", in The 35th PRSA National Conference San Francisco Hilton, Nestlé Coordination Center for Nutrition, Washington, 1982a.

_____. "Carrying the Fight to the Critics of Multinational Capitalism: Think and Act Politically". *Vital Speeches of the Day*, n. 19, v. 48, pp. 589-91, 1982b.

_____. "The Politicalization of Institutions: The Responsibilities of Multinational Corporations". *Vital Speeches of the Day*, n. 1, v. 50, pp. 25-27, out. 1983.

_____. "Framing the Public Agenda: The Age of New Activism". *Vital Speeches of the Day*, n. 6, v. 55, n. 6, pp. 177-80, 1989.

_____. "67, adviser to 5 presidents". *The Washington Times*, 1993.

PALERMO, Giulio. "The Ontology of Economic Power in Capitalism". *Cambridge Journal of Economics*, v. 31, n. 4, pp. 539-61, 2007.

PALMER, Christopher. "Business and Environmentalists: A Peace Proposal". *The Washington Post*, ago. 1982.

PARENTI, Christian. *Lockdown America*. New York: Verso, 1999.

PATEMAN, Carole. *Participation and Democratic Theory*. Cambridge: Cambridge University Press, 1970.

PATTAKOS, Arion n. "Growth in Activist Groups: How Can Business Cope?". *Long Range Planning*, n. 3, v. 22, pp. 98-104, jun. 1989.

PAUL, William S.; Keith B. ROBERTSON e Frederick HERZBERG. "Job Enrichment Pays Off". *Harvard Business Review*, pp. 61-78, mar.-abr. 1969.

PEARSON, Ron. "Beyond Ethical Relativism in Public Relations", in J. E. Grunig e L. A. Grunig. *Public Relations Research Annual*, v. 1. New York: Routledge, 1989a, pp. 67-86.

___. "Business Ethics as Communication Ethics: Public Relations Practice and the Idea of Dialogue", in C. H. Botan e V. Hazleton (orgs.). *Public Relations Theory*. New York: Routledge, 1989b, pp. 111-35.

PERELMAN, Michael. *The Pathology of the u.s. Economy Revisited*. New York: Palgrave, 2002.

PÉRIN, Charles. *Le Patron, ses devoirs, sa fonction, ses responsabilités*. Paris: Desclée de Brouwer, 1886.

PERSON, H. S. "Capitalism, Socialism and Managerialism". *Southern Economic Journal*, n. 2, v. 8, pp. 238-43, 1941.

PETERSON, F. C. "Letter to Midland Location Employees". *Labadie Special Collections*, University of Michigan, aug. 1966.

PETRINI, Francesco. "Capital Hits the Road. Regulating Multinational Corporations During the Long 1970s", in *Changes in Social Regulations – State, Economy, and Social Actors since the 1970s*. Düsseldorf: Hans-Böckler-Stiftung, 2012.

___. "Capital Hits the Road: Regulating Multinational Corporations During the Long 1970s", in K. Andresen, S. Müller (org.). *Contesting Deregulation: Debates, Practices and Developments in the West since the 1970s*. New York: Berghahn Books, 2017, pp. 185-98.

PFEFFER, Jeffrey, "Beyond Management and the Worker: The Institutional Function of Management". *The Academy of Management Review*, n. 2, v. 1, pp. 36-46, abr. 1976.

PHILIBERT, Cédric e Julia REINAUD. *Emissions Trading: Taking Stock and Looking Forward*. Paris: International Energy Agency, 2004.

PHILLIPS-FEIN, Kim. *Invisible Hands*. New York: Norton, 2010.

PIGOU, Arthur Cecil. *The Economics of Welfare*. London: Macmillan, 1920.

PIJL, Kees van der. "The Sovereignty of Capital Impaired: Social Forces and Codes of Conduct for Multinational Corporations", in H. Overbeek (org.). *Restructuring Hegemony in the Global Political Economy*. New York: Routledge, 2002, pp. 28-57.

PILON, Roger. "Corporations and Rights: On Treating

Corporate People Justly". *Georgia Law Review*, v. 13, n. 4, pp. 1245-1370, 1979.

PIRIE, Madsen. *Dismantling the State*. Dallas: National Center for Policy Analysis, 1985.

____. *Micropolitics*. Aldershot: Wildwood House, 1988.

PIVEN, Frances Fox e Richard A. CLOWARD. *Regulating the Poor*. New York: Vintage, 1993.

PODHORETZ, Norman. "Between Nixon and the New Politics". *Commentary*, n. 3, v. 54, 1972.

____. "The New Defenders of Capitalism". *Harvard Business Review*, v. 59, n. 2, mar.-abr. 1981, pp. 96-106.

POLANYI, Karl. *A grande transformação* [1944], trad. Fanny Wrobel. Rio de Janeiro: Editora Campus, 2011.

POWELL, Lewis. *Confidential Memorandum. Attack on American Free Enterprise System*. Manuscrito, out. 1971.

POULANTZAS, Nicos (org.). *La Crise de l'État*. Paris: PUF, 1976.

____. *L'État, le pouvoir, le socialisme*. Paris: PUF, 1978.

POWER, Michael. "Corporate Responsibility and Risk Management", in R. V. Ericson e A. Doyle (orgs.). *Risk and Morality*. Toronto: University of Toronto Press, 2003.

QUIGLEY, Carroll. "Our Ecological Crisis". *Current History*, n. 347, v. 59, pp. 3-12, jul. 1970.

RANCIÈRE, Jacques. *La Haine de la démocratie*. Paris: La Fabrique, 2005 [ed. bras.: *O ódio à demo-cracia*, trad. Mariana Echalar. São Paulo: Boitempo, 2014].

RATHENAU, Walther. *In Days to Come*. Melbourne: G. Allen e Unwin Ltd., 1921.

REUSS, Alejandro. *Capitalist Crisis and Capitalist Reaction: The Profit Squeeze, the Business Roundtable, and the Capitalist Class Mobilization of the 1970s*. Tese. Amherst: University of Massachusetts, 2013.

RHENMAN, Eric. *Företags demokrati och företagsorganisation*. Estocolmo: Norstedts, 1964.

____. *Industrial Democracy and Industrial Management*, trad. Nancy Adler. London: Tavistock, 1968.

RICHTER, Judith. *Holding Corporations Accountable*. New York: Palgrave Macmillan, 2001a.

____. *International Regulation of Transnational Corporations: The Infant Food Debate*. Tese. Amsterdam: School of Communication Research, 2001b.

____. *Dialogue or Engineering of Consent. Opportunities and Risks of Talking to Industry*. Genebra: Geneva Infant Feeding Association, 2002.

RIESMAN, David, Nathan GLAZER e Reuel DENNEY. *The Lonely Crowd*. New Haven: Yale University Press, 1969 [ed. bras.: *A multidão solitária*, trad. Sérgio Miceli e Mauro de Almeida. São Paulo: Perspectiva, 1971].

RIGGS, Channing W. Discurso para a Society of Consumer Affairs Professionals Toronto, Canadá, out. 1985, in Arquivos do Tobacco Institute. Disponível em industrydocumentslibrary.ucsf.edu/tobacco/docs/kqjb0047.

ROBÉ, Jean-Philippe. "L'entreprise en droit". *Droit et société*, n. 29, pp. 117-36, 1995.

_____. "À qui appartiennent les entreprises?". *Le Débat*, n. 155, pp. 32-36, 2009.

_____. "The Legal Structure of the Firm". *Accounting, Economics, and Law*, v. 1, n. 1, 2011.

ROBERTSON, Dennis Holme. *The Control of Industry*. New York: Harcourt, Brace and Company, 1923.

ROBERTSON, Hector M. *Aspects of the Rise of Economic Individualism*. Cambridge: Cambridge University Press, 1935.

ROBINSON, John. *Multinationals and Political Control*. Aldershot: Gower, 1983.

ROBINSON, Thomas Heat. "Attitudes patronales", in *Bénéfices sociaux et initiative privée*. Québec: Les Presses Universitaires Laval, pp. 65-82, 1959.

ROCHE, James M. "An Address" [1971]. *Congressional Record*, v. 117, n. 10. Washington: U.S. Government Printing Office, 1972, pp. 13416-19.

ROCKEFELLER, David. "The Role of Business in an Era of Growing Accountability". Congressional Record, v. 117/ 36. Washington: U.S. Government Printing Office, 1972.

_____. "Multinationals Under Siege: A Threat to the World Economy", in *Congressional Record*,

cong. 94, v. 121. Washington: Government Printing Office, pp. 18323-6, 1975.

RODRÍGUEZ-GARAVITO, César A., "Nike's Law: The Anti-Sweatshop Movement, Transnational Legal Mobilization, and the Struggle over International Labor Rights in the Americas", in B. de Sousa Santos e C. A. Rodríguez-Garavito 2005, pp. 64-91.

ROGERS, Heather. *Gone Tomorrow*. New York: The New Press, 2006.

ROMANO, Roberta. "Metapolitics and Corporate Law Reform". *Stanford Law Review*, n. 4, v. 36, pp. 923-1016, 1984.

ROSE, Nikolas. "Inventiveness in Politics". *Economy and Society*, v. 28, n. 3, pp. 467-93, 1999.

ROSE, Richard. "Overloaded Government: The Problem Outlined". *European Studies Newsletter*, v. 5, n. 3, 1975, pp. 13-18.

_____. "Ungovernability: Is There Fire Behind the Smoke?". *Political Studies*, v. 27, n. 3, 1979, pp. 351-370.

_____. *Challenge to Governance, Studies in Overloaded Politics*. London: Sage, 1980.

ROSENAU, James n. e Ernst-Otto CZEMPIEL (orgs.). *Governance without Government*. Cambridge: Cambridge University Press, 1992 [ed. bras.: *Governança sem governo: ordem e transformação na política mundial*, trad. Sérgio Bath. Brasília: Editora UNB, 2000].

ROSENZWEIG, Saul. "A General Outline of Frustration". *Cha-*

racter e Personality, n. 2, v. 7, pp. 151-60, dez. 1938.

ROSTOW, Eugene V. "To Whom and for What Ends is Corporate Management Responsible?", in E. S. Mason [1959] 1972.

ROTHSCHILD, Emma. "Automation et O.S. à la General Motors". *Les Temps Modernes*, n. 314-15, set.-out. 1972.

____. *Paradise Lost*. New York: Vintage, 1974.

ROWE, James K. "Corporate Social Responsibility as Business Strategy", in R. D. Lipschutz e J. K. Rowe (orgs.), *Globalization*. New York: Routledge, 2005a.

____. "CSR as Business Strategy", in R. D. Lipschutz e J. K. Rowe (orgs.), *Globalization, Governmentality and Global Politics*. New York: Routledge, 2005b.

RUML, Beardsley. "Corporate Management as a Locus of Power". *Chicago-Kent Law Review*, v. 29, n. 3, pp. 228-46, 1951.

RÜSTOW, Alexander. "Freie Wirtschaft", in F. Boese (org.). *Deutschland und die Weltkrise*. Dresden: Duncker e Humblot, 1932, pp. 62-69.

SAMUELSON, Paul A. "The World Economy at Century's End". *Bulletin of the American Academy of Arts and Sciences*, v. 34, n. 8, maio 1981, pp. 35-44.

____. "The World Economy at Century's End", in Shigeto Tsuru (org.), *Human Resources, Employment and Development*, v. 1. London: Macmillan, 1983.

SANDERS, Douglas L. *Issues Management and the Participation of Large Corporations in the Public Policy Process*. Tese. Claremont: Claremont Graduate University, 1998.

SAPULKAS, Agis. "Young Workers Are Raising Voices to Demand Factory and Union Changes". *The New York Times*, jul. 1970.

____. "Young Workers Disrupt Key G.M. Plant". *The New York Times*, jan. 1972.

SCELLE, Georges. *Manuel de droit international public*. Paris: Domat-Montchrestien, 1948.

SCHÄFER, Armin. "Krisentheorien der Demokratie: Unregierbarkeit, Spätkapitalismus und Postdemokratie". *Der Moderne Staat. Zeitschrift für Public Policy, Recht und Management*, v. 1, 2009, pp. 159-183.

SCHARPF, Fritz W. "Public Organization and the Waning of the Welfare State: A Research Perspective". *European Journal of Political Research*, v. 5, n. 4, jan. 1977, pp. 339-62.

SCHATTSCHNEIDER, Elmer E. *The Semi-Sovereign People* [1960]. New York: Holt, Rinehart and Winston, 1964.

SCHELLING, Thomas C. "The Life You Save May Be Your Own". *Choice and Consequence: Perspectives of an Errant Economist*. Cambridge: Harvard University Press, 1984, pp. 113-46.

SCHEUERMAN, William E. *Carl Schmitt: The End of Law Twentieth Century*. Lanham: Rowman e Littlefield, 1999.

____. "The Unholy Alliance of Carl Schmitt and Friedrich Hayek".

Constellations, v. 4, n. 2, out. 1997, pp. 172-188.

SCHMITT, CARL. *O guardião da constituição* [1931], trad. Geraldo de Carvalho. Belo Horizonte: Del Rey, 2007.

____. *O conceito de político* [1932], trad. Geraldo de Carvalho. Belo Horizonte: Del Rey, 2008.

____. *Legalidade e legitimidade* [1932], trad. Tito Lívio Cruz Romão. Belo Horizonte: Del Rey, 2007.

____. "Starker Staat und gesunde Wirtschaft. Ein Vortrag für Wirtschaftsführen", in *Volk und Reich Politische Monatshefte für das junge Deutschland*, 1933, t. 1, c. 2, pp. 81-94.

SCHUMPETER, Joseph. *Capitalisme, socialisme et démocratie* [1942], trad. fr. Gael Fain. Paris: Payot 1979 [ed. bras. *Capitalismo, socialismo e democracia*, trad. Ruy Jungmann. São Paulo: Unesp, 2017].

SCHWARTZ, Donald E. "Towards New Corporate Goals: Co-Existence with Society". *Georgetown Law Journal*, v. 60, pp. 57-109, 1971.

SEIDL-HOHENVELDERN, Ignaz. "International Economic 'Soft Law'", in *Recueil des cours de l'Académie de droit international*, v. 163. La Haye: Nijhoff, 1979, pp. 165-246.

SELZNICK, Philip. *Leadership in Administration*. New York: Harper e Row, 1957 [ed. bras.: *A liderança na administração*, trad. Arthur Pereira e Oliveira Filho. Rio de Janeiro: Fundação Getúlio Vargas, 1971].

SENADO DOS EUA. *Worker Alienation. Hearings Before the Subcommittee of Employment, Manpower, and the Poverty of the Committee on Labor and Public Welfare*, cong. 192. Washington: Government Printing Office, 1972.

____. *Multinational Corporations, Hearings Before the Subcommittee on International Trade of the Committee on Finance*, cong. 93. Washington: Government Printing Office, 1973.

SÊNECA. *Tratado sobre a clemência* [55-56 d.C.], trad. Ingeborg Braren. Petrópolis: Vozes, 2013.

SENGHOR, Léopold Sédar. *Liberté: Négritude et humanisme*. Paris: Seuil, 1964.

SETHI, S. Prakasah. "Dimensions of Corporate Social Performance, An Analytical Framework". *Management Review*, n. 3, v. 17, pp. 58-64, 1975.

____. "Business and the News Media". *California Management Review*, v. 19, n. 3, pp. 52-62, 1977.

____. "Corporate Political Activism". *California Management Review*, n. 3, v. 24, pp. 32-42, 1982.

____. *Business and society*. Lexington: Lexington Books, 1987.

____. *Multinational Corporations and the Impact of Public Advocacy on Corporate Strategy*. New York: Kluwer Academic Publishers, 1994.

SHAD, John S. R. "The Leveraging of America". *New York Financial Writers. Securities and Exchange Commission News*. Washington: Security and Exchange Comission, jun. 1984.

SHAMIR, Ronen. "The De-Radicalization of Corporate Social Responsibility". *Critical Sociology*, n. 3, v. 30, pp. 669-90, 2004.

___. "The Age of Responsibilization: On Market-Embedded Morality". *Economy and Society*, v. 37, n. 1, fev. 2008, pp. 1-19.

SHAPIRO, Carl e Joseph E. STIGLITZ. "Equilibrium Unemployment as a Worker Discipline Device". *The American Economic Review*, n. 3, v. 74, pp. 433-44, jun. 1984.

SHENFIELD, Arthur. *The Ideological War Against Western Society*. Rockford: Rockford University, 1970.

SHEPARD, Thomas R. *The Disaster Lobby*. Chicago: Illinois Manufacturer's Association, abr. 1971.

SHERMAN, Howard. "Class Conflict and Macro-Policy: A Comment". *Review of Radical Political Economics*, n. 2, v. 8, pp. 55-60, 1976.

SHLEIFER, Andrei e Robert W. VISHNY. "A Survey of Corporate Governance". *Journal of Finance*, n. 2, v. 52, pp. 737-83, 1997.

SHORTER, Edward e Charles TILLY. *Strikes in France, 1830-1968*. Cambridge: Cambridge University Press, 1974.

SILK, Leonard. "Ethics in Government". *The American Economic Review*, v. 67, n. 1, pp. 316-20, fev. 1977.

___ e David VOGEL. *Ethics and Profits*. New York: Simon and Schuster, 1976.

SIMON, William E. *Time for Truth*. New York: Berkley Publishing Group, 1979.

SIMONS, Henry C. "Reflections on Syndicalism". *Journal of Political Economy*, n. 1, v. 52, pp. 1-25, mar. 1944.

SKLAR, Holly (org.). *Trilateralism: The Trilateral Commission and Elite Planning for World Management*. Boston: South End Press, 1980.

SMITH, Adam. *Teoria dos sentimentos morais* [1759], trad. Lya Luft. São Paulo: Martins Fontes, 2015.

___. *A riqueza das nações* [1776], v. I, trad. Maria Teresa de Lemos Lima. São Paulo: Abril Cultural, 1983.

___. *A riqueza das nações* [1776], v. III, trad. Luiz João Baraúna. São Paulo: Nova Cultural, 1988.

SNOEYENBOS, Milton, Robert F. ALMEDER e James M. HUMBER (orgs.). *Business Ethics: Corporate Values and Society*. New York: Prometheus Books, 1983.

SOMBART, Werner. "Der Moderne Kapitalismus". *Das europäische Wirtschaftsleben im Zeitaiter des Frühkapitalismus*, t. II, v. 1. Leipzig: Duncker e Humblot, 1919.

SOUSA SANTOS, Boaventura de. "Beyond Neoliberal Governance: The World Social Forum as Subaltern Cosmopolitan Politics and Legality", in B. de Sousa Santos e C. A. Rodríguez-Garavito (orgs.) 2005, pp. 29-63.

___ e César RODRÍGUEZ-GARAVITO (orgs.), *Law and Globalization from Below: Towards a Cosmopolitan Legality*. Cambridge: Cambridge University Press, 2005.

SPECIAL STUDIES PROJECT. *The Power of the Democratic Idea*.

Sixth Report of the Rockefeller Brothers Fund – Special Studies Project. Garden City: Doubleday, 1960.

ST. JOHN, Jeffrey. "Memo to GM: Why Not Fight Back?". *The Wall Street Journal*, mai. 1971.

STAINSBY, Macdonald e Dru Oja JAY. "The Effects of Foundation Funding and Corporate Fronts from The Great Bear Rainforest To The Athabasca River". Offsetting Resistance, s.d. Disponível em offsettingresistance.ca.

STARR, Paul. "The Meaning of Privatization". *Yale Law e Policy Review*, v. 6, n. 1, 1988, pp. 6-41.

STAUBER, John e Sheldon HAMPTON. *Trust Us, We're Experts!*. New York: Putnam, 2001.

____ e Mark DOWIE. *Toxic Sludge is Good for You*. Monroe: Common Courage Press, 1995.

STEINER, Yves. "The Neoliberals Confront the Trade Unions", in P. Mirowski e D. Plehwe (orgs.) 2009.

STERNBERG, Elaine, "The Need for Realism in Business Ethics". *Reason Paper*, v. 31, 2009, pp. 33-48.

STEVENSON, Russell B. "The Corporation as a Political Institution". *Hofstra Law Review*, v. 8, n. 1, 1979, pp. 39-62.

STEWART, Robert F., J. Knight ALLEN e J. Morse CAVENDER. "The strategic plan", in *Research Report n. 168*. Menlo Park: Stanford Research Institute, 1963.

STIGLER, George J. *The Theory of Price*, 3ª ed. New York: Macmillan, 1966.

____. *The Theory of Price*, 4ª ed. New York: Macmillan, 1987.

STOREY, John. *Managerial Prerogative and the Question of Control*. London: Routledge e Kegan, 1983.

____. "The Means of Management Control: A Reply to Friedman". *Sociology*, n. 1, v. 23, pp. 119-24, fev. 1989.

STOUT, Lynn A. "On the Nature of Corporations". *University of Illinois Law Review*, n. 1, pp. 253–67, 2004.

____. "The Mythical Benefits of Shareholder Control". *Virginia Law Review*, v. 93, pp. 789-809, 2007.

____. *The Shareholder Value Myth*. San Francisco: Berett-Koehler, 2012.

STREECK, Wolfgang. "Heller, Schmitt and the Euro". *European Law Journal*, v. 21, n. 3, maio 2015, pp. 361-70.

STROUP, Margaret A., "Environmental Scanning at Monsanto". *Planning Review*, n. 4, v. 16, jul./ago. 1988, pp. 24-27.

SUTTON, Francis X. et al. *The American Business Creed*. Cambridge: Harvard University Press, 1956.

SWATEK, Paul. *The User's Guide to the Protection of the Environment*. New York: Ballantine Book, 1970.

SWEEZY, Paul M. "The Illusion of the 'Managerial Revolution'". *Science e Society*, n. 1, v. 6, pp. 1-23, 1942.

SWIFT, Jonathan. "Modeste proposition pour empêcher les enfants des pauvres en Irlande d'être à charge à leurs parents ou à leur pays et pour les rendre utiles au public", trad. Léon de Wailly, in *Opuscules humoristiques*. Paris: Poulet-Malassis et de Broise, pp. 161-76, 1859.

SZASZ, Andrew. "The Reversal of Federal Policy toward Worker Safety and Health". *Science e Society*, n. 1, v. 50, pp. 25-51, 1986.

TAYLOR, Lynn. "Protest Plagues Annual Meetings". *Chicago Tribune*, 1971.

TERKEL, Studs. *Working* [1974]. New York: The New Press, 2011.

THATCHER, Margaret. "Interview for Woman's Own ('no such thing as society')", Margaret Thatcher Foundation, set. 1987. Disponível em margaretthatcher.org/document/106689.

____. "Airey Neave Memorial Lecture" [1980] apud G. Christoph, 2010.

THE PRESIDENT'S BLUE RIBBON COMMISSION ON DEFENSE MANAGEMENT. *A Quest for Excellence: Final Report to the President*. Washington: The Commission, 1986.

THERBORN, Göran. "Herr Rhenmans omvälvning av vetenskapen", in *En ny vänster*. Estocolmo: Rabén e Sjögren, 1966, pp. 169-79.

TILLY, Charles. *Democracy*. Cambridge: Cambridge University Press, 2007.

TOWNSEND, Joseph. *A Dissertation on the Poor Laws* [1786]. Berkeley: University of California Press, 1971.

TRIBBETT, Krystal L. *Reclaiming Air, Redefining Democracy: A History of the Regional Clean Air Incentives Market, Environmental Justice, and Risk, 1960 – present*. Tese. San Diego: University of California, 2014.

TRILLING, Lionel. *Beyond Culture*. New York: Viking Press, 1965.

TRUTY, John David. *Ideas in Disguise: Fortune's Articulation of Productivity 1969-1972*. Tese. Illinois: Northern Illinois University, 2010.

TUCKER, Eric. "The Determination of Occupational Health and Safety Standards in Ontario, 1860-1982: From Markets to Politics to...?". *McGill Law Journal*, n. 2, v. 29, pp. 260-311, 1984.

TULLOCK, Gordon. "The New Theory of Corporations", in E. Streissler (org.). *Roads to Freedom* [1963]. New York: Routledge, pp. 287-307, 2003.

USEEM, Michael. "Review". *Contemporary Sociology*, v. 6, n. 5, pp. 592-93, 1977.

____. *The Inner Circle*. New York: Oxford University Press, 1984.

VANEK, Jaroslav. "Cooperative Economics: An Interview with Jaroslav Vanek". Entrevista concedida a Albert Perkins. *New Renaissance Magazine*, n. 1, v. 5, s.d.

VEBLEN, Thorstein. *Absentee Ownership* [1923]. New York: Routledge, 2017.

VERNON, Raymond. "Future of the Multinational Enterprise", in C. P. Kindleberger (org.).

The International Corporation. Cambridge: MIT Press, 1970, pp. 373-400.

___. "The Multinational Enterprise: Power versus Sovereignty". *Foreign Affairs*, n. 4, v. 49, pp. 736-51, 1971.

VOGEL, David. "The Corporation as Government". *Polity*, v. 8, n. 1, pp. 5-37, 1975.

___. *Lobbying the Corporation.* New York: Basic Books, 1978.

___. "The Power of Business in America: A Re-Appraisal". *British Journal of Political Science*, n. 1, v. 13, jan. 1983, pp. 19-43.

___. *Fluctuating Fortunes.* New York: Basic Books, 1989.

___. *Kindred Strangers.* Princeton: Princeton University Press, 1996.

VRTIS, Charles. *Corporate Responsibility in Developing Countries: Focus on the Nestlé Infant Formula Case.* Tese. Muncie: Ball State University, 1981.

WACQUANT, Loïc. *Punir les pauvres.* Marselha: Agone, 2004 [ed. bras.: *Punir os pobres*, trad. Sérgio Lamarão. Rio de Janeiro: Revan, 2007].

WALTON, Richard E. "How to Counter Alienation in the Plant". *Harvard Business Review*, pp. 70-81, nov.-dez. 1972.

___. "Quality of Working Life: What is it?". *Sloan Management Review*, n. 1, v. 15, pp. 11-21, 1973.

___. "Explaining Why Success Didn't Take". *Organizational Dynamics*, n. 3, v. 3, pp. 3-22, 1975.

___. "Work Innovations at Topeka: After Six Years". *Journal of Applied Behavioral Science*, n. 3, v. 13, pp. 422-31, 1977.

___. "From Control to Commitment in the Workplace". *Harvard Business Review*, pp. 77-84, mar.-abr. 1985.

WALZER, Michael. *Spheres of Justice.* New York: Basic Books, 1983 [ed. bras.: *Esferas da justiça*, trad. Jussara Simões. São Paulo: Martins Fontes, 2003].

WATSON, Bill. "Counter-Planning on the Shop Floor". *Radical America*, n. 5, pp. 75-85, mai.-jun. 1971.

WEBER, Max. *A ética protestante e o 'espírito' do capitalismo* [1905], trad. José Marcos Mariani de Macedo. São Paulo: Companhia das Letras, 2004.

WEIDENBAUM, Murray L. "The New Wave of Government Regulation of Business". *Business and Society Review*, n. 15, pp. 81-86, 1975a.

___. "The High Cost of Government Regulation". *Business Horizons*, n. 4, v. 18, pp. 43-51, ago. 1975b.

___. "The Changing Nature of Government Regulation of Business". *Journal of Post Keynesian Economics*, n. 3, v. 2, pp. 345-57, 1980a.

___. "Benefit-Cost Analysis of Government Regulation", in *Use of Cost-Benefit Analysis by Regulatory Agencies. Joint Hearings Before the Subcommittee on Oversight and Investigations and the Subcommittee on Consumer Protection and Finance of the Committee on Interstate and*

Foreign Commerce. Washington: U.S. Government Printing Office, 1980b.

WEIL, Prosper. *Le Droit international en quête de son identité, recueil des cours de l'Académie de droit international*, v. 237. La Haye: Nijhoff, 1996.

WEISSKOPF, Thomas E.; Samuel BOWLES e David M. GORDON. "Hearts and Minds: A Social Model of U.S. Productivity Growth". *Brookings Papers on Economic Activity*, n. 2, pp. 38-441, 1983.

WEINSTEIN, Olivier. "Firm, Property and Governance". *Accounting, Economics, and Law*, v. 2, n. 2, p. 39, 2012.

WELKER, Marina. *Enacting the Corporation*. Berkeley: University of California Press, 2014.

WELLER, Ken. *The Lordstown Struggle and the Real Crises in Production* [1973]. London: Solidarity, 1974.

WESTOVER, Martha. *Movement Guide to Stockholders Meetings* [1970]. Philadelphia: Narmic, s.d.

WHATELY, Richard. *Introductory Lectures on Political Economy*. London: B. Fellowes, 1832.

WIDICK, B. J. "Work in Auto Plants: Then and Now", in B. J. Widick (org.). *Auto Work and its Discontents*. Baltimore: Johns Hopkins University Press, 1976, pp. 1-17.

WILENSKY, Harold. "The Problem of Work Alienation", in F. Baker; P. J. McEwan e A. Sheldon. *Industrial Organizations and Health*. New York: Tavostock, 1969, pp. 550-70.

WILLIAMSON, Oliver. "Corporate Governance". *Yale Law Journal*, v. 93, pp. 1197-230, 1984.

___. "Visible and Invisible Governance". *The American Economic Review*, v. 84, n. 2, pp. 323-26, 1994.

WISHARD, William Van Dusen. "Corporate Response to a New Environment". *Law and Contemporary Problems*, n. 3, v. 41, pp. 222-44, 1977.

WOLFE, Alan. "Giving Up on Democracy: Capitalism Shows its Face". *The Nation*, 29 nov. 1975, pp. 557-563.

WOOTON, Leland M.; Jim L. TARTER e Richard W. HANSEN. "Toward a Productivity Audit". *Academy of Management Proceedings*, pp. 327-29, 1975.

WORKING PARTY ON NATIONAL ENVIRONMENTAL POLICIES. *The Value of Statistical Life: A Meta-Analysis*. Paris: OCDE, 2012. Disponível em oecd.org/officialdocuments/publicdisplaydocumentpdf/?cote=ENV/EPOC/WPNEP(2010)9/FINAL&doclanguage=en.

WRIGHT MILLS, Charles. *The Power Elite*. Oxford: Oxford University Press, 1956 [ed. bras: *A elite do poder*, trad. Waltensir Dutra. Rio de Janeiro: Zahar, 1981].

YOUNG, Iris Marion. "Self-Determination as Principle of Justice". *The Philosophical Forum*, n. 1, v. 11, pp. 30-46, 1979.

ZAMOSHKIN, Iu. A. e A. Iu. MEL'VIL'. "Neoliberalism and "the New

Conservatism" in the USA". *Soviet Studies in Philosophy*, v. 16, n. 2, pp. 3-24, 1977.

ZEITLIN, Maurice. "Corporate Ownership and Control: The Large Corporation and the Capitalist Class". *American Journal of Sociology*, n. 5, v. 79, pp. 1073-119, mar. 1974.

ZERZAN, John. "Un Conflit décisif: Les Organisations syndicales combattent la révolte contre le travail". *Échanges*, dez. 1975.

ZINN, Howard. *The Zinn Reader*. New York: Seven Stories Press, 2009.

ZIEGLER, Heinz O. *Autoritärer oder totaler Staat*. Tübingen: Mohr, 1932.

ARTIGOS SEM AUTORIA

"American Petroleum Institute v. Occupational Safety and Health Administration". *Environmental Law Reporter*, v. 8, pp. 20790-8, 1978.

"Clean-up groups fronting for bottlers, critics say". *The San Bernardino County Sun*, 29 ago. 1976.

CSA Super Markets, v. 46, jan.-jun., 1970.

"General Assembly Declaration on the Establishment of a New International Economic Order". *The American Journal of International Law*, n. 4, v. 68, pp. 798-801, out. 1974.

"Multinational Corporations: Hearings before the Subcommittee on International Trade of the Committee on Finance", 19° Congresso, 1ª sessão, fev.-mar. Washington: U.S. Government Printing Office, 1973.

"Nestlé tötet Babys: Ursachen und Folgen der Verbreitung künstlicher Säuglingsnahrung in der Dritten Welt". Bern: Arbeitsgruppe Dritte Welt, 1974.

"Premio Nobel Friedrich von Hayek". *El Mercurio*, 8 nov. 1977, pp. 27-28.

"Review and Outlook". *The Wall Street Journal*, 2 nov. 1973.

"Stonewalling plant democracy". *Business week*, pp. 78-82, mar. 1977.

"Supreme Court's Divided Benzene Decision Preserves Uncertainty Over Regulation of Environmental Carcinogens". *Environmental Law Reporter*, v. 10, n. 6, jun. 1980, pp. 10192-10198, p. 10193.

"The U.S. Can't Afford What Labor Wants: New Union Militancy Could Skyrocket Wages and Trigger Runaway Inflation". *Business week*, abr. 1970.

"The will to work and some ways to increase it". *Life Magazine*, p. 38, set. 1972.

"Who Wants to Work? Boredom on the Job". *Newsweek Magazine*, mar. 1973.

SOBRE O AUTOR

GRÉGOIRE CHAMAYOU nasceu em Paris, em 1976. Formou-se na École Normale Supérieure de Fontenay-Saint-Cloud, em Lyon, em 1997. Tornou-se *agregé* em filosofia da instituição em 2000. Defendeu o doutorado sobre epistemologia e história das ciências e técnicas em 2007, na universidade Paris VII. Desde 2010, é pesquisador do Centro Nacional de Pesquisa Científica (CNRS), em Paris, e do Instituto Max-Planck, em Berlim. Traduziu para o francês obras de Clausewitz, Jonathan Crary, Ernst Kapp, Kant e Marx. Em 2015, venceu o English PEN Award de ensaio estrangeiro com *Teoria do drone*. Em 2019 foi convidado do Ciclo Mutações. Estudioso da obra de Kant e Foucault, colabora com o *Le Monde Diplomatique* e também é editor do selo "Zones", da editora La Découverte, cujo catálogo é voltado para contracultura, ativismo e novas formas de contestação.

Obras selecionadas

Les Corps vils – Expérimenter sur les êtres humains aux XVIIIe et XIXe siècles. Paris: La Découverte, 2008.
Les Chasses à l'homme. Paris: La Fabrique, 2010.
Théorie du drone. Paris: La Fabrique, 2013. [Ed. bras.: *Teoria do drone*, trad. Célia Euvaldo. São Paulo: Cosac Naify, 2015.]

© Ubu Editora, 2020
© La Fabrique Éditions, 2018

Título original: *La société ingouvernable: Une généalogie du libéralisme autoritaire.*

CAPA Manifestantes em frente à prefeitura de Manchester fantasiados da primeira ministra britânica, Margaret Thatcher, e do presidente dos Estados Unidos, Ronald Reagan. Eles simulam estar em um abrigo nuclear improvisado, construído a partir das instruções do manual oficial do governo inglês contra ataques nucleares intitulado "Protect and Survive", que incluía papel higiênico, sucrilhos e água como itens de primeira necessidade. Junho de 1984 © Manchester Daily Express / SSPL / Getty Images.

[PP. 29-30] Trabalhadores da General Motors em greve fazem piquete na frente da fábrica em Oshawa, Canadá. Eles seguram a placa United Auto Workers [união dos trabalhadores da indústria automobilística]. Outubro de 1984 © Alan Dunlop / Toronto Star Newspapers / Toronto Public Library.

[PP. 69-70] Trabalhadores em greve desfilam em Toronto, 1972 © Jeff Goode / Toronto Star Newspapers / Toronto Public Library. Rochester, julho de 1964 © Democrat and Chronicle.

[PP. 187-88] Anne Matthews, liderança local, participa de piquete contra a Shell. Entre 11 e 17 de maio de 1987, foram realizados mais de cem piquetes em postos da Shell, em Londres © Anti-Apartheid Mouvement Archives.

[P. 239] Manifestante durante o Dia da Terra sobe em pilha de barris que representam o lixo radioativo do Complexo Rocky Flats, em Denver. Abril de 1970 © Steve Groer / Rocky Mountain News Photographs / Denver Library.

[PP. 305-06] Passeata em apoio à eleição de Salvador Allende. Setembro de 1964 © James Wallace / Biblioteca do Congresso, Washington, D.C.

COORDENAÇÃO EDITORIAL Florencia Ferrari
EDIÇÃO Maria Emília Bender
ASSISTENTES EDITORIAIS Isabela Sanches e Júlia Knaipp
PREPARAÇÃO Ângela Viana
REVISÃO Cláudia Cantarin, Hugo Maciel e Orlinda Teruya
DESIGN Elaine Ramos
ASSISTENTES DE DESIGN Laura Haffner e Livia Takemura
PRODUÇÃO GRÁFICA Marina Ambrasas
TRATAMENTO DE IMAGEM Carlos Mesquita
COMERCIAL Luciana Mazolini
ASSISTENTE COMERCIAL Anna Fournier
GESTÃO SITE / CIRCUITO UBU Beatriz Lourenção
CRIAÇÃO DE CONTEÚDO / CIRCUITO UBU Maria Chiaretti
ASSISTENTE DE COMUNICAÇÃO Júlia França

Nesta edição, respeitou-se o novo
Acordo Ortográfico da Língua Portuguesa.

1ª reimpressão, 2021.

Dados Internacionais de Catalogação na Publicação (CIP)
Elaborado por Vagner Rodolfo da Silva – CRB-8/9410

C442s	Chamayou, Grégoire [1976–]
	A sociedade ingovernável: uma genealogia do liberalismo autoritário / Grégoire Chamayou. Título original: *La société ingouvernable: Une généalogie du libéralisme autoritaire*; traduzido por Letícia Mei; prefácio de Yasmin Afshar. Coleção Explosante (coordenação Vladimir Safatle). São Paulo: Ubu Editora, 2020 / 432 pp.
	ISBN 978 65 86497 10 6

1. Política. 2. Neoliberalismo. 3. Sociedade. 4. Ciências sociais.
I. Título

2020–1501   CDD 320 CDU 32

Índice para catálogo sistemático:
1. Política 320   2. Política 32

UBU EDITORA
Largo do Arouche 161 sobreloja 2
01219 011 São Paulo SP
(11) 33312275
ubueditora.com.br
professor@ubueditora.com.br
 /ubueditora

Cet ouvrage a bénéficié du soutien des Programmes d'aides à la publication de l'Institut Français.
Este livro contou com o apoio à publicação do Institut Français.

Cet ouvrage, publié dans le cadre du Programme d'Aide à la Publication année 2019 Carlos Drummond de Andrade de l'Ambassade de France au Brésil, bénéficie du soutien du Ministère de l'Europe et des Affaires étrangères.
Este livro, publicado no âmbito do Programa de Apoio à Publicação ano 2019 Carlos Drummond de Andrade da Embaixada da França no Brasil, contou com o apoio do Ministério francês da Europa e das Relações Exteriores.

TIPOGRAFIA Sharp Grotesk e Arnhem
PAPÉIS Pólen Soft 70 g/m²
IMPRESSÃO Margraf